中国社会科学院创新工程学术出版资助项目

# 调整与变革：
## 危机中的当代资本主义

吕薇洲 邢文增 等著

中国社会科学出版社

# 图书在版编目(CIP)数据

调整与变革：危机中的当代资本主义/吕薇洲等著 . —北京：中国社会科学出版社，2017.5
ISBN 978 - 7 - 5203 - 0205 - 0

Ⅰ.①调… Ⅱ.①吕… Ⅲ.①资本主义经济—研究—现代 Ⅳ.①F03

中国版本图书馆 CIP 数据核字（2017）第 086606 号

| | |
|---|---|
| 出 版 人 | 赵剑英 |
| 责任编辑 | 田　文 |
| 特约编辑 | 陈　琳 |
| 责任校对 | 张爱华 |
| 责任印制 | 王　超 |

| | |
|---|---|
| 出　　版 | 中国社会科学出版社 |
| 社　　址 | 北京鼓楼西大街甲 158 号 |
| 邮　　编 | 100720 |
| 网　　址 | http://www.csspw.cn |
| 发 行 部 | 010 - 84083685 |
| 门 市 部 | 010 - 84029450 |
| 经　　销 | 新华书店及其他书店 |

| | |
|---|---|
| 印　　刷 | 北京君升印刷有限公司 |
| 装　　订 | 廊坊市广阳区广增装订厂 |
| 版　　次 | 2017 年 5 月第 1 版 |
| 印　　次 | 2017 年 5 月第 1 次印刷 |

| | |
|---|---|
| 开　　本 | 710×1000　1/16 |
| 印　　张 | 22.25 |
| 插　　页 | 2 |
| 字　　数 | 343 千字 |
| 定　　价 | 95.00 元 |

凡购买中国社会科学出版社图书，如有质量问题请与本社营销中心联系调换
电话：010 - 84083683
**版权所有　侵权必究**

# 目　　录

**导论　危机中的当代资本主义：调整、变革与影响** …………………（1）
　　一　资本主义仍处于危机之中，难以走出制度困境 …………（1）
　　二　危机中资本主义的调整与变革 ………………………（10）
　　三　危机中的资本主义：影响与应对 ………………………（18）

**第一章　资本主义国家金融政策的调整与国际金融格局的变化** ……………………………………………………………（25）
　　一　资本主义国家的金融企业国有化政策 …………………（25）
　　二　资本主义金融监管举措 …………………………………（31）
　　三　国际货币体系多元化趋势及全球金融治理的改变 ……（39）

**第二章　资本主义国家再工业化与国际产业格局的变化** ………（51）
　　一　发达资本主义国家再工业化战略出台的缘由 …………（51）
　　二　发达资本主义国家再工业化的主要举措 ………………（54）
　　三　发达资本主义国家再工业化战略的成效和制约因素 …（60）
　　四　资本主义生产体系变革对世界产业格局的影响 ………（67）

**第三章　资本主义福利制度的调整** ………………………………（75）
　　一　资本主义福利制度的建立及作用 ………………………（75）
　　二　危机凸显资本主义福利制度的困境 ……………………（78）
　　三　资本主义福利制度的调整 ………………………………（82）
　　四　资本主义福利制度改革的社会反响与前景 ……………（86）

**第四章　新贸易保护主义与国际贸易新格局** ……………………（101）
　　一　资本主义国家推行新贸易保护主义的动因 ……………（102）
　　二　新国际贸易保护主义的主要形式、特征及危害 ………（106）
　　三　全球贸易治理变革的方向 ………………………………（112）

四　新贸易保护主义对中国的影响及应对 …………………（115）
第五章　资本主义民主政治制度的衰落 ……………………………（124）
　　一　资本主义民主政治制度深陷困局 ………………………（124）
　　二　资本主义民主政治制度衰落的原因 ………………………（139）
　　三　议会民主制广遭质疑，陷入改革困境 ……………………（147）
　　四　正确认识西方民主本质，坚持社会主义民主制度 ………（149）
第六章　资本主义政党政治制度的变化 ……………………………（152）
　　一　资本主义国家的政治右倾化：以西欧为例 ………………（152）
　　二　激进左翼力量的复兴及其挑战：以欧洲为例 ……………（165）
第七章　国际政治格局的新变化与新特点 …………………………（175）
　　一　国际力量对比"趋向均衡"，政治格局发生重大变化 ……（175）
　　二　美国调整对外战略，发达国家合力捍卫全球领导权 ……（181）
　　三　中国和平崛起之下的积极应对 ……………………………（187）
第八章　发达资本主义国家社会阶级结构的新变化 ………………（198）
　　一　二战后发达国家中产阶级的崛起 …………………………（198）
　　二　金融危机对中产阶级的冲击 ………………………………（206）
　　三　中产阶级对资本主义制度的态度 …………………………（216）
第九章　发达资本主义国家社会运动的新变化 ……………………（221）
　　一　制度化工人运动的复兴 ……………………………………（221）
　　二　"新社会运动"呈现新态势 …………………………………（229）
第十章　亚非拉资本主义国家的发展变化 …………………………（241）
　　一　金融危机对亚非拉地区经济的影响 ………………………（241）
　　二　亚非拉资本主义国家政治形势严峻 ………………………（249）
　　三　亚非拉资本主义国家社会问题凸显 ………………………（254）
附录1　资本主义及其新变化研究前沿（2013年度）………………（264）
附录2　国内外与资本主义研究相关的会议概览（2013年度）……（282）
附录3　资本主义经济问题研究新进展（2014年度）………………（290）
附录4　资本主义民主政治制度研究前沿（2014年度）……………（302）
附录5　资本主义社会领域新变化研究前沿（2014年度）…………（320）
参考文献 ………………………………………………………………（331）
后记 ……………………………………………………………………（348）

# 导论　危机中的当代资本主义：
# 调整、变革与影响

2008年爆发的国际金融危机，从肇始地美国迅速蔓延至发达国家乃至转型国家和发展中国家，从震中金融领域逐渐扩散到实体经济乃至政治和社会领域，危机蔓延速度之快、波及领域之广、持续时间之长、影响强度之大，都堪称历史之最。随着国际金融危机的不断深化和欧洲债务危机的持续蔓延，全球各界人士（从国家元首和政府首脑到普通民众、从商界领袖和政界精英到一般职员，从专家学者到记者学生，包括众多国家和地区的各行各业和各层次的人员），或从维护资本主义的立场出发，或从批判资本主义的角度入手，对处于危机中的资本主义展开了深入探讨。危机中的资本主义各国政府，也在深入探究危机成因、积极寻求危机药方、努力摆脱危机影响。国际金融危机爆发以来资本主义各种监管措施、改革方案以及治理方式的酝酿、出台和实施，使危机中的资本主义在经济、政治和社会阶级结构等诸多方面都发生了重大变化。本书旨在系统考察当代资本主义遭遇的制度困境、采取的变革举措，全面分析这些变革转型对资本主义国家乃至全球资本主义体系产生了哪些影响，在此基础上探讨社会主义中国应当采取的应对措施。

## 一　资本主义仍处于危机之中，难以走出制度困境

2008年爆发的国际金融危机与资本主义发展史上历次重大危机一样，也是由资本主义社会基本矛盾引发的生产过剩危机，是一种与资本主义制度相伴而生的现象。

对于经济危机的这一性质以及危机每隔或长或短的一段时间就会在资本主义社会爆发的周期性特征，马克思主义经典作家曾有过许多深刻而精辟的论述。"这个时代在世界历史上留下的标志，就是被称为工商业危机的社会瘟疫日益频繁地重复发生，规模日益扩大，后果日益带有致命性。"①"自从1825年第一次普遍危机爆发以来，整个工商业世界，一切文明民族及其野蛮程度不同的附属地中的生产和交换，差不多每隔十年就要出轨一次。"②"危机在资本主义国家里总是周期性地发生，起初平均每隔十年一次，后来则间隔的时间比较长，而且比较不固定。"③马克思、恩格斯和列宁的上述论断，不仅是对19世纪资本主义发展的科学总结，也是对20世纪乃至21世纪资本主义发展的正确预判。

20世纪以来，伴随着资本主义的发展演进，经济危机不仅越来越频繁（资本主义世界差不多每隔七八年就会发生一次经济危机），而且愈来愈剧烈（其中1929—1933年、1957—1958年、1973—1975年以及1980—1982年的经济危机，都是席卷了整个资本主义世界，甚至波及全球各个国家，具有明显的国际同期性，属于世界性的经济危机），恰如马克思在19世纪中叶指出的："生产资本越增加，它就越是迫不得已地为市场（这种市场的需求它并不了解）而生产，生产就越是超过消费，供给就越是力图强制需求，结果危机的发生也就越猛烈而且越频繁。"④用埃及著名左翼学者、政治经济学家萨米尔·阿明（Samir Amin）的话来描述危机与资本主义的关系一点也不为过："资本主义的历史是由一系列不间断的或长或短、或大或小的危机构成的。"⑤

20世纪70年代末以来，随着全球化和新自由主义的加速推进，全球流动性金融资产高速增长，虚拟经济规模日益增大，金融业逐渐演变为社会经济的中枢与命脉，1990—2011年间，全球金融总资产从

---

① 《马克思恩格斯文集》第3卷，人民出版社2009年版，第10页。
② 同上书，第556页。
③ 《列宁专题文集·论马克思主义》，人民出版社2009年版，第22页。
④ 《马克思恩格斯文集》第1卷，人民出版社2009年版，第752页。
⑤ [埃及] 萨米尔·阿明：《资本主义的危机》，彭姝祎译，社会科学文献出版社2003年版，第14—15页。

56万亿美元增长到了218万亿美元，而同期全球GDP总量从22万亿美元增长到70万亿美元，金融资产的增长率快于GDP增长率①，资本主义进入全球金融资本主义时代。经济危机也随之转变为"金融主导型"经济危机，即危机从金融领域开始，而后引发实体经济危机。②20世纪90年代以来，"金融危机定期折磨全球的经济增长，20世纪90年代初是欧洲，1997—1998年是亚洲，1998—1999年是俄罗斯和巴西，2001年是阿根廷。"③ 2007年开始的美国次贷危机，更是迅速演变为全球金融危机，并继而蔓延到了政治、社会和文化意识形态等各个领域，演变成为当代资本主义的全面危机，对资本主义造成了沉重打击。国际金融危机爆发后，资本主义国家采取了各种救市手段，企图遏制危机扩散，但直至今日，资本主义国家仍未能摆脱危机，走出困境。

**1. 经济持续低迷、失业率居高不下**

国际金融危机爆发后，资本主义各国政府数度采取财政、货币等宏观经济政策刺激经济，货币扩张和财政刺激规模都可以说史无前例，然而收效并不明显，发达经济体和新兴市场经济体皆不例外。④ 金融危机以来资本主义国家尤其是发达资本主义国家GDP的增长数据表明，资本主义国家的实体经济依然面临持续低速增长甚至长期衰退的严峻风险。资本主义国家不但没有像一些人预测的那样，很快摆脱国际金融危机的困扰，反而进一步笼罩在主权债务危机的阴影中。"2009年，人们已经在谈论经济增长的'嫩芽'（green shoot），然而，'嫩芽'很快就被严霜摧折。2010年，人们又开始谈论'复苏的夏天'（summer of recovery），可惜，我们又从夏天一步迈入了冬天。"⑤

---

① 周宏：《金融资本主义及其反思》，《求是》2015年第11期。
② 欧阳彬：《全球金融危机与当代资本主义金融化研究》，对外经济贸易大学出版社2015年版，第13—14页。
③ [美]弗朗西斯·福山：《政治秩序的起源：从前人类时代到法国大革命》，毛俊杰译，广西师范大学出版社2014年版，第12页。
④ 向松祚：《新资本论：全球金融资本主义的兴起、危机和救赎》，中信出版社2015年版，第19页。
⑤ 何帆：《全球愤怒：金融危机的政治后遗症》，《国际经济评论》2012年第1期。

表0-1　　　金融危机以来发达资本主义国家GDP增长率　　　（单位:%）

| 年份 | 2007 | 2008 | 2009 | 2010 | 2011 | 2012 | 2013 | 2014 | 2015 |
|---|---|---|---|---|---|---|---|---|---|
| 美国 | 1.8 | -0.3 | -2.8 | 2.5 | 1.8 | 2.8 | 2.8 | 2.4 | 2.4 |
| 欧元区 | 3 | 0.5 | -4.5 | 2 | 1.6 | -0.8 | -0.3 | 0.9 | 1.6 |
| 日本 | 2.2 | -1.0 | -5.5 | 4.4 | -0.5 | 1.8 | 1.6 | -0.1 | 0.4 |

资料来源：以上数据来自欧盟统计局、美国统计局、世界银行。

在国际金融危机肆虐全球8年有余的今日，资本主义各国的经济复苏依然疲弱乏力。"大部分北大西洋国家的实际（通胀调整后）的人均GDP还低于2007年；在希腊，经济估计收缩了约23%。表现最出色的欧洲国家德国在过去6年的平均年增长率也只有0.7%。美国的经济规模仍比危机前小15%"[1]。不仅美国、欧元区和日本等发达资本主义国家的经济增长无一恢复到危机前的水平，如表0-1所示发展中国家的经济发展也失去了前两年曾经的活力，巴西、俄罗斯等国经济发展更是出现了严重的负增长。包括联合国、世界银行以及国际货币基金组织在内的机构，近年来不得不一次次下调对世界经济增速的预期。联合国2015年5月19日发布的《2015年世界经济形势与展望》报告（年中修订版），将2015年全球经济增速由1月份预测的3.1%下调至2.8%，将2016年全球经济增速由3.3%下调至3.1%。[2]

与经济萧条和衰退相伴而生的是失业率的急剧飙升。国际金融危机爆发后，资本主义国家的失业率一直在高位徘徊。发达资本主义国家的裁员浪潮已从金融业波及各个领域。国际劳工组织2009年1月28日发布的世界就业趋势报告称，全球2009年失业人数可能增加5100万人，从而达到2.3亿人，全球经济危机已经转为"就业危机"[3]。美国失业率一度逼近10%这样一个二战以来的历史高点（其中黑人劳动力的失业率甚至超过16%），欧盟和欧元区的就业形势更为严峻，从2010年

---

[1] 张维为：《西方的制度反思与中国的道路自信》，《求是》2014年第9期。
[2] 《联合国报告预测2015年全球经济将增长2.8%》（http://world.huanqiu.com/hot/2015-05/6480895.html）
[3] 《每分钟5人被裁员　全球经济危机转向就业危机》（http://news.xhby.net/system/2009/03/03/010452150.shtml）。

开始,欧元区的失业率一直在两位数徘徊(如表 0-2 所示)。尽管欧美一些资本主义国家积极采取措施应对失业危机,包括增加失业救济金、延长发放失业救济金的最长时限、扩大领取失业救济人数规模、甚至鼓励企业缩短工作周期等,但都没有收到预期成效。

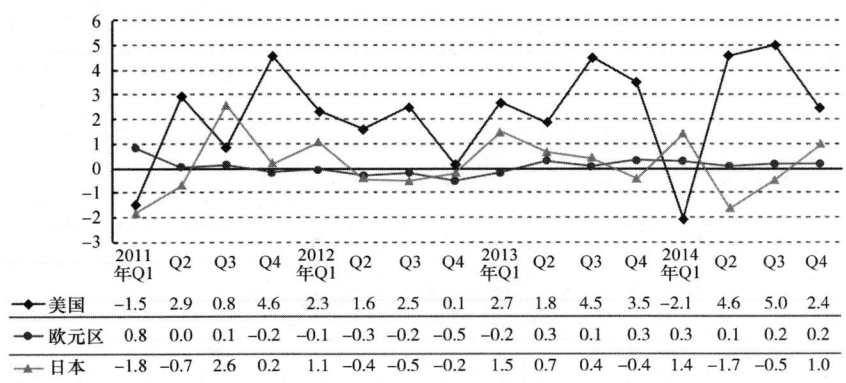

图 0-1　发达资本主义国家 GDP 环比增长率 (%)①

表 0-2　　　　金融危机前后发达资本主义国家的失业率　　　(单位:%)

| 年份 | 2007 | 2008 | 2009 | 2010 | 2011 | 2012 | 2013 | 2014 | 2015 |
| --- | --- | --- | --- | --- | --- | --- | --- | --- | --- |
| 美国 | 4.6 | 5.8 | 9.3 | 9.6 | 8.9 | 8.1 | 7.4 | 6.2 | 4.9 |
| 欧元区 | 7.5 | 7.6 | 9.6 | 10.2 | 10.2 | 11.4 | 12 | 11.6 | 10.4 |
| 日本 | 3.9 | 4.1 | 5.2 | 5.1 | 4.5 | 4.3 | 4.0 | 3.6 | 3.4 |

资料来源:以上数据来自世界银行、欧洲统计局、日本总务省等。

直到 2015 年年底,欧元区各国的平均失业率仍然高达 10.4%,其中西班牙等国甚至仍在 20.9%。年轻人的失业率甚至接近 50%。欧盟国家共有 500 多万年轻人找不到工作,有的只好去非洲打工。如图 0-2 所示:

---

① 《2014 年世界经济形势回顾与 2015 年展望》(http://www.stats.gov.cn/tjsj/zxfb/201502/t20150227_686531.html)。

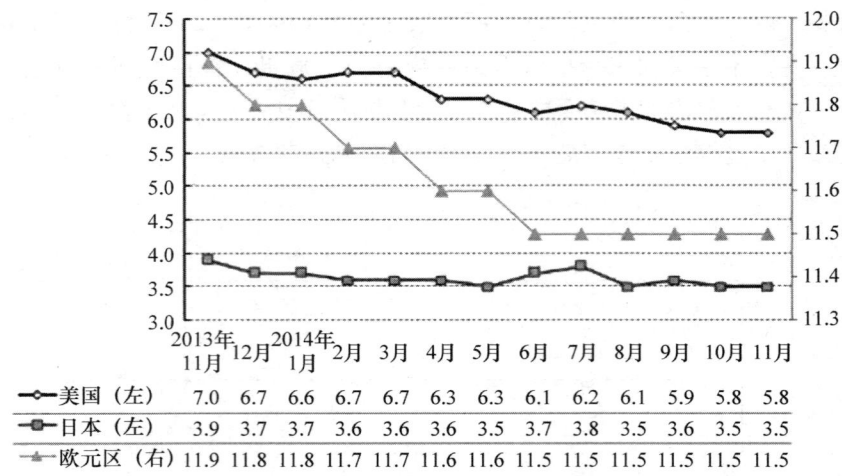

图 0-2 发达资本主义国家失业率（%）①

危机背景下资本主义国家居高不下的失业率，再次印证了马克思主义经典作家的论述："工业的剧烈的周期波动一方面决定着大量失业工人后备军的存在，另一方面又不时地造成大批工人失业并把他们抛上街头"②，"危机、失业、浪费和广大群众的贫困，——这就是资本主义的不治之症。"③

**2. 不平等现象更加显著，贫富分化不断加剧**

列宁曾深刻指出："在相当尖锐的工业危机（接着危机而来的是相当长的工业停滞时期）中表现出来的生产过剩，是资产阶级社会中生产力发展的必然后果。危机和工业停滞时期又使小生产者更加陷于破产，使雇佣劳动更加依附资本，并更加迅速地引起工人阶级状况的相对恶化，而且有时是绝对恶化。"④

国际金融危机爆发后，资产阶级政府为摆脱危机所采取的包括加大对垄断资本的援助、削减公共开支和社会福利等措施，导致了社会两极

---

① 《2014年世界经济形势回顾与2015年展望》（http://www.stats.gov.cn/tjsj/zxfb/201502/t20150227_686531.html）。
② 《马克思恩格斯文集》第3卷，人民出版社2009年版，第276页。
③ 《斯大林选集》（下卷），人民出版社1979年版，第269页。
④ 《列宁专题文集·论无产阶级政党》，人民出版社2009年版，第187页。

分化和不平等状况的恶化,加剧了民众与垄断资本及其代理人之间的矛盾。经济学界的新锐、法国经济学家托马斯·皮凯蒂（Thomas Piketty）以大量具体数据论证了金融危机以来西方国家日益扩大的不平等,并阐述了"当前贫富分化程度已经逼近甚至超越了历史最高点"这一事实,"当21世纪的今天依然重复着19世纪上演过的资本收益率超过产出与收入增长率的剧情时,资本主义不自觉地产生了不可控且不可持续的社会不平等","2010年以来,在大多数欧洲国家,尤其是在法国、德国、英国和意大利,最富裕的10%人群占有国民财富的约60%。最令人惊讶的事实无疑是,在所有这些社会里,半数人口几乎一无所有。"① 美国富人越富、穷人越穷的不平等现象尤为突出。2014年,10%的美国人的收入就占整个美国收入的一半多,1990年为40%,1980年仅为35%。② 有数据显示,自2009年以来,最富有的10%美国人获取经济增长成果的149%（因为其余90%的人的收入缩水了）③。其中,超过60%的收入都流向了在总人口中占比0.1%、年收入190万美元以上的人。④ 美国全体劳工的报酬——包括医疗和养老保险等——在国民收入中的比重降至50年来的最低点,而公司利润在同时期则达到了顶峰。⑤ 根据美国经济政策研究所的统计报告,2009年美国最富有的1%家庭的收入占所有家庭收入的21.2%,10%最富有家庭的收入占全部家庭收入的47.1%,余下90%家庭的收入只占全部家庭收入的52.9%。⑥《时代》周刊资深记者迈克尔·舒曼（Michael Schuman）指出:"2008年爆发金融危机后,得益于资本主义的往往都是有背景和有特权的人。目前仍在美国就业的人们无法像他们的老板那样从资本主义当中获取大量

---

① ［法］托马斯·皮凯蒂:《21世纪资本论》,巴曙松等译,中信出版社2014年版,第2、261页。
② 《2016美国人为什么这么愤怒》（http://www.uncfa.org/Article/bobao/591.htm）。
③ 沈跃萍:《论西方福利制度掩盖下的不公平问题——从西方学者的视角看》,《马克思主义研究》2014年第5期。
④ 《极端不平等正在毒害美国》（http://www.guancha.cn/PaulKrugman/2013_09_16_172734.shtml）。
⑤ Steven Greenhouse, "Our Economic Pickle", in *New York Times*, January 13, 2013.
⑥ 《美国贫富差距成西方最大 20%人拥有总财富80%》,《理财周刊》2011年11月8日。

好处。作为华盛顿的智库，政策研究所最近发表报告指出，平均来看，美国大企业 CEO 在 2010 年的收入为 1080 万美元，比前一年增加了 28%。普通工人的工资则为 33121 美元，只增加了 3%。按照这种水平，CEO 的收入比雇员高出 325 倍。"① 美国经济变成了名副其实的"富豪经济"（Plutonomy）。美国总统奥巴马都不得不承认，危机后出现的严重不平等现象对美国经济社会发展造成了严重威胁：日益恶化的收入不平等及其所造成的机会不平等是美国所面临的主要挑战。②

### 3. 西方民主光环消逝，资本主义政治合法性广受质疑

恩格斯曾深刻揭露过资本主义民主制度受资本家控制的特性："资产者如果不直接地、经常不断地控制本国的中央行政机关、对外政策和立法，就无法保障自己的利益。"③ 随着国际金融危机的爆发和蔓延，资本主义民主制度的"寡头政治"、"金钱政治"特点更趋明显。此次国际金融危机发生后，资本主义国家对垄断资本采取的各种救助政策，使其服务于垄断资本的性质更加暴露无遗。2010 年 1 月 21 日，美国联邦最高法院更是以"政府不能干预政治言论"为由，解除对公司和团体在美国政治竞选中捐款的限制，2014 年又裁定对个人竞选捐款也不设上限，为"权钱政治"大开方便之门，使"金钱获得了美国历史上前所未有的政治影响力。数以千计的说客让立法过程变得更为冗长和复杂，让特殊利益集团更有机会参与其中"，《经济学人》杂志更是爆出：国际金融危机爆发以来，美国家庭财富的中位数减少了 43%，但美国参议员财富的中位数却增长了 22%。对此，美国参议员伯纳德·桑德斯（Bernard Bernie Sanders）毫不掩饰地说："有些人认为国会控制着华尔街，然而真相是华尔街控制着国会。"④

带有鲜明寡头和金钱色彩的西方民主制度不仅是资本主义陷入危机的主要原因，也是其无法迅速采取有效救市举措的重要缘由。资本主义国家各党派之间为利益之争引发的运转不良、效率低下等弊端，使这些国家的政府陷入了治理危机，民众产生了信任危机（盖洛普公司 2014

---

① Michael Schuman, "How to Saving Capitalism", in *New York Times*, January 30, 2012.
② ［美］劳拉·泰森：《收入不平等困扰奥巴马》，《中国报道》2014 年第 2 期。
③ 《马克思恩格斯全集》第 4 卷，人民出版社 1958 年版，第 52 页。
④ 罗思义：《"美式民主"并非真正民主》，《人民日报》2015 年 7 月 25 日。

年6月的民调显示,美国民众对国会"非常有信心者"仅为4%,加上"较有信心者"也才有7%,人们对民主的质疑多集中在民主的寡头和金钱特征、民主的效率低下以及民主结构性冲突等方面,本书第五章将专门探讨这些问题)。

如果上述尚属于一国内部的问题,那么,西方国家在二战后尤其是自2001年开始不遗余力推进的民主输出(亦称为促进民主)战略,则将更多的国家推向了灾难,使国与国之间的关系更为紧张,社会冲突更为严重。"'阿拉伯之春'未能带来自由主义民主,在非洲、中亚和拉美,从民主改革向后退的国家多于向前推进民主改革新举措的国家。"①西亚北非近年来持续出现的以暴力和流血为标志的选举,使曾经极力鼓吹资本主义是人类历史"终结者"的日裔美籍学者弗朗西斯·福山(Francis Fukuyama),也不得不修正其先前的观点,被迫承认西方自由民主可能并非人类历史进化的终点,并严厉批评了自由民主制的僵化:"美国的民主曾被广泛效仿,但美国的道德资本在很短时间内消耗殆尽;伊拉克战争以及军事侵略与民主推广之间的密切联系给民主抹了黑。"②

连续数年的金融危机和债务危机、发展中国家日益猖獗的恐怖活动和武装冲突,使资本主义民主政治制度在全球范围尤其是在西方国家遭到了诸多质疑。目前,无论是西方左翼还是西方主流,大都认识到资本主义存在严重的模式缺陷和制度弊端,并认为资本主义追求利润最大化的资本积累模式已陷入僵局,资本主义体系不适应当今世界,需要进行改革和转型,资本主义的合法性受到了半个多世纪以来最为严峻的挑战,比利时、冰岛、葡萄牙、希腊、意大利、爱尔兰、西班牙政府首脑纷纷下台和换人。

国际金融危机爆发以来,几乎每个发达资本主义国家政府的支持率都在下滑,民众对现存政治结构的信任正在消逝。曾任卡特政府国家安全事务助理的美国重要战略家布热津斯基(Zbigniew Brzezinski)对今

---

① [美]沃尔特·拉塞尔·米德:《美国促进民主之悖论》,《参考消息》2015年10月29日。

② [美]弗朗西斯·福山:《美国民主没什么可教给中国的》,《金融时报》2011年1月17日。

日的资本主义民主也提出了质疑："今天的问题是，在失控和可能仅为少数人自私地制造好处的金融体系下，在缺乏任何有效框架来给予我们更大、更雄心勃勃的目标的情况下，民主是否还能繁荣。"① 美国前国务卿马德琳·科贝尔·奥尔布赖特（Madeleine Korbel Albright）在接受俄罗斯《真理报》采访时毫不隐讳地指出："西方民主制度并非完美无缺，民主可能是矛盾的、腐败的，也许还存在安全问题。"②

而在这些危机表象的背后，是更加严重的信任危机。不少人曾一度认为资本主义民主政府是为所有人谋福利的，而今却认为资本主义"政府由极少数大利益集团操控，是他们谋求私利的工具。其他民主国家的调查也显示出，公民对政府的信任和信心呈现类似的下滑态势。"③ 甚至连福山等西方学者也无奈地发出了"这场危机凸显了资本主义制度——甚至像美国这样先进的制度——内在的不稳定性"④ 的感慨。

## 二 危机中资本主义的调整与变革

当代资本主义处于深刻的结构性矛盾和制度困境之中，这已成为不争的事实。正如美国著名马克思主义经济学家理查德·沃尔夫（Richard Wolffe）深刻指出的："将当前的危机描述成金融危机或华尔街危机是种带有意识形态色彩的做法。我称之为资本主义危机，因为这是整个制度的危机。"⑤ 随着危机的持续蔓延，全球各界人士从单纯对金融危机的政策解读中跳出来，着手从制度层面思考资本主义的弊端，探讨变革资本主义的方案。包括英国《金融时报》、《经济学人》以及美国《时代》周刊、《纽约时报》等在内的西方主流报刊，围绕

---

① ［美］布热津斯基：《金融危机下的全球政治》，《参考消息》2012年1月20日。
② ［美］奥尔布赖特：《民主可能是矛盾的、腐败的，也许还存在安全问题》，《真理报》2009年9月18日。
③ ［美］罗伯特·赖克：《被淹没的美国民主》，《环球视野》2010年7月15日。
④ Nancy Birdsall and Francis Fukuyama, "The Post-Washington Consensus Development After the Crisis", in Foreign Affairs. March/April. 2001.
⑤ ［美］理查德·沃尔夫：《欧美资本主义制度陷入全面危机》，《参考消息》2012年3月16日。

"危机中的资本主义"、"如何拯救资本主义"等主题,发表了一系列反思资本主义发展模式、探讨资本主义制度弊端以及预测资本主义未来走向的评论文章。"资本主义制度不再适合 21 世纪的世界"、"陷入危机的资本主义如何走出困境",诸如此类之前在西方主流舆论中绝少出现的语句,近年来突然大量涌现在西方国家各主流媒体中。美国"凯雷集团"常务董事戴维·鲁本斯坦(David Rubenstein)不无忧虑地指出:如果我们西方不在 3 到 4 年内马上改进我们的经济模式,那么我们中的许多人一生所经历并认为最佳形式的那种资本主义就玩完了。[①] 曾在奥巴马政府担任白宫经济委员会主席的哈佛大学教授劳伦斯·萨默斯(Lawrence H. Summers)也强调:人们不断地质疑资本主义,不仅因为经济周期引发的失业率急剧上升,更是由于收入最高的 1% 人口拥有财富占国民总收入的比重大幅上升,社会流动性急剧下降等不公平因素。这些问题是真实存在的,如果不加以重视,问题不可能自我纠正。[②]

在资本主义遭遇危机后,围绕如何改进发展模式、怎样纠正制度弊端、如何走出各种困局,资本主义各国政府进行了深入反思和全面调整,其路径从危机爆发之初的金融和经济领域开始,进而不断拓展到政治、社会领域,可以说涵盖了经济、政治、文化意识形态以及社会等方方面面,本书的主题或中心内容,就是危机以来资本主义在经济、政治和社会领域采取的重要调整及其引起的重大变化。

### 1. 经济领域的新调整

国际金融危机爆发后,资本主义各国政府率先从金融领域反思并着手调整,随着危机的蔓延,应对危机的举措不断扩大到实体经济、福利制度以及对外贸易等领域。但综观危机后资本主义国家在经济领域进行的调整,无论是金融政策的变化还是再工业化政策的实施、无论是福利制度的改革抑或是贸易政策的演进,都是基于对危机爆发表面原因以及危机背景下资本主义经济困境的分析和思考。

---

[①] 转引自詹得雄《资本主义不再适合当今世界?——西方发达资本主义国家的反思之一》,《参考消息》2012 年 4 月 2 日。

[②] [美]劳伦斯·萨默斯:《资本主义哪里出了毛病》(http://opinion.hexun.com/2012-01-13/137229329.html)。

然而，正如马克思深刻指出的："投机一般地是发生在生产过剩已经非常严重的时期。它给生产过剩提供暂时出路，但是，这样它又加速了危机的来临和加强危机的力度。危机本身首先爆发在投机领域中，后来才波及生产。因此，从表面上看，似乎爆发危机的原因不是生产过剩，而只不过是作为生产过剩征兆的过份投机，似乎跟着而来的生产解体不是解体前急剧发展的必然结果，而不过是投机领域内发生破产的简单反映。"①

此次国际金融危机尽管是从金融层面凸显出来的，从表面上看似乎只是"信用崩溃"，但它所反映的并不是单纯的金融和经济危机，而是整个资本主义体系的危机，是资本主义制度所固有的结构性问题和矛盾的表现，也是被马克思称之为周期性的生产过剩危机，危机是资本主义基本矛盾发展的必然结果。对此，不少国外左翼学者也有着深刻的认识。譬如，英国著名左翼学者克里斯·哈曼（Chris Harman）在其《僵尸资本主义：全球危机与马克思的相关理论》一书中就明确指出：虽然危机从表面看源于金融部门，但这仅仅是资本主义制度的外表归因，其主要原因却是资本主义制度自身的基本矛盾无法克服生产社会化与私有制的对立。因此，只从经济层面寻求解决危机的办法，寄希望于用金融挽救金融无异于饮鸩止渴，无法取得实质性成效。

为全面了解危机以来资本主义在经济领域的调整和变化，经济板块拟分四章，分别从金融、产业、福利和外贸四个方面，探讨和分析资本主义在经济领域的调整变化以及呈现出的新特点。

第一章主要探讨资本主义国家金融政策的调整与国际金融格局的变化。国际金融危机爆发之初，不少人都把危机的爆发归因于监管不力和政策失误，寄希望于通过加强金融监管尽快走出困境，相应地，采取新的方式监管金融机构就成了各界达成的一个共识。危机爆发伊始，资本主义各国政府着力于加强自身在金融市场中的作用。"加强金融市场监管的一大明显进步是2010年7月15日由美国参议院批准的20世纪30年代以来的最大改革，改革的目的是规范华尔街和美国的金融体系。……同样的，2010年7月欧洲议会通过议案，要求规范银行家的

---

① 《马克思恩格斯全集》第10卷，人民出版社1998年版，第575页。

薪酬奖励，需要对奖金的支付进行监督和限制。"① 资本主义各国究竟采取了哪些金融改革举措？取得了哪些成效？危机以来的国际金融格局出现了怎样的变化？我国应采取怎样的应对措施？这些均是本章着力探讨的内容。

第二章重点考察资本主义国家再工业化与国际产业格局的变化。追求尽可能多的高额利润是资本主义生产方式的绝对规律，资本主义这一本质使经济具有脱离实体生产的趋势。在《资本论》中，马克思曾分析过资本主义国家金融业和虚拟经济发达的原因："资本主义生产的动机就是赚钱。生产过程只是为了赚钱而不可缺少的中间环节，只是为了赚钱而必须干的倒霉事。〔因此，一切资本主义生产方式的国家，都周期地患一种狂想病，企图不用生产过程作中介而赚到钱。〕"② 20 世纪 70 年代以来全球性制造业的产能过剩，导致实体经济的利润率持续下滑，资本主义国家为维持自身正常运转，采取了一系列旨在挽救资本利润率的刺激经济政策，甚至不惜以金融泡沫刺激经济。正如美国著名马克思主义经济学家布伦纳（Robert Brenner）所说："以资本利润为目标的这种经济政策最终导致了目前这场巨大的危机。"③ 为扭转虚拟经济和实体经济本末倒置的关系，欧美发达资本主义国家掀起了再工业化的浪潮。发达资本主义国家再工业化的举措、特点和成效有哪些？它对国际产业格局以及中国制造业产生了怎样的影响？本章拟重点分析和阐发这些问题。

第三章主要聚焦资本主义福利制度的调整。二战后，资本主义国家把推行福利制度作为安抚中下层百姓、维护社会稳定的重要手段。虽然早在 20 世纪 80 年代，福利国家就出现了一系列问题，但总体来说尚可维系。金融危机尤其债务危机爆发后，在各种财政愈益紧张的情况下，福利制度成了各福利国家难以承受之重。相应地，改革福利制度也就成了欧美发达资本主义国家摆脱危机的一大举措，尽管欧美各国的改革措

---

① ［法］让－雅克·朗班：《资本主义新论：当前争论的分析与综合》，车斌译，东方出版社 2015 年版，第 45—46 页。
② 《马克思恩格斯文集》第 6 卷，人民出版社 2009 年版，第 67—68 页。
③ Robert Brenner. "The Economy in a World of Trouble", in *International Viewpoint Online Magazine*, http：//www.internationalviewpoint.org/spip.php?article1657.

施不尽相同，但削减福利、减轻财政负担是它们的共同目标。欧美资本主义国家的福利制度改革方案及其收效如何，本章拟对这一问题进行比较全面深入的分析和探讨。

第四章着力阐述新贸易保护主义与国际贸易新格局。国际金融危机爆发后，在全球经济衰退、贸易萎缩的背景下，新一轮贸易保护悄然抬头并愈演愈烈，"世界银行发布报告称，自从金融危机以来，全球各大经济体一直在悄悄增加口岸壁垒，以期遏制进口贸易并推动国内行业摆脱困境。"① 资本主义各国无论是发达国家还是发展中国家，为了自身利益争相设置贸易壁垒，纷纷出台对本国有利的进口限制措施和出口鼓励政策，据 WTO 的相关监测显示，各国颁布的与贸易保护相关的法令和条例层出不穷。全球范围内的贸易保护主义愈演愈烈并呈现出新的特点和趋势，对全球贸易格局乃至整个世界经济的发展产生了重大影响。本章拟深入考察新贸易保护主义兴起的原因、呈现的特点以及造成的危害，并力图在此基础上，提出中国的应对之策。

## 2. 政治领域的新态势

危机背景下的资本主义民主政治制度，在处理危机和解决问题上表现出来的软弱乏力状况，充分暴露了其内在的缺陷和弊病，使长期笼罩在资本主义自由民主制度之上的"神圣光环"消失殆尽。

曾一度被奉为圭臬、当作唯一的意识形态目标的资本主义自由民主制度，对人类历史发展的确起到过巨大的推动作用。它从形式乃至制度上，废除了封建特权和人身依附关系，使得民主共和的观念深入人心，使得民主、平等、自由等成为人类社会所追求的共同理想。对于资产阶级民主的历史进步性，马克思主义经典作家从未否认过，他们充分肯定资产阶级民主相较于封建专制制度具有的历史进步性。列宁在《论国家》中甚至指出："资产阶级的共和制、议会和普选制，所有这一切，从全世界社会发展来看，是一大进步。"② 自 20 世纪 70 年代以来，西方自由民主制度呈现出在全球范围内持续发展和空前扩张的态势，从

---

① 《全球贸易保护悄然抬头 是否愈演愈烈尚无定论》（http://money.163.com/14/0627/14/9VOJ9P8N00251LBQ.html）。
② 《列宁专题文集·论辩证唯物主义和历史唯物主义》，人民出版社 2009 年版，第 295 页。

1974年至2006年，拥有民主制度的国家所占的比例增加了一倍，从30%增加到60%。尤其是苏东剧变使西方民主制度取得了暂时性胜利，得以在全球大肆复制推广，有人甚至声称资本主义民主政治制度获得了永久性胜利，具有普世性。譬如印度籍哈佛大学教授阿玛蒂亚·森（Amartya Sen）在1999年美国《民主》杂志上发文公然提出："民主政治是普世价值"、"是没有边界的"①。

然而，在承认资本主义民主进步性的同时，马克思主义经典作家对其局限性也有着深刻认识，正如列宁强调的："凡是存在着土地和生产资料的私有制、资本占统治地位的国家，不管怎样民主，都是资本主义国家，都是资本家用来控制工人阶级和贫苦农民的机器。至于普选权、立宪会议和议会，那不过是形式，不过是一种空头支票，丝毫也不能改变事情的实质。"②"资本主义已成为极少数'先进'国对世界上绝大多数居民实行殖民压迫和金融扼杀的世界体系。"③ 资本主义民主"始终是而且在资本主义制度下不能不是狭隘的、残缺不全的、虚伪的、骗人的民主，对富人是天堂，对被剥削者、对穷人是陷阱和骗局"。④

此次国际金融危机的深化和蔓延，使得马克思主义经典作家100多年前深刻揭露过的资本主义民主的虚伪性、阶级局限性越来越充分地暴露出来。"我们想要民主而不是钱权政治"、"将金钱踢出选举"，这些在各国"占领运动"中提出的口号，集中体现了资本主义国家民众对于现行资本主义民主政治制度的不满。对于资本主义民主政治制度领域出现的变化和特点，本书政治板块将从资本主义议会民主制度、政党政治制度以及全球政治格局三个层面（第五—七章）展开分析。

第五章主要考察资本主义议会民主制度的发展现状，分析金融危机背景下议会民主制度各种问题和弊病的具体表现及其成因。国际金融危机爆发后，资本主义议会民主制度受到了全球各界的广泛质疑和诟病。

---

① ［印度］阿玛蒂亚·森：《民主政治是普世价值》，载刘军宁主编《民主二十讲》，中国青年出版社2008年版，第232页。
② 《列宁专题文集·论辩证唯物主义和历史唯物主义》，人民出版社2009年版，第294页。
③ 《列宁专题文集·论资本主义》，人民出版社2009年版，第102页。
④ 同上书，第238页。

该章注重运用大量数据资料和各种具体事例，对金融危机背景下的资本主义议会民主制进行阐述和分析，包括资本主义议会民主制度寡头政治和金钱政治的特色在危机背景下更加突出，包括应对危机过程中各党派之间的纷争及其导致的效率低下和"政治瘫痪"等情况的出现，包括发达资本主义国家对发展中国家进行的民主输出及其造成的危害等，从而充分展现资本主义议会民主制度的局限性。

第六章重点介绍和分析资本主义政党政治制度的变化。国际金融危机爆发后，欧洲政党政治的民粹化和两极化现象凸显，激进左翼和极右翼势力都得到了迅速崛起。"经济萧条、民心不振对欧洲政治生态的负面影响在 2014 年集中暴露出来：极端政治势力在欧洲议会选举中表现抢眼，极右、极左政党在多国胜出，尽管没能动摇主流政党的地位，但其影响在全欧范围内明显上升。"① 该章拟以欧洲尤其是西欧为例，运用大量具体数据和事例，论证由持续经济衰退带来的欧洲主流政治架构的发展变化，探讨欧洲资本主义政党政治中极化即极右翼和极左翼政党的迅速崛起及其带来的影响。

第七章着力探讨和分析国际政治格局的新变化、新特点及其应对。国际金融危机不仅对一国内的政治制度造成了巨大冲击，而且对国际政治战略格局、大国关系重组乃至全球治理机制等也产生了深远影响。危机背景下的国际政治格局究竟发生了怎样的调整变化？它对全球治理机制乃至我国对外战略产生了哪些影响？分析国际政治格局变革调整的现状及其动因，探讨国际政治体系转型的未来趋向，在此基础上提出我国国际战略的应对，是本章探讨的核心内容。

### 3. 社会领域的新变化

国际金融危机爆发后，资本主义国家非但没有对垄断金融资本进行限制，反而斥巨资加以救助（其中美联储投入了数万亿美元，欧盟也超过 1 万亿美元），将危机的后果转嫁给普通民众，这就导致了资本主义社会不平等状况的进一步恶化并进而激化了资本主义的社会矛盾。以美国为例，国际金融危机爆发三年之后的 2011—2012 年间，美国最富

---

① 崔洪建：《欧洲政治分化分离状态加剧及其影响》，载《国际问题研究报告（2014—2015）》，世界知识出版社 2015 年版，第 133 页。

的前400人的净资产增长了13%，达到1.7万亿美元，与之形成对照的是，当年美国经济的增长速度仅为1.7%①。

在国际金融危机不断深化、欧债危机继续蔓延的背景下，低迷已久的工人运动和大规模的社会运动在西方发达资本主义国家屡屡发生，英国、比利时、葡萄牙、西班牙、意大利等国都出现了大范围的罢工和游行活动，美国更是在2011年9月17日爆发了"占领华尔街"的大规模抗议活动，持续近两个月，并蔓延至82个国家的多个城市，在全世界产生了重要影响。有人甚至把"占领华尔街运动"说成是"半个世纪后第一个将资本主义整体作为批判核心对象的群众运动"。② 不仅美、英、法等国，甚至个别北欧发达资本主义国家也因社会矛盾激化，发生了多起震惊世界的严重暴力、枪击甚至大规模骚乱事件，亚非拉地区各发展中资本主义国家，近年来也因受国际金融危机的拖累陷入了停滞和缓慢增长，并导致各种社会矛盾显现，恐怖活动日益猖獗，武装冲突愈益频发。示威游行甚至全国大罢工此起彼伏，从未间断。国际金融危机以来资本主义国家的社会阶级结构究竟发生了怎样的变化？危机背景下的资本主义国家工人运动和社会运动呈现出了哪些特点？在社会板块的三章（第八—十章），将对上述问题进行深入考察和分析。

第八章重点分析发达资本主义国家社会阶级结构的新变化。危机以来发达资本主义社会阶级结构出现的一个最显著变化是，随着贫富分化的日益加重，二战后崛起的中产阶级不断萎缩，越来越多的中产阶级被抛入绝对贫困的行列。如果说早在20世纪80年代金融资本主义扩张时期，发达资本主义国家的社会阶级结构就已经呈现出了以金融资本家为代表的资本家阶级不断膨胀、中产阶级受到挤压的态势，那么，国际金融危机爆发后，金融资本家力量更加膨胀，中产阶级加速萎缩。"资产阶级社会内的中等阶层，即小资产阶级和农民阶级，就必定要随着他们境况的恶化以及他们与资产阶级对抗的尖锐化而越来越紧密地靠拢无产

---

① Shannon Jones. "Net worth of richest Americans soars by 13 percent in 2012," September 21, 2012. http://www.wsws.org/articles/2012/sep2012/rich-s21.shtml.

② ［美］理查德·沃尔夫：《欧美资本主义制度陷入全面危机》，《参考消息》2012年3月16日。

阶级。"① 究竟是否存在中产阶级，它是怎样成长发展起来的？它在资本主义社会中的地位和作用如何？此次资本主义危机对发达国家中产阶级造成了哪些影响？本章试图对这些问题进行解答。

第九章着力探讨发达资本主义国家社会运动的新变化。列宁在《谈谈罢工》一文中曾深刻指出："资本主义愈发展，大工厂发展愈快，大资本家对小资本家的排挤愈厉害，工人就愈需要联合起来进行反抗；因为失业现象愈来愈严重，资本家之间力求进行廉价生产（要廉价生产，付给工人的工资也应当尽量压低）的竞争愈来愈激烈，工业波动和危机愈来愈厉害。在工业繁荣时期，厂主得到很多利润，却没有想到分一点给工人；但是到了危机时期，他们倒要把亏损转嫁给工人。"②危机背景下资本主义之所以频发工人罢工和社会动荡，一方面是因为危机本身使普通民众的生活陷入困境；另一方面也是更重要的，是因为资产阶级政府采取了一系列维护垄断资本利益尤其是金融垄断资本利益的救市举措，进一步损害了广大民众的利益。危机以来资本主义国家的工人运动和社会运动呈现出了哪些特点，这是本章着力考察和论证的内容。

第十章主要考察亚非拉资本主义国家的发展变化。国际金融危机背景下的亚非拉发展中资本主义国家，经历了一个"先扬后抑"的过程。危机爆发之初，在发达国家深陷衰退的阴霾之时，发展中国家尤其是一些新兴经济体呈现出了强劲的发展势头，到2012年，新兴经济体的经济总量已占全球GDP的50%，对世界经济起到了积极的拉动作用。但近两年，发展中国家经济增速放缓，社会动荡不安。不断爆发和蔓延的罢工活动、愈演愈烈的恐怖主义以及史无前例的难民危机，引起了人们的高度关注和深入思考，该章拟着力对这些问题进行剖析。

## 三 危机中的资本主义：影响与应对

全球化时代各国之间的利益关系相互交织，相互依存度不断提升。

---

① 《马克思恩格斯全集》第10卷，人民出版社1998年版，第156页。
② 《列宁全集》第4卷，人民出版社1984年版，第254页。

尤其是发达经济体的运行状况，往往会对全球经济产生全局性的影响。此次国际金融危机，引发了全球范围的经济衰退和萧条，给世界各国带来了不同程度的毁灭性灾难。正如美国著名马克思主义经济学家大卫·科茨（David Kotz）在危机爆发之初就预见到的："金融市场的危机正在导致美国实体经济出现一次衰退。……美国经济如果陷入严重衰退，很有可能把整个世界经济拖入衰退。可以说，世界经济现在面临着进入一次全球范围的萧条的危险"。①《纽约时报》专栏作家托马斯·弗里德曼（Thomas L. Friedman）在危机后，也曾用一个非常生动的比喻来形容以美国为首的发达经济体对其他国家经济社会的影响："在这样一个世界，美国连在床上挠挠耳朵都得想想对其他国家和经济的影响，更不用说翻身了。"②

危机中的当代资本主义在各个领域都发生了调整变化，尤其在应对危机的过程中，资本主义各国政府对其经济、政治、文化、社会以及外交等制度政策都进行了调整，只有全面研究危机中资本主义的新变化，客观分析其性质、特点和影响，才能推进中国特色社会主义乃至整个世界社会主义不断发展。

1. 辩证客观看待危机中资本主义的发展前景

随着国际金融危机的爆发和蔓延，资本主义的结构性矛盾与制度缺陷充分暴露出来，曾一度被视为典范的资本主义经济发展模式和民主政治制度，变成了人们广泛质疑和诟病的对象，危机中的资本主义"向何处去"，亦成为世人关注的焦点。对危机中资本主义发展变化的探讨分析，直接关系到对资本主义本质的认识，关系到对世界社会主义未来的预测，关系到有效应对各种挑战、顺利推进中国特色社会主义。为此我们必须秉持客观的原则，采用辩证的思维。

一方面，危机与危机中资本主义的调整和变化表明，资本主义危机是制度性的，是不可克服的，社会主义替代资本主义是人类社会发展的历史趋势。2008年爆发并持续至今的资本主义危机，虽然从金融领域

---

① ［美］大卫·科茨：《美国此次金融危机的根本原因是新自由主义的资本主义》，《红旗文稿》2008年第13期。
② ［美］托马斯·弗里德曼：《美危机需全球化来拯救》，新华网2008年10月21日（http://news.xhby.net/system/2008/10/21/010359734.shtml）。

开始,是金融资本贪婪和金融资本人格化的金融寡头的贪婪造成的必然结果,但同时也是生产过剩导致的周期性危机,是资本主义基本经济规律作用的结果,是资本主义系统性、制度性的危机,对资本主义造成了重创。据美国白宫经济顾问委员会主席阿兰·克鲁格(Alan Krueger)估算,仅在2007年年底金融危机小规模出现、到2009年年初危机全面展开的时间内,美经济损失即高达16万亿美元,相当于全美财富总量的1/4。① 克鲁格不无遗憾地指出:"2008年的金融危机可能是我们见过的最糟糕的悲剧,美国总财富的20%或一年半的可支配收入因为房价和股价的下跌灰飞烟灭,30年代大萧条的损失只有这次的一半。"② 英国则在担忧将经历"失去的十年",《经济学人》周刊估算,英国倒退了8年,美国倒退了10年,希腊等国倒退了12年以上。③ 恩格斯早在一百多年前对资本主义经济危机后果的描述,依然适用于此次国际金融危机,"交易停顿,市场盈溢,产品大量滞销积压,银根奇紧,信用停止,工厂停工,工人群众因为他们生产的生活资料过多而缺乏生活资料,破产相继发生,拍卖纷至沓来。停滞状态持续几年,生产力和产品被大量浪费和破坏"④。尽管危机中的资本主义各国政府,对其经济社会发展进行了调整和改革,但改革多为暂时性的政策举措,包括危机之初实行的国有化政策,危机过程中被许多国家采取的量化宽松政策等等,都先后被各国放弃和终止。而危机导致的问题和困境,并没有也不可能得到彻底解决。资本主义各国仍会在相当一个时期内继续处于"亚健康"状态,其对发达经济体乃至整个世界经济的负面影响还会持续显现。

对于资本主义应对危机的举措及其结果,斯大林曾有过论述:资本家"想靠牺牲商品主要消费者的利益,牺牲工人的利益,牺牲农民的利益,牺牲劳动者的利益来摆脱危机。资本家在拆自己的台脚。结果不

---

① 刘晓明:《对西方资本主义困境的观察与思考》,《人民日报》2013年4月12日。
② 《阿兰·克鲁格解读未来经济走势》(http://mba.mbalib.com/news/1434.html)。
③ 刘济华、谢德宇:《金融危机下的资本主义制度危机——访中央党校赵曜教授》,《中国社会科学报》2015年7月23日。
④ 《马克思恩格斯文集》第3卷,人民出版社2009年版,第556页。

是摆脱危机而是加深了危机，积累了引起更加剧烈的新危机的新前提。"① 危机中资本主义的制度困境和发展变革，充分暴露出资本主义制度的不稳定性、不可持续性、寄生性以及腐朽性，表明其"最终瓦解是不可避免的"，必将被社会主义所替代。正如马克思和恩格斯在《共产党宣言》中明确指出的："资产阶级除非对生产工具，从而对生产关系，从而对全部社会关系不断地进行革命，否则就不能生存下去。"② 英国左翼学者希勒尔·蒂克庭（Hillel Ticktin）也持这种观点："资本主义作为一种制度已经危机重重，……社会主义相对于资本主义已成为更有前途的选择；它可以用代价更小的方式发展社会，并且不会导致长期萧条和危机。"③

另一方面，危机中资本主义的调整和变化表明，资本主义国家尤其是发达国家仍具备较强实力，通过改革调整还有进一步释放的空间。正如马克思曾指出的："无论哪一个社会形态，在它所能容纳的全部生产力发挥出来以前，是决不会灭亡的；而新的更高的生产关系，在它的物质存在条件在旧社会的胎胞里成熟以前，是决不会出现的。"④ 尽管受到危机的严重冲击，资本主义国家经济发展低迷数年，但发达资本主义国家的整体优势仍然存在，美、欧、日三方的 GDP 仍占全球经济总产出的 60% 以上。美国依然坐着全球第一的交椅，尤其是在资源创新、技术创新、金融创新以及产业创新上，与其他经济体拉开巨大差距。危机中的资本主义采取了一系列变革和调整，不仅发达国家采取了一些有针对性的经济变革、调整和转型，以摆脱复合型危机，新兴国家和发展中国家也根据内外部经济形势的变化，加速推进改革调整和转型的步伐，促其实体经济从旧增长模式向新增长模式转变。目前危机已进入相对平稳期，未出现前几年那样的财政悬崖和经济危机。萨默斯宣称，如今只是资本主义的汽车发动机出了故障，只需实施适当的财政和货币政策就可以解决，而不用进行大刀阔斧的结构性改革。对此我们虽然并不

---

① 《斯大林选集》（下卷），人民出版社 1979 年版，第 269 页。
② 《马克思恩格斯文集》第 2 卷，人民出版社 2009 年版，第 34 页。
③ [英] 希勒尔·蒂克庭：《今日的危机与资本主义制度》，《国外理论动态》2010 年第 11 期。
④ 《马克思恩格斯文集》第 2 卷，人民出版社 2009 年版，第 592 页。

认同，但必须承认，资本主义还有一定的发展空间，不会马上灭亡，社会主义替代资本主义是一个漫长的过程。正如日共前主席不破哲三指出的：金融危机使世界人民意识到社会主义才是世界发展的方向，但同时，社会主义国家也受到危机的消极影响，面临如何应对危机并对民众进行解释，使之进一步坚定走社会主义道路的信心。对社会主义力量来说，如何把应对危机与社会变革结合起来是一个挑战。①

### 2. 认真研究和应对危机中资本主义的新变化

当前的中国，经过30多年的改革开放，已跃居世界第二大经济体，成为世界经济发展的重要引擎。作为全球第一货物贸易大国和主要对外投资大国，中国在国际舞台上的地位显著提高，在国际事务中的作用大大提升，2014年中国进出口总值达到了43030.4亿美元，同比增长3.4%。外贸保持平稳增长，进出口增速快于世界主要经济体和新兴发展中国家，占全球市场份额稳中有升，全球第一货物贸易大国的地位进一步巩固。② 中国与国际社会的互联互动已变得空前紧密，中国对世界和世界对中国的影响，正在同时显现且愈益深刻。尤其是，国际金融危机的深层次影响依然存在，深度调整中的世界经济复苏依旧乏力，加之全球贸易保护主义不断抬头，地缘政治关系复杂多变，我国经济社会发展的外部环境中不确定、不稳定因素增多。在这一时代背景下，我们必须拥有世界眼光、把握时代脉搏、认清当今世界形势和国际环境，"统筹考虑和综合运用国际国内两个市场、国际国内两种资源、国际国内两类规则。"③ 只有不断深化对危机背景下当代资本主义发展变化的研究分析，才能更加准确地研判当代资本主义的本质和世界社会主义的未来，才能更加有效地推进中国特色社会主义建设。

积极应对危机中资本主义的新变化，一方面要在全面研究的基础上借鉴资本主义的有益做法，这是推进中国特色社会主义的保证。列宁早就说过：社会主义不能离开人类文明发展的大道而存在，"我们不能设

---

① 赵静：《日共前主席不破哲三谈国际金融危机对当代资本主义和世界社会主义的影响》，《当代世界》2009年第5期。

② 《2014年中国保持全球第一货物贸易大国地位》（http：//www.chinanews.com/gn/2015/01－14/6969456.shtml）。

③ 《中央外事工作会议在京举行 习近平发表重要讲话》，《人民日报》2014年12月1日。

想，除了建立在庞大的资本主义文化所获得的一切经验教训的基础上的社会主义，还有别的什么社会主义"。① 随着新技术革命和新产业革命的蓬勃发展，美、欧、日等发达国家和地区在信息技术、新能源、新材料、智能制造等高技术产品和服务领域取得了快速发展，这些都应积极学习和大胆借鉴。此外，资本主义在反思和应对国际金融危机的过程中采取了一系列政策措施，也都值得我们认真学习和积极借鉴，正如习近平强调指出的："国际金融危机发生以来，主要经济体都对其金融监管体制进行了重大改革。……加强和改善金融宏观调控，维护金融稳定。这些做法都值得我们研究和借鉴。"② 另一方面要在深入分析的前提下积极警惕资本主义，这是发展中国特色社会主义的关键。处于大变革大调整时期的当今世界，两种社会制度在意识形态、社会制度、人权民主等诸多问题上的对抗、对立乃至争斗日趋突出，特别是随着我国综合国力的不断提高，国际社会更加关注中国发展道路和发展理念。我们必须清醒地认识到，以美国为首的发达国家为维护其霸主地位，必然会通过各种方式直接或间接打压中国。譬如指责中国等新兴大国利用国际游戏规则中的漏洞"搭便车"，并以此为由不断制造针对我国的经济贸易摩擦案件；把中国作为其主要"敌手"，把包围圈由东北亚、东南亚延伸至东亚，并在东亚地区加强了针对中国的兵力部署，严重威胁着我国的国家安全。此外，日本极右翼势力的推行、中国与周边国家之间存在的领土和海洋权益争端问题等，也成为了威胁中国外部战略环境的重要因素。另外，为争夺国际市场，提高本国的竞争能力和优势地位，抢占新的国际竞争制高点，无论是发达国家还是新兴经济体国家，都在积极调整经济结构。发达国家逐步改变负债消费模式，以扩大投资和出口的形式拉动经济增长，新兴经济体国家则开始通过扩大内需拉动经济增长。作为发展中大国，由于中国的传统比较优势逐步弱化，产业多处于国际分工中的低端，来自发达国家和发展中国家的双重压力都在增大。为此，我们必须积极防范和化解改革开放带来的各种矛盾、风险和挑战。

---

① 《列宁全集》第 34 卷，人民出版社 1985 年版，第 252 页。
② 习近平：《关于〈中共中央关于制定国民经济和社会发展第十三个五年规划的建议〉的说明》，《光明日报》2015 年 11 月 4 日。

为此，本书在分析资本主义在经济、政治和社会领域发展变化的同时，也尽可能地提出了应对之策。

综上所述，危机中的资本主义在经济、政治、文化意识形态、社会、生态等诸多方面都发生了广泛而深刻的变化，只有全面了解把握并正确地对待这些新变化，才能更好地推动中国特色社会主义乃至整个世界社会主义的发展。有鉴于此，我们依据课题组人员的知识背景和前期积累，确定先研究资本主义在经济、政治和社会领域的发展变化，力图运用马克思主义的基本立场、观点和方法，解读当代资本主义陷入危机的制度表现及其深层原因，探讨资本主义在经济、政治和社会领域的改革举措及其效果影响。在研究中，我们既注重依据大量具体数据和客观事例，也注重了解全球各界人士对该问题的研究分析。三年的研究中，我们每年都会撰写关于资本主义研究的前沿动态。在本书中，我们也将这些作为附录收入，供大家参考。

# 第一章 资本主义国家金融政策的调整与国际金融格局的变化

在此次国际金融危机中，金融领域监管乏力、易于诱发经济动荡的弊端暴露无遗。面对许多金融企业陷入倒闭或资产大规模缩减的境况，资本主义国家对其金融政策进行了调整，包括通过对金融企业实施暂时的国有化予以救助，制定一系列的金融监管政策以加强风险管控等。在国际范围内，面对美元霸权的挑战，以欧盟为代表的发达国家、以金砖国家为代表的新兴经济体等都采取了应对举措，国际货币体系和国际金融格局也随之出现了调整与变化。

## 一 资本主义国家的金融企业国有化政策

国有化曾在资本主义经济发展中起到不可或缺的作用，借助国有垄断企业，国家可以快速集中资本实现刺激经济活动的目的，保证社会资本再生产的顺利进行，从而对社会经济的发展进行有效调节。二战后，为迅速恢复和发展经济，在凯恩斯主义的指导下，国有化更是成为聚集资本、为资本主义经济发展提供稳定平台的重要手段。20世纪80年代前，航空、钢铁、造船、铁路、邮政等行业都是国有化的重点领域。在金融业中，意大利大部分是国有经济，法国1982年国家控制的银行数在注册银行总数中的比重达到90%，等等。[①] 但随着20世纪70年代末80年代初新自由主义成为西方的主流思潮，在其极力推崇的"私有

---

① 吴易风：《西方国家的国有化与非国有化》，《福建论坛》（经济社会版）2001年第9期。

化"、"市场化"理论主张下，西方国有化的比重日益缩减。

由 2007 年美国次贷危机引发的国际金融危机爆发后，欧美大批金融企业面临困境。在美国，华尔街资产缩水一半以上，加利福尼亚州印地麦克银行、内华达州的第一国民银行、加州的第一传统银行、佛罗里达州第一优先银行等纷纷破产，美国国际集团（AIG）连续几个季度出现净亏损，花旗集团在 2007 年 7 月损失达 7 亿美元，股价由高位时的 23 美元跌至 2008 年的 3 美元左右，等等。在欧洲，德国工业银行在 2007 年亏损估计达到 82 亿欧元，法国第一大银行巴黎银行因投资美国次贷债券蒙受巨大损失，不得不于 2007 年 8 月 9 日宣布冻结旗下三支基金，英国诺森罗克银行在 2007 年 9 月 14 日发生挤兑风波，等等。面对受损严重的金融业，对其实施暂时的国有化成为资本主义各国解救危机的重要手段。

**1. 对金融业进行救助的国有化政策**

为稳定资本市场，控制金融危机进一步蔓延，欧美资本主义国家自 2008 年开始，首先对危机中受损最为严重的金融业进行了救助，通过购买优先股、认股权证或普通股的方式，向金融企业注资。

美国于 2008 年 9 月起先后宣布以优先股、认股权证为交换，向房利美和房地美、美国国际集团、花旗集团等大型金融企业注资。2009 年，美国金融监管机构对风险加权资产在 1000 亿美元以上的 19 家主要银行进行压力测试，以判断各银行财务状况，决定注资对象。

在欧洲，英国率先于 2007 年 9 月对陷入次贷危机的诺森罗克银行注资，并于 2008 年 2 月对该银行实行国有化。此后，其他各主要欧洲国家也相继开启了金融企业国有化之旅。奥地利于 2008 年 10 月中旬公布了 1000 亿欧元的金融救助方案草案，明确表示奥地利政府将考虑对银行强制实施国有化，作为危机的最终解决方案。意大利 2008 年 10 月宣布成立一个 200 亿欧元的基金，用于从需要资金的银行换购股份。德国在 2009 年通过《救援兼并法》，强调在没有任何其他合理的法律和经济办法来维持金融市场稳定的条件下，政府可以对陷入困境的银行进行国有化。遭受严重冲击的冰岛，对考普兴银行（Kaupthing）等国内主要的商业银行实行了国有化。葡萄牙和爱尔兰也分别对其国家的一家大型金融机构实行了国有化。

除上述银行以外，还有许多金融企业都实施了国有化，详情见表1-1。

表1-1　　2008年以来主要资本主义国家采取金融企业
国有化措施的主要情况

| 国家 | 国有化对象 | 具体方式 |
|---|---|---|
| 美国 | 房利美 房地美 | 美财政部注资，用于购买"两房"的优先股。2008年9月7日，财政部与"两房"达成《优先股票购买协议》（PSPA），在两公司各购买1000亿美元的优先股。截至2013年底，在PSPA项下，财政部共购买了"两房"1874亿美元的优先股 |
| | 美国国际集团 | 美国联邦储备委员会向美国国际集团提供850亿美元紧急贷款，获得79.9%股份的认股权证 |
| | 花旗集团 | 美国财政部、联邦储备委员会和联邦存款保险公司以购买优先股的方式向花旗集团注资450亿美元，美国政府获得7.8%的股权，成为花旗集团单一最大股东。2009年夏，将250亿美元的优先股转化为普通股，政府共持有77亿股花旗原始普通股，约占该集团股份的27% |
| | 美国银行 | 美国政府向美国银行注资200亿美元，获得该银行部分优先股，另外，政府还为其1180亿美元资产提供担保，旨在帮助美国银行消化对美林的并购及防止危机进一步深化 |
| 英国 | 诺森罗克银行 | 英格兰银行向诺森罗克银行提供250亿英镑紧急援助贷款，后又将贷款转为债券。2008年2月17日，英国财政大臣阿利斯泰尔·达林（Alistair Darling）宣布暂时将该银行国有化 |
| | 莱斯TSB银行 | 英国政府为莱斯TSB银行2600亿英镑不良资产提供担保，条件是英国政府在该银行中的股份从原来的43%上升至至少65%。如果该银行向政府发行的"B"类特别股份转换为普通股，政府所占有的股份将增至77%。政府拥有表决权的股份将限制在75% |
| | 苏格兰皇家银行 | 英国政府为苏格兰皇家银行3000亿英镑的资产提供担保，条件是该银行向政府发行"B"类特别股份，最多筹集255亿英镑资本，这些股份可转换为普通股。英国政府最多拥有该银行95%的股权 |
| 德国 | 德国住房抵押贷款银行 | 德国政府向德国住房抵押贷款银行提供1020亿欧元的贷款额度与债务担保，通过救援基金以法定最低价格每股3欧元认购其发行的2000万股新股，取得该银行8.7%的股份。后经德国金融监管局批准，政府救援基金向该行全体股东发出每股1.39欧元的收购要约，该收购要约执行后，政府将持有该银行大部分已发行股票 |
| 冰岛 | 四大银行 | 2008年10月将前三大银行考普兴银行、冰岛国民银行和格利特尼尔银行国有化，2009年3月第四大银行斯特不达斯投资银行也被冰岛金融监管局接管并关闭 |

续表

| 国家 | 国有化对象 | 具体方式 |
|---|---|---|
| 西班牙 | 科奥德拉银行 | 2009年3月29日，西班牙央行紧急接管科奥德拉银行，并为该银行提供20亿欧元的负债担保 |
| 卢森堡比利时荷兰 | 富通集团 | 2008年10月，荷兰、比利时、卢森堡三国政府为挽救富通集团，分别出资40亿欧元、47亿欧元和25亿欧元，购买该集团在各自国家分支机构49%的股份，同时，三国政府还为富通集团内各银行提供流动性支持。随后比利时政府控制了富通集团，以避免其陷入破产，富通在荷兰的分支机构出售给荷兰政府 |
| 荷兰 | SNS Reaal银行 | 2013年2月1日，荷兰政府注资37亿欧元将SNS Reaal银行国有化 |

## 2. 本轮金融企业国有化的特点和实质

尽管本轮金融企业国有化只是资本主义国家为解决其困境而采取的权宜行为，但仍在西方各界引起了广泛争议。

在欧美官方看来，实行国有化是稳定金融体系的必然选择，英国财政大臣达林就认为，国有化的目的是维护金融稳定和保护存款人，同时对纳税人的影响最小化。前美联储主席格林斯潘（Alan Greenspan）指出，"为了迅速和有序地进行重组，或许有必要暂时将某些银行国有化"。国际货币基金组织2009年4月21日也表示支持对在金融危机中陷入困境的银行实行暂时性的国有化。

但出于长期以来对自由市场经济体制的推崇，对国有化的反对声不绝于耳，不少人认为国有化违背了市场经济的原则。更有学者指出，国有化是在走向社会主义。前美国联邦储蓄保险公司主席威廉·艾萨克（William Isaac）在《华尔街日报》撰文指出，国有化并非解决问题的"灵丹妙药"。美国《新闻周刊》2009年2月发表了题为《我们现在都是社会主义者了》的封面文章，"美国政府已经处在保守众议院们的操控之下，他们很高效地把银行和贷款业国有化了。这比5000万美元的预算法案具有更强的社会主义信号。"[①] 纽约大学经济学教授鲁比尼

---

① Jon Meacham, "We Are All Socialists Now", *Newsweek*, Feb 2, 2009, http://www.newsweek.com/we-are-all-socialists-now-82577.

(Roubini)也提出，随着美国对 AIG 实行国有化，美国已经转变为"美利坚社会主义共和合众国"①。还有学者指出，大规模推进银行国有化并不是要走向社会主义，而是向北欧国家靠拢，建设一个福利资本主义体系。如南卡罗来纳大学历史学教授托普林（Toplin）就认为："就像国家向个人提供福利一样，政府在金融危机时向银行注资或实行国有化，也是向银行提供一种福利。"②

本轮国有化的实质是什么？应当如何看待它？这些问题都需要结合本轮国有化的特点来进行具体分析。

与二战后资本主义国家采取的大规模、长时间的国有化相比，本轮国有化呈现出诸多不同的特点：

首先，本轮国有化的重点是在危机中受创最为严重的金融业。发达资本主义国家历次国有化都会严格限定实施领域和范围。在本轮国有化中，主要国有化对象仅仅是金融领域濒于破产的大企业，而不是整个金融行业，更不是所有行业。发达资本主义国家之所以对濒于破产的大型金融机构采取国有化措施，一方面希望以国家信用弥补商业信用，保护存款人利益，防止银行业"雨天收伞"，恢复信贷功能，避免造成更大负面影响；另一方面期望银行业能够尽快稳住阵脚，防止金融危机演变成实体经济危机，避免政府被迫扩大国有化的范围。③

其次，本轮国有化多采用政府注资购买已有企业新发行的股份，且许多股份为可转换优先股的形式。政府以可转换优先股的形式注入资金，享有企业红利和剩余财产的优先分配权，并有权按照一定的比例将这些股份转换成普通股或公司债券，从而可以使企业在经营状况转好时实施"去国有化"。通过此种方式，企业既可以获得国家的救助资金，有利于金融体系的稳定和恢复，还保留了企业对经营决策的主导权，避免国家的过度干预。同时，政府尽管对企业的经营决策没有表决权，但可以通过救助法案事先对部分事项进行限定。如美国 2008 年 10 月 3 日

---

① 《学者讽刺：美国成为美利坚社会主义共和合众国》，《环球时报》2008 年 9 月 23 日。
② 严荣：《马克思主义视野下的西方国家银行国有化》，《当代经济研究》2010 年第 4 期。
③ 金碚、刘戒骄：《西方国家应对金融危机的国有化措施分析》，《经济研究》2009 年第 11 期。

通过的《经济稳定紧急法案》规定,财政部有义务购买无表决权股,而接受政府补贴或贷款的公司,应禁止给公司权力最大的5位高级管理人员任何更多的激励,也不得增加高级管理人员的离职补偿费。

最后,本轮国有化只是在金融危机的背景下采取的一种暂时性的政策,资本主义的自由经济体制并未受到质疑和改变。白宫新闻秘书罗伯特·吉布斯(Robert Gibbs)就指出:"本届政府始终坚信,银行私有化体制乃正确道路。""金融大鳄"索罗斯(George Soros)也提出:"国有化的安排只能是暂时性的。一旦危机结束,出现银行开始放贷、经济开始增长的迹象,银行就必须重新以商业原则为本来经营,不再受政府的影响。在所谓的'国有'期间,政府不能对经营决策有控制权。它应该是监管,包括监管可用信贷的总量,而不是做出经济决定。"① 事实上,实施国有化不久,许多银行就已纷纷归还援助资金,掀起了"去国有化"的高潮。2009年6月,高盛公司以约100亿美元的价格回购了财政部持有的1000万股优先股,摩根大通、摩根士丹利、美国合众银行等分别偿还了250亿美元、100亿美元和66亿美元的援助资金。2009年12月,美国银行与监管机构达成协议,偿付450亿美元问题资产救助计划资金。② 由此也可以看出,本轮金融企业国有化已基本实现了其目的——使金融垄断资本借助国家的力量顺利摆脱困境,并得以恢复和发展。

从本轮国有化的特点可以看出,欧美资本主义国家在危机发生后所采取的国有化政策实质上是运用财政资金救助陷入困境的垄断企业,以保证垄断资本尤其是垄断金融资本继续获得高额垄断利润,维持经济社会生活的正常运转。

对于资本主义国有化的性质,恩格斯在《社会主义从空想到科学》一文中就明确指出,"无论向股份公司和托拉斯的转变,还是向国家财产的转变,都没有消除生产力的资本属性",因为"现代国家,不管它的形式如何,本质上都是资本主义的机器,资本家的国家,理想的总资

---

① George Soros, "Recapitalise the Banking System", *Financial Times*, Oct 1, 2008.
② 朱周良:《美国银行融资193亿美元"赎身" "去国有化"再掀高潮》,《上海证券报》2009年12月5日。

本家。它越是把更多的生产力据为己有，就越是成为真正的总资本家，越是剥削更多的公民。"① 国有化并不等同于社会主义，只有消除了生产力的资本属性，国有化才会是社会主义的，"只有在生产资料或交通手段真正发展到不适于由股份公司来管理，因而国有化在经济上已成为不可避免的情况下，国有化——即使是由目前的国家实行的——才意味着经济上的进步，才意味着达到了一个新的为社会本身占有一切生产力作准备的阶段"②。对于将国有化等同于社会主义的错误观点，恩格斯也给予了深刻批判，"自从俾斯麦致力于国有化以来，出现了一种冒牌的社会主义，它有时甚至堕落为某些奴才气，无条件地把任何一种国有化，甚至俾斯麦的国有化，都说成社会主义的。显然，如果烟草国营是社会主义的，那么拿破仑和梅特涅也应该算入社会主义创始人之列了。"③

在本轮国有化中，垄断资本获得了巨额利益，而广大纳税人则成为损失的最终承担者，这是因为政府在将金融企业国有化的时候通常要承担巨额损失，并且在其对企业改组后往往要折价出售给私有部门，这中间的差价损失只能由纳税人承担。根据英国国家统计局2009年2月19日发布的资料，银行国有化将导致公共债务陡增，最高可能相当于国民生产总值的150%，公共债务的增加势必最终转嫁到纳税人身上。④ 通过这种完全服务于垄断资本利益的"劫贫济富"的国有化政策，"纳税人为无可挽回的企业亏损买单，而企业的股东与高管瓜分繁荣时期的经济利润"⑤。

## 二 资本主义金融监管举措

2008年国际经济危机始发于金融领域，经济过度金融化以及金融资本缺乏监管无疑成为引发危机的重要因素，国际货币基金组织首席经

---

① 《马克思恩格斯文集》第3卷，人民出版社2009年版，第559—560页。
② 同上书，第558页。
③ 同上书，第558—559页。
④ 许闲：《欧洲银行国有化：一把双刃剑》，《银行家》2009年第5期。
⑤ Paul Krugman, "Bailouts for Bunglers", *The New York Times*, Jan 1, 2009.

济学家西蒙·约翰逊（Simon Johnson）教授指出，"金融无监管是走向灾难的药方"，美国经济学家保罗·克雷格·罗伯茨（Paul Craig Roberts）更是断言缺乏监管的金融业或将导致西方文明毁灭。① 前美联储主席伯南克（Ben Shalom Bernanke）在美国国会下属金融危机调查委员会举办的听证会上也表示，影子银行系统缺乏监管是导致2008年发生经济及金融危机的主要因素之一。作为对此次危机的反思，发达资本主义国家纷纷加强对金融资本的监管、控制金融资本的贪婪性，力图遏制经济金融化的态势，为经济持续发展提供有力的物质基础。

**1. 经济金融化与资本主义危机**

资本主义经济金融化是20世纪70年代以来随着新自由主义和经济全球化的发展而兴起的。资本主义由产业资本主义向金融资本主义发展、经济的金融化成为经济发展的重要标志既是资本发展的必然要求，也与资本主义所采取的各种举措息息相关。

20世纪70年代，在经历了二战后经济的高速增长后，资本主义经济陷入滞胀状态，美国、法国、英国等主要资本主义国家在20世纪70年代中期至80年代初的年平均经济增长率大体只有50年代的一半，日本1974—1981年间经济增长率只有3.6%，远低于60年代11.2%的数值。在经济停滞的状态下，实体经济的利润率大幅下滑。整个20世纪70年代，美国经济的利润率只有4.2%，而非金融企业部门的税后利润率更是由1966年的9%急剧下降至1982年的3%，降幅高达2/3。② 为解决经济停滞和产能过剩、阻止利润率进一步下滑，发达资本主义国家开启了经济金融化的新路径，通过积极发展金融部门来吸收大量剩余资本。金融、保险等非生产部门的发展不仅为经济剩余提供了一个重要出口，而且雇佣了许多新的员工，并通过资产升值的财富效应间接刺激了需求。可以说，"资本主义之所以走向金融化，是因为在资本主义内部要弥补经济停滞损失别无他途"③，"经济增长缓慢和资本缺少投资机会是金融

---

① 《罗伯茨称欧美缺乏监管的金融业或将导致西方文明毁灭》，《参考资料》2012年6月26日。

② 参见［美］约翰·B. 福斯特、罗伯特·W. 麦克切斯尼：《停滞——金融化陷阱与无休止的危机》，张峰译，《甘肃行政学院学报》2013年第1期。

③ 陈弘：《当前金融危机与当代资本主义停滞趋势》，《国外理论动态》2009年第7期。

化的原因……金融部门的扩张是资本家能够增加其财富的唯一途径"①。

在经济滞胀使金融化成为资本主义经济发展新方向的同时，经济全球化和新自由主义思潮也成为重要的助推因素。

在新自由主义的推动下，发达资本主义国家都放松了对金融机构的管制。20世纪80年代，美国国会通过了《存款机构放松管制和货币控制法》、《加恩·圣杰曼存款机构法》，使银行和其他金融机构可以自由地追逐最大利润。1999年的《金融服务现代化法案》更是废除了1933年制定的《格拉斯—斯蒂格尔法案》有关条款，实现了从分业经营到混业经营的转变，商业银行开始同时大规模从事投资银行的活动。与此同时，全球化更是为金融化的发展提供了广阔的发展舞台。通过迫使发展中国家放松对资本和金融市场的管制，金融资本在全球得以迅猛扩张。在这一背景下，"金融机构尤其是金融巨头突破了其作为非金融资本积累的服务者的角色，而力图通过金融活动去追逐自己的利润。它们通过金融市场频繁地进行交易，而不仅仅只是向非金融部门的机构提供贷款。新的金融工具的创新和销售，基本取代了过去金融部门与非金融部门之间的长期借贷关系，而这种关系曾在调控的资本主义的社会积累结构中居于主导地位。"②

在内外因素的共同作用下，金融衍生品交易和股市交易恶性膨胀，经济沦为一种"赌场经济"，物质生产日益萎缩。根据国际清算银行的估算，金融衍生品市场交易日成交量总金额1998年为1.4万亿美元，2001年为2.2万亿美元，2004年为4.5万亿美元，2007年7月高达6.2万亿美元；金融衍生品市场的柜台交易日成交量1998年为375亿美元，2001年为575亿美元，2004年为1200亿美元，2007年突破2000亿美元，总计金融衍生品日交易额为8.2万亿美元，为世界商品和服务日交易量的290倍。③ 虚拟资本增加所造成的财富效应形成了一

---

① [美]约翰·B.福斯特、罗伯特·W.麦克切斯尼：《垄断金融资本、积累悖论与新自由主义本质》，武锡申译，《国外理论动态》2010年第1期。

② [美]大卫·科茨：《金融化与新自由主义》，孙来斌、李轶译，《国外理论动态》2011年第11期。

③ 刘俊奇：《当代资本主义的发展与危机》，中国社会科学出版社2014年版，第100页。

种虚假的需求,隐蔽了生产过剩的事实,更加促成了资本主义生产的盲目扩大和投机活动,买卖过程进一步脱节。2007 年,金融业所雇佣的员工数仅为总就业的 5%,但所获利润却占到美国全部利润的 40%。同时,在金融化的作用下,两极日趋分化,中产阶级日益萎缩。美国新经济联盟 2014 年初发布的调查数据显示,美国最富有的 1% 人口占有了全国 40% 的财富,而 80% 人口仅拥有大约 7% 的财富①,"全球化资本主义现在的形式正在摧毁中产阶层的社会基础"②。经济过度金融化导致的虚拟经济与实体经济脱节以及普通民众消费能力的下降使生产过剩日趋严重,最终导致经济危机的爆发。

**2. 发达资本主义国家加强金融监管的举措**

面对波及范围如此之广、影响如此之深的国际金融危机,欧美各国都进行了深刻反思。2008 年 10 月,格林斯潘承认其在"预计组织的利己主义的程度时犯了错误,尤其是对于银行和其他金融机构,以为他们的自身利益会促使他们竭尽所能保护他们自己的股东和公司的资产"③。2009 年 6 月 17 日,美国财政部也发布了题为《金融监管改革:新基础——重建金融的监管与法规》的报告,严厉指责了银行与消费者在金融创新产品方面的毫无节制。

在对危机原因进行反思的基础上,为遏制经济的过度金融化,发达资本主义国家纷纷制定了金融监管法案,设立了专门的监管机构,以加强对金融机构和金融交易的监管。

(1)制定金融监管改革法案,从法律上提供支持和依据。美国于 2010 年 7 月 21 日签署了《多德—弗兰克法案》,对高管薪酬、风险交易、衍生品、消费信贷等设定了新规则,防范金融机构"大而不倒"的风险。欧盟在 2008 年和 2009 年分别出台了《德拉鲁西埃报告》和《欧洲金融监管方案》。英国制定了《2010 年金融服务法》和《2012 年

---

① 廖政军:《美国最富有 1% 人口 占有全国 40% 财富》,《人民日报》2014 年 6 月 17 日。

② Francis Fukuyama, "The Future of History: Can Liberal Democracy Survive the Decline of the Middle Class?", *Foreign Affairs*, January/February 2012.

③ 转引自 [美] 理查德·波斯纳:《资本主义民主的危机》,李晟译,北京大学出版社 2014 年版,第 127 页。

金融服务法》，将"金融稳定目标"新增为金融服务局的法定目标之一。日本在《金融商品销售法》、《金融商品交易法》中增加了有关消费者保护条款。德国制定了针对虚拟经济的《金融市场稳定法》。

（2）设立专门的监管机构，建立新的监管协调机制以防范和监控市场系统性风险。美国设立了金融稳定监督委员会，主要负责检查和处理威胁国家金融稳定的系统性风险，监管方式从分业分散监管向统一集中监管转变。委员会有权认定哪些金融机构可能对市场产生系统性冲击，从而在资本金和流动性方面对这些机构提出更加严格的监管要求。同时，授权美联储对规模最大且结构最复杂的美国金融机构进行监管，扩大美联储的金融监管权限，将其打造成"超级监管者"。英国确立了英格兰银行作为中央银行在金融稳定中的核心地位，并在英格兰银行下设金融政策委员会和审慎监管局，分别承担对英国宏观金融体系进行监管和微观审慎管理的责任，以消除或减少系统性风险，增强英国金融体系抗风险的能力。欧盟设立了进行宏观审慎监管的欧洲系统性风险委员会，负责对整个金融体系进行宏观审慎监管，并预警欧洲经济中的各种风险，还成立了欧洲银行局、欧洲保险与职业养老金局以及欧洲证券与市场管理局进行微观层面的监管。

（3）对大型金融机构的自营业务进行限制。美国实施了"沃尔克规则"（Volcker Rule），该规则由奥巴马政府的经济复苏顾问委员会主席保罗·沃尔克（Paul A. Volcker）提出，旨在使吸纳储蓄的金融机构回归其原本角色，重新承担起吸收存款、发放贷款等"效用银行"的业务，减少这些机构利用政府担保的客户存款从事与客户服务无关的投机活动，维护存款人的资金安全及金融秩序的稳定。依据该规则，美国《多德—弗兰克法案》允许银行投资对冲基金和私募股权，但资金规模不得高于自身一级资本的3%。同时要求金融机构将农产品掉期、能源掉期、多数金属掉期等风险最大的衍生品交易业务拆分到附属公司，但自身可保留利率掉期、外汇掉期以及金银掉期等业务。英国进行了"围栏"（Ring-Fencing）改革，即通过建立"围栏"隔离零售银行和投资银行等高风险业务，"围栏"内的业务可以为欧盟区内的个人及中小企业提供存贷款和支付结算服务，"围栏"外的业务只能将不在保险范围内的存款和批发性资金作为融资来源。欧盟27个成员国中央银行行长于2010年9月12日达成《巴塞尔协议Ⅲ》，要求银行资本储备金由以前的2%增加到7%。2010年10月，规定今后在欧盟内经营对冲基金需要获得执照。

（4）规范金融衍生品交易，增加衍生品交易的透明度和规范性。美国《多德—弗兰克法案》首次对场外衍生品市场交易行为颁布全面的监管规定，大部分衍生品都必须在交易所内通过第三方清算中心进行交易，以便监管部门能更全面掌握市场状况。非标准或定制的衍生产品仍然可以进行场外交易，但必须提高透明度，相关数据必须集中到交易中心。

（5）加强对信用评级机构的监管。欧债危机发生后，欧美信用评级机构的客观性、及时性和可信性备受质疑。为改变这一状况，美国《多德—弗兰克法案》规定在证券交易委员会中创建一个信用评级办公室，拥有对信用评级机构进行监管和处罚的权力。对"国家认可的信用评级组织"，至少每年要检查一次并公布结果。同时要求这些评级组织向证券交易委员会提交年度报告，对其内部控制的有效性等工作进行总结和评价。此外，为确保评级工作的独立性和公正性，在评级机构内部建立了"防火墙"，其销售和市场部门不得影响评级，评级机构合规部门主管不得参与评级工作，合规部门员工工资不能与评级机构的业绩挂钩等。欧盟委员会也提出了加强对信用评级机构的监管方案，并建立一个专门机构——"欧洲证券与市场管理局"，负责监管在欧洲注册的信用评级机构。其目标有二：一是从欧洲层面对评级机构实施高效和统一的监管；二是增加评级机构操作的透明度。自2011年起，信用评级机构必须在欧洲证券和市场管理局登记，并持续达到其要求，才能在欧洲开展业务。

（6）对金融企业高管的薪酬进行限制。欧盟从2012年起严格限制欧洲银行业高管的奖金数额，并为银行设定新的资本金要求，以遏制过度冒险行为。根据新规定，欧洲银行必须将现金红利的比例限制在红利总额的30%以内，数额特别巨大的则限制在20%以内。美国《多德—弗兰克法案》规定，所有上市企业都必须执行每三年至少一次的"股东决定薪酬"投票，对高管薪酬及其机制进行表决，使股东获得更多关于高管薪酬支付的话语权。该制度首先针对的是那些在危机后接受过救市资金的美国金融机构和公司。根据美国政府的规定，接受政府援助的企业高管现金薪酬不得超过 50 万美元，额外薪酬必须以限制性股票的形式发放，而且要等公司归还政府注资后方可授予。

### 3. 金融监管未能有效遏制经济金融化态势

危机后资本主义国家为遏制经济金融化态势采取的加强金融监管等举措，非但没有取得明显效果；相反，西方政府对金融垄断资本的救助使金融资本顺利度过危机，金融化仍然是资本主义国家经济的重要特征，也是资本主义经济发展中的重要隐患。

第一，金融资本的增长并未受到有效限制，金融资本总量和金融业利润再创新高。危机以来发达资本主义国家的金融资本在经历了短暂的休整后得以迅速恢复和发展，根据美国数据追踪和研究企业 SNL 金融公布的数据显示，美国银行业在 2013 年第一季度的净利润为 403.6 亿美元，2014 年第二季度净利润为 402.4 亿美元，分别达到了至少 23 年以来利润纪录的前两位。[①]

第二，金融衍生品交易并未得到有效控制。危机发生后，尽管场内衍生品交易有所缩减，场外衍生品市场规模却仍然保持了良好的发展势头。根据国际清算银行对 G10 和瑞士等 11 个国家的主要银行和交易商进行的调查统计显示，场外衍生品未平仓合约名义价值增长了约 8 倍，从 1998 年的 80 万亿美元增长到 2012 年底的 633 万亿美元。场外衍生品合约市场总值则从 1998 年的 3.2 万亿美元增长到 2012 年底的 24.7 万亿美元，增长了 7.7 倍。由于场外市场的规模远大于场内市场的规模，根据 BIS 统计，2012 年末场外衍生品未平仓合约名义价值是交易所场内交易的 12 倍左右[②]，因此，监管政策并未使金融衍生品交易总量得到有效控制。

第三，影子银行业务增长迅猛。二十国集团下属国际金融稳定局（FSB）发布的 2013 年统计报告指出，全球影子银行（影子银行包括如下金融活动：投资银行业务、对冲基金、货币市场基金、结构性投资工

---

① 《美国银行业利润水平接近纪录高点》（http://finance.sina.com.cn/stock/usstock/c/20140812/154519987486.shtml）。

② 《国际金融衍生品创新与借鉴》（http://futures.hexun.com/2014-04-02/163603481.html）。

具以及其他游离于监管之外的融资活动）业务规模从2002年的26万亿美元，急速扩张到2007年的62万亿美元。虽然2008年金融危机之后业务有所下降，但新的金融监管政策导致许多衍生品业务从商业银行流向影子银行，2011年，业务规模迅速恢复增长到67万亿美元，2013年剧增到超过73万亿美元。其中，美国影子银行资产在2011年高达23万亿美元，雄踞各国非银行信用资产之首。①

第四，金融资本的垄断有增无减。2012年，仅摩根大通、高盛与花旗银行3家金融机构投资银行业务的净利润就占到了全球投资银行业的1/3。2013年，美国最大的6家银行拥有美国金融系统67%的资产，其资产总量比2008年增加了37%。② 同年度，金融业的利润继续远远超过制造业，占到美国企业部门利润的40%以上。③

第五，金融企业高管薪酬未受有效限制，国内收入差距有增无减。金融监管力图控制高管薪酬，缩小国内收入差距，缓解民众对垄断资本的负面情绪。然而，这一目标并未实现。2010年7月，奥巴马政府"薪酬沙皇"肯尼思·范伯格（Kenneth Feinberg）发布的报告显示，在此次金融危机中，有17家接受纳税人援助资金而走出困境的银行在危机期间向其高层管理人员支付了总额16亿美元的奢华薪酬。④ 其中，AIG自2008年9月陷入困境后先后4次获得美国政府救助，金额累计超过1700亿美元。2009年3月，刚刚接受美国政府300亿美元救助资金后，AIG就于当月15日宣布将向其金融产品部门高管支付总额高达1.65亿美元的奖金，而这个部门正是令AIG走向破产边缘的罪魁祸首。除AIG外，美国银行、花旗集团、克莱斯勒金融服务公司与Ally Financial（前GMAC）等企业的高管在危机期间也都分别获得了数百万美元的薪酬。

---

① 向松祚：《新资本论——全球金融资本主义的兴起、危机和救赎》，中信出版社2015年版，第290页。
② Stephen Gandel, "By Every Measure, the Big Banks are Bigger", *Fortune*, September 13, 2013, http: //forture. com/2013/09/13/by-every-measure-the-big-banks-are-bigger/.
③ 朱安东：《金融资本主义的新发展及其危机》，《马克思主义研究》2014年第12期。
④ 《薪酬沙皇：17家受援银行支付高管薪酬16亿美元》（http: //finance. qq. com/a/20100723/007253. htm）。

从上述分析可以看出，危机以来资本主义国家的金融监管作用有限，经济金融化现象仍非常突出。而且，从金融资本本身来看，其性质也决定了经济金融化将成为资本主义经济发展的常态。金融资本在二战后迅速发展，不仅是由于其作为解决资本主义利润率降低趋势、更快更方便地从全球范围内剥夺剩余价值的手段，从而在政策上借助新自由主义在全球范围内占据了统治地位，也因为从资本主义的本质来说，"生产过程只是为了赚钱而不可缺少的中间环节，只是为了赚钱而必须干的倒霉事。〔因此，一切资本主义生产方式的国家，都周期地患一种狂想病，企图不用生产过程作中介而赚到钱。〕"① 而金融资本正是对此的最好诠释。因此，金融资本已经成为"一种存在于一切经济关系和一切国际关系中的巨大力量，可以说是起决定作用的力量，它甚至能够支配而且实际上已经支配着一些政治上完全独立的国家"②。因此，资本主义国家推行了一系列放松金融管制、扩大金融机构经营领域的政策。此次危机发生后，尽管资本主义国家制定了监管法案，但金融资本的抵制和游说却使得法案的执行缓慢乏力、沃尔克法则的实施日期一再拖延、薪酬控制成为一纸空文等，所有这些都表明经济金融化将成为资本主义经济发展的常态，而脱离了实体经济的金融资本的发展必然会在将来引发更大的危机。

## 三　国际货币体系多元化趋势及全球金融治理的改变

国际金融危机使美国经济遭受重创，其国际信誉尤其是华尔街、美联储的地位和信誉受到严重打击，美元回流循环和国际储备货币地位都出现了弱化的趋势，新自由主义支撑下的美元霸权受到严峻挑战。世界上一些主要经济体逐渐意识到，在现行国际货币体系下美元实现了无限制的供给，这使得美国可以通过贸易逆差源源不断地向全世界输出美元，这不仅仅为美国带来了极大风险，成为全球性经济危机的爆发地，

---

① 《马克思恩格斯文集》第6卷，人民出版社2009年版，第67—68页。
② 《列宁专题文集·论资本主义》，人民出版社2009年版，第169页。

而且也为世界经济带来了不稳定因素,通过货币传导机制向全世界输送货币风险。由此可见,单一主权货币所主导的国际货币体系越来越不适应国际经济发展的内在要求。有效避免国际金融危机发生的关键就是改革现有的国际货币体系,不能以一国主权货币代替世界货币,因而倡导国际货币体系多元化的呼声越来越高,其中最典型的例子就是2009年6月16日"金砖四国"峰会发表的联合声明:"我们强烈认为应建立一个稳定的、可预期的、更加多元化的国际货币体系。"[①] 建立全球金融安全网和加强全球金融监管,成为摆在全世界面前的一个现实问题,许多国家正在积极探索全球金融治理的有效路径。

**1. 危机促使全球金融治理架构发生改变**

国际金融危机及其引发的欧洲主权债务危机,相继暴露了现行国际金融治理架构的种种弊端,危机来临时主要国际性金融机构无能为力,导致国际金融危机肆意蔓延。为了营造一个良好的国际发展环境,国际社会迫切需要构建更公平、开放的新型国际货币体系、国际金融机构体系以及更完善的国际金融监管体系。

(1)国际金融危机暴露出国际金融治理机制的主要问题

第一,全球整体性金融监管机制严重缺失,致使金融创新活动过度滥用。随着各国之间金融交易的深度发展,金融创新方式层出不穷,特别表现为国际金融交易活动中出现各种金融工具以及多种形式的金融衍生品。这些金融创新产品固然能够促进金融市场的发展,但由于当前国际社会仍未能建立一整套为各国所普遍接受的金融监管机制,因而导致金融创新被过度滥用,不仅增加了全球金融市场的不确定性,也促使国际金融危机的频繁发生及其大规模传播、肆意蔓延,导致国际金融危机的破坏性越来越大。

第二,信息不公开和不透明导致投资者难以对金融投资方向进行科学的预判。当前的全球金融治理机制仍然缺乏完备的信息披露制度,使得投资者难以根据充分的市场信息对金融发展形势和金融投资方向进行科学的预判,进而诱发各类金融投机行为,带来金融市场的

---

① 《"金砖四国"领导人俄罗斯叶卡捷琳堡会晤联合声明》,《人民日报》2009年6月17日。

动荡。特别是，随着各种金融衍生品的出现，相关金融发行机构一般把衍生品的创制、设计和规模视为核心机密，不向业内公开，而且金融衍生品在金融实践中也有着逐步适应的过程，无疑增加了全球金融治理的难度。

第三，国际金融危机还暴露出应对金融危机的预警机制和救助机制不健全。在国际金融体系中，国际货币基金组织是能够有效参与国际金融治理的国际金融组织，但由于自身的先天性缺陷，特别是缺乏一整套完备的危机预警机制，难以对可能发生的金融风险做出及时预测和判断；此外，危机救助机制限制太多，甚至带有某些附加条件，如贷款程序和投票权分配等，会成为一些国家牟取私利的工具。① 因此，现行的国际金融机构缺乏一套行之有效的金融危机预警机制和救助机制，致使在危机爆发时不能及时出台相应的救助政策遏制危机进一步蔓延。

（2）危机之后全球金融监管治理架构发生改变

第一，G20（二十国集团）取代G8成为全球金融治理的新平台。危机过后，G20走向前台，这标志着一个更具包容性的国际金融治理时代的到来。② G20的产生与新兴经济体的快速发展不无关系。危机爆发前后，新兴经济体的实际GDP占全球实际GDP的比重接近一半，意味着任何将新兴和发展中经济体排斥在外的治理架构都不可能实现对全球经济的真正治理，这也是G20取代G8成为全球治理新平台的最主要原因。③ 与危机前的国际合作平台比，危机爆发后建立G20对全球金融治理进行顶层设计，并以此为基础开展了议题设定、制定指导原则、分领域分机制细化金融监管标准、推广和检验各国实施情况等一系列合作机制建设。G20领导人会议为国际金融监管合作设定议题并制定"顶层原则"，发挥顶层设计的作用，而其他国际组织或平台，如国际证监会组织、国际货币基金组织、国际保险监督官协会、国际清算银行、巴塞尔银行监管委员会、世界银行等现在主要负责G20顶层

---

① 艾尚乐：《国际金融治理机制的经济效应、利益诉求与路径建构》，《理论探讨》2015年第1期。
② 崔志楠、邢悦：《从G7时代到G20时代：国际金融治理机制的变迁》，《世界经济与政治》2011年第1期。
③ 胡再勇：《国际金融监管体系改革的成就及最新进展》，《银行家》2014年第11期。

设计下的具体实施。G20 框架灵活的议题安排适应了复杂多变的金融市场环境，尽管达成的监管措施并没有法律强制约束力，但由于其强有力的政治支持、金融稳定理事会等国际组织的监督执行、金融部门评估规划等机制阶段性评估，G20 在灵活的决策机制和较强的行动能力之间找到了平衡。①

第二，国际银行业监管达成《巴塞尔协议Ⅲ》。在雷曼兄弟破产两周年之际，本轮全球金融危机直接催生的《巴塞尔协议Ⅲ》在瑞士巴塞尔出炉，在资本充足率、流动性监管、杠杆率监管等方面大幅提高了监管力度，并且扩大监管范围，强化对影子银行以及场外市场衍生品的监管。②《巴塞尔协议Ⅲ》是全球银行业监管的标杆，其出台必将引发国际金融监管准则的调整和重组，影响银行的经营模式和发展战略。

第三，欧洲"三驾马车"（the Troika）在欧洲金融治理中发挥作用。欧洲"三驾马车"是欧盟委员会、欧洲央行和国际货币基金组织（IMF）组成的三方委员会的代名词，其职能是监控欧债危机，提出政策建议，提供贷款资金援助。希腊债务危机的爆发，引起了以维护欧洲金融稳定为职责的欧盟委员会、欧洲央行以及以维护国际金融稳定为职责的 IMF 等组织的高度关注，三大组织负责人于 2010 年 6 月共同会见希腊领导人，对希腊经济面临的严重问题表达担忧。由此，"三驾马车"称谓公开出现。随后，三大组织组成的代表团频繁造访希腊，研究和分析解决希腊债务问题的方案，组织和发放相应贷款，并严格监控和评估救援方案的落实情况。随着欧债危机蔓延，爱尔兰、葡萄牙和西班牙等国的形势分析、外部援助方案及监督实施也都是由三大组织主导。三大组织统一协调的立场，可看作是推动欧洲应对欧债危机的主要力量，受到国际社会的广泛认同。可以说，"三驾马车"不仅在各自领域发挥作用，也通过三方集体行动，在研究分析、形成救援方案、提供资金和监督实施等方面通力合作，推动陷入危机的国家早日走出困境。在欧债危机过程中，"三驾马车"联合提供的资金和救助协议，对防止

---

① 万泰雷、李松梁、黄鑫：《国际金融监管合作及中国参与路径》，《国际经济评论》2014 年第 3 期。

② 胡再勇：《国际金融监管体系改革的成就及最新进展》，《银行家》2014 年第 11 期。

危机进一步恶化、恢复市场信心起到了重要作用，也为未来解决危机争取了宝贵的时间。① "三驾马车"在救助希腊、葡萄牙等欧元区重债国家时起着一言九鼎的作用。② 欧洲重债国家非常期盼着"三驾马车"的救济方案。

  第四，构建宏观审慎监管框架，强调宏观审慎监管与微观审慎监管相结合。危机爆发后，新一轮金融监管合作应运而生，它具有弥补监管漏洞的特性，着力于金融危机预防和金融体系修复，金融监管合作议题针对性更强。危机过后，巴塞尔委员会、金融稳定理事会牵头构建宏观审慎监管框架，主要包括以下几个方面：一是建立逆周期资本缓冲，以抵御借贷过快增长导致系统性风险积累情况下的损失；二是建立系统重要性金融机构的识别框架，并对系统重要性金融机构提出1%的附加核心一级资本充足率要求；三是为降低衍生产品交易透明度低带来的系统性风险，提高资本证券化以及交易账户的资本金要求，并改革衍生产品交易的结算和信息披露机制，提高透明度；四是构建杠杆率监管框架，单纯的资本充足率监管并不足以防范系统性风险，构建杠杆率监管能更有效应对资本监管套利，防止银行过高的杠杆率带来的系统性风险；五是构建流动性监管指标，包括流动性覆盖比率和净稳定融资比率，以监控金融机构的短期和中长期的流动性，防范流动性不足导致的系统性风险；六是强化情景分析和压力测试，分析整个行业和整体金融系统在极端情景或受压情形下的风险大小。③ 在监管实践中，将宏观审慎监管和微观审慎监管结合起来，更加有助于整体金融系统的稳定。

### 2. 危机加速催发中国在多边金融格局中的作用

  危机爆发后，世界经济正加速朝着"多极化"方向发展，与此相对应的则是世界金融格局也正经历着一些重要而深刻的变化，曾经的金融霸主美国正逐渐丧失主导地位，部分格局被不断发展的欧洲所取代。

---

  ① 瞿亢：《国际金融热词解读：欧洲"三驾马车"的贡献与分歧》，《人民日报》2013年3月4日。
  ② 思科：《欧洲"三驾马车"的忧伤：慷慨救援反背恶名》，《中国证券报》2014年7月7日。
  ③ 胡再勇：《国际金融监管体系改革的成就及最新进展》，《银行家》2014年第11期。

随着全球经济重心逐渐东移，亚洲金融中心也迎来新的繁荣发展机遇，必然会在世界金融格局获得举足轻重的地位。危机后快速变化的国际金融格局，给以中国为代表的发展中国家创造了难得的金融发展机遇，中国正在积极地抓住机会进行自身金融改革，参与国际金融秩序治理和规则制定，介入国际金融事务的处理，在多边金融格局中发挥着越来越重要的作用。

（1）以清迈协议为基石的亚洲区域货币加强合作

国际金融危机爆发后，亚洲国家在国际货币体系中的弱势地位不仅面临货币错配导致的金融风险，而且还在全球经济失衡问题上由于其持有的高额外汇储备不断遭到发达国家的诘难。2009年2月22日，东盟和中国、日本、韩国（东盟+3）特别财长会议在泰国普吉联合公布了《亚洲经济金融稳定行动计划》（以下简称《行动计划》）。这是继2008年5月推出800亿美元的共同储备基金之后，"东盟+3"成员国为强化清迈倡议采取的又一项重要举措。根据《行动计划》，清迈倡议多边机制（CMIM）将共同储备基金扩大到1200亿美元，如表1-2所示。与此同时，为保证共同储备基金的有效管理和使用，提议建立独立的区域监控实体。在上述两项措施实施之后，共同储备基金启动与国际货币基金组织的条件性贷款的挂钩比例进一步降低。

清迈倡议多边机制是国际金融危机爆发后亚洲国家加强金融合作的最重要制度性成果，对于防范国际金融危机和推动区域货币合作具有深远意义。一方面，由于欧美金融机构大范围破产、去杠杆化，以及国际投资者风险偏好调整的不确定性，国际资本在亚洲地区的流动具有高度的易变性。更重要的是，这场危机造成发达经济体全面的经济衰退，对亚洲国家实体经济冲击十分严重。在亚洲各国政府独立采取措施应对外部冲击的同时，在区域层次提高自我救助能力是亚洲国家应对全球金融危机的第二道防线。另一方面，国际金融机构在应对危机和维护全球金融稳定性中的作用越来越缺乏有效性，特别是在应对这场由美国引发的危机中其功能基本丧失，亟须进行重大改革。而《行动计划》的实施表明了亚洲国家采取积极的应对态度，这不仅是亚洲地区金融危机自救的需要，也在区域层面确保全球金融的稳定，是国际金融体系改革的重要组成部分。

表1-2 CMIM 机制下东盟与中、日、韩"10+3"国出资额一览表

| 国别 | 出资额 | | 所占比例（%） | 申请贷款占出资额倍数 |
|---|---|---|---|---|
| | 亿美元 | | | |
| 中国 | 384 | 中国大陆：342 | 32　　28.5 | 0.5 |
| | | 中国香港：42 | 　　　3.5 | 2.5 |
| 日本 | 384 | | 32 | 0.5 |
| 韩国 | 192 | | 16 | 1.0 |
| 3国合计 | 960 | | 80 | — |
| 印度尼西亚 | 47.7 | | 3.97 | 2.5 |
| 泰国 | 47.7 | | 3.97 | 2.5 |
| 马来西亚 | 47.7 | | 3.97 | 2.5 |
| 新加坡 | 47.7 | | 3.97 | 2.5 |
| 菲律宾 | 36.8 | | 3.07 | 2.5 |
| 越南 | 10 | | 0.83 | 5.0 |
| 柬埔寨 | 1.2 | | 0.10 | 5.0 |
| 缅甸 | 0.6 | | 0.05 | 5.0 |
| 文莱 | 0.3 | | 0.02 | 5.0 |
| 老挝 | 0.3 | | 0.02 | 5.0 |
| 东盟10国合计 | 240 | | 20 | — |
| 总计 | 1200 | | 100 | — |

资料来源：新加坡金融管理局。

为继续深化清迈倡议多边机制的成果，2012年5月3日，在菲律宾马尼拉举行东盟与中、日、韩（10+3）财长和央行行长会议，来自13个国家的财政部和中央银行及货币当局负责人与会，这是东盟与中、日、韩（10+3）财长会议扩大为东盟与中、日、韩（10+3）财长和央行行长会议后的首次会议。会议就全球、区域经济金融形势以及各国应对措施交换了看法，并就加强清迈倡议多边化危机应对能力达成共识。会议决定将现有危机解决机制命名为清迈倡议多边化稳定基金，同意新建地区危机预防功能并将其命名为清迈倡议多边化预防性贷款工具。2014年7月17日，清迈倡议多边化协议修订稿正式生效。这是在东盟与中、日、韩（10+3）财长和央行行长以及中国香港金管局之间开展的区域金融合作。此次修订的主要内容如下：一是将清迈倡议多边

化资金规模从 1200 亿美元翻倍至 2400 亿美元；二是新建预防性贷款工具；三是将与国际货币基金组织贷款规划的脱钩比例从 20% 提高到 30%。此次修订将强化区域金融安全网，提高成员应对潜在的或实际的国际收支和短期流动性困难的能力。①

由此可见，清迈倡议多边化是在现有清迈倡议双边货币互换机制基础上建立的由"10 + 3"（东盟与中、日、韩）全体成员共同参与的多边货币互换机制，目的是采取迅速、一致的行动实施货币互换交易，来维护亚洲地区的金融稳定，防范全球性的金融风险。作为长期以来全球经济最具发展潜力的区域之一，亚洲地区一直处于与其经济实力极不相符的国际货币地位，而以清迈协议为基石的亚洲区域货币合作则是摆脱上述困境的一条重要路径。

（2）金砖国家通力合作改革国际金融体系

进入 21 世纪以来，中国、俄罗斯、印度、巴西和南非组成的金砖国家对全球经济贡献日益增大，从一个由美国高盛公司首席经济师奥尼尔（Jim O'Neill）提出的经济概念，迅速发展成为新国际合作平台，金砖国家的快速崛起已成为全球治理的重大里程碑。国际金融危机爆发后，西方发达国家集体陷入经济发展的"泥沼"，而金砖国家在危机中率先复苏，成为全球经济增长的新引擎，但又在长期快速增长中累积了大量风险，易遭受国际金融危机冲击以及当前美联储决定退出"量化宽松"政策的影响，面临大量外资撤出的冲击。如俄罗斯在 2008 年成为新兴市场中最大的资金流出国，流出额竟高达 1360 亿美元，尤其是最近乌克兰危机引发西方发达国家对俄罗斯进行经济制裁和封锁，致其资金外逃更为严重。② 在印度，由于受危机冲击，其净资本流动下降明显，2013 年印度的银行坏账超过 10%，当前受美联储退出"量化宽松"政策的影响更加严重。③ 在巴西，2013 年的外资流出使得国际收支

---

① 牛娟娟：《清迈倡议多边化协议修订稿生效》，《金融时报》2014 年 7 月 19 日。
② 2014 年 5 月 9 日，欧洲央行行长德拉基表示，预测俄罗斯资金外逃规模约为 1600 亿欧元（2200 亿美元）。参见《德拉基：俄罗斯资本外逃规模庞大足以推高欧元汇率》，2014 年 5 月 9 日（http://money.163.com/14/0509/16/9RQN74UU00253BOH.html）。
③ 何亚非：《美联储缩减"量化宽松"对发展中国家的影响》（http://finance.chinanews.com/fortune/2013/12-25/5662642.shtml）。

出现自 2002 年以来最大规模的逆差，达到 122.61 亿美元。①

危机暴露出金砖五国普遍存在着发展中国家大都面临的经济增长基础薄弱、基础设施建设滞后、资本短缺、易受外部经济环境影响等诸多问题，出现经济增速减缓等现象。如何解决这些问题是摆在各国面前的共同问题。经过数次协商后，金砖国家达成的共识是：加强金砖国家之间合作，既可强化外部需求，缓解外部非均衡，亦可为金砖国家经济结构的顺利调整提供缓冲，不失为维持经济增长可持续性的一种新思路。② 于是，从推动国际金融机构的改革、提高新兴市场国家在国际金融机构中的发言权，到联合签订《金砖国家金融合作框架协议》，金砖国家在金融领域的合作逐渐扩大并不断深化，共同谋求国际货币金融体系改革，积极地重组全球动态格局，并进而参与到国际事务的决策制定中。2011 年，金砖国家发表《三亚宣言》，强调在利益共享原则基础上，确立以金融和经贸为重点领域的金砖国家合作机制。在 2012 年 3 月的金砖国家峰会上，印度提出成立金砖国家开发银行的建议。2013 年 3 月的德班峰会上，金砖国家领导人明确表示要建立"新的开发银行"和应急储备基金。2014 年 7 月巴西峰会签署了成立金砖国家开发银行的协议，规定金砖国家开发银行启动资金为 500 亿美元，由 5 个成员国各提供 100 亿美元，银行核定资本为 1000 亿美元，主要目的在于为金砖国家提供经济发展中的长期援助资金。同时，各方还提出成立规模约 1000 亿美元的应急储备资金的安排，为金砖国家以及其他新兴市场和发展中国家的基础设施建设、可持续发展项目筹措资金。从功能和作用来看，金砖国家开发银行基本对应着世界银行的角色，而金砖国家应急储备安排基本对应着国际货币基金组织的角色。这两项协议标志着金砖国家金融合作由前期的设想变为现实，金砖国家间的合作开始系统化和体制化，合作平台初具架构，成为金砖国家在推进经济合作中具有里程碑意义的标志性事件。

在金砖国家领导人会晤第六次会议上，习近平总书记强调，金砖国

---

① 刘彤、杨江玲：《巴西去年外汇逆差创 11 年最高》（http://news.xinhuanet.com/world/2014-01/09/c118893269.htm）。
② 汤凌霄、欧阳晓、黄泽先：《国际金融合作视野中的金砖国家开发银行》，《中国社会科学》2014 年第 9 期。

家既要做世界经济稳定之锚,也要做国际和平之盾。金砖国家开发银行和应急储备安排的成立,不仅能够促进世界经济稳定,而且有助于推动停滞不前的国际金融秩序变革。当前,发展中国家与发达国家在经济实力和金融力量方面的不对等,以及历史原因形成的由发达国家主导下的国际金融格局使得发达国家成为当前国际金融秩序的既得利益者,发达国家自然没有动力推动国际金融秩序改革,甚至会成为国际金融改革的阻碍性力量。① 在这种情况下,发展中国家的意愿长期得不到满足,由于国际金融体系累积了很高的惰性,发达国家所把控的国际金融组织不仅效率低下,而且在提供援助时附加苛刻的政治条件,严重影响了发展中国家的经济主权,成为发达国家推行经济霸权的主要表现形式。金砖国家开发银行和应急储备安排的成立,有望在一定程度上调整这种不合理的国际经济秩序,在国际金融体系中争取部分话语权。所以,设立金砖国家开发银行,并非一项偶然提议,它反映了世界经济格局多元化的重大变化趋势,表明金砖国家试图依靠自身力量,通过"抱团取暖"方式,利用自身的全球金融资源,形成核心凝聚力,弥补现有国际金融机构功能的缺失,以积极姿态参与重塑国际经济新秩序的意愿和行动②,奠定了新兴国家挑战西方金融霸权第一块基石。正如金砖银行副行长巴蒂斯塔所指出的,"金砖国家新开发银行才刚刚开始,我们还在慢慢积累资本,我们进行了首次债券发行,但我们仍然处在初始阶段。因此,在这个阶段我们还没有能力去拯救世界经济,甚至还不能拯救我们自己国家的经济。但是我们会跟其他银行合作,例如亚投行、世界银行等等,一起努力,支持基础设施建设并且稳定经济。首先,我们能够在短期内帮助刺激这些区域的需求;从长期来看,我们能够建立可持续性的结构,能够增加这些国家长期增长的潜力。我们现在还是一个小银行,可能在10年之后或者更早,我们可以成为世界主要的多边发展银行。"③

---

① 丁振辉:《金砖国家开发银行及应急储备安排——成立意义与国际金融变革》,《国际经济合作》2014 年第 8 期。
② 汤凌霄、欧阳晓、黄泽先:《国际金融合作视野中的金砖国家开发银行》,《中国社会科学》2014 年第 9 期。
③ 张元玲:《金砖银行副行长:10 年后金砖银行或成世界主要多边发展银行》,《华西都市报》2016 年 7 月 24 日。

（3）中国所主导的亚投行加速构建新的国际金融格局

对于亚洲的众多发展中国家来说，当前在长期投资领域，特别是基础设施建设投资领域，面临着融资难的问题，而现行的国际金融体系和金融治理机制下的世界银行和亚洲开发银行等多边开发金融机构难以适应和满足亚洲发展中国家实体经济的需要。根据亚行的预测，2010年至2020年，亚洲各经济体内部基础设施投资需要超过8万亿美元，每年需要投资7300亿美元，而亚行每年仅有约110亿美元的新贷款。[①] 在这种背景下，2013年10月2日，中国国家主席习近平对印度尼西亚进行国事访问时提出筹建亚洲基础设施投资银行的倡议。随着相关具体工作程序的加速启动，2014年10月24日，包括中国、印度、新加坡等在内21个首批意向创始成员国的财长和授权代表在北京签约，共同决定成立亚洲基础设施投资银行。2015年6月29日，《亚洲基础设施投资银行协定》（以下简称《协定》）签署仪式在北京举行，亚投行57个意向创始成员国财长或授权代表出席了签署仪式，其中已通过国内审批程序的50个国家正式签署《协定》。各方商定于2015年年底前，经合法数量的国家批准后，《协定》即告生效，亚投行正式成立。亚投行的设立，打破了美国已主导70年的世界银行和日本已主导50年的亚洲开发银行的传统格局，成为抛开国际旧秩序的新尝试，能够提高亚洲地区各国家面对国际金融环境发生变化的抗风险能力。作为一个政府间性质的亚洲区域多边开发机构，亚投行重点支持基础设施建设，在促进亚洲区域的建设互联互通化和经济一体化的同时，加强中国及其他亚洲国家和地区的合作，成为一个专业、高效、开放的基础设施融资平台。

然而，值得注意的是，与欧洲国家积极加入亚投行的态度不同的是，美国和日本两国最初对亚投行的筹建较为冷漠。如美国财政部长雅各布·卢（Jacob Lew）在2015年3月17日举行的美国国会听证会上，呼吁欲加入亚投行的国家在充分考察该机构的运行情况之后再达成最终协议，认为以中国为代表的新兴国家对美国及其在全球范围内建立起的金融体系构成严峻挑战，并在公开场合斥责英国"迁就中国"[②]。当未

---

[①] 王增收：《亚投行对国际金融与贸易的影响》，《现代商业》2015年第8期。
[②] 参见赵琬仪：《亚投行公演中美暗战》，《联合早报》2015年3月22日。

能阻挡欧洲国家加入亚投行的脚步后，美国又转向对澳大利亚、韩国等亚太盟友提出警告，明确要求它们不要急于加入亚投行。然而，随着越来越多的国家特别是英、法、德、意等欧洲国家纷纷宣布加入亚投行，美、日两国的态度也有所转变。2015年3月19日，美国《华盛顿邮报》以"为何美国抑制亚投行的努力注定要失败"为题，反思了美国对待亚投行的态度。认为中国缺乏颠覆现行国际金融组织框架的意愿和能力，美国不应对中国筹建亚投行采取抵触态度。[①] 可见，亚投行的成立并不平坦，但它标志着以中国为首的新兴市场国家正努力地推动着国际货币体系朝着更加公正合理的方向发展，这对加快全球金融和货币体系改革而言，必定会起到非常有益的促进作用。当前，世行和亚行都宣布了大规模的改革计划——世行将要"减员增效"，亚行则许诺"简化流程"，这些举措正是为了回应金砖银行和亚投行这些后来者的竞争。[②]

---

① http://www.washingtonpost.com/blogs/monkey-cage/wp/2015/03/19/why-the-u-s-effort-to-curb-the-asian-infrastructure-investment-bank-is-doomed-to-fail-and-why-it-doesnt-matter-all-that-much/.
② 陈季冰：《亚投行：抛开旧秩序的新尝试》，《中国中小企业》2014年第12期。

# 第二章 资本主义国家再工业化与国际产业格局的变化

国际金融危机凸显了资本主义国家虚拟经济与实体经济的严重脱节。资本主义各国政府不仅推出了一系列救助措施和刺激经济发展的举措,也对引发此次二战后最严重的经济危机的根本诱因进行了反思,长期的去工业化以及金融泡沫所导致的经济虚假繁荣日益被关注,尤其是对于引发次贷危机的美国而言,许多学者都指出,"在那些能够驱动21世纪经济增长的至关重要的经济部门和技术领域中,美国早已开始丧失优势"[①]。为复兴经济,扭转金融业和实体经济本末倒置的关系,发达资本主义国家纷纷掀起了再工业化浪潮,以期占领未来产业的制高点,重塑竞争优势,实现经济的持续发展。这不仅对其工业生产乃至整个经济的恢复和发展起到了一定作用,也对发展中国家的生产和出口乃至整个国际产业格局产生了一定影响。

## 一 发达资本主义国家再工业化战略出台的缘由

发达资本主义国家尤其是欧美国家在危机后纷纷出台再工业化政策,既有长期的去工业化政策及经济危机对资本主义国内经济和就业等造成严重影响的原因,也有应对新兴经济体的崛起、力图占据新一轮经济制高点的考虑。

---

① [美]加里·皮萨诺、威利·史:《制造繁荣——美国为什么需要制造业复兴》,机械工业信息研究院战略与规划研究所译,机械工业出版社2014年版,第11页。

**1. 扭转产业空心化局面，实现实体经济和虚拟经济的再平衡**

从 20 世纪 70 年代开始，由于资本主义基本矛盾的加深，发达资本主义国家实体经济的利润率处于停滞和下降的趋势。然而，资本主义作为一种积累体制，关注的是资本的保值增值能力，于是资本开始从实体经济部门流向金融部门，开始了"金融化"和"去工业化"的历程，许多产业向新兴工业化国家转移，产业空心化现象严重，国内工业产值及从业人数的比重都明显下降，致使资本主义的利润来源与形式发生了变化，逐渐形成了以金融为核心并支配实体经济的积累体制。在资本替代劳动机制的作用下，发达国家的经济结构日益虚拟化，作为资本主义大厦物质基础的制造业不可避免地走向衰落。二战后，美国制造业占 GDP 的比重一度达到 28.3%，但之后就不断下滑，"实体经济占全部 GDP 的比例从 1950 年的 61.78% 下降到 2007 年的 33.99%，制造业从 1950 年的 27% 下降到 2007 年的 11.7%"①。从 2000 年 12 月至 2009 年 12 月，美国 GDP 增长了 13.7%，而同期制造业产出仅增加了 8.8%。欧盟 2007 年工业产值仅占 GDP 的 18%，吸纳的就业人数仅为 17.9%。在法国，从 1980 年至 2007 年的近 30 年间，工业对法国经济的贡献率从 24% 下降至 14%，工业从业人员从 532.7 万人下降至 341.4 万人，降幅达 36%，岗位流失年均 7.1 万个。②

与制造业不断萎缩的情况相反，由于金融自由化的推动和金融创新的日新月异，金融资本急剧发展。国际货币基金组织的统计数据显示，1980 年全球金融资产价值只有 12 万亿美元，与当年全球 GDP 规模基本相当；到 2007 年，全球金融体系内的商业银行资产余额、未偿债券余额和股票市值合计达 230 万亿美元，为当年全球 GDP 的 4.21 倍③，虚拟经济与实体经济严重脱节，这种现象在发达国家尤为严重。

危机后，发达资本主义国家对这一现象纷纷进行反思。美国朝野一

---

① 田辉：《当代美国经济转型与两次资产泡沫的启示》，《中国经济时报》2014 年 10 月 23 日。
② 张福军：《再工业化暴露资本主义发展新困境》，《红旗文稿》2015 年第 6 期。
③ 王伟光、程恩富、胡乐明等：《西方国家金融和经济危机与中国对策》，《马克思主义研究》2010 年第 7 期。

致认为，本次金融危机的重要原因是美国国内经济失衡——消费与储蓄失衡、实体经济与虚拟经济失衡、内部经济与外部经济失衡，而这些失衡与20世纪80年代以来美国的产业空心化密切相关。在此基础上，发达国家都日渐认识到以制造业为核心的实体经济才是保持国家竞争力和经济健康发展的基础。无论什么时代，制造业都是创造财富、提供就业机会、促进创新的重要生产部门，并且能够产生"橄榄型"社会中稳定的中产阶级队伍。而过往发达国家过度发展第三产业特别是金融服务业，导致越来越多的工业制造业转移到国外，国内重点发展的虚拟经济部门却没有创造相应的就业机会，使得以大规模工业化和制造业为主的经济结构造就的中产阶级数量不断下降。在这一背景下，发达国家希望通过实施再工业化战略，实现重振制造业、提升国内就业率、增加中产阶级数量和收入水平的目的，这不仅有助于经济的复苏，也能够缓解社会矛盾。

**2. 应对新兴经济体的崛起，占领新一轮经济制高点**

进入21世纪以来，新兴经济体发展势头迅猛，经济增长速度较快，国际影响力日渐提升。21世纪的头10年，新兴经济体平均经济增长率超过6%。其中，中国超过10%，印度超过7%，金砖国家整体平均增长率超过8%，而同期发达国家平均增长率为2.6%，全球平均增长率为4.1%。① 根据国家货币基金组织的统计数据，2010年金砖国家的经济总量占世界经济总量的18.1%，贸易额占世界贸易总额的15%。2014年10月，中国、巴西、俄罗斯、印度、墨西哥、印度尼西亚和土耳其这7个最大的新兴市场国家的GDP总和为37.8万亿美元，超过了由世界上最发达的工业化国家所组成的七国集团GDP的总和，即34.5万亿美元。②

从制造业来看，1980—2011年，美国制造业增加值在全球所占份额从22.2%下降到16.8%③，其他发达国家如日本、德国等所占份额也均呈下降趋势，新兴经济体则稳步上升，中国制造业增加值在全球所占

---

① 姜跃春：《"东西阵营"全球影响力新调整》，《人民论坛》2012年第13期。
② 胡必亮：《从世界经济格局变化看全球投资总体战略》，《环球财经》2015年第2期。
③ 廖峥嵘：《美国"再工业化"进程及其影响》，《国际研究参考》2013年第7期。

份额从 4.6% 跃升至 20.7%。2010 年，中国制造业增加值在全球所占份额（19.8%）首次超过美国（19.4%）[1]，动摇了其百年来头号制造业大国的地位。

新兴经济体的快速发展不仅增强了自身经济实力，也对发达国家在世界经济中的主导地位提出了挑战，尤其是在经济危机的背景下，发达国家迟迟不能走上平稳发展的路径，而新兴经济体却借此进一步发展经济，并促使国际经济治理体系进行调整。为应对新兴经济体的挑战，发达国家力图通过再工业化政策重新建立其竞争优势，保持在未来全球产业和经济发展中的游戏规则制定者的地位。

正是出于上述两个方面的考量，发达资本主义国家纷纷提出促进制造业回归的发展战略。在美国，一些智库机构，特别是经济政策研究所、布鲁金斯学会、美国进步中心、新美国基金会等亲民主党的智库，纷纷出台报告，阐述制造业的独特性及其对美国的重要性，要求美国政府采取保护性的工业政策来促进就业。美国总统奥巴马更是指出，对于许多代美国人，在制造业工作曾是通往中产阶级之路的一张门票，是"美国制造"使美国成为世界经济的"领头羊"。而现在，"美国的经济建立在流沙之上"，需要从制造业开始，建设持久的经济蓝图，"我们这一代人的任务是——重新点燃美国经济增长的发动机——造就一个上升的、繁荣的中产阶级"，"我们不会再回到外包、恶债和虚假的金融收益所削弱的经济上来"[2]。欧盟也强调指出，需要在 21 世纪扭转工业角色的弱化趋势，这是实现可持续增长、创造高附加值就业以及解决其社会问题的唯一道路。

## 二 发达资本主义国家再工业化的主要举措

此次发达资本主义国家的再工业化并不是简单地恢复和振兴传统制造业，而是发展新兴产业，通过产业升级和技术革命，重塑国家产业结构，"我们的目标并不是笼统地呼吁挽救美国制造业的所有领域，

---

[1] 数据源自世界银行数据库。
[2] "The 2013 State of the Union", https://www.whitehouse.gov/state-of-the-union-2013/.

而是号召在那些可以为未来创新提供决定性基础作用的领域内构建制造能力"①,"我们的策略是,高价值设计和创新"②。在这一方针的指导下,发达国家都将再工业化的重心放在有前景的新兴产业和高端制造业上,尤其是"绿色经济"的发展。譬如,美国强调新能源、航天航空、生物工程等的技术开发和产业发展。日本把重点放在信息技术应用、新型汽车、低碳产业、新能源等新兴行业上。欧盟旨在促进"绿色技术"和其他高技术的发展。为促进这些新兴产业的发展,发达国家采取了一系列举措,主要包括:

**1. 制定制造业发展规划,明确制造业的重要地位**

危机后,发达国家纷纷将发展制造业作为国家的重要发展战略,制定和出台了促进其发展的战略规划。

在美国,2009年12月公布的《美国制造业振兴框架报告》指出,"制造业是美国国家经济的心脏"。2010年8月,奥巴马正式签署了《美国制造业促进法案》,试图通过暂时取消或削减制造业企业在进口部分原材料时所需支付的关税,帮助美国制造业降低生产成本,加快制造业的复苏。2012年2月,美国总统行政办公室和国家科技委员会公布《先进制造业国家战略计划》,正式将先进制造业提升为国家战略。

在欧洲,2010年3月公布了"欧盟2020"战略,明确提出恢复工业的应有地位,使工业与服务业共同成为欧盟经济发展的支柱,并为实施再工业化战略设计了四大支柱,分别是:鼓励新技术研发与创新、改善市场调节、增加融资计划、培育人力资本与技能转型。四者互相支撑,形成合力,以创造一个可持续的投资通道。2010年6月17日,该战略在欧盟峰会上通过。在这一战略框架下,2012年10月欧盟委员会公布的产业政策通报"指向增长与经济复苏的更强大的欧洲工业"正式提出,通过"新工业革命"扭转制造业下降趋势,并制定了到2020年将工业占欧盟GDP的比重由15.6%提升到20%的目标。

除欧盟统一的发展战略外,欧洲各个国家也分别制定了自己的制造

---

① [美]加里·皮萨诺、威利·史:《制造繁荣:美国为什么需要制造业复兴》,机械工业信息研究院战略与规划研究所译,机械工业出版社2014年版,第7页。

② 蒋旭峰、张越男:《欧美"再工业化"虚与实》(http://www.lwgcw.com,2013年1月28日)。

业发展战略。英国 2010 年发布《向增长前进》战略，指出充满活力的制造业对英国的重要性。西班牙于 2010 年制订了"再工业化"援助计划，预计 2015 年共投入约 828 亿欧元，将制造业占 GDP 的比重由 12% 提高至 18%。德国于 2010 年 7 月发布了《思想·创新·增长——德国 2010 高技术战略》，明确了高技术战略在再工业化过程中的地位。2013 年 4 月，在德国工程院、弗劳恩霍夫协会、西门子公司等德国学术界和产业界的建议和推动下，旨在支持工业领域新一代革命性技术的研发与创新的德国"工业 4.0"项目正式推出。法国在 2010 年 3 月提出推动工业发展的四项目标：到 2015 年将法国工业产量提高 25%；到 2015 年扭转除能源领域外的工业贸易逆差局面；将法国工业附加值占欧盟市场总工业附加值的比例提高 2%；在长期内维持现有工业领域就业岗位数量。2010 年 4 月，法国工业部长克里斯蒂安·埃斯特鲁斯（Christian Estrosi）宣布，设立"法国制造"标识，用于鼓励法国企业更多地在法国领土上生产制成品。

**2. 明确目标，积极发展以先进制造技术为核心的战略性新兴产业**

发达国家此次再工业化的目标是要发展新兴产业，重塑国家产业结构，因而在制定再工业化战略时，都明确了本国重点发展的产业和领域。

美国在《制造业振兴框架报告》中明确将清洁能源、医疗健康、生物工程、纳米技术、3D 打印、先进汽车、航空等作为未来 20 年的重点发展领域。在具体的实施过程中，美国在 5 个领域进行了重点投入与发展：一是大力发展生物技术和相关产业；二是继续开发信息技术；三是不断研发和推出新材料；四是加大清洁和可再生能源的开发与利用；五是从陆地向海洋和太空扩展。美国白宫也明确表示，重振美国制造业并不是要简单地恢复和重建传统制造业，而是要在既有产业基础上的"再工业化"，其实质是以高新技术为依托，推动产业升级，创造新的经济增长点。

欧盟在其"2020 战略"中提出，未来若干年要优先发展六大领域：旨在清洁生产的先进制造技术、关键使能技术、生态型产品、可持续的建筑材料、清洁运输工具和智能电网。

英国政府将重点放在了低碳经济领域，并在 2009 年公布的制造业发展战略中，提出要占据全球高端产业价值链、加快技术转化成生产力的速度、抢得低碳经济发展先机等。

德国在《思想·创新·增长——德国2010高技术战略》中提出重点扶持环境、能源、健康、营养、交通、安全和通信等产业。在《2020高科技战略》中，又重点推出包括电动汽车发展在内的11项未来规划，并成立了"国家电动汽车平台"，先后推出了"电动汽车国家发展规划"、"混合动力汽车发展计划"等，以推动电动汽车和新能源项目的发展。

法国将再工业化的重点放在新技术、新能源等领域，主要扶持七大战略产业，即数字科技、生态产品和能源工业、运输设备（包括航空航天、汽车、铁路、船舶）、化学工业和新材料、制药和生命科技、奢侈品和创意产业、食品和营养。

### 3. 加强政府管理，设置推动制造业发展的机构

为促进制造业的发展，发达国家都加强了政府对制造业的管理，设置了多个机构促进制造业的发展。如美国于2010年成立了由总统直接管理的"出口促进内阁"和"总统出口委员会"，以促进制造业的出口。2011年12月，为进一步推动制造业的发展，成立了国家先进制造项目办公室（Advanced Manufacturing National Program Office，AMNPO），其主要职能是推动美国产业进步，聚焦技术创新，促进美国国内各界在制造业领域的技术合作、政策协同和信息分享。2011年12月设立隶属于美国白宫经济委员会的制造业专门协调机构——白宫制造业政策办公室，由总统经济顾问和商务部长共同担任执行主任，负责召集内阁会议，贯彻总统的再工业化战略设想，就制造业项目的执行和制造业政策的改进等内容加强政府与企业和学界的沟通与协调，整合相关政府资源，促进美国制造业的复苏。2012年3月，奥巴马政府又宣布投入10亿美元创设国家制造创新网络，旨在在美国境内打造15个顶尖的研究机构，以确保美国保持其制造业领先地位。

### 4. 加强对新兴技术产业的投资

在现代制造业的发展中，资金和技术支持尤为重要。欧盟仅计划在智能电网方面的投入就预计2020年前达到600亿欧元，2035年前增加至4800亿欧元。法国在2010年财政预算法案中制订了350亿欧元的

"大额国债"计划,安排 65 亿欧元支持工业和中小企业。德国《2020 高科技战略》提出,要将教育和科研投入占 GDP 的比重提高至 10%。英国政府在《制造业:新挑战,新机遇》中提出政府对科研的支持经费增加至 2010/2011 年度的近 40 亿英镑,达到历史最高水平,以支持制造业的技术创新和进步。

作为制造业大国的美国,更是将加强制造业投资列为复苏方案的重要内容。2009 年推出的 7870 亿美元的经济刺激方案中,将基建、教育、科研、可再生能源及节能项目、环境保护、智能电网等列为投资重点。2011 年 6 月,斥资 5 亿美元推出"先进制造合作伙伴"(AMP)计划,希望以此加强工业、大学和联邦政府之间就先进技术的协作。2012 年的《先进制造业国家战略计划》进一步提出加速对先进制造业技术的投资,增加美国公共部门和私人部门对先进制造业研发的总投资。2013 年,奥巴马政府又提出在 10 年内创建 45 个制造业创新研究所的倡议。截至 2015 年 1 月,奥巴马政府已经通过行政命令启动了 5 个制造业创新研究所,分别是:

2012 年 8 月宣布在俄亥俄州杨斯顿设立的国家增材制造业创新研究所,着重研发和推广 3D 打印技术等。美国国防部、能源部、商务部、国家科学基金和国家航空航天署承诺共同出资 4500 万美元,由俄亥俄州、宾夕法尼亚州和西弗吉尼亚州的企业、学校和非营利性组织组成的联合团体出资 4000 万美元。

2014 年 1 月宣布在北卡罗来纳州罗利建立新一代电力电子制造业创新研究所,旨在打造更加智能化、可靠安全、低成本且节能环保的 21 世纪电力网络。由美能源部牵头并承诺 5 年出资 7000 万美元。

2014 年 2 月宣布在伊利诺伊州芝加哥建立数字制造和设计创新研究所,旨在进行数字化设计、工程和制造等过程的技术流程研发与应用。商务部等将提供 7000 万美元基金,该研究所将通过融资等方式提供 2.5 亿美元。

2014 年 2 月宣布在密歇根州底特律建立轻型现代金属制造业创新研究所,这种金属将主要用于军民两用汽车、机器设备、船舶和飞机制造。研究所资金规模将达 1.48 亿美元。

2015 年 1 月宣布在田纳西州诺克斯维尔建立先进复合材料制造创

新研究所,由能源部主导,投资总额将达 2.5 亿美元。①

**5. 加强教育投入,培育人力资本与技能转型**

加强人力资本的培育,为制造业提供具有专业技能的高科技人才是再工业化战略能否成功的重要因素。为此,欧盟相继成立了欧洲部门技能委员会和部门技能联盟,旨在对未来若干年的劳动技能结构做出预估,促进不同行为体间以合作方式共同提高劳动技能。此外,欧盟还专门建立了培训生质量框架,通过适当的资金支持引导和鼓励企业加强对青年雇员的培训。②在美国,《2009年美国复苏与再投资法案》中向教育和培训投入约1000亿美元。2010年又出台"技能服务美国未来"(Skills for America's Future)计划,提出在2020年前要培训500万人,呼吁工业企业、工会、社区学院和其他培训机构之间相互合作,在全国50个州开展技能教育,培养面对劳动力市场需求的人力资源,并为其提供资金支持。美国联邦政府还拟在未来10年投资120亿美元加强社区学院建设,以批量培养制造业工人。

**6. 提供政策支持,改善投资环境,拓展国际市场**

为加快制造业的发展,发达国家从税收、贸易等具体政策层面给予支持,为企业创造良好的投资环境。

一是通过税收减免政策,鼓励企业对制造业投资,加大在国内生产比例。如《2009年美国复苏与再投资法案》中规定,对制造业的研发、可再生能源、节能产品的制造等制造业投资实施税收减免政策,将制造业公司税率从35%降至25%。为鼓励企业在本国进行生产,2010年9月的《创造美国就业及结束外移法案》规定,对于从海外回迁就业职位的企业,将提供为期24个月的工资税减免,并终止为那些向海外转移工厂和生产企业提供的数项补贴。

二是加强贸易保护,促进制造业产品出口。美国2010年1月提出"出口倍增计划",3月签署"国家出口倡议",从出口信贷等方面进行支持。同时,为保护本国制造业的发展,《2009年美国复苏与再投资法

---

① 甄炳禧:《从大衰退到新增长——金融危机后美国经济发展轨迹》,首都经济贸易大学出版社2015年版,第184—185页。

② 孙彦红:《欧盟"再工业化"战略解析》,《欧洲研究》2013年第5期。

案》中设定"购买美国货"条款。《欧洲经济复苏计划》提出推动"欧洲制造"和欧洲标准的商品标签,为欧盟产品进一步占领欧盟和国际市场奠定更可靠的基础。法国、意大利等也纷纷推出"法国制造"、"意大利制造"等标识,鼓励消费者优先使用本国产品。法国工业部长多次强调,法国工业的未来寄希望于"法国制造"。

三是开拓国际市场,为企业搭建良好的平台。除已有的自由贸易区、贸易协定等平台外,欧盟领导人和美国奥巴马政府着力推进跨太平洋伙伴协定(TPP)和跨大西洋贸易与投资伙伴关系协定(TTIP)的谈判,力图借此为美欧企业进一步拓展市场提供便利。美国还于2011年10月与韩国、哥伦比亚以及巴拿马等国签订自由贸易协定,为制造业产品开拓市场,降低贸易壁垒。

## 三 发达资本主义国家再工业化战略的成效和制约因素

经济危机的本质是生产过剩,而虚拟资本的过度膨胀和信用链条的破裂,则是经济危机爆发的直接导火索。此次发达资本主义国家的再工业化战略目的就是扭转虚拟经济严重脱离实体经济的困境。经过几年的推动,再工业化战略取得了一定效果,但能否从根本上实现其意图,找到新的经济增长点、带动整个制造业乃至实体经济的复苏和发展的目标,却仍值得怀疑。

**1. 再工业化战略取得了一定成效**

首先,危机后发达国家的再工业化战略对拉升制造业产值、稳定经济起到了一定作用。如图 2-1 所示,2014 年 1—11 月,世界和发达国家工业生产同比分别增长 3.3% 和 2.2%,比上年同期加快 0.6 个和 2.2 个百分点;而同期发展中国家工业生产同比增长 4.9%,比上年同期放缓 1 个百分点。①

---

① 《2014 年世界经济形势回顾与 2015 年展望》(http://www.stats.gov.cn/tjsj/zxfb/201502/t20150227_686531.html)。

第二章 资本主义国家再工业化与国际产业格局的变化

| | 2013年 | | | | | | | | | | | | 2014年 | | | | | | | | | | |
|---|---|---|---|---|---|---|---|---|---|---|---|---|---|---|---|---|---|---|---|---|---|---|---|
| | 1月|2月|3月|4月|5月|6月|7月|8月|9月|10月|11月|12月|1月|2月|3月|4月|5月|6月|7月|8月|9月|10月|11月|
|世界|2.1|1.4|1.4|2.7|2.0|2.0|3.4|3.4|3.4|3.4|4.1|3.4|4.0|4.0|3.3|3.3|3.3|3.3|3.3|2.0|3.3|3.3|2.6|
|发达国家|-1.3|-1.7|-0.6|-0.6|-0.2|-0.1|0.1|0.7|2.2|2.3|2.9|2.9|3.3|3.2|2.9|2.9|2.2|2.2|2.3|0.9|1.6|1.6|1.6|
|发展中国家|6.6|5.3|4.8|6.7|5.0|5.1|5.9|5.7|5.5|5.0|5.0|5.1|4.8|4.9|4.9|4.7|5.3|5.2|4.8|4.8|5.9|5.1|3.8|

**图 2-1　世界工业生产同比增长率（%）**

（资料来源：国家统计局，http://www.stats.gov.cn/tjsj/zxfb/201502/t20150227_686531.html）

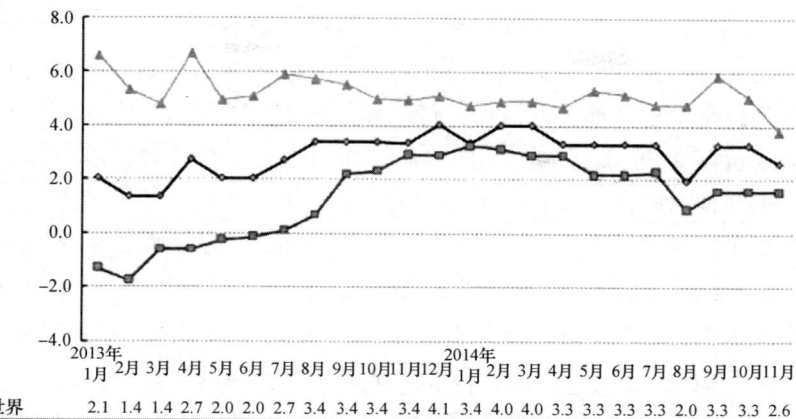

从具体国家来看，在美国，从 2011 年到 2013 年，工业总产值年增幅近 2.5%，2014 年加速至 4.5%。2010—2014 年，制造业增加值年均增长 4.7%，高于同期美国 GDP 年均 2% 的增速。[①] 到 2014 年 5 月，制造业、矿业和公用事业产值回升到经济衰退前的峰值。2015 年第二季度，制造业、矿业和公用事业的产能利用率也达到了 77.8%。即使是仍未摆脱债务危机的欧洲，制造业的产值也已基本企稳。世界银行统计数据显示，2009 年，英、法、德、意各国制造业在 GDP 中的比重大幅下降，由 1991 年的 18.86%、26.59%、17.31% 和 21.55% 降至 10.30%、19.51%、10.59% 和 15.83%。在各国推进再工业化战略后，德国有了明显的增长，2013 年制造业比重达到 21.82%，英国、法国和意大利尽管没有出现增长，但制造业产值下降趋势得以控制，制造业比重分别为 9.82%、10.17% 和 15.47%。[②]

---

① Theodore H. Moran and Lindsay Oldenski, "The US Manufacturing Base: Four Signs of Strength", http://www.piie.com/publications/pb/pb14-18.pdf.
② 赵儒煜、阎国来、关越佳：《去工业化与再工业化：欧洲主要国家的经验与教训》，《当代经济研究》2015 年第 4 期。

其次，由于制造业回流和竞争力提高，许多企业在本土建设新厂或新的分支机构，部分企业缩减在海外建厂或采购的计划，从而使失业率得到一定缓解。如美国格罗方德半导体股份有限公司在纽约马耳他市建立了价值42亿美元的先进硅片厂，通用电气在纽约和肯塔基建立了工厂生产精密电池，福特汽车公司把1.2万个工作岗位从墨西哥和中国迁回美国，美国消费品巨擘佳顿公司将"Miken"碳纤维棒球和安全器材"First Alert"烟雾报警器的生产撤回美国本土，等等。根据美国白宫公布的数据，从2010年10月至2015年7月，美国制造业增加了近90万个工作岗位。① 美国波士顿咨询公司更是就美国制造业对美国出口和就业的增加做出有利的预测，认为由于美国制造业竞争力的提高及其从中国等新兴经济体以及欧洲、日本等国家回流，2016—2020年美国每年出口将增加700亿—1150亿美元；制造业回流和出口增加将为美国创造200万—300万个就业岗位，使美国失业率降低1.5—2个百分点，非石油相关贸易赤字减少25%—30%。②

最后，由于发达国家的再工业化战略都将新能源作为其重要发展产业，因而在这一领域取得了较好的成就。2010年，在能源生产与转化技术方面，几乎一半的注册专利来自于欧盟国家，美国也达到了23%。在风能、潮汐能和太阳能技术方面，欧盟国家也明显领先于其他国家。

**2. 再工业化难以从根本上扭转长期去工业化形成的后果**

尽管欧美等发达国家都对此次再工业化寄予厚望，并提供了政策、资金等各方面的支持，但从各项指标来看，再工业化在目前并未能达到西方的预期。

其一，从制造业在GDP产值中的比重和工业生产指数来看，欧洲多国只是止住了急剧下降的趋势，回升态势并不明显，而再工业化取得较好效果的美国，制造业在GDP中所占比重尽管有所提升，但幅度有

---

① "FACT SHEET: Convening Manufacturing Leaders to Strengthen the Innovative Capabilities of the U. S. Supply Chain, including Small Manufacturers", https://www.whitehouse.gov/the-press-office/2015/07/09/fact-sheet-convening-manufacturing-leaders-strengthen-innovative.
② Harold L. Sirkin, Michael Zinser, Douglas Hohner, and Justin Rose, "U. S. Manufacturing Nears the Tipping Point", https://www.bcgperspectives.com/content/articles/manufacturing_supply_chain_management_us_manufacturing_nears_the_tipping_point/.

限。据美国商务部的资料,危机刚刚发生后的 2009 年,制造业在 GDP 产值中的比重为 11.92%,2010 年后,在美国多项鼓励制造业回流政策的作用下,该比重仅稍有增加,2010 年至 2013 年分别为 12.23%、12.38%、12.52%、12.38%,增幅并不明显。[①] 欧盟各国的工业生产指数和工业信心指数在经历了 2009 年的骤降后有了一定的回升,但仍远低于危机前的水平,具体情况见图 2-2。

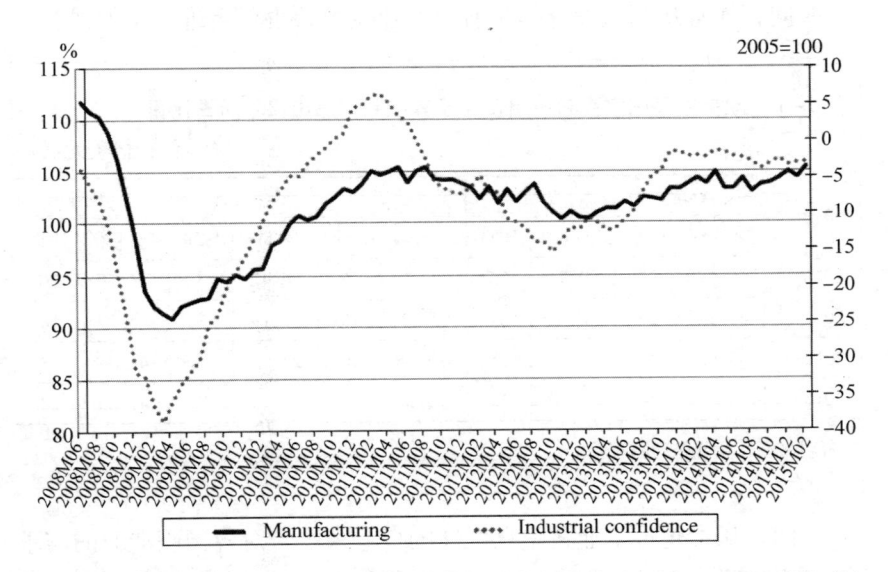

图 2-2 欧盟 27 国工业生产指数和工业信心指数(2008 年 6 月—2015 年 2 月)

(资料来源:http://ec.europa.eu/DocsRoom/documents/10088/attachments/1/translations/en/renditions/pdf)

其二,从制造业创造的就业来看,再工业化未能大幅提高就业,无法有效达到降低失业率的目的。尽管美国制造业增加了近 90 万个就业岗位,但却远少于 2000—2009 年间制造业流失的 600 万个工作岗位。同时,劳动参与率也没有明显改善。2014 年 4 月,劳动参与率仅为 62.8%,为 1978 年 3 月以来的最低值,其中 25—29 岁劳动力的参与率为 1982 年有记录以来的最低点,总人数仅 427.9 万人。欧元区 2014 年

---

① 根据美国商务部数据整理。

11月的失业率仍高达11.9%,其中,意大利年轻人失业率为43.9%,西班牙失业率高达53.5%。①

其三,从高科技出口额及其在制成品出口中所占比重来看,都保持较为平稳的状态,有些国家(如美国)甚至出现了下降,如表2-1所示。这也表明再工业化战略并未带来产业竞争力的明显提升。尽管在新能源的注册专利方面取得了一定成就,但其转向产品应用和制造仍需一定的时间,而且从制造业整体来看,产业竞争力也仍需进一步加强。

表2-1 欧美主要国家高科技出口额及其在制成品出口中所占比重

(单位:亿美元、%)

| 年份 | 英国 | | 法国 | | 德国 | | 意大利 | | 美国 | |
|---|---|---|---|---|---|---|---|---|---|---|
| | 出口额 | 比重 | 出口额 | 比重 | 出口额 | 比重 | 出口额 | 比重 | 出口额 | 比重 |
| 2010 | 60.17 | 21 | 99.74 | 25 | 158.51 | 15 | 26.42 | 7 | 145.50 | 20 |
| 2011 | 67.14 | 21 | 105.10 | 24 | 183.337 | 15 | 31.19 | 7 | 145.27 | 18 |
| 2012 | 63.96 | 22 | 108.36 | 25 | 183.35 | 16 | 27.53 | 7 | 148.77 | 18 |
| 2013 | 69.04 | 8 | 113.0 | 26 | 193.09 | 16 | 29.75 | 7 | 147.83 | 18 |

资料来源:世界银行数据库。

其四,从本轮再工业化重点发展的行业来看,对各国制造业的需求拉动效应有限,更难以带动整个经济的恢复和发展。以美国重点发展的清洁能源行业为例,目前,油气密集型产业在美国制造业中所占比例仅为百分之十几,在美国GDP中所占比重更是只有1.2%,因而难以形成对整个经济的明显拉动作用。2012年,油气密集型产品出口达到236亿美元,但对于高达7794亿美元的美国制造业总体贸易逆差来说却是杯水车薪。② 同时,以页岩气革命为代表的新技术尽管改变着美国的能源格局,但由于生产成本的快速增长,产量增幅正在放缓。这也表明新一轮的技术革命尚未形成,现有产业和技术的推广和应用空间有限,未能形成新的主导产业和新的经济增长点。因此,尽管"危机总是大规

---

① 《欧元区2014年11月份失业率11.9%》(http://news.ono-bbb.com/cn/30151.html)。
② 张晓晶、李成:《美国制造业回归的真相和中国的应对》,《求是》2014年第12期。

模新投资的起点……就整个社会考察，危机又或多或少地是下一个周转周期的新的物质基础"①，但至少目前来看，技术推动的经济周期性扩张难以在近期实现。

此外，不仅当前的发展并未能明显改善制造业的现状，再工业化在未来的发展也面临着许多的限制因素。主要表现在以下几个方面：

第一，推动再工业化进程的巨额资金难以持续。各国所推出的产业政策、能源政策、贸易政策等都需要巨额的资金支持，然而在救市举措已使各国财政背负了沉重债务负担的情况下，这种巨额资金能否长期持续必然存疑。2014年，美国债务总额已达到18.141万亿美元，欧洲更是尚未完全摆脱债务危机的泥淖。推进再工业化的许多政策在不断高企的债务面前，必然难以真正完全实施。

第二，再工业化政策的顺利执行仍有一定难度。一方面，资本主义国家政党斗争的存在会大大限制政府推动再工业化的政策空间，降低再工业化政策原本可能取得的更多效果。加之，欧洲的再工业化战略由欧盟层面提出，但是其实施更多地依赖成员国及产业自身的行动，执行的实际难度不容忽视。② 另一方面，本轮发达国家的再工业化主要以政府为主导，其具体政策的制定、特定行业的选择、若干技术的创新以及对外国政府的施压，都出自政府的精心筹划。因此，从整体来看，是政府而不是市场在引领着再工业化的大致走向，在这一过程中，政府功能重新凸显，突破了以往对西方国家"小政府"的片面认知。而从现实来看，尽管国际金融危机后新自由主义在西方广为诟病，但其根基仍异常牢固。在度过危机走向复苏后，新自由主义依然会继续占据主导，政府的作用将再次受到限制和约束。在这种情况下，离开政府强力支持的再工业化战略，能否凭市场的作用长期持续下去必然存疑。

第三，新兴经济体在世界经济格局中力量的增强必然使发达国家许多政策的实施面临更大的挑战。新兴经济体的发展不断挑战发达国家在国际经济体系中的主导地位，这对发达国家旨在带动产品出口、保护制造业的贸易政策必然带来更多的挑战。

---

① 《马克思恩格斯文集》第6卷，人民出版社2009年版，第207页。
② 孙彦红：《欧盟"再工业化"战略解析》，《欧洲研究》2013年第5期。

第四，全球化限制了发达国家再工业化的长期效果。在全球化条件下，资本必然会在全球范围内寻求最有利的投资场所。"当资产阶级的生产达到很高的发展程度时，它就不可能局限于本国的范围：竞争迫使资本家不断扩大生产并为自己找寻大量推销产品的国外市场。"① 尽管发达国家采取了多种措施改善国内的投资环境，但从长远来看，高昂的劳动力成本仍然是制造业发展的重要障碍。在正常的全球分工格局下，制造业必然会继续向更低成本的国家转移，特别是向劳动力成本低、环境要求低的发展中国家转移。这既是市场竞争的结果，也是资本逐利属性的必然要求。因此，再工业化即使目前能够在某些特定行业维持优势，但总体上却难以持续下去，其效果面临趋势性的障碍。美国乔治城大学教授布拉德·詹森（Brad Jensen）就指出："我们必须认清，制造业其实并非美国比较优势所在。"克林顿政府时期的劳工部长罗伯特·雷奇（Robert Reich）也说："不要欺骗自己了。我们不可能回到 30 或 40 年前那种以制造业为基础的经济。"②

总体来看，发达国家的再工业化战略尽管取得了一定成效，但从长远看，仍无法实现产业结构的根本性转变，去工业化仍将是其产业发展中的一个重要表现。而且，从资本主义的发展历程来看，"去工业化和再工业化两种工业化发展倾向一直并存着"③。尽管 20 世纪 70 年代以来去工业化成为发达国家普遍存在的现象，但也存在着推动产业结构向高附加值、知识密集型产业以及服务于新兴市场、以技术创新为主的产业转型的再工业化现象，然而，在经济全球化、金融化的影响下，再工业化在当时难以占据主导地位，因而从总体上资本主义经济表现出去工业化的趋势。危机以来的再工业化战略尽管带来了以高新科技为基础的制造业的复兴，但在金融垄断资本的力量愈益增强、全球化愈演愈烈的背景下，去工业化趋势仍将存在，并会消解再工业化的作用和影响。

---

① 《列宁全集》第 1 卷，人民出版社 1984 年版，第 81 页。
② 吴成良：《美国制造业能否复兴》，《人民日报》2012 年 2 月 28 日。
③ 赵儒煜、阎国来、关越佳：《去工业化与再工业化：欧洲主要国家的经验与教训》，《当代经济研究》2015 年第 4 期。

## 四 资本主义生产体系变革对世界产业格局的影响

2011年9月,里夫金(Jeremy Rifkin)在其出版的专著《第三次工业革命》中认为,当前全球金融危机的实质是以石化燃料及相关技术为基础的第二次工业革命已无法再支撑世界经济的进一步发展,而以新能源与互联网技术为特征的第三次工业革命则是摆脱经济危机的必由之路①。紧接着,英国《经济学人》杂志于2012年4月发表了相关专题文章,认为第三次工业革命的核心是数字化革命,主要标志是3D打印技术、数字化制造和新能源、新材料的应用。纵观世界经济史的发展历程,谁抓住了科技与产业革命的机遇,谁就掌握未来发展的主动权。随着新一轮科技革命和产业变革的兴起,发达国家再工业化战略不仅通过一系列政策吸引"制造业回归",更重大的举措是利用人工智能、机器人和数字制造技术来发动新一轮的产业革命,以图掌握未来发展的主动权,重新构筑世界产业格局,从而给全球产业结构的调整带来深远的影响。在这种背景下,众多发展中国家也在加快经济转型步伐,推动技术升级换代,实现赶超跨越发展,以图在新一轮的产业分工中谋求话语权。

**1. 发达国家再工业化带来世界产业格局的深刻变革**

从世界产业分工布局上说,美国等发达国家发起再工业化战略的主要目的是,冲击发展中国家在中低端要素上的成本优势,构建新的全球产业竞争秩序和产业利益分配方式。可以说,再工业化是为了突破发达国家因虚拟经济发展过度造成的经济困境,通过壮大制造业重拾全球产业竞争优势,在产业政策上都反映为对电子信息、生物医药、航空航天、新材料等新兴产业的重视。②但再工业化无疑会使资本主义生产方式和生产组织形式发生变化,从而带来世界产业格局的深刻变革。

---

① 参见[美]杰里米·里夫金:《第三次工业革命》,中信出版社2012年版。
② 黄阳华、卓丽洪:《美国"再工业化"战略与第三次工业革命》,《中国党政干部论坛》2013年第10期。

(1) 发达国家再工业化改变传统的国际产业分工体系

一是发达国家再工业化改变原有的国际产业分工格局。作为发达国家实施再工业化战略的核心,数字化制造将大大降低劳动力成本,其对产业竞争力的重要性显著下降。由于发达国家在国际上掌握先进的技术水平,具备大量采用智能数字化技术与装备的能力,这不仅使得发达国家减少劳动力的使用,降低制造业成本,而且使整个产业链条不断缩短。随着发达国家产品设计与生产环节更为紧密,生产方式就会从大批量生产转为个性化定制和分散化生产,已有的向发展中国家转移的大规模生产活动就会回流。换言之,这也是发达国家推行再工业化的技术基础,导致在技术层面上处于落后水平的发展中国家实施赶超战略受阻。例如,美国正努力通过制造业回流,解决国内投资相对不足的问题。但从国外回流的美国制造业不是简单的产业回归,而是技术升级后的产业回归,是在新一轮工业革命支撑下的回流。美国咨询公司埃森哲2012年的调查显示,受访的北美制造业经理人有约61%表示,正在考虑将制造产能迁回美国,以便更好地匹配供应地和需求地。一些大型的工业巨头,如苹果、惠普、乐金化学等明确表示,打算把部分产品生产线转移回美国国内。①

随着制造业回流和外国投资增加,美国工业产出和就业企稳回升。美国工业增加值占GDP的比重从2009年的11%稳步回升到2014年的12%以上。实施再工业化战略以来,制造业就业人数也一直处于扩张态势。最新数据显示,美国就业市场达到了20年以来的最佳状态,失业率已降到了金融危机以来的最低(2015年2月失业率为5.5%)。② 然而,发达国家再工业化不会从根本上颠覆已有产业的国际分工,这是因为数字化制造的优势主要体现在对市场需求的快速反应和提供个性化产品方面,仅仅对那些贴近市场最终需求的产业影响较大③,数字化制造所支撑的产业体系短时间内难以替代规模庞大的现代工业体系。

---

① 《高新制造业回流美国对中国影响有多大》,《中国产经新闻报》(http://money.163.com/12/1212/22/8IIBD5K900252G50.html)。
② 陈卫东:《美国再工业化战略的影响》,《中国金融》2015年第8期。
③ 魏际刚:《第三次工业革命对国际产业分工和竞争格局的影响》,《现代经济探讨》2014年第10期。

二是发达国家再工业化改变跨国公司等生产组织的生产行为。随着发达国家再工业化战略的实施,作为国际分工的主导力量,跨国公司的生产将集中在产品设计、研发、营销和品牌等增值环节上,而生产性环节则分包给各地的合同制造商。例如,波音公司的生产链和供应链几乎遍布全世界,波音飞机的许多零部件,是在包括中国在内的全球 70 多个国家生产的。随着分散型企业组织的崛起,跨国公司的组织架构将会出现社会化、扁平化形式。新的生产组织方式使得对市场的快速反应和生产个性化的产品成为企业竞争力的核心,对于中小微企业来说,可以充分利用电子商务、互联网、数字制造等参与研发设计、个性化生产和跨境贸易,在许多行业创造独特优势。

(2) 发达国家再工业化带来国际产业布局的结构性矛盾

国际金融危机爆发以来,随着发达国家纷纷实施再工业化战略,新的国际分工格局逐步建立起来。在新国际分工格局中,通过分工的广度和深度以及构建产品内部的分工体系,西方大型跨国公司控制附加值比较高的产业链环节,而大多数发展中国家企业在新国际分工中,主要集中在低附加值的加工、装配和简单制造行业。这充分表明发达国家通过跨国公司为主导的新国际分工格局,将生产中的产业结构性矛盾转嫁给了发展中国家,使得发展中国家及其企业陷入产业分工的陷阱,并产生两种不利的后果:一是西方跨国公司通过股权控制发展中国家本土企业的所有权,达到继续推行经济霸权的目的;二是西方跨国公司在产品价值链各个环节的利益分配上占有更大的比例,在国际产业分工的利益格局中继续占据优势。因此,发达国家利用技术优势,通过分工深化和广化实现了自身生产过程矛盾的缓和,但这种缓和是以发展中国家落入被动的"分工陷阱"为代价的。当发展中国家意识到自身陷入了这种产品价值链分工的陷阱,就会采取相应措施摆脱这种不利的局面,从而由发达国家主导的新国际分工体系的结构性矛盾便会集中爆发出来。[①]

(3) 发达国家再工业化推动国际产业分工向多极化方向发展

国际产业分工既是世界市场和世界经济形成的基本动因,也是推动

---

① 钱书法、周绍东:《新国际分工格局的结构性矛盾——马克思社会分工制度理论的解释》,《当代经济研究》2011 年第 11 期。

国际经济发展的核心基础。发达国家实施的再工业化,在数字化智能化制造环节推动劳动力减少的同时,也推动现代服务业的进一步成长,制造业服务化趋势更加明显,服务在整个价值链分配中将占据更大的份额,服务业在全球产业结构中比重会进一步上升。① 在这种情况下,为了占得先机,充分利用新工业革命的机遇,发达国家都在进行战略准备,推出各种变革,努力重塑在全球制造业的领先地位,如表 2 – 2 所示。

表 2 – 2　　　　　　　主要发达国家再工业化的战略目标

| 国家类别 | 战略目标 |
| --- | --- |
| 美国 | 努力实现四个方面的战略目标:大力推动创新成果的产业化;提高能够主导未来产业竞争的人才潜力;通过智能创新和智能制造提高制造业生产率;建设以分布能源系统、物联网、下一代互联网为代表的全新的工业基础设施体系 |
| 德国 | "工业 4.0"战略的根本目标:通过构建智能生产网络,推动德国的工业生产制造进一步由自动化向智能化和网络化方向升级,包括基于"数字—物理系统"的智能工厂的建设,以及生产制造单元与企业的采购、营销、研发等各个价值链环节,同时与不同企业间的互联构成更大的、更高层次的智能生产网络 |
| 日本 | 规模编制技术战略图:政府加大了开发企业 3D 打印机等尖端技术的财政投入;快速更新制造技术,提高产品制造竞争力 |

资料来源:根据对发达资本主义国家再工业化论述的相关资料整理。

然而,为了破解新国际分工体系中的结构性矛盾,新兴经济体一直期待在更高水平上参与全球竞争,在产业和科技上实现追赶西方,利用西方发达国家治理危机之际,加快新兴产业发展,实现产业升级换代。

俄罗斯把发展创新型经济作为推动产业结构高科技化和"软化"的重要措施。俄罗斯现代化和经济技术发展委员会在 2009 年 6 月确定了俄发展创新型经济的 5 个重点领域:新型能源技术、核技术、空间和通信技术、医疗技术和信息技术。2009 年 10 月,俄罗斯总统梅德韦杰夫在莫斯科召开的第二届国际纳米技术论坛上表示,将采取多种措施大力发展纳米技术,促使纳米产业成为俄经济的主导产业之一,紧接着成

---

① 魏际刚:《第三次工业革命对国际产业分工和竞争格局的影响》,《现代经济探讨》2014 年第 10 期。

立了俄罗斯纳米技术集团。2010 年 5 月，俄罗斯出台了更为雄心勃勃的经济现代化创新计划，将在今后三年内耗资 8000 亿卢布，实施 38 个现代化创新项目。为配合这一计划的有效实施，俄还提出进一步改善投资环境，建立发展创新型经济所需的技术园区和经济特区。① 2011 年俄信息和通信技术产业总规模同比增长了 8.6%，突破 2 万亿卢布②。据俄罗斯软件协会统计，2015 年俄罗斯约有 2300 多家软件服务公司，主要包括两大类：第一类是系统集成商和分销商；第二类是从事定制软件研发、测试和服务的软件服务公司。在全球软件外包百强企业中，俄罗斯有 7 家公司入选。③

印度 2012 年 11 月正式发布《2012 年国家电子产业政策》，旨在为国内电子产业的发展提供路线图，打造具有国际竞争力的电子系统设计和制造产业（包括纳米电子）。同时为了保持印度在传统强势行业（如纺织业）以及新兴行业的竞争力，以及在国防、原子能、航空等战略领域推进 ICT 的应用，印度于 2012 年 7 月正式出台了《国家信息技术政策》，应用信息技术促进经济增长。2015 年 4 月举行的汉诺威工业博览会，让世界关注到印度对工业 4.0 的重视。当前印度正致力于营造稳定的经济环境，打造智慧城市建设，利用信息技术优势，实现"制造印度"和"数字印度"，努力打造世界级的工业和基础设施。④

当然，发达国家再工业化所需的大量新技术尚处于早期，科学技术大多还处于研发阶段，知识转化的程度还较低，这个阶段的新技术革命几乎使所有国家处在同一起跑线上。如果新兴经济体能够以更快的速度构筑新技术体系，就能实现跳跃式发展，实现对发达国家的追赶目标。从这个角度来说，发达国家再工业化在促进国际产业分工向多极化方向发展的同时，也带来了世界生产体系的变革。

**2. 发达国家再工业化对中国制造业发展的影响**

近年来，我国工业经济快速发展，工业结构发生深刻变化，工业生

---

① 郭连成、杨宏、王鑫：《全球产业结构变动与俄罗斯产业结构调整和产业发展》，《俄罗斯中亚东欧研究》2012 年第 6 期。
② 《俄罗斯 2011 年 ICT 产业发展综述》，中国经济网 2012 年 1 月 11 日。
③ 《俄罗斯创新产业亮点频现》，《人民日报》2015 年 5 月 21 日。
④ 《印度经济展现良好态势》（http://news.xinhuanet.com/world/2015 - 07/07/c_1115843319.htm）。

产能力与发达国家的差距缩小。改革开放以来,我国工业总产值由1978年的1745.2亿元增长至2014年的227991亿元,即便是剔除了价格因素,其增长亦属惊人。其中2010年中国制造业产值排名世界第一,成为名副其实的制造业大国。但也不可否认,我国制造业也面临着结构不合理、产业升级较慢、增长质量不高等难题,这种"大"而不"强"的发展现状严重制约我国经济的可持续发展,导致国际竞争力不强。当前我国正处于制造业加速转型升级的关键时期,发达国家再工业化浪潮势必会打击和削弱中国制造业的迅猛发展势头,但利用发达国家再工业化的带动效应,中国制造业也会迎来难得的发展机遇。

(1) 发达国家再工业化对中国制造业发展的制约因素

第一,发达国家再工业化促使我国制造业外资加速"回流"。当前,随着中国要素价格的不断上涨,处在微笑曲线底端的中国制造业的利润空间正日益萎缩,中国制造业原先利用人口等红利发展的传统优势渐失,同时还要面对东南亚等具有更低成本优势的发展中国家的竞争,而发达国家再工业化战略的实施,促使发达国家制造业企业加速"回流",更加凸显了这一趋势。2011年8月波士顿咨询集团对美国、中国及一些发展中国家的劳动力、能源、土地等生产要素的对比分析显示,中国制造业对美国的压倒性成本优势正在逐渐消失。在劳动力成本方面,该报告通过对比中美一线工厂的工人成本,发现中国劳动力成本在2000年只占美国的3%,2010年提高至9%,2015年将会达到17%,到2016年,美国与中国的单位劳动成本之差将缩小至7美分/时。而与此同时,中国周边发展中国家的成本优势日益凸显,泰国制造业工资每小时1.8美元、越南49美分、印尼38美分、柬埔寨35美分。① 随着"中国制造"成本的上升,欧美外资企业"回流",中国过分依靠传统要素禀赋优势的粗放型发展模式已难以为继,中国制造业亟须突破发展瓶颈。与此同时,在发达国家"去工业化"阶段,发达国家制造业大量向中国等新兴市场国家转移,我国作为受益者,建立了很多外资企业,获得了国外的技术、管理和资金支持。但当发达国家实施再工业化

---

① 崔日明、张婷玉:《美国"再工业化"战略与中国制造业转型研究》,《经济社会体制比较》2013年第6期。

后，在市场培育、研发创新、税收政策等方面采取了很多鼓励本国制造商"回归本土"，将会减少我国利用外国资金的机会，造成制造业外资流出。

第二，发达国家再工业化会使我国制造业技术升级的难度加大。发达国家推出的再工业化战略建立在新一轮技术革命基础之上，从而我国与发达国家制造业的竞争不仅是要素资源的竞争，更是核心技术、创新体系和研发能力的竞争，这样的结果就是发达国家必然会对我国的技术输出做出限制。发达国家利用专利、标准、知识产权、技术的领先地位和先发优势，会对我国形成更严格的"技术封锁"，阻断我国买进新技术的可能，对在技术上急需追赶发达国家的我国制造业来说，无疑是雪上加霜。

第三，发达国家再工业化使我国制造业面临强大的竞争威胁。虽然我国制造业的产值很大，但从产业链条的分布来说，我国制造业仍处于全球产业链的下游领域，主要集中在生产环节，因而得到产品的价值回报少。然而，当今全球制造业之间的竞争主要是全产业链的竞争，核心价值部分集中在产品设计、原料和零部件采购、物流运输和批发零售四个环节上，而生产制造环节得到的价值少。从这种角度可以看出，我国与欧美国家制造业间整体上表现为一种互补关系。目前，我国为了加快发展高精尖产业，相继出台了《十大产业振兴规划》和《战略性新兴产业规划》，积极改造传统产业，着重强调科技创新，大力发展战略性新兴产业，通过高端装备制造业对传统制造业进行改造升级。而欧美再工业化战略也定位在这些技术含量高的战略性新兴产业上，导致中国与欧美国家的制造业会由原有的互补关系转变为竞争关系。而且相对于加工、制造环节来说，研发、设计、工艺、品牌、营销等环节更为关键，所以欧美企业必然会抢占这些关键环节。由于面临较强的国际竞争，我国企业要想完善自己的制造业环节，必须付出更多代价。①

（2）发达国家再工业化背景下中国制造业发展的有利因素

第一，新兴经济体成为推动全球经济发展的新引擎，中国制造业发

---

① 牛梦笛、王晓樱：《首份"中国产业升级研究报告"发布》，《光明日报》2013年4月8日。

展有明显的区位优势。从20世纪70年代末开始，西方发达国家的汽车、钢铁和消费电子等一些传统制造业慢慢失去了增长势头，利润率下降显著，于是西方发达国家开始重点发展以服务业为主的经济体系，大量低端制造业慢慢地向发展中国家转移。正是这种全球性的产业重新分工，成就了新兴市场国家的快速崛起。在1988—1997年和1998—2007年的两个10年，整个世界的实际GDP年增长率分别为3.4%和4.1%，而包括新兴市场国家在内的发展中国家分别为4.1%和5.9%，均明显高于世界平均水平。[1] 危机过后，新兴经济体以迅速复苏和持续增长成为推动世界经济复苏的新引擎，世界经济重心呈现出由发达国家向新兴市场国家转移的趋势。作为新兴经济体核心力量的中国，其制造业发展有明显的区位优势。上海合作组织和金砖国家组织的成立，使中国的制造业具备更大的发展空间和良好的发展环境。

第二，利用发达国家再工业化机遇，顺势而为，打造中国经济升级版。当今世界是开放的世界，任何国家都不可能孤立发展，为了加快转变经济发展方式和优化产业结构，全面提高开放型经济水平是一条重要途径。为了加快我国改革开放的步伐，党的十八届三中全会首次强调，把构建开放型经济新体制作为目标，切实提高开放型经济水平和质量，创新开放模式，加强对外开放的制度保障。构建开放型经济新体制，从开放格局上看，需要更加注重统筹国内国际两个大局，利用好"两个市场，两种资源"，从积极"引进来"到主动"走出去"，力争实现层次更高、维度更多、联动更广的开放格局。当前，价值链分工是当前国际分工的主导形式，发达国家再工业化对我国制造业价值链提升带来了不少挑战，但也提供了有益的经验和启示。借鉴发达国家再工业化的经验和辐射效应，制定合理的产业政策，促进"中国制造"向全球价值链中高端水平迈进，打造中国经济升级版。

---

[1] 张福军：《再工业化暴露资本主义发展新困境》，《红旗文稿》2015年第6期。

# 第三章 资本主义福利制度的调整

金融危机及其后的欧债危机引发了国内外各界对福利制度的反思，许多学者将欧洲债务危机的爆发归咎于福利制度，并由此提出了改革福利制度的要求。同时，危机发生后各国捉襟见肘的财政，也迫使其向社会福利开刀，削减社会福利成为许多资本主义国家应对危机的首选。然而，资本主义福利制度的调整，非但未能解决资本主义面临的制度困境，还引起了非常强烈的社会反响，各国工人运动和社会运动频繁爆发，工人阶级的反抗日渐激烈，并对资本主义制度形成了一定冲击。

## 一 资本主义福利制度的建立及作用

作为促进社会公平、维持社会稳定的一种重要手段和工具，福利制度一直是发达国家着力发展和完善的重要内容，也是后发国家极力效仿的重要方面。

### 1. 资本主义福利制度的建立与完善

社会福利制度的萌芽可以追溯到19世纪上半叶英国提出的对社会贫民予以救济的"济贫法"。此后，19世纪80年代，在资本主义经济长期萧条导致社会矛盾日趋激化、工人运动日益高涨的情况下，德国首相俾斯麦把实行社会改良和建立社会保障制度作为笼络工人的手段，提出了建立"社会保险基本法"的主张。1883年、1884年和1889年，德国先后通过了《疾病保险法》、《工伤事故保险法》和《老年及残废保险法》。许多欧洲国家如英国、瑞典、挪威、芬兰、法国、意大利等也借鉴德国的经验，先后制定了有关疾病和工伤事故等的法律。1942年，英国社会保险及相关事务委员会提出名为《社会保险及相关服务》

的报告（以下简称《贝弗里奇报告》），为英国规划了一套"惠及所有国民的全面而普遍的社会保障体系"，其主旨是把社会保险作为提供收入保障、消除贫困的一项基本社会政策内容，确定国家提供福利的原则是基于国家利益而不是某些群体的利益，社会保障必须由国家和个人共同承担责任。《贝弗里奇报告》奠定了二战后西欧建立福利国家的舆论基础。1945年英国工党执政后，以此报告为基础制定了《国民保险法》等一系列法律，建立了一整套比较全面的社会保障制度。1948年，英国首相艾德礼（Clement Richard Attlee）宣布该国第一个建成福利国家，此后，发达资本主义国家相继通过有关社会保障制度的立法，逐步建立和完善了以高福利为主要内涵的社会保障体系。到20世纪七八十年代，社会福利已从过去的单纯救济发展成了公民的一种权利，尤其是在德国、瑞典等欧洲国家中，更是形成了一整套的"从摇篮到坟墓"的社会福利制度。

福利制度的建立和完善，首先，得益于二战后的科技革命使资本主义生产力获得了巨大的发展，社会物质财富大量增加，在这种情况下，资产阶级能够拿出超额利润的一部分改善工人阶级的工资水平和生活条件，以缓和阶级矛盾。其次，福利制度的广泛推行，也是工人阶级长期斗争的结果。如法国1968年5月风暴的一个重要目的，就是要求法国政府废除不利于劳动人民的社会保障制度的法令。在意大利，2000万意大利人于1969年11月举行的总罢工，迫使政府不得不改变养老金制度。1979年联邦德国钢铁工人大罢工、1980年瑞典百万工人大罢工、1984年联邦德国机器制造业工人大罢工等，也都不同程度地迫使各国政府在改善工人生活条件和工作环境、增加社会福利方面做出让步。因此，资本主义国家的社会福利，绝不是资产阶级对广大劳动者的恩赐，而是工人阶级长期斗争的结果，是资产阶级为了缓和国内矛盾而不得不支付的"代价"。最后，以苏联为首的社会主义阵营的建立和长期存在，推动了福利国家建立的进程。社会主义阵营成立以来，在经济和政治上都取得了辉煌的成就，许多人对社会主义产生了兴趣，"许多事业受到萧条障碍的人，都转向'科学社会主义'之父去获得鼓舞"[①]。可

---

① ［美］福克纳：《美国经济史》（下卷），王锟译，商务印书馆1989年版，第374页。

以说，社会主义阵营的存在以及计划经济取得的成就，迫使资本主义实行内部改造，寻找更有效的方式整合社会资源，推进经济发展、维护社会稳定，福利国家模式就是在这种情况下的选择。

2. **福利制度的作用**

福利制度在相当长的时期内缓解了贫富矛盾，稳定了社会大局，对于资本主义国家的经济发展是一个强有力的支持和保证，使其获得了较为安定的政治局面。

总体而言，福利制度对资本主义国家的作用主要表现为以下几个方面：第一，福利制度的推行明显提高了国民的收入尤其是中下层居民的收入，"20世纪60年代的人均收入实际增长了30%，而全部增长都是靠社会福利计划取得的。自从实行政府干预以来，实际人均收入增长率相当于政府干预或社会福利计划实施之前增长率的两倍多"①，社会总需求得以保持在较为稳定的水平上，为资本主义经济的平稳发展奠定了良好的基础；第二，福利制度缓解了社会收入差距过大问题，在一定程度上促进了社会公平。据统计，在过去20多年间，德国、法国、丹麦、瑞典等欧洲国家的基尼系数一直保持在0.2—0.3之间，收入差距明显降低；第三，福利制度通过保障社会成员的生存与发展权利，通过教育培训改善人力资本状况等有助于市场经济体系的有效运转；第四，福利制度发挥了危机减震器和社会稳定器的作用，使社会生活能维持正常节奏，并有效缓解了社会矛盾。德国首相俾斯麦在谈到他制定并颁布《疾病保险法》等保险立法的初衷时就指出，"这是一种消除革命的投资"。

正是因为存在上述多方面作用，西方一直把福利制度作为安抚中下层百姓、维护社会稳定的重要手段。1970年，英国、丹麦、比利时、法国、爱尔兰、联邦德国、意大利、卢森堡、荷兰九国平均社会福利开支占国民生产总值的比重达到18.1%，1981年上升至27%。② 尽管20世纪80年代以来，在新自由主义的推动下，发达资

---

① [美]莱斯特·C.瑟罗：《得失相等的社会——分配和经济变动的可能性》，商务印书馆1992年版，第6页。
② 胡连生、杨玲：《当代资本主义的新变化与社会主义的新课题》，人民出版社2000年版，第102页。

本主义国家纷纷削减社会福利支出，提高社会保险税缴纳的比例，但从总体来看，福利制度仍是其维持社会稳定、缓解社会不公的重要工具。

## 二 危机凸显资本主义福利制度的困境

随着人口老龄化和经济全球化的发展，福利制度不断受到挑战。2008年的国际金融危机和2009年的欧洲债务危机更是为福利制度的发展蒙上了阴影，打碎了笼罩在欧洲福利国家头上的光环。

### 1. 财政赤字和政府债务日益增加

随着福利制度的发展，福利开支占国民生产总值的比重也迅速增长，政府财政负担日益加重。21世纪以来，随着资本主义经济增长速度日益放缓，高福利支出所带来的财政赤字和政府债务高企的状况日益突出。从表3-1我们可以看到，从2006年至2010年间，希腊、爱尔兰、西班牙、葡萄牙和意大利等国家的赤字率和政府负债率逐年增加。图3-1则直观反映了2009年和2010年欧洲各国债务及赤字在国内生产总值中所占的比重。

表3-1  2006—2010年希腊、爱尔兰、葡萄牙、西班牙、意大利
财政赤字率及政府负债率　　　　　　　　　　（单位:%）

| 年份 | 希腊 | | 爱尔兰 | | 西班牙 | | 葡萄牙 | | 意大利 | |
|---|---|---|---|---|---|---|---|---|---|---|
| | 赤字率 | 负债率 | 赤字率 | 负债率 | 赤字率 | 负债率 | 赤字率 | 负债率 | 赤字率 | 负债率 |
| 2006 | -3.6 | 97.8 | 3.0 | 24.9 | 2.0 | 39.6 | -3.9 | 64.7 | -3.3 | 106.5 |
| 2007 | -5.1 | 95.7 | 0.1 | 25.0 | 1.9 | 36.2 | -2.6 | 63.6 | -1.5 | 103.5 |
| 2008 | -7.7 | 99.2 | -7.3 | 43.9 | -4.1 | 39.7 | -2.8 | 66.3 | -2.7 | 106.1 |
| 2009 | -13.6 | 115.1 | -14.3 | 64.0 | -11.2 | 53.2 | -9.4 | 76.8 | -5.3 | 115.8 |
| 2010 | -12.2 | 124.9 | -14.7 | 82.6 | -10.0 | 66.3 | -8.0 | 84.6 | -5.3 | 116.7 |

资料来源：欧盟统计局。

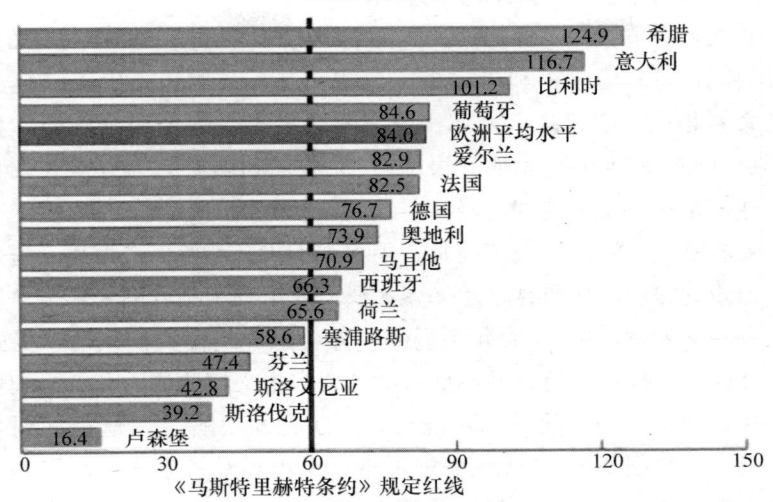

## 第三章 资本主义福利制度的调整

**2010年欧洲各国债务与GDP比值**

| 国家 | 比值 |
|---|---|
| 希腊 | 124.9 |
| 意大利 | 116.7 |
| 比利时 | 101.2 |
| 葡萄牙 | 84.6 |
| 欧洲平均水平 | 84.0 |
| 爱尔兰 | 82.9 |
| 法国 | 82.5 |
| 德国 | 76.7 |
| 奥地利 | 73.9 |
| 马耳他 | 70.9 |
| 西班牙 | 66.3 |
| 荷兰 | 65.6 |
| 塞浦路斯 | 58.6 |
| 芬兰 | 47.4 |
| 斯洛文尼亚 | 42.8 |
| 斯洛伐克 | 39.2 |
| 卢森堡 | 16.4 |

《马斯特里赫特条约》规定红线：60

**2009年欧洲各国公开赤字与GDP比值**

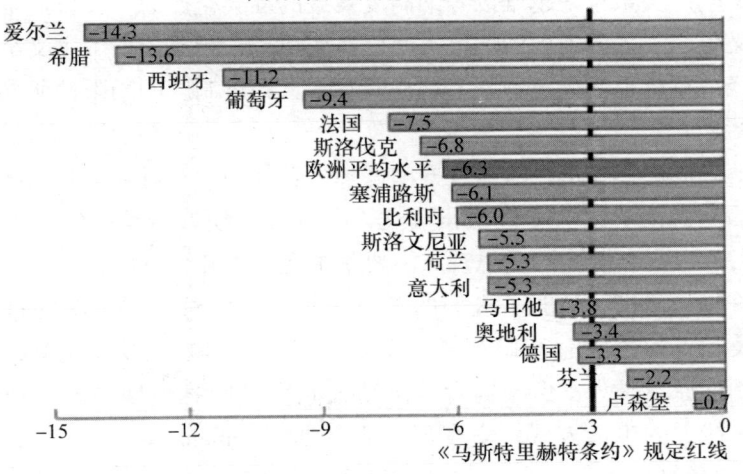

| 国家 | 比值 |
|---|---|
| 爱尔兰 | -14.3 |
| 希腊 | -13.6 |
| 西班牙 | -11.2 |
| 葡萄牙 | -9.4 |
| 法国 | -7.5 |
| 斯洛伐克 | -6.8 |
| 欧洲平均水平 | -6.3 |
| 塞浦路斯 | -6.1 |
| 比利时 | -6.0 |
| 斯洛文尼亚 | -5.5 |
| 荷兰 | -5.3 |
| 意大利 | -5.3 |
| 马耳他 | -3.8 |
| 奥地利 | -3.4 |
| 德国 | -3.3 |
| 芬兰 | -2.2 |
| 卢森堡 | -0.7 |

《马斯特里赫特条约》规定红线：-3

图 3-1　2009 年和 2010 年欧洲各国债务及赤字在 GDP 中所占比重（%）

（资料来源：http：//finance.qq.com/zt2011/debt/）

除沉重的债务负担外，福利制度扩大了社会有效消费需求，掩饰了民众自身消费能力不足的矛盾，也使欧洲在美国次贷危机爆发后未能幸免，最终陷入债务危机。

## 2. 危机后各界对福利制度的反思

此次金融危机爆发之初,大家把危机的原因归咎于新自由主义资本主义模式,寄希望于福利资本主义模式,有人甚至还提出了"拯救资本主义靠北欧"的口号。譬如,曾在荷兰皇家壳牌公司任职的约玛·奥利拉(Jorma Ollila)就明确表示:"北欧福利国家"为寻求自我重塑的全球体系提供了可能的出路。但欧洲债务危机的爆发却打破了这一幻想,随着欧债危机的爆发和蔓延,福利资本主义开始广遭诟病,这一模式所隐藏的深层次矛盾越来越暴露无遗,改革福利制度的要求也愈发强烈。有些学者就指出,"百年不遇的世界金融危机使人们认清了美式资本主义存在的弊病,但这并不反衬欧洲资本主义模式的胜利,福利资本主义模式并不完美,同样存在自身无法摆脱的缺陷。"① 这也深刻表明了在资本主义制度下,"无论哪种资本主义市场经济模式,都无非是资本主义生产关系的一种调节模式而已。随着社会生产力的迅速发展,资本主义生产关系越来越难以容纳高度发展的社会生产力,仅仅局限在资本主义生产关系范围内的调节空间已经变得越来越小,资本主义金融危机或经济危机也会日益频繁,这是资本主义经济制度的局限性所导致的必然结果。"②

随着危机的蔓延,欧美官方和许多学者都将矛头对准福利制度,认为高福利弱化了民众工作的积极性,导致社会税收过重,经济发展乏力。各界对福利制度的反思观点主要集中在以下几个方面:

首先,高福利削弱了人们的工作欲望,造成对福利制度的过分依赖。英国首相卡梅伦2013年4月7日在《太阳报》上发表文章,宣称福利制度原本是为了保护弱者,协助人们度过困难时期,可是现在却成为一些人的生活方式。安东尼·吉登斯(Anthony Giddens)等人也指出,"福利国家走到今天已经远离了它设立的初衷:体现团结和公正等鼓舞人心的理想。今天的福利国家已由保护弱势群体免受工业资本主义的压迫转变成为不能自力更生的人提供全方位保障。……积极的

---

① 臧秀玲、杨帆:《国际金融危机对当代资本主义和世界社会主义的影响》,《山东社会科学》2012年第2期。
② 刘凤义:《新自由主义、金融危机与资本主义模式的调整——美国模式、日本模式和瑞典模式的比较》,《经济学家》2011年第4期。

福利国家必须是成功的'弹簧床',而非保护人们在余生中不再失败的'安全网'。"①

其次,社会福利的不可逆性和刚性增长导致福利支出日益膨胀,成为经济发展的负担。由于社会福利已日益成为人们的基本权利,而"福利刚性"的特点使得福利支出水平不断增长,财政压力日增。同时,在面临经济增长速度放缓甚至停滞的状态时,维持高福利会使经济难以迅速恢复,而政府削减福利支出的措施,又会引发民众抗议甚至社会动荡。

最后,高福利及支撑福利的高税收提升了劳动力成本,使福利国家经济竞争力与活力不足,失业率也由此加剧。高福利需要高税收予以支撑,如爱尔兰税收占国内生产总值的比重 2009 年达到了 66.8%,同期希腊、葡萄牙、西班牙和意大利等国家也分别达到了 50.2%、51.3%、50.3% 和 45.6%。② 高税收既削弱了人们工作的积极性,也削弱了投资的积极性,导致经济增长放缓,失业率加剧。

从各国的实际情况来看,危机以来各国财政越发吃紧的情况下,维持原有的福利政策已成为经济不能负担之重。加之人口老龄化趋势使得福利支出负担加重,欧洲某些国家的养老金支出占公共支出的 70%,是政府财政赤字的首要因素。根据联合国数据,2010 年欧洲 65 岁以上人口在总人口中所占比重达到了 16.5%,远远超出 7% 的老龄化社会警戒线。因此,削减福利成为许多国家应对危机的重要手段。美联储前主席格林斯潘也建议通过削减医疗支出等社会福利计划,并改革税法等来解决财政赤字问题。英国财政大臣乔治·奥斯本(George Osborne)和就业与养老金大臣伊恩·邓肯·史密斯(Iain Duncan Smith)在《星期日泰晤士报》上发表联名文章称,福利支出业已失控,改革依赖福利的文化将会成为保守党的中心任务,并将在未来保证英国经济的健康。法国前总统萨科齐也指出,"面对来自低工资的竞争,当欧洲邻国边境更加开放的时候,我们不能再以旧的方式来支撑法国的福利体制"。

---

① [英]安东尼·吉登斯、帕德里克·戴蒙德、罗杰·里德主编:《欧洲模式:全球欧洲,社会欧洲》,沈晓雷译,社会科学文献出版社 2010 年版,第 150 页。

② 林义、陈加旭:《福利制度对欧盟国家债务危机的影响及启示》,《保险研究》2013 年第 2 期。

## 三 资本主义福利制度的调整

为度过危机，改善国内的经济状况，欧美发达资本主义国家对其福利制度进行了调整。由于欧美国家原有的福利水平存在差异，加之危机后各国经济复苏的程度和主要面临的问题也不尽相同，因而福利制度的改革和调整也有所差异。

**1. 欧洲国家的福利制度改革**

由于欧洲各国原有福利水平较高，在债务危机的背景下，受危机影响较重的国家都选择了削减福利，以减轻财政压力。其中最主要的就是退休制度和养老金改革，此外也有一些增加税收、强化对富人的财产管理等举措。下面以希腊等国福利制度的具体改革措施为例进行分析。

（1）希腊福利改革：希腊作为此次欧洲债务危机的重灾区，为缓解国内财政压力、获得国际货币基金组织等提供的援助，不得不对国内福利制度进行多方面改革，主要集中在四个方面：一是提高退休年龄，将领取退休金的年龄由 62 岁提高到 65 岁。二是降低养老金发放标准。希腊政府 2010 年降低了主养老金（约占养老金收入的 70%）的水平，2012 年又降低了补充性养老金的水平，以减轻政府财政负担。按 2009 年的养老金制度计算，到 2050 年，养老金支出将占到希腊国内生产总值的 24%，2060 年将占到 24.1%；按照改革后 2012 年的水平，这两个数字分别为 15.4% 和 14.6%。2015 年 7 月向欧元区官员提交的新的经济改革提案中，希腊政府又提出在 2019 年 12 月前逐步取消为所有领取养老金的人员提供的退休人员社会团结救济金（EKAS）。三是增税和降薪。降低个人所得税起征点，向所有纳税人征收特别危机税，税率从 1% 到 5% 不等，提高增值税等等。同时，降低薪资水平，公务员 3 年内禁止加薪，民选官员每年少发 1 个月工资，降低工资待遇等。四是削减失业救济金，由每月 454 欧元降至 360 欧元，长期失业者的补贴只有 200 欧元。

（2）意大利福利改革：一是提高领取养老金年龄，削减医疗、教育等支出。2018 年领取养老金的最低年龄将提高至 66 岁，取消了多种对养老金的年度通胀调整。这些措施使意大利公立教育机构数量大幅减少，个人负担的医疗费上升。二是增加税收。从2012年下半年开始将增值税上调2个百分点，重新征收首套房的房产税，对年收入30万欧元以上的个人征收特别税，等等。

（3）西班牙福利改革：涉及退休制度、医疗、教育、薪资等多个领域，主要包括：全面提高增值税水平，最高税率从现在的16%提高至18%；削减数十亿欧元公务员工资；减少3亿欧元残疾人补助金，取消向新生儿提供的2500欧元的奖励；将男性退休年龄从65岁提高到67岁，把退休者的养老金领取基数由退休前最后15年的平均工资水平改成退休前最后25年的平均工资水平。

（4）葡萄牙福利改革：2008年建立个人自愿退休储蓄账户制度，对于年龄在50岁以下的雇员每月将上一年度平均工资的2%—4%计入个人账户，50岁及以上需缴6%。从2011年开始削减每月领取养老金在1500欧元以上人员的给付水平。取消公共服务部门月薪在1000欧元以上人员的节假日奖金和休假补助，允许企业每天延长员工半小时工作时间。

（5）爱尔兰福利改革：销售税从21%提高至23%，资本所得税从25%提高至30%，存款利息税从27%提高至30%，增值税从21%提高至23%。削减公共部门职位24750个，降低公共部门新雇员10%的工作，削减12亿欧元公关部门工资，大幅削减28亿欧元社会福利支出。[①]

（6）法国福利改革：2010年法国推出养老金改革法案，主要内容包括三个方面：一是逐步将私营和公共部门的法定退休年龄延长2年，到2018年达到62岁；二是领取全额养老金的年龄由65岁推迟到67岁，交纳退休金的年限提高到41年；三是公共部门退休金缴纳比例从7.85%提高至10.55%，向私营部门看齐。

（7）英国福利改革：2009年4月，对年收入超过15万英镑的人将征收50%的税，12月又宣布对年红利超过2.5万英镑的人征收50%的税收。2011—2013年，公共部门员工工资的上浮上限被限制在1%的范

---

① 赵景峰：《当代资本主义经济新变化与发展趋势》，科学出版社2014年版，第110页。

围内，同时将增值税比例上调至17.5%。在2014年秋季预算案中，英国政府准备改革国家养老金制度，自2014财年起小幅提升养老金标准，同时将推迟退休年龄，从2020年开始年满66岁的人才可领取养老金，到2028年，必须达到67岁。

### 2. 美国福利制度改革

相较于欧洲国家，美国的福利水平一直较低。为保持社会稳定，刺激经济复苏，国际金融危机爆发后，美国并未立即削减福利，反而采取了减税、推进医疗保险改革等举措。但是，随着经济逐步复苏和财政赤字不断推高，美国政府也推出了一些削减福利的举措。

在税收上，2010年年底奥巴马政府将小布什时期的全民减税政策延长2年。在个人所得税上，2011年至2012年税率继续维持在2003年至2010年的水平，富人的最高税率仍是35%；在遗产税上，2010年的减税方案将遗产税征税起点定在500万美元，税率为35%；在资本收益和纯益税上，将继续维持15%的税率，且2011年企业的基本投资将免税100%。但在2013年年初，为避免"财政悬崖"，国会两院提出了"增税减支"方案，将个人年收入超过40万美元、家庭年收入超过45万美元的税率从35%提高至39.6%，最高收入者资本利得和股息税提高至23.8%，超过500万美元的遗产税由35%提升至40%。

在社会保障方面，由于美国庞大的经济复苏及刺激计划使财政负担日益加剧，如何削减赤字也成为美国政府面临的重要问题。美国知名经济学家马丁·费尔德斯坦（Martin Feldstein）提出，兼顾削减美国财政赤字和保持经济增长活力的唯一途径是减少政府开支，而减少开支的关键是减缓福利开支增速。2013年11月1日，美国政府正式缩减50亿美元的食品券福利，有超过4700万的贫困人口将受到影响。2014财年联邦政府预算对社会保障开支也进行了削减，美国媒体统计，根据新预算案，75岁老人的社会保障开支一年将减少560美元；而85岁老人的社会保障开支将减少984美元。

在医疗保险制度方面，医保改革成为危机以来美国福利制度调整的一个重要方面。与欧洲国家主要依靠政府建立并运作的覆盖全社会的医疗体系不同，美国政府虽然也在公共卫生领域发挥各类功能，并对特殊社会群体提供保障性医疗服务，但个人选择和保险市场机制在美国医疗服务体系中仍发挥较大作用，导致美国医保成本和医疗费用高昂，许多家庭无法参加医保。据统计，2010年没有参加医疗保险的美国人达4990万。11.7%的白人、18.1%的亚裔、20.8%的黑人和30.7%的拉丁裔没有医疗保险。① 因此，如何更大程度地发挥政府干预作用，提升医保覆盖比率从而更好实现社会公平目标；如何改进现有医保市场提升其运作效率；如何减少低效支出降低高昂的医疗服务成本，成为美国朝野长期关注和激烈争论的议题。② 奥巴马上任后大力推动医保改革，并在每年的国情咨文中强调医保问题。在2009年的国情咨文中，奥巴马指出："我们必须解决医疗费用极为高昂的问题。在美国，每30秒就会出现一起医疗费用导致破产的事例。到今年年底，医疗费用可能造成150万美国人丧失房产。8年来，医疗保险费的涨幅是工资涨幅的4倍。在这8年中，失去医疗保险的美国人每年增加100万人。这是小公司纷纷倒闭，大公司将就业机会转移到海外的主要原因之一……鉴于上述事实，我们再也不能将医疗改革束之高阁。"③ 2010年，奥巴马继续强调："为了减轻中产家庭的负担，我们必须进行医疗保险改革……我们采取的措施将保护每一名美国人，不让其受到保险业不良经营的危害。市场竞争将使小型公司和未投保的美国人有机会选择能力范围内的医疗计划。同时，这些措施也能够保护已投保者的利益，让他们能继续保持他们的医疗计划和就诊医生。数以百万计的家庭和公司的医疗成本和保险费将下降。"④ 2009年4月8日，奥巴马签发行政命令，在白宫设立医疗改革办公室，并确定了医疗改革主要的三大目标：实现医疗保险的全面覆盖、遏制医疗费用的过快增长、全面提高医疗保健水平和服务质量。2010年2月22日，奥巴马公布了医疗改革建议。2010年3月23

---

① 《美国家庭去年平均收入下降 贫困率上升》（http://www.chinanews.com/gj/2011/09-14/3324858.shtml）。

② 吴中宝、王健：《透视奥巴马经济学——美国经济大转向》，中国经济出版社2014年版，第99页。

③ 《奥巴马2009年国情咨文》（http://wenku.baidu.com/link?url=5RtMXNWS3w1z3XCJvyrWa7f-WekcAHK2UczJLma6ZzsCpbwmR56-mozX9RiLSrnw-gMFY6iQ6_Z2o8s4beVieeHw41EMrDvrXFfkW8DYN03）。

④ 《奥巴马2010年国情咨文演讲全文》（http://money.163.com/10/0128/14/5U4D5JVQ00252G50.html）。

日，奥巴马签署了医疗改革法案——"患者保护与平价医疗法"（以下简称平价医疗法）。新医保方案核心是"全覆盖"和"低成本"，计划在未来10年拨款9400亿美元用于实施医疗改革，使医疗保险的覆盖面从85%提高到95%，基本实现全民覆盖，加强医疗体系作为公共产品的公平性；调整医疗保险的支出结构，提升医疗保险系统的运行效率，削减不必要的开支，逐步消除美国医疗体系高支出、低效率、欠公平三大积弊。据国会预算办公室评估，该议案将使美国3200万无医保人口受益。平价医疗法的主要项目包括：一是规范私人保险市场。要求保险公司废止歧视性别和有过往病史的病人；禁止保险公司在投保人患病后单方面终止保险合同或收取高额保费；保险赔付率不能低于80%等。二是强制性全民参保。用人单位必须为员工投保，联邦政府将对为员工购买医保的小企业予以税收减免的优惠。自2014年起，没有参加雇主资助保险计划、医疗救助、医疗照顾计划或其他公共保险计划的美国公民，必须购买一项私人保险计划。三是建立医疗保险交易平台。由保险公司推出各种不同价格档次的平价医保计划，以方便个人和小企业根据不同计划的费率和受益情况进行购买，政府要对医保计划的质量把关。四是创设"医疗保险费率管理局"，对保险公司的保费政策进行监管和评估，有权否决不合理的保费上调计划。五是扩大补助范围。对于通过医疗保险交易平台购买保险的低收入家庭和个人，联邦政府将按其收入给予相应比例的补助。六是提高起付线标准，由总收入的7.5%提高到10%。七是提高富人的医疗照顾税率，增加部分消费品的消费税等，以弥补医保支出的增加，保持收支平衡。

从美国的福利改革举措来看，尽管实施了一些减税、增加医疗保险投入的举措，但在财政赤字日益增加的背景下，削减福利仍是其改革的主旨。而医保改革尽管增加了受惠范围，但强制性医保以及提高起付线标准等，也在一定程度上加重了低工薪阶层和失业人员的经济负担。

## 四　资本主义福利制度改革的社会反响与前景

从危机后资本主义国家福利制度改革的措施来看，其主旨仍然是削减福利，以改善本国赤字高企、债务负担沉重的状况。这种改革不仅在各国内部引发了较大的社会反响,而且从根本上来看,也没有找到引发债务危机的根本原因,因此很难从根本上解决资本主义的困境、救赎资本主义的危机。

**1. 福利改革引发巨大社会反响**

发达资本主义国家削减福利开支的举措,对于深受危机影响的普通民众来说无疑是雪上加霜,在大批工人失业、生活困苦的情况下,他们还要面对失业救济金、养老金等多项福利被削减的局面,由此引发了大规模的工人运动和社会运动。针对政府改革退休制度、养老金缴纳及提取政策、削减财政支出等举措,资本主义国家频繁举行声势浩大的、全国性、跨行业的罢工运动,尤其是深受债务危机影响的欧洲,更是罢工运动的集中地。

资本主义国家之所以会发生如此大规模的工人运动和社会运动,固然是因为削减福利支出导致民众的不满,但更重要的是因为,政府对引发危机的罪魁祸首——垄断金融资本不仅并未进行限制,反而斥巨资加以救助。

在美国,布什政府在2008年9月就签署了高达7000亿美元的"问题资产解救计划",其中3000亿美元用于资助美国国际集团、"两房"和摩根大通,3000亿美元用于资助花旗银行,其余用于其他大金融机构。到2010年7月,根据美联储公布的数据,排名前列的接受规模贷款的银行集团和受援数额分别是:花旗集团获2.2万亿美元,美林受援2.1万亿美元,其后是摩根士丹利获2万亿美元,贝尔斯登获9600亿美元,美国银行获8870亿美元,高盛获6150亿美元,摩根大通获1780亿美元,富国银行获1540亿美元,此外还购买了1.25万亿美元的房地美与房利美发行的抵押贷款证券。[①] 在欧洲,各国也纷纷向金融机构注资,如法国、比利时和卢森堡联合向Dexia银行注资64亿欧元,英国在2008年10月以500亿英镑购买主要金融机构的优先股,并为银行间贷款活动提供2500亿英镑的担保。[②]

---

① 《美联储披露援助详情 花旗获2.2万亿美元居首》(http://news.xinhuanet.com/world/2010-12/03/c_12844162.htm)。

② 孙晋:《国际金融危机之应对与欧盟竞争政策》,《法学评论》2011年第1期。

除对金融垄断资本进行救助外，西方各国对实体行业中受损比较严重的垄断资本也进行了救助。如 2009 年 1 月 5 日，美国财政部正式签署向通用汽车公司及其子公司通用汽车金融服务公司提供 154 亿美元紧急贷款的协议。[1] 在 2009 年 1 月 15 日奥巴马公布的总额达 8500 亿美元的经济刺激计划中，基础建设、钢铁、再生能源、信息技术等都列入了救援名单。据美共经济委员会的瓦迪·哈拉比统计，美国政府在危机后的救助资本为 190 万亿美元，其中 91% 由垄断大资本获得。

资产阶级政府对垄断资本如此大规模的救助，尽管在某种程度上对国民经济的暂时稳定起到了一定作用，使经济免于陷入全面崩溃，但却使资本主义国家背上了沉重的财政赤字和债务负担。在美国，2009—2012 年财政赤字分别为 1.41 万亿美元、1.29 万亿美元、1.1 万亿美元和 1.089 万亿美元，连续 4 年都超出了 1 万亿美元。[2] 在财政保持高赤字的同时，美国国债也在 2011 年 5 月 16 日达到国会所允许的 14.29 万亿美元的上限。尽管通过提高债务上限和削减赤字的方式，暂时延缓了债务危机的爆发，但美国信用评级的下调、高额的赤字以及国债深刻表明，对垄断资本的大规模救助成为全体美国民众不得不承担的重负。在欧洲，欧盟 27 国的国债占国内生产总值的比重在 2007 年为 59%，而在危机发生后，这一数字逐年攀升，2008—2011 年分别为 62.5%、74.8%、80% 和 82.5%。英国增长得更为迅猛，从 2007 年的 44.4% 攀升至 2011 年的 85.7%，增幅达 93%。[3] 国债的巨额攀升迫使这些国家紧缩开支，通过削减福利等方式将援助垄断资本所导致的后果转嫁到普罗大众身上。不仅如此，许多企业在接受政府救助时，一方面大肆裁员，另一方面却维持高管人员的巨额薪酬。从而使得反危机政策造成了更大的不公平，"银行家们顺手拿走了大笔奖金，那些饱受危机之苦的人落得失业的结局，而正是这些银行家们不计后果的和掠夺性的借款导致了这次危机，这是极不公平的。同样极不公平的是，政府帮助银行脱离了困境，但是却不愿意为那些本身没有过错的

---

[1] 寇建平：《通用汽车堕落轨迹》（http://www.clic.org.cn/qcfx/130881.jhtml）。
[2] 《美国 2012 财年财政赤字接近 1.1 万亿美元》（http://news.sohu.com/20121013/n354772899.shtml）。
[3] 根据欧盟统计局数据整理。

不能就业的人延长失业保险,也不为失去家园的几百万人提供一些帮助(哪怕只是象征性的)。"①

### 2. 福利改革并不能从根本上解决资本主义的困境

福利改革的一个重要目的就是通过削减福利支出来减少财政赤字和债务,但事实上,西方赤字财政和公共债务问题并不是2008年国际经济金融危机以来特定国家在特定时期的特殊问题,也不单单是社会福利这一因素所造成的,而是长期以来各国经济运行的必然结果,危机只是使这一问题更加凸显。而资本主义国家的福利制度改革也并不能从根本上解决资本主义面临的困境。

(1) 资本主义的运行方式决定了债务问题无法避免

二战后,凯恩斯主义的国家干预主义使公债成为国家宏观调控的重要工具。为维持经济的平稳发展,在一定程度上减少资本主义所固有的不公平现象,资本主义国家不得不越来越依靠国家财政,赤字财政和公共债务成为保证资本主义经济和维持社会稳定的重要手段。据国际货币基金组织统计,2010年,日本政府负债率在200%以上,意大利、希腊在100%以上,美国、法国、葡萄牙均在80%—100%之间。同时,随着经济金融化的发展,"当代资本主义就好比挂了空挡的发动机,无论速度多么快,'资本主义的空转'都不能产生实体经济的发展动力。而为了维护这种空转,资本主义需要从实体经济抽取更多的资源,使脆弱的实体经济雪上加霜。随着工资份额下降,社会消费能力和消费水平下降,政府不得不依靠财政扩张政策来扩大需求(特别是投资需求),而财政扩张政策的资金来源不外乎税收、公共债务、通胀和对外掠夺等"②。

2008年国际金融危机爆发后,资本主义采取的反危机措施,不仅没有有效地削减公共债务,反而使得自己的公共债务不堪重负。据美联储经济在线数据库(FRED)资料,截至2014年一季度末,包括政府债务、企业债务、抵押贷款、消费贷款等在内,美国各种债务加起来总

---

① [美]约瑟夫·斯蒂格利茨:《99%人民的觉醒》,刘占辉、王成文译,《国外理论动态》2012年第11期。
② 刘厚俊、袁志田:《全球公共债务危机与世界资本主义新变化》,《马克思主义研究》2011年第10期。

额已高达59.4万亿美元。而40年前，美国的总负债仅为2.2万亿美元。换言之，美国的债务在过去的40年间增长了27倍。① 法国全国统计和经济研究所发布的数据显示，截至2014年6月底，法国公共债务首次超过2万亿欧元，债务规模与国内生产总值之比达到95.1%，大大超过欧盟《稳定与增长公约》规定的60%上限，导致法国的经济增长陷入零增长的困境。② 日本的公共债务也已高达1100万亿日元，是国内总产值的120%，在发达国家中最高。③ 对于西方日益高企的债务，曾任《外交》杂志主编的美国专栏作家F.扎卡里亚（Fareed Zakaria）指出，西方既要政府提供大量服务，又要保持较低税率，唯一的办法就是依靠廉价的信贷。从联邦政府，到州、地方和市政府，以及普通民众都大量举债。针对美国的债务，扎卡里亚提出，"这个发达的民主国家（美国）已从一个主宰全球经济的国家沦为增长疲软的国家，20年来的平均经济增长率仅0.8%。虽然目前仍有相当一部分人继续过着舒适的生活，但却为后人留下了日益贫瘠的遗产。如今，美国的债务达到令人震惊的高度，人均收入在全球排名中已降至第25位，且这一下降趋势仍在继续。如果美国人和欧洲人不能采取共同行动，那么他们的未来是不难预料的。"④

（2）福利改革无法解决公平与效率之间的矛盾

福利制度是资本主义国家为缓解国内矛盾、解决收入差距过大、维持社会稳定而采取的措施，意在既保证生产效率，又能适度提高社会公平程度。但在资本主义制度下，这一目标却不可能实现。

首先，福利制度本身无法实现真正的社会公平。尽管战后福利制度的发展使工人的生活条件得到了改善，但这是在资本主义生产力获得巨大发展前提下为缓和劳资矛盾、调动工人阶级的积极性而支付给工人

---

① 《美国债务规模创历史新高》（http://gold.jrj.com.cn/2014/06/19015017437779.shtml）。

② 《法国公共债务首次超过2万亿欧元》（http://news.xinhuanet.com/2014-10/01/c_1112699755.htm）。

③ 闫海防：《日本公共债务发达国家最高》（http://intl.ce.cn/specials/zxgjzh/201405/05/t20140505_2758960.shtml）。

④ Fareed Zakaria, "Can America Be Fixed? —The New Crisis of Democracy", *Foreign Affairs*, Jan/Feb 2013.

的，在整个社会收入的增长中只占极低的比例。劳资对立的缓和只是暂时的，而劳资之间的差别、矛盾和对立、冲突则是始终存在的。从社会福利本身来看，其来源有三个部分：一是职工个人缴纳的保险税（是对工人工资收入的直接扣除），这无疑是劳动力价值的组成部分；二是雇主缴纳的保险税，这从表面上看好像是从雇主所获利润中拿出一部分用于提高工人的福利，实际上它同工资一样，都是作为可变资本支出而计入商品成本的，而且雇主也会采取各种措施把这部分支出最终转嫁到包括工人在内的消费者身上；三是国家财政拨款，这来源于税收。许多国家政府从劳动者身上征收的税款总额远大于政府用在劳动者身上的福利开支总额，即使政府福利开支大于从劳动者身上征得的税收，那也无非说明国家承担了一部分保证劳动力再生产的任务。总之，雇佣劳动者的社会保险和其他社会福利费用，实质上都属于劳动力价值的组成部分，都是劳动创造的。① 它是资本主义分配方式的一种调整，并没有改变资本剥削劳动这一资本主义分配关系的实质，马克思早就指出，"吃穿好一些，待遇高一些，特有财产多一些，不会消除奴隶的从属关系和对他们的剥削，同样，也不会消除雇佣工人的从属关系和对他们的剥削。由于资本积累而提高的劳动价格，实际上不过表明，雇佣工人为自己铸造的金锁链已经够长够重，容许把它略微放松一点"②。因此，从福利制度本身来看，它只是在一定程度上保障了工人阶级的生活，但并不可能真正实现社会公平，从而也就不可能从根本上调动工人阶级的积极性，使生产效率得以提高。不仅如此，随着资本主义垄断资本力量的日益强大，收入差距越拉越大，社会不公平现象更为突出。美国国会发布的关于收入不均的报告显示，从1993年至2012年间，美国最富有人群（人口的1%）的实际收入暴增86.1%，而剩下的人群只收获0.6%的增长。③ 在《资本论》中，马克思曾总结了资本主义积累的一般规律，指出，"社会的财富即执行职能的资本越大，它的增长的规模和能

---

① 靳辉明、谷源洋主编：《当代资本主义与世界社会主义》（上卷），海南出版社2004年版，第192页。
② 《马克思恩格斯文集》第5卷，人民出版社2009年版，第714页。
③ 《美报告：美国成为发达国家中贫富差距最严重国家》（http://news.china.com.cn/world/2014-01/20/content_31243296.htm）。

力越大,从而无产阶级的绝对数量和他们的劳动生产力越大,产业后备军也就越大。……工人阶级中贫苦阶层和产业后备军越大,官方认为需要救济的贫民也就越多。"① 在积累规律的作用下,尽管"资本主义社会的财富以难于置信的速度增长着……工人群众却日益贫困化","他们在社会收入中所得份额的减少更为明显。工人在财富迅速增长的资本主义社会中的比重愈来愈小,因为百万富翁的财富增加得愈来愈快了"②。这是因为,"造成工人阶级经济地位低下的,并不是工资的高低,而是下面这个事实,即工人阶级得不到自己劳动的全部劳动产品,而不得不满足于自己生产的产品的一部分,这一部分就叫做工资。"③ 马克思的这些论述表明,在资本主义制度下,社会不公平的问题无法解决,福利制度也就必然会面临困境。

其次,部分国家福利政策的设计未将重点放在帮助弱势群体上,对促进社会公平所起作用有限。在这一方面,表现最明显的是美国。由于美国的许多福利都是由企业向员工提供,而不是由政府向所有国民提供,因此会导致福利开支流向中高端收入人群。根据美国劳工统计局全国薪酬调查的数据,在平均工资排名靠前的25%的私营企业中,有85%的公司为其员工提供了退休福利,84%的公司提供带薪病假,而在平均工资排名靠后的25%的私营企业中,只有38%的公司为其员工提供了退休福利,29%的公司提供带薪病假,这就造成高薪者通常得到最好的福利,而低薪者或失业人员福利较差。总体来看,2010年,美国福利开支的10%由收入最高的10%家庭获得,58%由中等收入家庭获得,而收入最低的20%的家庭只得到了32%的福利开支。④ 此外,美国的税收优惠也经常被设计为扣税项目,而不是有助于收入较低居民的实际退税渠道,致使这些政策只会帮助那些大量举债之人。同时,美国的减税方案也更有利于高收入人群。以小布什政府时期实施并在奥巴马执政时继续执行的减税方案为例,民众从减税方案中确实有所获益,然而,与

---

① 《马克思恩格斯文集》第5卷,人民出版社2009年版,第742页。
② 《列宁专题文集·论资本主义》,人民出版社2009年版,第78页。
③ 《马克思恩格斯全集》第25卷,人民出版社2001年版,第494页。
④ Kimberly J. Morgan, "America's Misguided Approach to Social Welfare: How the Country Could Get More for Less", *Foreign Affairs*, Jan/Feb 2013.

垄断资本在减税方案中的获益相比则微乎其微。对富有阶层而言，此次减税方案中所获收益主要为：在个人所得税上，富人的最高税率仍是35%；在遗产税上，新的减税方案将遗产税征税起点定在500万美元，税率为35%。根据预估，按照新的遗产税方案，2010年美国只有3500人可能会缴纳遗产税，而联邦政府的此项税收会减少250亿美元；在资本收益和纯益税上，将继续维持15%的税率。在这种减税方案下，根据美国自由派智库的研究，平均每个纳税人每年可少缴税3000美元，然而1%的富人一年平均可少缴税77000美元，而20%贫困的人一年获益平均只有396美元。这种减税政策只能导致收入差距进一步扩大。英国《经济学人》杂志刊文指出，最为不公平的财富转移就是"福利开支不当。社会开支往往并没有帮助穷人，反而施惠于相对富裕的群体。在美国，最富裕的20%群体（通过按揭贷款利息减免）获得的住房补贴比针对最贫穷的20%群体花费的公共住房开支高了三倍"①。

最后，资本主义福利制度改革进一步加剧了社会不公平。资本主义紧缩公共开支、削减福利支出等举措不仅未能提高生产效率，反而进一步加剧了社会不公平，垄断阶层对财富和资本的垄断达到了更高的程度，收入差距进一步拉大。根据美联储公布的消费者金融调查，收入排在美国前3%的家庭拥有的财富占全部家庭总财富的比例从1989年的44.8%升至2013年的54.4%；而收入排在后90%的家庭拥有的财富占比从1989年的33.2%降至2013年的24.7%。2012年美国贫困人口超过4700万，总体贫困率达到了15%。② 美国联邦储备委员会主席珍妮特·耶伦（Janet L. Yellen）也表示，美国的贫富差距已近乎100年以来的历史最高点，5%的美国人占有社会近三分之二的资产。即使是在较为注重社会公平的欧洲，财富分配不均和两极分化状况也非常明显。在德国，2008年最富有的10%人口拥有德国净资产的53%，这一比例比10年前增加了8%；最不富有的50%的家庭财产总和占德国私人净

---

① "True Progressivism", *The Economist*, Oct 13, 2012, http://www.ecocn.org/thread-147533-1-1.html.

② Gale Holland, "Increase in L. A. County Homeless Population Defies U. S. Trend", http://www.latimes.com/local/lanow/la-me-ln-hud-homeless-20131121,0,1923578.story#ixzz2yjr6VIHG.

资产比例仅为1%，比1998年下降了4%。① 意大利2013年的贫困人口攀升至956.3万，占全国总人口的15.8%。其中绝对贫困人口约481.4万，每12.5个意大利人中就有1人处于绝对贫困状态。希腊在2013年有23.7%的人口受到贫困影响。在2008年至2013年间，家庭收入下降了14.8%，而青年失业率则在同一时间翻了两倍。② 整个欧洲在2012年年底有24%的欧洲人口即1.21亿人受到贫困威胁。③

（3）资本主义制度下经济增长难以长久支撑高福利制度

福利国家制度得以延续的前提是充分就业和高税收，但这只有在经济持续增长的情况下才能实现。当经济增长陷于停滞甚至衰退时，必然带来大面积的失业，这就意味着在税源减少、入不敷出的情况下还要增加福利开支，最终必然导致债务猛增、福利制度难以为继。而在资本主义制度下，经济增长难以持续支撑不断增长的福利支出，这也是此次欧洲债务危机发生的原因之一。

从资本主义总的发展进程来看，资本对利润的过度追求必然使经济的增长被周期性的经济危机打断，这是因为"资本主义生产的真正限制是资本自身，这就是说：资本及其自行增殖，表现为生产的起点和终点，表现为生产的动机和目的；生产只是为资本而生产，而不是反过来生产资料只是生产者社会的生活过程不断扩大的手段。以广大生产者群众的被剥夺和贫穷化为基础的资本价值的保存和增殖，只能在一定的限制以内运动，这些限制不断与资本为它自身的目的而必须使用的并旨在无限制地增加生产，为生产而生产，无条件地发展劳动社会生产力的生产方法相矛盾。手段——社会生产力的无条件的发展——不断地和现有资本的增殖这个有限的目的发生冲突。"④ 因此，资本主义经济增长过程必然会被经济危机所打断，而"正如天体一经投入一定的运动就会

---

① 《贫富差距拉大影响欧洲社会稳定》（http://news.xinhuanet.com/world/2012-09/26/c_123761570.htm）。

② 《希腊贫困率创欧盟新纪录 政府等待63亿援助资金》（http://news.china.com.cn/world/2014-04/03/content_31991814.htm）。

③ 《欧洲贫富差距日益增大》（http://finance.ifeng.com/a/20131224/11333380_0.shtml）。

④ 《马克思恩格斯文集》第7卷，人民出版社2009年版，第278—279页。

不断地重复这种运动一样，社会生产一经进入交替发生膨胀和收缩的运动，也会不断地重复这种运动。而结果又会成为原因，于是不断地再生产出自身条件的整个过程的阶段变换就采取周期性的形式。"① 在无法保证经济持续增长的前提下，高福利制度必然会面临困境。即使是在此次危机中未受到影响且在 2010—2015 年全球竞争力排名中排名在前 10 名以内的瑞典、德国等国家，在 20 世纪 90 年代也都面临过经济增长缓慢与福利制度的困境，在当时不仅采取了多项措施发展高技术产业等以保持经济的稳定增长，而且也不得不削减福利以改善财政状况。同时，为减少福利开支对财政的压力，促进国内经济和就业的增长，瑞典、芬兰等北欧国家提供的许多福利并非现金转付，而是提供服务，典型的例子是那些日托设施、幼儿园和养老院，从而使社会福利部门雇佣了大量的劳动力，创造了大量的就业机会。如芬兰 2001 年在社会保障部门工作的人数达到 24 万以上。而此次发生债务危机的欧洲国家如希腊等国，其福利支出则大大超出了其经济水平所能支撑的程度。

受此次债务危机影响最重的欧盟五国，其经济都以旅游业、服务业、房地产业等为主，实体经济占国内生产总值的比重相对其他国家较低，经济更易受到外部环境的影响，持续的经济增长更加难以维持。具体来说，希腊以旅游业和航运业为主要支柱产业，经济发展水平相对较低。为大力发展支柱产业并拉动经济快速发展，希腊加大了对旅游业及其相关的房地产业的投资力度，投资规模超过了自身能力，导致负债提高，截至 2010 年希腊政府的债务总量达到 3286 亿欧元，占 GDP 的 142.8%。而从其国内经济结构来看，2010 年服务业在 GDP 中占比达到 52.57%，其中旅游业约占 20%，而工业占 GDP 的比重仅有 14.62%，农业占 GDP 的比重更少为 3.27%。② 在 2008 年经济危机的冲击下，旅游业和航运业等都受到影响，陷入低谷，对依靠外需拉动的希腊经济造成了严重冲击，最终陷入债务危机。

意大利经济结构的最大特点是，以出口加工为主的中小企业的产值

---

① 《马克思恩格斯文集》第 5 卷，人民出版社 2009 年版，第 730 页。
② 唐杰：《欧债危机的分析与展望》(http://forex.hexun.com/2012-03-19/139472062.html)。

占国内生产总值的比重达到了 70%。2006—2008 年意大利出口总额分别为 4173.27 亿美元、5003.52 亿美元和 5445.28 亿美元，同比增长速度分别达到了 12%、19.9% 和 8.8%。① 然而，主要依靠出口拉动的经济体极易受到外界环境的影响。2008 年金融危机的爆发对意大利的出口制造业和旅游业造成巨大冲击，2009 年其出口总量出现大幅下滑。同时，随着世界经济日益全球化和竞争加剧，意大利原有的竞争优势也在逐渐消失，导致其债务危机发生后复苏乏力。

依靠房地产和建筑业投资拉动的西班牙和爱尔兰经济本身存在致命缺陷。建筑业、汽车制造业与旅游服务业是西班牙的三大支柱产业。由于长期享受欧元区单一货币体系中的低利率，使得房地产业和建筑业成为西班牙经济增长的主要动力。从 1999 年到 2007 年，西班牙房地产价格翻了一番，同期欧洲新屋建设的 60% 都发生在西班牙。房地产业的发展推动了西班牙失业率的下降。2007 年西班牙失业率从两位数下降到了 8.3%，然而在此轮国际经济危机的席卷下，房地产泡沫的破灭导致西班牙失业率又重新回到了 20% 以上，其中 25 岁以下的年轻人只有一半人拥有工作。② 而海外游客的减少对西班牙的另一支柱性产业——旅游业也造成了巨大的打击。爱尔兰一直被誉为欧元区的"明星"，因为其经济增速一直显著高于欧元区平均水平，人均 GDP 也比意大利、希腊、西班牙高出两成多，更是葡萄牙一倍左右。但在 2010 年年底同样出现了流动性危机，并接受了欧盟和国际货币基金组织的救助，究其原因主要是爱尔兰的经济主要靠房地产投资拉动。2005 年爱尔兰房地产业就已经开始浮现泡沫，且在市场推波助澜下愈吹愈大，2008 年爱尔兰房价已经超过所有 OECD 国房价，在次贷危机的冲击下，爱尔兰房地产价格出现急速下跌，同时银行资产出现大规模的缩水，过度发达的金融业在房地产泡沫破裂后受到了巨大打击，爱尔兰高速运转的经济受到重创，从此陷入低迷。

工业基础薄弱、主要依靠服务业推动经济发展的葡萄牙经济基础比

---

① 根据世界银行公布的数据整理。
② http://baike.baidu.com/link?url=fdcsfS8AEv8KgJfa87kz77IsTY6EEnNB7bTA78x0rNyJopulMYHsMXDgtyjfxdbkRnXsGvj_J_drEk2yuad4dpMVU6R7x5LSMgt8vPfHxdC.

较脆弱。葡萄牙在过去十几年中最为显著的一个特点是服务行业持续增长，这与其他几个欧元区国家极其相似。纺织、制鞋、酿酒、旅游等是国民经济的支柱产业。为推进经济转型，葡萄牙开始通过低息贷款等方式扶持高科技企业，汽车及其零部件、电子、能源和制药等高新技术行业得到了一定的发展。但金融危机的爆发导致融资成本随之飙升，从而使葡萄牙企业受到冲击，影响到整个国民经济。

从上述国别分析来看，这些国家之所以成为债务危机的重灾区，并不是因为高福利所导致的，其本身的经济结构导致经济易受外部环境影响、经济增长难以持续是引发危机的重要原因。因而在债务危机发生后，在不改革经济增长模式从而使经济保持较为稳定发展的情况下，简单的福利瘦身只会使工人阶级的生活雪上加霜，导致社会反抗浪潮迭起，而不会从根本上改变资本主义面临的困境。

（4）西方民主制度在一定程度上导致"福利异化"，使福利制度的发展陷入困境

福利制度是依靠税收等手段调节国民财富的分配状况，高福利所伴随的也必然是高税收和较高的经济增长。然而，在西方民主制度下，政党被选票所绑架，蜕变为"选举机器"，议会民主成了选票民主，按选票多少排座次的"民主"规则被发挥到极致。① 为赢得选票，政府首先要赢得资本家的支持，为其提供减税等措施，导致税收和财政收入下降，高福利失去根基。自20世纪90年代末以来，欧盟主要成员国的税收收入总额占本国国内生产总值的比重一直呈现下降的趋势。从表3－2中可以清楚看到欧盟27国税收收入占国内生产总值的比重变化。

表3－2　1999—2009年欧盟27国税收收入占国内生产总值的比重　（单位:%）

| 年份 | 1999 | 2000 | 2001 | 2002 | 2003 | 2004 | 2005 | 2006 |
|---|---|---|---|---|---|---|---|---|
| 比重 | 42.0 | 41.7 | 40.8 | 40.2 | 40.2 | 40.0 | 40.3 | 40.8 |
| 年份 | 2007 | 2008 | 2009 | 2010 | 2011 | 2012 | 2013 | 2014 |
| 比重 | 40.7 | 40.5 | 39.7 | 39.6 | 38.8 | 40.6 | 39.9 | 40.0 |

资料来源：欧盟统计局。

---

① 柴尚金：《西方宪政民主是如何陷入制度困境的》，《光明日报》2013年3月19日。

在所有欧盟国家中,税收收入占国内生产总值比重低于平均水平的国家主要有希腊、葡萄牙、爱尔兰、波罗的海诸国等,而这些恰好是政府赤字和债务最严重的几个国家和地区。①

之所以会出现这种状况,是因为强大的资本力量决定了政府制定政策必须以维护垄断资本的利益为出发点,因而减税尤其是降低累进税率、增加资本投资收益必然成为政策的主导趋势。哈佛大学法学院教授、伦理学中心主任劳伦斯·莱西格(Lawrence Lessig)在耶鲁大学2013年5月举办的"购买力:金钱、政治及不公"专题研讨会上就指出,"我们政治制度的特点是谁有钱谁说了算。国会游说者们代表了那些资金充裕集团的利益,他们深刻影响了政治进程,并间接影响了决策者们的喜好,政治机构往往与中上阶层联盟。"经济学家杰弗里·萨克斯(Jeffrey Sachs)在《文明的代价》一书中也明确指出:"通过竞选融资、公司游说以及政府和工业之间的职务旋转门,公司财富转化成政治权力;通过减税、放宽管制以及政府和工业之间的互惠合同,政治权力进一步转换成财富收获。财富产生权力,权力又产生财富。"② 在这种民主体制以及新自由主义的推动下,西方国家普遍调低了最高税率,如撒切尔执政期间将最高个人所得税税率从83%降至40%。虽然主要发达国家的平均税率随收入增长也在慢慢增加,但整个税制结构"扁平化"的趋势并未改变,税收体系的再分配功能较1980年之前大为减弱。据资料显示,OECD国家平均最高个人所得税税率从1987年到2010年平均下降了11%。③

另一方面,政府为获得选票,必然要迎合选民需求,到最后民主竞选就是看谁许诺给选民的更多。因而,每隔一段期限的、周期性的选举必然提高民众的社会福利需求和社会福利成本。每一次选举实际

---

① 樊鹏:《西方国家高赤字发展模式是社会福利惹的祸吗?——从财政和税收的视角看》(http://blog.sina.com.cn/s/blog_4ca9924e01010p65.html)。

② 转引自沈跃萍《论西方福利制度掩盖下的不公平问题——从西方学者的视角看》,《马克思主义研究》2014年第5期。

③ "Diving into the rich pool: Imposing higher tax on the wealthy can have unintended consequences", *The Economists*, Sep 24th 2011, http://wenku.baidu.com/link?url=fqHf09aPb_nauOzZ4i3oFBu4705YgFe_Iv2ci9mfwkKIUHhauYcv33sP3PSIAyLlmrzvH6Mb-wzFcaaTWeNSr_A0mxTeVwA9MHNorglOkNW.

上都是民众福利的许诺秀,通过先给钱、提高福利等方式来赢得选举和满足社会的暂时平静。① 在这种民主制度下,政府很难从社会经济的持续健康发展出发,对福利政策做出长远的规划。美国《时代》周刊发表的《民主能解决西方的经济问题吗》一文就指出,"西方政客们将选举胜利这种狭隘的利益看得重于更大的国家长远利益。他们关心的不是削减赤字、提高经济竞争力,抑或推动欧洲一体化进程,他们的眼光最远也就是停在下一次选举计票上。"这最终会导致公共支出超出国内经济发展水平所允许的程度,收支不平衡和公共债务增加不可避免。此次发生危机的国家不仅国内经济发展本身出现了问题,民主制度的这种弊端更是推动了福利水平超出国内经济发展水平,从而债务高企,最终陷入危机。在 1989 年到 2007 年间,比利时、丹麦、芬兰、法国、德国、希腊、意大利、卢森堡、荷兰、葡萄牙、西班牙、瑞典和英国这 13 个福利国家,政府平均社会支出占 GDP 比重从 19.4% 提高到 23.8%,大约平均每 10 年提高 1 个百分点。其中欧猪五国政府社会支出的增幅远大于其他国家。尤其是希腊政府公共社会支出增幅均超过 10 个百分点,超出了其经济增长所能允许的程度,表现出明显的福利赶超特征②。

　　从以上的分析来看,福利制度本身并不是造成危机的原因,而西方的福利改革也并未触及危机的根源。实际上,危机后的福利制度改革仍然是秉承了 20 世纪 80 年代新自由主义削减福利的主张,试图通过削减福利等减少政府的干预和调控、增加经济的活力。但这种以新自由主义为主导的改革只能进一步加剧社会不平等,最终导致社会动荡和经济增长动力的日益削弱。我们也可以看到,在此次欧洲主权债务危机中,福利水平最高的瑞典、丹麦等福利国家债务比例明显较低,几乎未受到债务危机的影响和波及,这充分表明,只要控制好福利水平,并不会对国家财政造成压力。相反,较高的福利保证了较为稳定的社会需求,为经济的平稳发展提供了较好的基础。对福利的削减不仅不是走出危机的方

---

　　① 蔡立辉、欧阳志鸿、刘晓洋:《西方国家债务危机的政治学分析——选举民主的制度缺陷》,《学术研究》2012 年第 4 期。
　　② 印月:《欧债国家与北欧国家高福利模式比较——从欧债危机看福利模式的有效性》,《长春工业大学学报》(社会科学版) 2013 年第 1 期。

法，反而会使经济危机向全面的社会危机转化。因此，在当前的条件下，如何扩展社会福利和提升福利水平，进一步促进社会公平以调动民众的积极性，从而在社会稳定的基础上发展经济，才是资本主义国家走出危机的正途。

# 第四章　新贸易保护主义与
　　　　国际贸易新格局

　　国际贸易是人类实现商品和服务交换的重要方式，也是推动人类社会进步和经济发展的核心推动力。贸易全球化扩大了全球市场规模，把全球经济紧紧地联系在一起，为资本主义走向世界提供了条件。马克思曾说过，"商品流通是资本的起点。商品生产和发达的商品流通，即贸易，是资本产生的历史前提。世界贸易和世界市场在16世纪揭开了资本的现代生活史。"① 与此同时，自资本主义社会产生以来，资本主义国家就开始疯狂地通过对外贸易来寻求更大的利润。马克思曾指出："至于投在殖民地等处的资本，它们能提供较高的利润率，是因为在那里，由于发展程度较低，利润率一般较高，由于使用奴隶和苦力等等，劳动的剥削程度也较高。"② 列宁也揭示道："没有对外贸易的资本主义国家是不能设想的，而且也没有这样的国家。……资本主义企业必然超出村社、地方市场、地区以至国家的界限。因为国家的孤立和闭关自守的状态已被商品流通所破坏，所以每个资本主义生产部门的自然趋向使它必须'寻求国外市场'。"③ 然而，在不平等国际贸易规则支配下的当今贸易全球化是以利润和市场为目标的，由于各国要遵循国际价值规律，这一规律所支配下的国际分工，会使得发达国家和发展中国家之间的经济差距日益固化甚至不断扩大。国际金融危机爆发以来，主要发达国家都陷入经济衰退并导致全球贸易"蛋糕"缩小，在这一背景下，

---

① 《马克思恩格斯文集》第5卷，人民出版社2009年版，第171页。
② 《马克思恩格斯文集》第7卷，人民出版社2009年版，第265页。
③ 《列宁专题文集·论资本主义》，人民出版社2009年版，第34—35页。

部分经济体开始借反倾销和"特保"之名,大行贸易保护之实,新国际贸易保护主义日盛。[①] 新贸易保护主义的手段多以非关税壁垒为主,即以绿色壁垒、技术壁垒、知识产权壁垒、蓝色壁垒等为主。实行新贸易保护主义的直接后果是,全球的贸易无论是从交易量还是从政策制定上都有了非常大的变化,贸易全球化与贸易保护扩大化的矛盾日益尖锐。随着发达国家主导的贸易全球化的全面推进,发展中国家逐渐认识到基于不同发展水平的国际贸易的不公平性以及由此导致的贸易全球化的不平衡性是经济全球化进一步深化的现实障碍,要求改变国际贸易规则或改变国内政策来规避国际贸易规则的不利影响,重塑世界的贸易格局呼声越来越高。

## 一 资本主义国家推行新贸易保护主义的动因

### 1. 全球贸易萎缩导致新国际贸易保护主义兴起

贸易保护主义和全球经济形势有一种"负相关"的关系。当全球经济形势好时,贸易保护主义就少;反之,贸易保护主义就会增多。[②] 2008年爆发的国际金融危机重创了全球贸易,导致2009年全球贸易总额急剧下降。据世界贸易组织发表的公报显示,2009年全球贸易量下降12.2%,为70年来的最大降幅,2009年美国、欧盟和日本的商品出口额分别下降13.9%、14.8%和24.9%。[③]

尽管世界经济在缓慢复苏,但2015年全球经济依然脆弱,地缘政治风险尚未消除,大宗商品价格和美元汇率大幅震荡,均成为贸易发展的不稳定因素。2015年前2个月,发达国家中的美国、日本、英国、法国货物贸易出口额分别下降4.6%、5.1%、19.7%和15.0%,同期进口额降幅分别为3.9%、18.8%、7.1%和19.3%;金砖国家中,巴

---

① 新贸易保护主义也叫"超贸易保护主义"或"新重商主义",随着WTO的日益完善,原本的贸易保护手段已经受到限制,不能在贸易过程中起到足够的作用,更隐蔽、更有效的贸易保护手段便出现在贸易之中,这就是新贸易保护主义。
② 尚前名:《外贸寒冬中的长远布局》,《瞭望新闻周刊》2009年第51期。
③ 《WTO:2009年全球商品贸易降幅创70年纪录 2010年将增9.5%》(http://www.cacs.gov.cn/cacs/newcommon/details.aspx?articleId=68377)。

西出口额下降19.3%、进口额下降16.6%；南非出口额下降15.3%、进口额下降5.6%。WTO预计，未来两年（2015—2016年），世界贸易量增长率分别只有3.3%和4%，较2014年有所加快，但仍低于20世纪90年代以来5.1%的平均增速，与危机前贸易增速通常超过经济增速一倍的情形相比，更不可同日而语，2015年国际贸易可能成为连续第四年增长率低于平均水平的年份。① 2013年以来，世界贸易增长趋势如表4-1所示。

表4-1　　　　　　2013—2016年世界贸易增长趋势　　　　　（单位：%）

| 年份 | 2013 | 2014 | 2015 | 2016 |
| --- | --- | --- | --- | --- |
| 世界货物贸易量 | 2.4 | 2.8 | 3.3 | 4.0 |
| 出口：发达国家 | 1.6 | 2.2 | 3.2 | 4.4 |
| 发展中国家和新兴经济体 | 3.9 | 3.3 | 3.6 | 4.1 |
| 进口：发达国家 | -0.2 | 3.2 | 3.2 | 3.5 |
| 发展中国家和新兴经济体 | 5.3 | 2.0 | 3.7 | 5.0 |

注：2015年和2016年为预测值。
资料来源：WTO，《贸易快讯》，2015年4月。

近两年，由于危机之后全球经济疲软、复苏乏力，导致贸易量下滑，贸易保护主义和投资保护主义有抬头的现象。② 为转嫁贸易下滑的压力，以美欧为首，巴西、阿根廷等国紧随其后，挥起贸易保护主义的"大棒"，维护本国的经济和政治利益。

**2. 就业的调整导致贸易保护主义持续升温**

受此次国际金融危机的影响，美国、欧盟、日本等西方发达国家的一些产业部门由于需求乏力，纷纷减产、停业，导致失业率迅速攀升。IMF的统计数据显示：2008年，美国、欧元区的失业率在10%左右，大大高于危机前的失业率水平。美国劳工部宣布：2009年第四季度美

---

① 《2015年世界经济贸易总体形势分析》（http：//www.askci.com/news/finance/2015/05/07/921465vol.shtml）。
② 高虎城：《贸易保护主义和投资保护主义有抬头现象》（http：//economy.caijing.com.cn/20150307/3833974.shtml）。

国的失业率达到10%，1/3 的美国家庭中至少有一个成员失业。美国失业人数累计已达1540万，是经济衰退开始时失业人数的2倍多。截至2009年12月，欧盟27国失业人数达2301万人，2009年12月欧元区失业率达到10%，创下1998年8月以来的历史新高，如表4－2所示。①

表4－2　　　　2007—2013年发达经济体失业率　　　　（单位：%）

| 年度 | 发达国家 | 美国 | 欧元区 | 日本 |
| --- | --- | --- | --- | --- |
| 2007 | 5.4 | 4.6 | 7.5 | 3.8 |
| 2008 | 5.8 | 5.8 | 7.6 | 4.0 |
| 2009 | 8.2 | 9.3 | 9.9 | 5.4 |
| 2010 | 9.3 | 10.1 | 11.7 | 6.1 |
| 2011 | 7.9 | 9.0 | 10.1 | 4.6 |
| 2012 | 8.0 | 8.2 | 11.2 | 4.5 |
| 2013 | 8.1 | 8.1 | 11.5 | 4.4 |

注：2013年为预测值。
资料来源：IMF，《世界经济展望》，2013年1月。

就业既是经济问题，也是棘手的政治和社会问题。西方发达国家在这场风暴当中出现了较为明显的失业风潮。庞大的失业大军，抑制了居民的消费需求，对经济的复苏构成了巨大压力。面对失业率居高不下这一难题，出于保民意、保选票的政治需要和减少失业率的经济需要，在世界经济仍不乐观的情况下，西方发达国家继续以贸易保护主义来支撑本国经济的复苏。

3. 产业结构的调整导致贸易保护主义不断增强

在经济结构调整时期，一方面，美欧等发达国家和地区吸取金融危机的教训，会更加重视实体经济，在再工业化方面作出种种努力，为促进国内民族工业在竞争激烈的世界市场上站住脚跟会采取贸易保

① 吴桂华：《后金融危机时期新国际贸易保护主义研究》，《江西社会科学》2010年第6期。

护手段。在资本主义发展史上,贸易保护历来是其发展民族工业的重要手段,"现代工业体系即依靠用蒸汽发动的机器的生产,就是在保护关税制度的卵翼之下于十八世纪最后三十多年中在英国发展起来的。"[①] 另一方面,各国为了疏导过剩的产能,减少存货,都在积极寻找销售市场。但是在危机发生后,各国金融监管更加审慎,消费信贷政策更加严格,各国的消费率普遍降低,储蓄率普遍提高,导致世界消费市场缩小。在外部市场缩小的情况下,守住自己的市场已经成为各国的本能。因此,为了保护和壮大实体经济,为本国生产的产品寻找市场,许多国家积极利用各种贸易保护措施,排斥外国商品,鼓励消费者消费本国产品,"只买本国货",不许工厂外迁,向外国货物征收高额关税,贸易保护主义正在各国扩散。例如,美国为了促进国内钢铁的消费,其众议院通过的新经济刺激方案规定,受政府资金支持的新经济项目,必须使用美国钢铁产品。还有,由"意大利人吃意大利食品"运动发展而来的反对外国食品风暴等,都说明了危机以来贸易保护主义抬头的现象。

**4. 跨国公司内部贸易的发展改变了国际贸易差额分布**

跨国公司已成为当前国际贸易的主要载体。一些商品和劳务的交易不再由政府出面,而是由政府委托跨国公司来进行交易。在一家跨国公司内部进行交易,可以降低运输成本和关税等交易成本,跨国公司内部分工和交换体制所形成的新发展模式,能够让跨国公司获取非常稳定的利润。近年来,大量的跨国公司向亚洲国家转移,使得这一区域成为承接跨国公司产业转移最集中的区域。通过出口大量跨国公司生产的产品,使得亚洲国家保持对欧美国家的大规模贸易顺差,然而贸易顺差所产生的大部分利润却被跨国公司拿走。这充分说明亚洲国家许多产品的出口并没有对欧美市场产生实际的大量贸易顺差。但跨国公司账面上所显现出来的贸易不均衡及其所产生的贸易纠纷,使得欧美发达国家找到了推行贸易保护的理由,开始实施新贸易保护主义。

**5. 现行多边自由贸易体制的漏洞为贸易保护提供了可乘之机**

现行的各种贸易保护措施,从表面看似乎合理,符合《世界贸易

---

① 《马克思恩格斯全集》第 21 卷,人民出版社 1965 年版,第 414 页。

组织规则》，但是，现行的《世界贸易组织规则》有很多"灰色区域"地带，为西方发达国家行使贸易保护主义手段提供了可乘之机。事实证明，新贸易保护主义的发生与世贸组织的规定缺失存在关联，世贸组织虽然制定了整体的规范措施，但并未形成具体细则，造成其难以对一些较为具体的事项进行处理。如《WTO 协定》第 20 条规定，WTO 成员为了保护本国人民或动植物的生命或健康，维持国内经济的可持续发展，可以采取一些限制进口的措施，包括对进口的产品规定很严格的技术检验标准、食品安全标准、低碳排放量标准，从而达到"合规"抑制进口的目的。正是这些 WTO 的例外条款和协议，成为一些进口国家实施各种贸易保护措施的有力的法律武器，为国际贸易保护主义提供了有机可乘的空间。

## 二　新国际贸易保护主义的主要形式、特征及危害

历史经验证明，金融危机必然伴随着国际贸易保护主义抬头。① 金融危机后，西方发达国家贸易措施的保护倾向进一步增强，被保护商品范围日益扩大，贸易保护从国家保护走向集团保护，由单一经济问题扩展到社会问题，也更具有隐蔽性和歧视性。这些措施不仅在贸易救济、劳工权利、绿色壁垒、知识产权、劳动标准等方面花样百出，且在金融、投资等新兴领域屡见不鲜、层出不穷。②

1. 当前新贸易保护主义的主要形式

第一，借环保之名构建的绿色贸易壁垒。绿色贸易保护措施主要有绿色关税和市场准入、绿色包装制度、绿色环境认证标志、绿色卫生检疫制度、绿色补贴等。危机爆发后，随着国际社会对全球气候变化问题和环境破坏问题的日益重视，国际贸易中的环境问题也开始被越来越多的人关注。许多国家都以保护环境的名义，提倡绿色贸易，设置贸易壁

---

① 蔡海燕：《当前金融危机与贸易保护主义的抬头》，《现代商业》2009 年第 27 期。
② 吴伟、汪梅丽：《新一轮贸易保护主义的突出表现及发展趋势》，《江苏科技大学学报》（社会科学版）2015 年第 2 期。

垒，控制污染产品进入本国市场。发达国家更是凭借自身的技术和资金优势，发展环保型产品、抢占环保市场，借保护环境之名，设置各种"绿色壁垒"，保护国内产业发展。

第二，依靠先进的技术优势制定技术性贸易壁垒。技术性贸易壁垒以技术为主要支撑条件，通过颁布法律、条例等建立技术标准、认证制度、卫生检验检疫制度、检验程序以及包装、规格和标签标准等，提高对进口产品的技术要求，限制他国商品进入本国市场，最终达到保障国家安全、保护消费者健康和安全、保持国际收支平衡的目的。不同国家在对技术性贸易措施的技术标准和认定程序的制定上，往往具有很大的自主性和主观性。技术性贸易壁垒具有更大的隐蔽性和合法性，已成为很多发达国家实施新贸易保护主义的主要手段。

第三，"双反"措施和特保措施。"双反"措施是对反补贴措施和反倾销措施的简称；保障措施是 WTO 依据情势变更原则而设置的一种救济手段，其目的是为了弥补成员国由于履行关税减让和取消其他贸易壁垒的义务而产生的损害。很多国家为了鼓励出口，往往实施各种出口补贴政策，出口的产品价格往往低于国内售价、出口产品数量加大，对进口国市场及产业造成了一定的冲击，因此"双反"和特保措施已经成为主要的新贸易保护手段。2013 年 10 月 29 日，WTO 反倾销委员会公布的自 2012 年 7 月 1 日至 2013 年 6 月 30 日的年度报告显示，会员展开的反倾销调查案件有增多趋势，展开倾销调查新案件共计 209 件，比上年度的 200 件稍多；尚在执行的反倾销税命令总共有 1374 件，比上年度同期 1336 件稍多。执行反倾销税命令案最多的国家为美国（243 件）。此外，特别保障措施和"特保"调查也屡见不鲜，如中美轮胎特保案等。根据世贸组织秘书处统计，截至 2013 年 3 月，世贸成员共发起 255 起保障措施调查。在世贸成员中，有 48 个成员是保障措施的使用者。①

我国也是遭受资本主义国家反倾销案例比较多的国家，2012 年 9 月 15 日，欧盟对华陶瓷反倾销案终裁，我国 1440 多家涉足欧盟市场的陶瓷企业中，6 家企业获得 26.3%—36.5% 的单独税率，120 多家参与

---

① 吴伟、汪梅丽：《新一轮贸易保护主义的突出表现及发展趋势》，《江苏科技大学学报》（社会科学版）2015 年第 2 期。

调查的企业获得 30.6% 的加权平均税率，其他没有回应的企业，无一例外被征收 69.7% 的惩罚性关税，有效期长达 5 年。由于示范效应，不少资本主义国家"跟风"美国、欧盟，向我国发起一系列反倾销调查，想以此降低反倾销诉讼的成本。阿根廷也自 2010 年开始，对中国产汽车轮胎、高强度木地板、食品加工机、合成染料等多类产品，频频开展反倾销。①

第四，以劳工权益和企业社会责任为名实施的蓝色贸易壁垒。蓝色贸易壁垒的出现是对发达国家与发展中国家之间失衡的国际市场竞争关系的一种调整。它以保护和改善劳动者的劳动环境和生存权利为主要内容，旨在确保供应商所供应的产品符合社会责任标准的要求，核心是 1997 年由国际社会责任组织联合欧美跨国公司和其他国际组织制定的 SA8000 标准。该标准强调企业在赚取利润的同时，还要承担保护劳工人权的社会责任，因此，也被称为"社会责任标准"。目前，蓝色贸易壁垒的表现形式主要包括：对违反国际公认劳工标准的国家的产品征收附加税；限制或禁止严重违反基本劳工标准的产品出口；社会责任工厂认证；跨国公司的工厂审核；以劳工标准为由实施贸易制裁；社会责任产品标志计划等。

### 2. 新贸易保护主义的主要特征

第一，新贸易保护主义涉及的范围更加广泛。危机爆发后，西方发达国家违反世界贸易组织的非歧视原则，出台贸易政策保护本国企业和国民。2009 年年初，奥巴马签署了包含"购买美国货"条款的巨额经济刺激计划。该条款规定，只有和美国签订自由贸易协定，或者签署世界贸易组织《政府采购协定》的国家和地区，才有可能获得美国政府经济刺激计划中的采购合同。作为全球经济秩序的制定者和维护者，美国的这一举动开创了一个危险的先例。随之欧元区国家出台了诸多"只雇本国人，只买本国货，不许工厂外迁，向外国货物征收高额关税"的政策和措施。② 由于西方发达国家的"示范效应"，全球性的贸

---

① 荣郁：《常跟风欧美 阿根廷对华反倾销严重》，《国际商报》2013 年 1 月 10 日。
② 李向阳：《国际金融危机与国际贸易、国际金融秩序的发展方向》，《经济研究》2009 年第 11 期。

易保护主义政策不断地涌出。当前新贸易保护主义正在逐步向新兴产业、高新技术产业领域扩展。2012年法国成立11个委员会对国内的航空航天、可再生能源等一些核心产业进行监督，方便在"必要"时干预国外企业的并购，而意大利也开始效仿法国的做法。这一系列措施都表明新贸易保护主义向能源资源、战略性新兴产业扩展的变化。[①]

第二，新贸易保护主义的保护层次多样化。随着全球经济的发展，双边自由贸易协定促进了协定国的贸易快速增长，在消除双边贸易的壁垒中起到了正面的带动作用。另外，地缘政治经济格局的变化也导致了双边主义的盛行。双边主义和区域一体化的发展形成了以区域经济一体化为范围，对外实行统一的贸易保护，对非成员国建立贸易壁垒，使得新贸易保护主义呈现区域化、集团化的趋势，自由贸易区、关税同盟等区域集团已经日益成为多边贸易体制的替代品。像欧盟、东盟、亚太经济合作组织、北美自由贸易协定、中美洲自由贸易区等区域经济一体化组织，内部贸易十分旺盛，对外推行严格的贸易保护政策，这种排他性特征带有明显的贸易保护色彩。

第三，新贸易保护主义的保护手段不断创新。传统的贸易保护主义一般是通过限制数量和价格来进行，透明度比较高。而新贸易保护主义采用的保护手段更加多样化，往往程序更复杂、周期更长。首先，技术性贸易壁垒的运用越来越普遍。技术性贸易壁垒是当前国际贸易中最难对付的非关税壁垒，其借助保护人类、动植物的生命或健康及保护环境的名义，披着合法的外衣，通过严格的技术法规和标准限制外国商品进口，实施贸易保护。其次，国家援助措施和政府购买的手段越来越多。经济危机之后，发达国家为了解决国内就业不足、制造业空心化、出口减少等问题，纷纷提出再工业化战略，提倡发展高附加值的高端制造业，重新建立拥有强大竞争力的新工业体系。为此，许多国家相继出台了一系列的产业扶持政策，加剧了不公平的国际贸易竞争环境，影响了国际贸易的健康发展。[②]

---

[①] 赵丽娜、孙宁宁：《新贸易保护主义对中国出口贸易的影响及对策研究》，《理论学刊》2014年第11期。

[②] 同上。

第四，新贸易保护主义的形式更加隐蔽化。在当前的国际产业分工体系中，发达国家将高污染产业和相关产业链条向发展中国家转移，这无疑增加了发展中国家的碳排放量。一般来说，发达国家在新能源技术上占有领先地位，因而希望通过发展"低碳经济"抢占未来国际市场竞争制高点，而发展中国家由于发展耗能多、污染大的劳动密集型产业，短期内大幅度削减碳排放量无异于令其退出国际分工。发达国家将贸易和气候保护挂钩，打着保护地球资源、环境绿化、关注全人类健康等旗帜来实施贸易保护主义，更具有隐蔽性，成为危机以来新贸易保护主义的一个显著特征。

### 3. 新贸易保护主义的危害

按照马克思主义的观点，贸易全球化是为了满足国际垄断资本的需要，获取高于国内平均利润之上的超额利润。列宁说过，"资本主义之所以必须有国外市场，决不是由于产品不能在国内市场实现，而是由于资本主义不能够在不变的条件下以原有的规模重复同样的生产过程（如象在前资本主义制度下所发生的那样），它必然会引起生产的无限制的增长，而超过原有经济单位的旧的狭隘的界限。"① 因此，贸易全球化下国际交换关系是由发达国家所主导的，其本质就是国际垄断资本的全球剥削，必然会造成国际经济关系的严重失衡，致使发达国家和发展中国家之间的差距越来越大。由此可见，新国际贸易保护主义盛行的根本动因还是为了获取超额利润，但这是对世界经济复苏的严重威胁，不仅扭曲了贸易流向，妨碍了资源的优化配置，使发展中国家贸易条件更加恶化，而且贸易保护主义的相关措施将从发达国家向发展中国家扩散，引发新一轮的贸易战，导致全球贸易摩擦日益加剧。同时，新国际贸易保护主义还阻碍了贸易自由化的进程，以世界贸易组织规定为基础架构的多边贸易体制在推动贸易自由化过程中受阻。

第一，贸易保护造成出口国贸易量急剧下降，甚至会引发该国的经济危机，造成其失业人数急剧增加。金融危机下的国际贸易会受到很多因素的影响，最关键的是贸易伙伴采取了严厉的贸易保护政策。当贸易额下降时，会产生大量连锁反应，因为进出口净额是拉动出口国经济的

---

① 《列宁全集》第3卷，人民出版社1984年版，第544页。

"三驾马车"之一,出口导向型国家一旦陷入贸易危机,该国的经济就会迅速萎缩,导致大量出口企业破产、倒闭,失业率随之大幅上升。

第二,贸易保护主义会损害一国未受保护产业部门及消费者利益。随着经济全球化进程的加快,世界市场已经成为一个全球统一的大市场,一旦一个国家实施贸易保护政策,那么各国的原料、产品和技术等的流通就会受到阻碍,削弱了市场的调节作用。进口商就会把这些直接或者间接增加的成本转嫁给国内消费者,消费者的利益就会受到损失。此外,不在保护范围内的生产者还会为受保护产业的生产者提供强制性补贴,而受保护产业生产者所得收入根本不能弥补非受保护生产者的损失,从而造成利益分配的扭曲。

第三,贸易保护会引发全球性的报复性措施。贸易保护主义政策的实施打断了经济全球化带来的生产价值链,扰乱了正常的国际分工秩序。一个国家对其他国家实施了贸易保护政策,使得其他国家处在不利地位,阻碍其出口。那么该国就会采取类似的报复手段。世界经济就会陷入贸易保护主义的怪圈,各国也将深陷相互不信任的困境。同时,这种报复措施会阻碍世界经济的发展以及世界各国具有比较优势的产业市场规模扩大和要素流动,导致全球经济恶化。

总之,当前发达国家的经济在缓慢复苏,而贸易保护措施却没有明显回落,保护主义仍然是当今贸易的核心问题之一。在经济局势出现危机之后,发达国家感觉到自身的存续与安全面临着极大的风险,因此设法寻求自保,在寻求自保的过程中,其目标并非绝对收益,而是相对收益,也就是说,它们并不考虑在贸易中是否能够得到好处、能否遭到损失,而是考虑如何比其他国家得到更多的好处,遭受更小的损失。[1] 然而,保护主义措施在短期、局部可能是有好处的,所以很多国家乐于采用。但是,从长远和整体的向度观察,这种经济民族主义会使国家之间呈现更多的对立和斗争,最后导致无人获利的结果。[2]

---

[1] 何志鹏:《从自由走向发展:后危机时代的国际贸易治理》,《厦门大学学报》(哲学社会科学版) 2012 年第 6 期。

[2] [美]罗伯特·吉尔平:《国际关系政治经济学》,杨宇光等译,上海人民出版社 2006 年版,第 29 页。

## 三 全球贸易治理变革的方向

危机爆发后,全球治理机制出现新的变化。世界银行、国际货币基金组织、世界贸易组织等国际组织的协调能力有所下降。二十国集团作为对全球治理模式的一种探索,其作用为国际社会所期待。在应对金融危机期间,二十国集团国家共同协调经济政策,对推动经济复苏发挥了重要作用。根据世界银行 2009 年 3 月 2 日发布的一份材料称,当危机发生时,在 2008 年 11 月召开的二十国集团华盛顿金融峰会上,各国承诺不采取保护主义措施,但事与愿违,随之有 17 个国家采取了 47 项贸易保护主义的措施,并有进一步扩大的趋势。针对这一情况,2009 年 4 月二十国集团又一次在伦敦聚会,各国再次承诺不采取保护主义措施,然而,效果仍然差强人意。"相信贸易保护主义风潮还将继续发展一段时间,特别是在美国,因为西方代议制民主政体本身就更容易使贸易保护主义势力取得与其实际经济实力份额不相称的政治能量。"[1] 总而言之,随着经济的好转及各国复苏程度的不同,二十国集团经济协调的难度加大,各国参与二十国集团的意愿也有所下降。从这个角度来说,发达国家与发展中国家在全球经济平衡及治理方面的矛盾仍未能得到很好的解决。目前,主导全球经济治理的三大经济组织均属于二战后形成的框架体系,且主要由欧美主导。随着新兴经济体的崛起,未来全球化治理结构和推进方式将面临重大变革。一方面是要解决原有的世界经济三大机构的改革问题;另一方面是如何通过二十国集团等国际协调机制发挥更大的作用。[2] 因此,加强危机后国际贸易的治理,构建国际贸易新格局,成为摆在发展中国家面前的一个现实问题。

**1. 推进多边自由贸易制度建设**

当前正处于一个自由贸易被遏制、自由贸易价值被忽视的时代,面

---

[1] 梅新育:《全球贸易保护主义风潮下的中国策略》,《中国新闻周刊》2009 年 2 月 19 日。

[2] 霍建国:《中国对外贸易面临的形势、问题及对策》(http://intl.ce.cn/zgysj/201111/03/t20111103_22810287.shtml)。

临着很多现实和潜在问题。贸易保护措施不应当也不可能长期有效,在这种短期的危机状态过后,国际经济体制应当呈现出一种开放的、自由的状态。这也就意味着,需要深刻认识现实并在此基础上评估未来,发展更可取的国际机制。当前,国际贸易治理的首要任务是恢复自由开放的世界秩序。①

危机爆发前,世界各国纷纷加入自由贸易的行列,签订双边、区域、全球性的自由贸易协定,力求构建一个自由的国际贸易交易规则,这充分表明自由贸易所带来的利益已被各国所认同和追求。危机爆发后,发达国家着眼于自身的利益,率先推行新国际贸易保护主义,出台对发展中国家不利的贸易保护措施,因此,发展中国家应该携手并肩,呼吁国际社会继续构建和强化多边的自由贸易框架,而不能任由贸易保护主义泛滥,因而应进一步讨论如何强化以世界贸易组织为代表的多边贸易体系的法律制度,并对制定的法律制度加强监督,充分保障不同发展水平国家之间合作的成果。

**2. 健全国际贸易自由与发展的治理手段**

从历史上看,正是有了一套明晰的基本原则和交易规则,才没有导致关税或贸易大战,才不至于造成灾难性的后果,因此,健全国际贸易自由与发展的治理手段是十分必要的。危机后,国际贸易的治理模式需要不断健全各种法律制度和多边协定,推动或促进国际贸易治理法治化进程更是其中的重要方面。作为多边贸易体制典范的世界贸易组织通过普遍最惠国待遇、关税许诺及限制和禁止非关税壁垒来保障一个较为顺畅的自由贸易制度,并通过提供贸易政策审议机制来监督各成员的行为,通过争端解决机制来恢复被扭曲的国际自由贸易体制。② 由此可见,只有多个领域协同进化,全方位地构建法治,才有可能逐渐减少大国实施保护主义、遏制自由、阻碍发展的现象,才有可能减少国家之间的贸易纷争,形成和谐共进的经济秩序,甚至通过金融监管的全球法治化来减少金融危机发生

---

① Lastra R. M., Wood G., "The Crisis of 2007 – 09: Nature, Causes, and Reactions", *Journal of International Economic Law* (1369 – 3034), 2010, 13: 531.

② [美] 弗雷德里克·皮尔逊、西蒙·巴亚斯里安:《国际政治经济学:全球体系中的冲突与合作》,杨毅、钟飞腾、苗苗译,北京大学出版社2006年版,第616页。

的概率。①

### 3. 在全球贸易治理中加强区域之间的合作

由于应对金融危机的措施会造成对国际贸易自由化的负面影响，二十国集团首脑峰会一再承诺和呼吁各国不提高或不设立新的贸易和投资壁垒。然而，包括二十国集团成员国在内的许多国家都增加了关税和非关税措施以及贸易救济措施，使其贸易政策朝着限制和扭曲方向下滑。新的贸易限制措施方式从提高部分产品进口关税、实施进口许可、引入或减少进口配额、鼓励政府购买国货、恢复或增加出口补贴到启动出口限制等等，名目繁多，不一而足，其后果是导致国际贸易秩序的混乱和恶性竞争。

区域一体化的蓬勃发展，在一定程度上弥补了多边贸易体系在众多成员国之间难以取得协调的不足，其在促进区域贸易自由化、深化双边经济全方位合作上发挥着重要的作用。以自由贸易区协定和关税同盟为主导形式的区域经济一体化不仅涉及贸易的自由化，而且涉及投资、知识产权保护等多方面的合作。通过区域之间的贸易谈判与合作，可以有效抵制新贸易保护主义行为，有效解决潜在的贸易争端，规范国际贸易秩序，减少贸易波动，并营造良好的国际贸易环境，降低危机对国际贸易的消极影响。

### 4. 优化贸易结构，加强贸易救济与相关政策的协调

2009年召开的联合国气候大会把全球对外贸易和"碳减排"合理地联系在一起，掀起了气候贸易保护主义运动的浪潮。今后，污染率高的产业必须按照在哥本哈根气候大会承诺的减排目标引进环保技术、减少污染排放，或者高污染产品在出口时将交纳碳关税、购买碳排放权。碳减排在某种程度上成了"碳壁垒"，这无疑加重了发展中国家的负担。② 为了争取国际贸易中的话语权，对于发展中国家来说，现在有两个步骤比较可行：首先，所有政府承诺不采用任何以非气候变化为目标、以竞争方式伤害他国的国内政策；其次，在制订财政刺激计划时支

---

① 何志鹏：《从自由走向发展：后危机时代的国际贸易治理》，《厦门大学学报》（哲学社会科学版）2012年第6期。

② 李轩：《后危机时代国际贸易保护主义的兴起及应对》，《学术交流》2013年第9期。

持"绿色新协议"之类的政策。这种财政支持也应该通过对发展中国家的其他项目实现，以改善环境、增加就业和刺激经济活动。① 与此同时，为了应对发达国家发起的"气候重商主义"，从全球贸易发展的历史进程看，优化贸易结构和改善贸易条件是提高发展中国家贸易地位的重要因素，也是减少危机冲击的一个有效选择。为了应对国际金融危机，发展中国家应积极主动地进行出口产品结构的优化与调整，体现自身自然禀赋与技术优势，同时贸易出口结构应尽可能多元化，增加贸易渠道，减轻贸易风险，尽量出口碳排放少的产品。

## 四　新贸易保护主义对中国的影响及应对

全球范围内愈演愈烈的贸易保护主义，对作为"世界工厂"的中国产生了重大影响。为了加快我国改革开放的步伐，党的十八届三中全会通过的《中共中央关于全面深化改革若干重大问题的决定》，首次强调把构建开放型经济新体制作为目标，切实提高开放型经济水平和质量，创新开放模式，加强对外开放的制度保障。构建开放型经济新机制，从开放格局上看，需要更加注重统筹国内国际两个大局，利用好"两个市场，两种资源"，从积极"引进来"到主动"走出去"，力争实现层次更高、维度更多、联动更广的开放格局；从开放原则上看，需要遵循互利共赢、多元平衡、安全高效的基本原则；从开放目标上看，需要灵活妥善地处理好四种平衡，即内需和外需平衡、出口和进口平衡、引进外资和对外投资平衡，国际收支基本平衡。《决定》还指出，要放宽投资准入，加快自由贸易区建设，扩大内陆沿边开放，在推进现有试点基础上，选择若干具备条件的地方发展自由贸易园（港）区，在条件成熟的情况下发展自贸园区，目的是为新时期的改革开放积累可复制、可推广的经验。结合各地不同的特色与发展优势，可以发挥更大的辐射和带动作用。

**1. 新贸易保护主义对中国的影响**

一是中外贸易摩擦不断加剧，严重影响了我国出口贸易的发展。

---

① 张蔚蔚：《改善贸易治理　化解双重危机》，《WTO 经济导刊》2009 年第 11 期。

首先，出口增速趋缓，出口的总体规模降低。2009年我国对外出口82029.7亿元，较2008年同比下降18.3%①，接下来的几年，受益于全球经济温和复苏和国内相关政策，出口增速出现短暂回升，但是总体增速仍明显低于危机爆发之前。出口增长从过去的高增长转为与GDP大致同步的温和增长，而且月度、季度间增长极不稳定，连续几年都出现了"过山车式"的波动，有时增长10%以上，有时为负，很难把握，出口增长呈现很强的不稳定性。

其次，出口增长对经济增长的贡献率明显下降。作为总需求的一部分，出口贸易增速下降，必然会影响整个经济总量的增长。同时，整个出口商品产业链条还涉及营销、报关、运输、物流、港口等多个行业，出口增速降低波及整个产业链条上所有产业和企业，拖累国民经济的发展。2002—2008年间，净出口年均拉动我国GDP增长1.2个百分点，有的年份高达2.6个百分点，但2009年之后，出口对经济增长的拉动多为负值，2009至2014年间平均为-0.6个百分点。②

再次，增加我国出口企业的成本，挤压企业利润空间。新贸易保护措施往往会提高进口产品的门槛，抑制国外产品进入国内市场。由于中国出口的产品价格较低，企业利润空间较小，而像环境认证程序、卫生检疫程序、技术标准等措施往往程序繁琐，要求严格，这些措施会增加出口企业的研发成本、包装成本、环境认证和检验检疫成本，进而使得出口商品的总成本增加，出口产品的价格优势被削弱，压低了企业利润，甚至出现亏损。更有甚者，美国将其国内制造业竞争力减弱，就业率走低，经济整体表现不佳归咎于我国一些企业的产品滥用贸易救济措施，严重挤压了我国企业的利润空间。2015年1月8日，美国商务部宣布对华光伏电池及组件反倾销第一次行政复审的初裁结果。多家国有企业单独税率申请无辜被拒，并被课以238.56%重税。2015年1月21日，美国商务部公布了对原产自中国的乘用车轮胎反倾销调查初裁结果，认定应诉企业倾销幅度为19.17%—36.26%，全国统一税率则达

---

① 根据《中国统计年鉴2008》和《中国统计年鉴2009》计算得到。
② 慕海平、王小广：《2014年宏观经济形势分析与2015年展望》（http://politics.people.com.cn/n/2015/0104/c1001-26320089.html）。

87.99%之高。同样，多家积极应诉的国有企业的单独税率申请被美国商务部无情拒绝，而适用于全国统一税率。①

最后，抹黑中国企业和中国产品，影响中国企业的对外声誉。借质量问题实施进口限制，也是国际上一种常见的贸易保护手段。在贸易保护的大背景下，一些西方国家在中国个别商品质量上大做文章，借机发难。近年来，中国产品召回事件频频见诸报端，这其中固然有产品质量的原因，但更主要的是贸易保护主义作祟，尤其是国外不良媒体对中国产品质量和食品安全问题的报道以偏概全，甚至恶意扭曲、捏造，误导消费者。出口产品屡遭通报、召回，不仅给出口企业造成巨额经济损失，更严重影响中国出口产品的国际市场声誉，破坏国家的国际形象，给中国出口行业带来信用危机，影响国际市场对中国产品的进口需求。近年来日本媒体不断针对中国农产品、食品中药物残留问题，做了大量不客观或夸大的报道。受不良媒体恶意报道的影响，中国农产品在日本曾遭遇过"消费者不敢买、销售商不敢卖、进口商不敢进"的尴尬局面。②

二是影响我国经济政策和经济增长质量，减缓了我国对外经济发展方式的转变，进而威胁到我国产业安全。

改革开放以来，我国始终坚持对外开放的基本国策，推行"引进来"和"走出去"相结合的发展战略，逐步形成了全方位、多层次和宽领域的对外开放格局和具有中国特色的开放型经济体系。特别是2008年国际金融危机之后，我国通过进一步完善对外开放的体制机制，在逆势中实现了对外经济的快速发展。然而，危机之后西方发达国家率先推行的新贸易保护主义，严重制约了我国对外经济发展方式转变的进程。

首先，当前我国对外贸易方式主要是加工贸易，新贸易保护主义增加了对外贸易方式的转型难题。作为当前我国经济领域对外开放的主要形式，加工贸易是以加工为特征的再出口业务，比较常见的加工贸易方式有进料加工、来料加工、装配业务和协作生产。改革开放以来，我国

---

① 余盛兴、凌希：《美国贸易保护主义再次升温》，《WTO经济导刊》2015年第5期。
② 于维军：《国际贸易中的舆论壁垒及其应对措施》，《中国检验检疫》2012年第1期。

加工贸易经历了从无到有、从小到大的发展过程，目前基本形成了"两头在外，大进大出"的发展模式，对我国对外经济的发展功不可没。据国家统计局资料显示：2013年我国加工贸易进出口1.36万亿美元，增长1%，占同期我国进出口总值的32.6%。尽管近两年我国一般贸易比重增加，加工贸易的比重呈现下降趋势，但比重仍然偏高，这不仅使我国出口企业的利润率较低，增加对外贸易摩擦的频率，甚至还会出现产业"飞地化"现象，不可避免地威胁到我国的产业安全。当前我国经济总体上仍处于浅层工业化阶段，由于新贸易保护主义维系已有的贸易产品结构和贸易方式，而我国在国际产业分工中尚处于低端，再加上多年来我国在对外贸易中的比较优势基本上是依靠廉价劳动力获得的，随着我国劳动力成本的逐年提升，已有的加工贸易方式面临前所未有的转型难题。

其次，新贸易保护主义加强跨国公司在全球的利益，使得我国进出口贸易的主体结构在短期内难以改变。改革开放以来，大量的国外企业蜂拥至中国开展业务，这些国外企业大多数是出口导向型企业。根据2012年商务部联合年检显示，占中国企业总数不到3%的外商投资企业，实现进出口额18602亿元，占我国进出口份额的51.1%。这些数据充分说明，外商投资企业构成了我国进出口贸易的主体，新贸易保护主义加强了跨国公司在全球的影响，从而我国进出口贸易的主体结构在短期内难以改变。

最后，新贸易保护主义采取的都是一些不合理的贸易壁垒措施，当贸易出现顺差或逆差时，或当贸易不平衡达到一定程度时，实力强的国家往往会通过政策性制度影响实力弱的国家，进而影响实力弱国家的经济增长质量。因此，我国在现阶段世界贸易竞争形势中往往处于不利地位，迫使中国政府只能不断调整经济政策，用来适应主要外贸出口国的贸易壁垒政策。

三是跨太平洋伙伴关系协定（Trans-Pacific Partnership Agreement，TPP）制定新一轮全球贸易规则及其对中国贸易的影响。

TPP由亚太经济合作会议成员国中的新西兰、新加坡、智利和文莱等四国发起，从2002年开始酝酿的一组多边关系的自由贸易协定，是目前重要的国际多边经济谈判组织。2009年11月14日，奥巴马宣布美国将参与TPP谈判，强调这将促进美国的就业和经济繁荣，为设定21世纪贸易协定标准作出重要贡献。TPP谈判始于2010年3月，谈判由两大类内容构成：一是知识产权保护规则等12个谈判参与国一起决定的领域；二是如某类商品进口关税减免等双边磋商领域。2015年10月5日，TPP终于取得实质性突破，美国、日本和其他10个泛太平洋国家就TPP达成一致，12个参与国加起来所占全球经济的比重达到了40%。除了经济元素以外，TPP包含了许多非经济元素。TPP成员不仅要受到贸易机制的制约，而且还要受到法律法规、社会团体、生态环境、商业模式和公众评判等制约。

对美国而言，TPP是其全球贸易战略的重要组成部分。从纵向看，TPP延续和发展了北美自由贸易协定（NAFTA）等已签自贸协定的基本内容，是"美版自贸协定"的扩展；从横向看，TPP不是孤立的，而是与美国当前力推的"跨大西洋贸易与投资伙伴关系协定"（TTIP）、诸边谈判服务贸易协定（PTA），以及其他双边投资协定等谈判密切相关。这些谈判的对象各有侧重，但是议题大体一致，谈判指向也十分明确，反映出美国在双边、区域和全球多边的各层次之间相互配合、相互补充、相互支持的战略布局。因此，美国的加入带来的不仅是TPP权威性和重要性的增加，更重要的是美国成为了TPP的主导国，并将其作为政治、经济工具，推行其价值观并巩固其霸主地位，其背后的动因在于WTO多哈回合谈判多年未果后，美国作出了新的战略路径选择，即借TPP平台从区域到全球，各个击破，推广美国的贸易规则。具体来看，TPP一方面高举自由和公平贸易旗帜维护美国企业拥有自由和公平的市场准入机会；另一方面在贸易协议中推行美国的全球价值观，通过TPP提升美国在亚太地区的政治、经济和文化影响力，在与政府、企业和公众沟通与交流的同时推行美国的全球价值观。换言之，TPP建立之初声称的促进区域贸易自由化的初衷已发生改变，当下所言贸易之自由化只是笼罩在TPP面纱下的假象。

对于中国来说，TPP首先冲击了中国关于建立自由贸易区的战略安排，中国目前已和东盟等多个经济体签署了自由贸易区协定。美国此时强推TPP，企图在中国周边建立一个贸易标准更高、影响力更大的自贸区，将严重损害中国在自由贸易区上所取得的成果。其次，TPP的高标准设计使中国加入的难度大大提高。TPP 不考虑对方国家的发展状况,采取"一刀切"的自由化原则,摒弃了以往自由贸易区协议中发展中国家与发达国家在责任与义务上的差别。TPP 比 WTO 要求更为严格,这对中国加入 TPP 形成了障碍,变相地将中国排除在外。最后,TPP 将恶化中国企业在亚太地区的投资和经营环境。一旦 TPP 正式启动,早已在亚太市场深耕多年的美国跨国企业无疑将是最大受益者。中国企业由于海外经营能力尚待提高,风险防范能力较弱,将面临更严峻的挑战和更艰巨的市场竞争。[①] 因此,中国当前应更加积极地谋划和探讨中国在亚太地区的自由贸易区战略。特别是在近期加入 TPP 无望的情况下,中国可以考虑与现有 TPP 成员达成双边或区域性优惠贸易安排。由于中国的贸易能级和日益增长的进口潜力,有望可以吸引不少亚太地区国家与中国通过这些贸易框架形成更为紧密的经贸合作关系,有效规避甚至抵消 TPP 的负面影响。

### 2. 我国应对新贸易保护主义的策略

各国的经验表明,在经济增长较快的发展阶段,容易遭遇贸易保护的限制。新贸易保护主义盛行不利于我国对外贸易长期稳定的发展,未来几年将是我国由贸易大国转向贸易强国的关键时期,我国应该积极应对新一轮的贸易保护主义,推动我国对外贸易的长期发展。从当前的国际经济形势来看,全球经济不可能在短时期内实现全面复苏,各国依旧面临着巨大的经济增长和就业压力,预计在未来几年里,中国所面临的贸易保护困境,还将持续相当长的一段时间。为此我们必须采取积极的应对措施。

一是加强沟通协调,坚持谈判磋商与反击并行的策略。

贸易保护主义本质上就是不同国家间的利益博弈,解决贸易摩擦问题实质上就是协调不同国家在利益追求过程中的冲突问题。政府是国家利益的代表,解决贸易摩擦问题应当充分发挥政府的作用。当前,我国政府的简政放权为企业"走出去"创造了更宽松的环境,同时我国政府也加大了和有关国家的协商和交涉的力度。中国商务部数据显示,我国迄今和 132 个国家签订了双边投资保护协定,和 100 多个国家建立了

---

① 郭可为:《TPP 牵制中国贸易》,《资本市场》2012 年第 7 期。

经贸混委会或者联委会的机制,协商对外投资合作中的问题,同时也和 90 个国家签署了避免"双重征税"的决定,为中国企业"走出去"营造了有利环境。① 然而,对于不同国家和地区的贸易保护措施要区别对待,必要的时候可以实施适度的贸易保护措施予以"回击"。欧盟委员会于 2013 年 6 月 4 日宣布,欧盟将从 2013 年 6 月 6 日起对产自中国的光伏产品征收临时反倾销税,前两个月的税率为 11.8%,此后将升至 47.6%。同年 6 月 5 日,在没有任何事前征兆的情况下,中国商务部宣布在中国酒业协会的申请下,对进口自法国、葡萄牙、意大利等欧盟国家的葡萄酒产品进行"双反"调查。这一调查被国内外媒体解读为"一次精准的贸易反击",因为葡萄酒"双反"针对的法国、西班牙、意大利是葡萄酒出口大国,正是它们在支持欧盟光伏问题时表现强硬。② 事实证明,这一举措重重打击了欧盟尤其是法德等国家贸易保护的嚣张气焰,也在一定程度上推动了中欧光伏产品贸易纠纷的妥善处理。

二是提升对外贸易竞争力,健全进口贸易救济机制和出口产品监测和预警机制。

提升对外贸易竞争力,还要从转变我国经济发展方式和改善外贸政策着手。首先,加快培育出口竞争新优势,主要是改变在国际产业分工中处于"微笑曲线"低端的局面,鼓励出口企业在生产领域的优势向以研发技术、拓展品牌和培育渠道为核心的新优势转化,支持国际营销网络建设和贸易平台建设。其次,促进加工贸易转型升级,主要是促进加工贸易从加工组装领域逐渐向设计、核心元器件制造和物流等产业链高端转移。再次,大力发展服务贸易,主要是促进服务贸易体制机制建设,扩大文化、金融和高端商务等服务业出口,积极发展服务外包,并完善相关支持措施。最后,推动对外贸易平衡发展。在稳定出口的同时,不断优化进口结构,扩大能源资源、先进技术和关键设备进口,完善进口管理体制和调控体系。

当前,随着我国进出口业务的快速增长,我国与外国之间的贸易摩

---

① 《2015 年上半年我国对外直接投资增长 29.2%》,《经济日报》2015 年 7 月 17 日。
② 《终止对欧进口葡萄酒双反调查》,《北京日报》2014 年 3 月 25 日。

擦越来越频繁，迫切需要健全进口贸易救济机制，维护重点产业安全。首先，构建有效的贸易救济机制，通过运用反倾销和反补贴等措施，有效保护国内产业安全。其次，完善关税与非关税措施。制定合理的关税结构和非关税措施，推行绿色壁垒和技术壁垒等贸易救济措施。最后，建立完整有效的出口产品监测和预警机制，可以预先设定合理的波动幅度，密切跟踪重点出口国家和地区的市场行情，保持高度的信息敏感性，以便及时了解国外贸易政策的动向，定期或不定期发布预警信息，帮助国内企业在第一时间做好贸易壁垒的防范和应对工作，尽可能地降低贸易限制政策可能带来的损失。

三是提升我国企业出口产品质量，实施品牌战略，推进出口市场多元化。

打铁还需自身硬，面对新贸易保护主义，我国企业还需靠实力说话、靠产品的品牌和质量说话。首先，企业要提升自身产品的科技含量，减少对国外的技术依赖，打造自己的核心竞争力和品牌。其次，大力推进国内企业出口市场多元化。国际贸易的实践告诉我们，出口目的地越集中，就越容易受到贸易保护主义的影响。通过出口市场的多元化，避免向某一个国家或地区大量出口同类产品，规避区域贸易壁垒，稀释新贸易保护主义对中国出口贸易的冲击。最后，我国国内企业要重视对国际贸易规则的研究，善于用相关贸易规则来保护自己的权益，从而能规避一些新贸易保护主义措施对 WTO 规则的滥用和国际法的曲解，把握国际竞争的主导权。

四是在新的国际政治经济秩序下重新设计贸易保护手段。

近年来，我国进入贸易摩擦的高发期，除了遭受传统的反倾销、反补贴和保障措施等保护手段外，一些发达国家甚至一些发展中国家针对我国的检验检疫、产品质量和食品安全、环境和劳工保护、特保调查以及技术标准等方面贸易壁垒的数量持续增多，手段和方式不断翻新。不仅涉及一般商品，而且上升到环境标准、劳工标准、知识产权以及人民币汇率等政策和制度层面。为此，在新的国际政治经济秩序下，我国既要积极防范国外针对我国的贸易保护行动，又要尽早完善贸易保护手段，适时对外发起行动，以积极防御战略维护我国对外贸易的发展。

五是"一带一路"（the Silk Road Economic Belt and the 21st-Century

Maritime Silk Road，OBOR）战略促进我国对外贸易格局发生变化。

"一带一路"是"丝绸之路经济带"和"21世纪海上丝绸之路"的简称，2013年9月和10月由中国国家主席习近平分别提出建设"丝绸之路经济带"和"21世纪海上丝绸之路"的战略构想。"一带一路"是合作发展的理念和倡议，是依靠中国与有关国家既有的双多边机制，借助既有的、行之有效的区域合作平台，旨在借用古代"丝绸之路"的历史符号，高举和平发展的旗帜，主动地发展与沿线国家的经济合作伙伴关系，共同打造政治互信、经济融合、文化包容的利益共同体、命运共同体和责任共同体，加速自由贸易的进程。

习近平主席强调，"一带一路"战略要构建一种创新的合作模式，要加强"一带一路"参与国之间的"政策沟通、道路联通、贸易畅通、货币流通、民心相通"。因此，"一带一路"战略的实施主要从政策、交通、金融三个方面对我国的对外贸易产生影响。首先，"一带一路"战略将拉动我国劳务及施工机械的输出，并带动基础设施建设相关商品材料的输出，使得基础设施输出在我国对外贸易格局中占据重要地位。其次，随着"一带一路"战略的实施以及我国产业的转型升级，大工业出口在对外贸易中的地位将更加重要。例如，2014年年底我国与哈萨克斯坦签订中哈产能合作协议，我国向哈萨克斯坦输出生产线设备。最后，2014年10月，我国提议筹建的亚洲基础设施投资银行成立，亚洲基础设施投资银行可为"一带一路"战略提供资本互通的渠道，将极大地影响我国对外贸易资本项目格局，推进人民币国际化。

"一带一路"战略沿线国家大多是经济发展处于上升期的发展中国家，这为开展互利合作提供了广阔的前景。"一带一路"战略将充分挖掘我国与沿线国家的贸易潜力，提高我国与沿线国家的贸易频率、贸易金额，提升这些新兴经济体与发展中国家在我国对外贸易格局中的地位，进而提高我国中西部地区对外开放的程度和中西部地区企业对外贸易活跃的程度。因此，"一带一路"战略的实施将在继续优化我国与原有合作伙伴对外贸易的基础上，增加与沿线国家的对外贸易，提升沿线国家对外贸易在我国对外贸易中的比重。

# 第五章　资本主义民主政治制度的衰落

在国际金融危机的冲击下，资本主义民主政治制度的缺陷更加突出地暴露出来。随着危机的持续蔓延，发达资本主义国家自我调节的能力不断下降，资本主义民主制度的寡头政治和金钱政治特征日趋明显。移植西式民主的转型国家和发展中国家也陷入战乱和动荡之中。资本主义民主政治制度的合法性遭到了半个世纪以来最严重的危机。不仅民众对西方议会民主制度的信心产生了严重动摇，甚至连一些自由民主制的鼓吹者也开始批评议会民主制的弊端。

## 一　资本主义民主政治制度深陷困局

国际金融危机不仅使资本主义国家的经济陷入了长期衰退之中，而且也使其民主政治制度遭遇了严重困局。尽管近两年资本主义国家的经济形势有所好转，但其内部的政治与社会问题却日益突显，不仅发达资本主义国家所标榜的"西式民主"制度面临政治极化、精英草根对立、国债居高不下等问题，而且以西方模式为样板的发展中国家也出现了政局混乱、社会动荡的局面。

### （一）资本主义民主"寡头政治"的特点更加突出

美国曾长期被视为政治体制完善的民主政治典范，但在金融危机的冲击下，美国的政治体制不断出现很多新的问题，遭到了社会各界的诘问和质疑。2015年9月，连美国前总统吉米·卡特做客访谈节目时都称"美国民主已死"，说美国目前的"金钱政治""不是民主政治，而是属于少数人的寡头政治"①，这种"金钱政治"和寡头政治严重损害了美国政治的基本道德伦理准绳。卡特的言论既非空穴来风，也非哗众取宠，而是有着大量的事实依据的。

### 1. 利益集团通过政治捐献，操控美国政局

利益集团在美国是一种合法的存在，垄断了公众与国会和政府交流的渠道，而这种状况近来愈演愈烈，"到2013年注册的说客高达一万两千多人，花费超过32亿美元。"② 国际金融危机爆发后，美国法院通过的两个法案对此更是起到了推波助澜的作用。2010年，美国最高法院在对"联合公民案"进行投票时，裁决"超级政治行动委员会"可在竞选中无限制捐款。2014年4月2日，美国最高法院以"保护公民活动权利"为由，最终推翻了给美国政治竞选捐款总额12.32万美元的上限。这一法案一下子打开了制度的闸门，使"超级政治行动委员会"等组织的活动更加不受约束。名为"美国优先行动"的"超级政治行动委员会"在短短半年时间，已经为希拉里筹集到1560万美元竞选资金。参议院司法委员会主席莱希认为，这一裁决是对公平选举和所有美国人享有的民主的一大打击。奥巴马对此也指责道：这是"给政坛特殊利益集团资金开了绿灯，这是大型石油公司、华尔街银行、医疗保险公司和其他实力雄厚集团的一次胜利"③。

利益集团和政客的利益相互交织、互相利用，使得民主政治日益成为牟利的工具和幌子。《纽约时报》进行的一项调查显示，仅158个家族及其拥有或控股的公司在美国总统选战的第一阶段就提供了1.76亿美元竞选资金。这些家族的捐款绝大部分用于支持共和党，这主要是由于它们和总统候选人在同一个领域发家致富，其中从事金融业和能源资源业的捐款家族就达到81个，占到一半以上。一项研究显示，2016年的超级捐款者中，64%的家族靠金融业致富。④

---

① 《美国前总统卡特：美国民主已死　是属于少数人的寡头政治》（http://news.163.com/15/0925/09/B4BKLBP500014JB6.html）。

② Hacker and Pierson. Winner-take-all politics: public policy, political organization, and the precipitous rise of top incomes in the United State. Politics and society, 2010 38（2）: 118.

③ 凯文：《美国大选政治献金知多少？》，《深圳特区报》2014年4月19日。

④ 刘世东：《2016美国大选背后的博弈：谁出资最多？》，中国日报网，2015年10月26日。

国会参众两院的很多议员们本身就是富豪，与普罗大众的利益形成了"分水岭"。美国敏感政治问题研究中心的一份最新报告显示，除了空缺席位，国会现有534名议员，其中至少有268人在2012年的个人资产超过100万美元。① 也就是说，富豪议员们代表着美国富人的利益，经由他们通过的各项政策，自然会向给他们输出巨大利益的集团倾斜，而不会顾及那些势单力孤的穷困百姓。来自"华尔街见闻"的数据，更是印证了议员和利益集团尤其是金融系统的共生关系。百万富翁议员们拥有的资产最喜欢的投资领域就是房地产和金融机构。这样一来，政治泡沫伴随着金融泡沫而来就一点儿也不稀奇了。

### 2. 家族势力不断渗透，裙带政治色彩显著

纵观美国历史上的总统和议员，家族势力的影响总是若隐若现，一向自诩为反对世袭政治、没有封建社会遗风的美国，甚至被称为"王朝政治"。统计资料显示，美国有700多个家族至少各向国会输送了2名家族成员，目前有17%以上的国会议员来自议员世家。排在前列的是哈里森家族（8名）、弗里林海森家族（6名）和肯尼迪家族（6名）。就连英国也不例外，过去400年间，英格兰基本控制在1000个家族手中，2500个家族则"操纵"着整个英国。②

2016年美国总统大选希拉里和杰布·布什之间的争夺，更是克林顿和布什两大家族之间的比拼，不管加分还是减分，都凸显了家族身份的影响。2015年1月由ABC新闻和《华盛顿邮报》联合开展的一次调查显示，34%的已登记选民称老布什和小布什在任职期间的表现使他们更不愿意支持杰布·布什，只有9%的已登记选民称老布什和小布什的任职表现使他们更愿意支持杰布·布什。同一份调查表明，大约24%的已登记选民称克林顿的任职表现使他们更愿意支持希拉里，16%的人称克林顿的表现使他们更不愿意支持希拉里。

### 3. 参政门槛不断提高，普通民众望而却步

总统辩论的高门槛把普通候选人挡在门外而不能参加大选。按其要

---

① 新华网华盛顿2014年1月10日电。
② 《美17%议员来自"议员世家" 民众陷入"政治厌恶"》，《环球时报》2010年8月10日。

求,只有在每年9月份的5次民调中得票率在15%以上的候选人才有资格参与辩论。有研究则指出,对于一位候选人而言,想要在民调中达到这样一个支持率水平需要花费大约2.7亿美元。2015年1月,49名共和党、民主党及独立人士,包括现任及前任政府要员、国会议员、学者等,曾联合向总统辩论委员会写信,呼吁改变现行规则,为独立候选人开放辩论机会。尽管这一呼吁得到了公众的积极响应,但委员会却表示"没有改变的必要"。这不仅体现了美国大选中的"金钱政治"的问题,也反映了"既得利益者"的顽固和难以撼动。① 列宁在《国家与革命》中就指出了资本主义社会的民主制度是"极少数人享受民主,富人享受民主",而"用来对付穷人的这些限制、例外、排斥、阻碍,看起来似乎是很微小的……但是这些限制加在一起,就把穷人排斥和推出政治生活之外,使他们不能积极参加民主生活。"② 列宁当年描述的这一状况,在当今资本主义国家里不仅没有减弱,反而更为明显了。

造成寡头政治的另一个原因是传统公民社会的退化,作为民众和当权者之间缓冲地带的工会等社会组织的政治影响力不断下降,难以抗衡强大的企业利益集团。以美国工会为例,美国劳工加入工会的比例已经从1983年的20.1%下滑至2012年的11.3%。而代表企业的游说组织的资金之丰沛却无人能及,2011年企业游说组织的预算是27亿美元,是劳工组织的90倍。③ 力量上的极大不对称,或者说缺乏对资本力量抗衡的社会力量,使得民众在企业利益集团的强大攻势下,越来越没有影响力。据美国媒体2014年8月12日报道,美国普林斯顿大学的马丁·吉伦斯(Martin Gilens)教授和西北大学的本杰明·佩吉(Benjamin Page)教授做了一份名为《美国政治的测试理论:精英、利益集团和普通公民》的调查报告,总共分析了1779项国家政策问题的调查数据,得出的结论是:"代表着企业利益的经济精英与团体组织对于美国政府的政策决策有着实质性的独立影响力,而普通公民和大众利益集团

---

① 王晓真:《名为"民主"实则"寡头"  美国选举改革阻力重重》,《中国社会科学报》2015年10月16日。
② 《列宁专题文集·论马克思主义》,人民出版社2009年版,第258—259页。
③ 朱云汉:《高思在云:中国兴起与全球秩序重组》,中国人民大学出版社2015年版,第24页。

却很少或几乎没有任何影响力"。就像列宁所说的,"虽然资产阶级的诡辩家和机会主义的'也是社会民主党人'都期望(或者要别人相信他们期望)股票占有的'民主化'会造成'资本的民主化',会加强小生产的作用和意义等等,可是实际上它不过是加强金融寡头实力的一种手段而已。"①

美国选举的投票率与投票者的经济状况也有一定的关系。经济条件较为富裕的美国人比经济状况不太好的美国人更愿意参加投票。美国西北大学梅迪尔新闻学院艾伦·希勒的研究结果显示,59%参与2012年大选投票的选民年收入超过5万美元,另有31%的投票者年收入甚至超过了7.5万美元。在未参与竞选投票的人中,只有39%是年收入在5万美元以上的,而年收入超过7.5万美元的仅有12%。②正如马克思曾指出的,"选举是一种政治形式……选举的性质并不取决于这个名称,而是取决于经济基础,取决于选民之间的经济联系。"③艾伦·伍德(Ellen Wood)注意到了资本主义政治和经济的分离,她认为:"在资本主义社会中公民地位和阶级状况的分离就具有两方面:一方面,公民权不是由社会经济地位决定的——在这个意义上,资本主义能够与形式民主共存;另一方面,公民平等不会直接影响阶级不平等,形式民主没有从根本上触动剥削。"④斯蒂格利茨也尖锐地指出所谓的"一人一票"最终成了"一美元一票","1%的群体所有、所治、所享",美国社会日益呈现出向上层群体倾斜的政治体制。

## (二) 资本主义议会民主及党派纷争导致的效率低下愈益严重

### 1. 三权分立相互制衡导致相互掣肘,法院代行政府的部分职能

金融危机的爆发凸显的美国治理危机问题,使大家从对民主、自由、市场的关注逐渐转向对国家治理能力的关注。就连一度鼓吹"历

---

① 《列宁专题文集·论资本主义》,人民出版社2009年版,第138页。
② 《谁统治美国?研究称普通民众对决策无影响》(http://world.chinadaily.com.cn/2014-08/16/content_ 18356580.htm)。
③ 《马克思恩格斯文集》第3卷,人民出版社2009年版,第406页。
④ Ellen M. Wood. "Democracy Against Capitalism: Renewing Historical Materialism", Cambridge University Press, 1995, p. 200.

史终结论"的弗朗西斯·福山,也开始反思西方政治的结构性问题了。他在《衰败的美利坚——政治制度失灵的根源》一文中,详细剖析了美国政治制度的诸多流弊,指出目前美国政府效率低下主要是因为在某些方面,美国已再次沦为"由法院和政党治国",法院和立法部门篡夺了行政部门的许多正当功能,致使政府整体运作缺乏连贯性和效率。国会也在篡夺权力。这两种现象——行政的司法化和利益集团影响力蔓延——往往会侵蚀人民对政府的信任。弗朗西斯·福山进一步指出美国当今的问题是法治过了头、民主过了头,而国家能力没跟上。美国政治制度日渐腐朽,因为分权制衡的传统越来越严重和僵化。与执法相关的私人诉讼案件数量从20世纪60年代末每年不足100起,增长到80年代的每年10000起,到90年代末的每年22000起。① 因此,在瑞典或日本可在官僚体系内部通过和平协商解决的冲突,在美国都得在法院系统中通过正式诉讼来解决。2014年10月15日福山在美国马里兰州约翰·霍普金斯大学演讲时,更是直接指出美国政治的危机主要源于利益分化与金钱政治。美国的体制已经逐渐发展成一种"否决制";在这种制度下,否决权才是最重要的政治节点,利益集团可以通过各种方式掌握否决权,进而把守政治体制,守护自己的利益。②

**2. 两党纷争导致政治极化,两党意识形态差距越来越大**

"金钱政治"在美国越来越突出,仅2014年中期选举就耗资约40亿美元,但只有不到40%的选民参与投票。美国独立民调机构皮尤研究中心2014年发布的调研报告中指出,共和党人与民主党人在意识形态阵线上比过去20年里的任何时候都更显两极分化。"驴象之争"还不仅是在一些理念上大相径庭:与1994年时的16%相比,目前有38%的民主党人"很不喜欢"共和党,27%的民主党人将共和党视为"国家幸福的威胁";与此同时,与20年前的17%相比,目前有43%的共和党人"很不喜欢"民主党,36%的共和党人将民主党视为"国家幸福的威胁"。③ 吉

---

① [美]弗朗西斯·福山:《衰败的美利坚——政治制度失灵的根源》(http://cul.sohu.com/20151030/n424724482.shtml)。

② 方志燊:《福山美国演讲:民主是问题,还是解决方案》(http://news.163.com/14/1017/07/A8OABAPV00014SEH.html)。

③ 《2014年美国的14个变化》(http://www.jiemian.com/article/219512.html)。

米·卡特表示他当年竞选总统的时候，所获共和党和民主党的支持率一样多。这种情况如今再也难以重现了。

"茶党"代表的民粹主义势力的强势崛起以及"占领华尔街"运动的蔓延，进一步加剧了美国政治的分化。《纽约时报》社论认为，美国共和党内不仅仍然存在政治民粹主义势力，其力量还在不断上升。在共和党内部，极端右翼都已显得过于温和。皮尤研究中心一项基于对10013名受访者的最新调查表明，在过去20年间，美国共和、民主两党成员相互间的反感程度激增。意识形态立场的硬化意味着更多的美国人不太可能支持政治妥协。调查显示，美国民众就政治问题表达自己一贯的自由派或保守派观念的人数比例已由1994年的10%倍增至21%，显示民众的政治立场比以往任何时期都要分化。两党的支持者不仅在社交场合只愿意与本党人士交往，而且愿意住在一起，甚至愿意他们的孩子与持本党观点的人士成婚。99%的共和党受访者的立场较民主党中温和派更为保守，98%的民主党受访者的立场较共和党中温和派更为自由，而在2004年，上述两个数字分别为88%和84%。换言之，两党在所有议题上持温和立场的成员已极为罕见。① 而传媒大亨史蒂夫·班农作为极右势力的代表人物，不仅向民主党和共和党温和派开火，同时旗帜鲜明地支持极右势力"茶党"，搅动美国政局。美国商会的重要游说者布鲁斯·乔斯滕（Bruce Josten）甚至说，民主党正在向左翼极化，为"茶党"那样的反叛奠定了基础。在政治极化的状况下，中间派基本无立足之地。乔·克莱恩（Joe Klein）在《政治的失落》一书中曾感叹说，作为一个中间派或者温和派，他在今天的美国政治气候中感到"无家可归"。

随着2014年美国中期选举中共和党的大获全胜以及成功控制参议院，共和党在国会参众两院都形成了多数，民主党总统奥巴马与国会的拉锯战也更显艰难，党派之争已经严重威胁到美国政府的正常运转以及全球领导力。奥巴马上台前誓要推动的全面医疗保险、监管金融秩序以及气候问题三项最重要改革法案都难以在国会中顺利通过，更难以贯彻落实。尤其是2013年9月底，在共和党内"茶党"等保守势力的推动

---

① 温宪：《政治极化将进一步搅动美国》，《人民日报》2014年6月14日。

下，最终导致2013年10月1日美国联邦政府的非核心部门关门半个月。时隔两年，美国政府再次面临停摆，2015年10月1日美国众议院以277：151的投票结果通过了一项临时融资提案，让美国政府能够有资金运转至12月11日，暂时避免了政府关门的危险，而此举也是众议院议长博纳以辞职换取政府停摆的权宜之计。美国政府的关门危机引发了各方思考。哈佛商学院发布的一份调查显示，尽管摇摇欲坠的教育体系、不力的监管、扭曲的税制和糟糕的基础设施等，是美国近年来经济增长极度低迷的结构性罪魁祸首，但是最受憎恨的元凶是政治机器。一半的受访者认为美国的政治进程比任何其他主要国家都要糟糕，80%的受访者担心它在日益恶化。这是高管们对共和党和民主党一并投出的不信任票。[1] 特朗普上台后首先就废除了奥巴马的"医改法案"，美国两党之争更加白热化。

支持和反对推翻个人捐款总额限制的大法官的立场也凸显了政治分化的色彩，毫无疑问，持支持态度的大法官属于保守派共和党阵营，而持反对意见的自由派大法官则是由民主党总统任命的。

**3. 对利益集团的妥协催生腐败，导致民主质量的退化**

利益集团的泛滥及其与政客的利益缠绕使得政府出台政策以及国会立法的过程充满不确定性。福山对此评价说，利益集团就算不能炮制一整部法律，至少也能在某项条文中塞入自己的私货。利益集团只对能使自己获益的政客慷慨解囊，比如曾在2008年支持奥巴马的数十名华尔街富豪在2012年总统大选时，都倒向罗姆尼的"超级政治行动委员会"，一个重要原因就是奥巴马政府支持的金融监管措施遭到华尔街的强烈抵制。奥巴马政府金融监管的最终成果《多德—弗兰克华尔街改革和消费者保护法案》仍然是各方妥协的结果，它的最大特点就是监管的复杂性和较大的自由裁量权，这一法案长达近3000页，而且大部分具体的监管法规仍然有待于各个分管的监管机构去指定。毫无疑问，接下来主导这些细化立法过程的将会是来自金融行业的游说者，而不可能是任何参与"占领华尔街"运动的人或组织。[2] 媒体所渗透

---

[1] 吉莲·邰蒂：《美国政治前景并非暗淡无光》，《金融时报》2014年11月12日。
[2] [美] 诺兰·麦卡蒂等：《政治泡沫》，贾拥民译，华夏出版社2014年版，第255页。

的选举政治的世界，普遍强调的是政治家的个性特征，而不是对政策的关注。① 比如2012年大选奥巴马和罗姆尼辩论焦点话题方面，统计显示税收和就业是最受关注的两大内政话题，而三场辩论中这两个话题被提及的比例仅为4.1%和3.1%。

众多议题的久拖不决以及经过大打折扣勉强通过的各项决议，充分体现了美国政治的僵局，并导致了人民对政府的不信任。民意调查机构盖洛普2014年6月30日发布的最新民调显示，美国总统和国会受民众信任比例分别只有29%和7%。另外，美国最高法院的信任比例同样降低到了30%。报道称，总体而言，美国人民对政府的信任程度创下了新低。

党派之争使美国在解决中东危机、打击"伊斯兰国"、贸易谈判等一些国际问题的处理上也受到了影响。虽然57%的民主党人担心，美国打击伊斯兰武装分子的行动会做得太过火，但是63%的共和党人则担心它做得不够。巴黎发生恐怖事件后，64%的美国人非常担心或者有些担心同样的恐怖袭击会发生在美国。但是，即使是在这个方面，党派分歧也依然存在。有77%的共和党人和59%的民主党人表示，他们担心遭受这样的攻击。与此同时，64%的共和党人支持向乌克兰提供武器和军事训练，但是只有54%的民主党人表示赞成。② 在贸易谈判中，奥巴马也遇到了相当大的阻力，奥巴马在获得被称为贸易"快车道"的"贸易促进权"谈判授权的过程中也是一波三折。直到2015年6月24日，美国参议院以68∶30的票数通过了《贸易促进授权法》，《华盛顿邮报》评论说此举将为奥巴马的外交遗产增添光辉。这也使得"跨太平洋战略经济伙伴协定"（TPP）在2015年10月5日取得实质性突破，但也遭到了美国劳工组织和环保组织以及部分民主党议员的明确反对。另外60%的民主党人支持"跨大西洋贸易与投资伙伴协定"（TTIP），但是在共和党人当中，这一比例只有44%。

简而言之，日益僵化、利益集团化和两极化的分权体制已经无法满

---

① [英] 戴维·赫尔德:《民主的模式》，燕继荣等译，中央编译出版社2008年版，第269页。

② [美] 布鲁斯·斯托克斯:《奥巴马面对复杂民意》，《金融时报》2015年1月23日。

足美国公众的利益。就像中国台湾大学政治系教授朱云汉所指出的,美国政体已失去为绝大多数民众谋福祉的基本功能。

**(三) 资本主义民主输出造成的危害更为明显,叙利亚成为大国博弈的最新牺牲品**

"市场、民主和美国的权力"曾被视为冷战后支撑世界的三个领域,现在西方对之都失去了信心。① 这主要是因为在金融危机的冲击下,新自由主义思潮备受批判,全球缺乏共识感;被西方看作第三波、第四波的民主化浪潮遇阻,人们质疑民主制度与政府管理能力之间的关系;美国无法在伊拉克或阿富汗实现稳定的战后安排,其全球领导能力受到质疑。也就是说,从意识形态到民主输出再到民主国家的实践,都引发人们对国家治理能力的思考。中国台湾学者朱云汉指出美国输出的是劣质民主,它提供错误示范,输出政治伎俩,为他国政治人物提供"专业服务",且经常采取自我矛盾的双重标准。乌克兰危机中美国的表现就广受批评,米尔斯海默(John J. Mearsheimer)指出,美国及其欧洲盟友才是乌克兰危机的始作俑者。危机根源是北约东扩,核心因素是使乌克兰脱离俄罗斯的势力范围而把它整合进西方阵营,欧盟东扩、西方支持乌克兰亲民主运动也是关键因素。俄罗斯领导人一向坚决反对北约东扩,最近几年更是明确表示,他们不会对具有战略重要性的邻国西化置之不理。对普京而言,他用夺取克里米亚作为回应,并致力于扰乱乌克兰局势,迫使其放弃加入西方的努力。② 如今的叙利亚危机更是凸显了西方输出民主的危害性。

**1. 只破不立的"炸弹+民主"输出模式,在叙制造了25年来最严重的难民危机**

福山提出的"没有优质国家,就没有优质民主"的口号与朱云汉教授不谋而合。朱云汉指出,以美为首的西方国家在世界各地推行民主,却忽视国家基础建设,这是非常有失偏颇的。"阿拉伯之春"国家

---

① [英]吉迪恩·拉赫曼:《西方已经失去了智力上的自信》,《参考消息》2015年1月8日。

② John J. Mearsheimer, *Why the Ukraine Crisis Is the West's Fault* Foreign affairs, September/October 2014.

尤其是叙利亚的境遇即是最好的明证。

自叙利亚爆发战争以来，经济上受到制裁（欧盟对叙利亚的制裁一直延长至2015年6月1日），政治上陷入国际纷争，叙利亚国内深陷困局。2011年3月18日叙利亚冲突爆发伊始示威者打出的"改革、增加自由、改善民生"等口号一个也没有实现，多方博弈最终造成的结果是经济凋敝，政治动荡，教派冲突加剧，极端势力急剧扩张。就像普京所批评的：一些西方国家"借助火箭和炸弹'输出民主'"。

总部在英国的叙利亚人权观察组织说，从叙利亚内战爆发的2011年3月到2015年6月8日，已导致超过32万人丧生，其中有统计的死亡人数为230618。这其中，平民死亡人数最多。叙利亚经济也在战争中面临崩溃。2014年，4/5的叙利亚人生活在贫困中。世界银行估计，叙利亚的失业率从2011年的15%上升到2014年的58%。叙利亚2014年的国内生产总值比2010年低48%，增长率仅为0.5%，而2004年至2009年间为5.7%。联合国救济和工程处的一份报告估计，即使内战于2013年6月结束，叙利亚国内生产总值保持5%的年均增幅，叙利亚经济仍然需要30年时间才能恢复到2010年的水平。① 2013年，公共债务达到当年GDP的126%。叙利亚总理哈勒吉表示，内战对叙经济造成了约300亿美元的损失。

更为严重的是，战争造成巨大的难民潮，成为世界性难题。联合国难民署2015年7月9日发布的最新统计报告指出，叙利亚内战爆发以来，叙利亚难民数超400万，是25年来最严重的难民危机。此外，叙利亚国内还有760万人流离失所。2015年头6个月试图通过地中海前往欧洲的13.7万名难民中，1/3来自叙利亚，很多人通过蛇头冒着生命危险偷渡。

西方民主本身已经沦为选举民主，只要程序正确，选举出亲西方的政权就达到了所谓的"民主化"的目的，从"阿拉伯之春"的现状可以看出这种逻辑的错误。"阿拉伯之春"到"阿拉伯之冬"的上演，充分显现出美国输出民主的巨大危害，也是叙利亚的前车之鉴。2011年1月14日，在突尼斯爆发的导致执政23年的本·阿里黯然下台的政治变

---

① 《美媒：叙利亚内战致32万人丧生　经济倒退30年》，《参考消息》2015年6月12日。

局迅速席卷了整个阿拉伯世界，以星星之火可以燎原之势，引发了埃及、利比亚、也门、叙利亚等国的剧烈变革。然而4年多过去了，这些国家并没有如人们所愿走上政通人和、民主自由之路，也并没有迎来阿拉伯世界民主的春天，而是政权频繁更迭，军人干政现象突出，教派和族群冲突严重，经济显著倒退，失业率大幅攀升，政局动荡。在出现权力真空的状态下，极端组织大行其道，"伊斯兰国"恐怖主义趁乱成长为主要威胁。利比亚GDP 2014年增长率为－24.66%，也门经济在2011年萎缩了12.7%，虽然2014年GDP增长率恢复到约2%，但与2010年前年均4%以上的增长仍相去甚远，而贫困人口比例则从2009年的42%上升到2012年的54.5%。突尼斯和埃及虽然历经波折、几经动荡，实现了大选甚至经过了"二次革命"，但在外力的干涉下进行的大选根本不足以酝酿出真正的民主政治体制，依然是以军方势力为代表的强人政治。美国学者亨廷顿早就在《第三波——20世纪后期民主化浪潮》一书中指出："现代民主是西方文明的产物，它扎根于社会多元主义、阶级制度、市民社会、对法治的信念、亲历代议制度的经验、精神权威与世俗权威的分离以及对个人主义的坚持，所有这些都是在一千多年前的西欧开始出现的。"由此可见，缺乏西方民主土壤的"阿拉伯之春"的失败也就在意料之中了。

在全球化时代，一个国家由于战争或其他各种问题造成的治理乱局不仅仅是本国的难题，也必然会向国际社会蔓延。现在叙利亚由于美欧参与干涉的内战战乱所产生的巨大难民潮，已经波及世界，欧洲更是吞下战争的恶果。匈牙利科尔维努斯大学国际问题研究所副教授、欧洲一体化和安全政策专家加利克（Garik）在接受新华社记者专访时表示："美国当初对伊拉克和阿富汗进行干预，就是用新政权替代'独裁'政权，推广'民主'，但现在这被证实是一个彻头彻尾的失败。作为美国的盟友，欧洲国家也参与其中，美国和欧洲（对难民问题）负有很大的责任。"[1] 在叙利亚难民问题上欧美的相互指责与推诿已经影响了二者关系。

---

[1] 杨永前等：《难民潮：欧洲自食苦果》（http：//world.people.com.cn/n/2015/0908/c1002-27557730.html）。

## 2. "以叙制叙"的代理人政策造成叙利亚矛盾丛生、利益激化

叙利亚的战略地位非常重要,在美国及其中东盟国的眼里,叙利亚与同为什叶派的伊朗、黎巴嫩一向交好,与俄罗斯关系密切,与以色列、土耳其以及沙特阿拉伯等海湾国家关系不睦。以色列总理内塔尼亚胡甚至认为伊朗可能在叙利亚政府军帮助下,试图在以色列占领的叙利亚戈兰高地"建立第二条恐怖战线"。因此,美国以及海湾国家都支持打击叙利亚,推翻巴沙尔政权。正是出于这些考虑,美国一直视叙利亚巴沙尔政权为"眼中钉",在叙利亚冲突爆发前,就支持反对派攻击巴沙尔政权。据美国《华盛顿邮报》2011年4月18日报道,"维基解密"最新披露的外交文件显示,从2006年起,美国政府开始通过非营利机构秘密资助叙流亡组织"公平和发展运动"。冲突爆发后又直接武力支援反对派进行反政府行动,当这种在西方直接支持的"内战"升级场面失控后,美国等国家又找到了进行武力干预的借口,美军参谋长联席会议主席登普西(Martin Dempsey)2014年9月26日在五角大楼举行的记者会上,首次透露了一个由美国主导、可能持续数年的培训叙反对派武装计划。该计划提出为夺回眼下被极端武装"伊斯兰国"控制的叙东部地区,需要培训大约1.2万人至1.5万人的叙利亚反对派武装。西方的第三招是在乌克兰等国家传播西方价值观、推动所谓的"民主化"。美国助理国务卿努兰德(Nuland)估计,为达到上述目的,美国已投入50多亿美元资金。①

西方的直接介入和拉一派打一派的做法进一步加剧了叙利亚国内的矛盾。反对派内部管理混乱,人员组成复杂,与叙利亚民众缺乏紧密联系,把希望主要寄托在西方身上,目的只在夺权而不在解决叙利亚人民的民生问题,因此其影响力逐渐缩小,难以完成西方的预期。美国驻叙利亚大使罗伯特·福特(Robert Ford)作证时说:"乖张的反对派组织,只是忙着向伊斯兰和非伊斯兰公民兜售未来社会的愿景,到目前为止都没有一个可靠的统一的过渡计划。"② 反对派成员还一再被证明以绑架、

---

① John J. Mearsheimer, *Why the Ukraine Crisis Is the West's Fault* Foreign affairs, September/October 2014.
② 《美国掀"阿拉伯之春"运动 区别对待利比亚和叙利亚》(http://mil.sohu.com/20130402/n371525938.shtml)。

拘押和拷打方式对平民施虐,不断失去公信力。而且反对派内部也加剧分化,其内部矛盾甚至超过了它们与巴沙尔政权的矛盾。美国发动空袭而不派遣地面部队,采取支持叙利亚温和反对派打击巴沙尔政府和"伊斯兰国"(ISIS)的"以叙制叙"的代理人政策,不仅没有控制局面,反而使极端势力和恐怖力量急剧增长,一些反政府军战士正在逐渐走向极端化。美国福克斯新闻网 2014 年 7 月 4 日称,同叙东部一些强大部族结盟的武装人员纷纷投靠 ISIS,这些人公开宣誓效忠 ISIS 领导者巴格达迪。叙利亚内战中极端宗教势力群雄并起,"叙利亚自由军"甚至被认为已成"背景"。美国从一开始就不和叙利亚政府合作,即使面对叙利亚巨大的难民潮和"伊斯兰国"的恐怖主义威胁,仍然不把"伊斯兰国"当成主要打击目标,反而把巴沙尔政权赶下台视为主要目标。第二次叙利亚问题维也纳外长会议 2015 年 11 月 14 日就叙政治进程时间表达成共识,叙利亚政府和反对派应在 6 个月内通过谈判组建过渡政府,18 个月内举行大选。然而如果国际力量不和叙利亚政府形成合力打击"伊斯兰国",寻求政治解决方式,终止叙利亚战争,一切时间表都是空谈。

在西方的介入下,叙利亚教派冲突也日益严重。在叙利亚 2300 万居民中,85% 信奉伊斯兰教,其中,逊尼派占 80%(约占全国人口的 68%)、什叶派占 20%。在什叶派中,阿拉维派占 75%(约占全国人口的 11.5%)。目前主政的阿萨德政府出自阿拉维派,属于少数派掌权。联合国独立国际调查委员会发布的一份报告称,叙利亚冲突"越来越具有教派冲突性质"。政府军和其支持的民兵对逊尼派平民展开攻击,而反政府的武装组织则对阿萨德总统所属的阿拉维派和其他支持政府的少数族裔发动进攻。

阿拉伯国家的政治民主运动的发起受到当年小布什政府推出的"大中东计划"民主改造的影响,"阿拉伯之春"的历史后果再次强烈质疑了美国输出民主的合法性。法国情报研究中心推出的新书《阿拉伯革命:不为人知的一面》其目的是"逐一分析有关事件,揭示外部势力在背后起的决定性作用,并对事与愿违的革命后果进行评估"。该书的牵头者埃里克·德内瑟在接受《环球时报》记者专访时表示,美国各种非政府组织和基金会从 2002 年就开始筹划"阿拉伯革命",为有关国家培训积极分子,这些组织是真正的颠覆者。美国国务院以及一些打着"人权"旗号的基金会和非政府组织,在与华盛顿为敌的国家中制造不稳定。在搞乱俄罗斯周边所有国家后,美国便将矛头转向阿拉伯国家,并使用同样方法。因为对这些国家输出民主和人权的结果都事与愿违,不符合当地人民的利益,也不符合美国西方盟友的利益,只符合美国的利益。①

### 3. "只管打不负责善后"的态度尽显西方民主的虚伪性

美国等西方国家一手制造了叙利亚危机,却不肯认真解决由此引发的难民问题。仅逃至黎巴嫩的叙利亚难民就一度达120万人,大大超过西方接收的难民数量。美国官方2015年9月宣布,计划在2016年接收至少1万名来自叙利亚的难民,然而众议院议长称不会支持这一计划。法国遭恐怖袭击之后,叙利亚民众更是为此背上黑锅。2015年11月18日公布的民调数据显示,53%的美国民众受访者不愿接收叙利亚难民,支持奥巴马政府的难民接收计划的受访者比例仅为28%。美国国会众议院2015年11月19日以压倒多数通过一项法案,要求美国的主要国家安全机构最高官员,审查每个来自伊拉克和叙利亚的人不会对美国构成国家安全威胁后再准予避难。美国政府为在中东的空袭行动一小时就用掉6.8万美元,但联合国为援助受战事影响的叙利亚人而设立的基金却严重资金短缺,使叙利亚人道主义危机迟迟得不到解决,美国的这一做法深受国际舆论的谴责。尤其是特朗普任美国总统以来于2017年1月27日签署了针对苏丹、伊朗、伊拉克、叙利亚、利比亚、索马里、也门七国的"禁穆令",美国对难民和移民的新政更使美国成为众矢之的。

欧盟国家内部对难民分摊计划也存在严重分歧。欧盟甚至认为缺乏民主、法治,还有贫穷才是难民危机产生的根源。积极军事干预叙利亚的法国对难民问题也并不积极。据法国《20分钟报》2015年9月5日援引法新社报道,Odoxa最新民调显示,大部分法国民众认为,法国不应效仿德国放松获得难民身份应符合的条件,尤其是对叙利亚人。只有36%的人认为作为战争难民,叙利亚人应获得更好的接待。西班牙

---

① 《"阿拉伯之春",被操纵的革命》,《环球时报》2012年12月20日。

《起义报》网站2015年9月7日报道直斥这种论调，认为叙利亚"内战"并不是纯粹的内战，而是美国及其欧洲盟友这些国家为了在世界地缘政治版图中占据更加有利的位置，从外部策划的一场侵略，是帝国主义政府该直接承担的罪责。伊朗总统哈桑·鲁哈尼在联大会议上发表演讲时，公开指责美国及其盟友——以色列和波斯湾逊尼派伊斯兰国家只是在"滋养恐怖主义和分裂势力"。叙利亚新闻部长祖阿比在接受新华社记者采访时说，美国等西方国家制定的中东政策"是基于其自身利益，反恐只是其干涉他国内政的工具和借口"。"那些暗中支持极端组织的国家必会引火烧身"，法国日前遭受恐怖袭击就应验了这种引火烧身的咒语。英国前驻叙利亚大使安德鲁·格林（Andrew Green）称，由于西方不了解中东地区复杂的情况，对该地区的干预使局势更糟，在中东地区绝不可能实现西方式的民主。马蒂尔德·西蒙（Mathilde Simon）也指出，"我们对袭击事件的反应应该是在与其他社会群体尤其是也遭受ISIS之苦的群体相互依存的基础上重塑我们的身份认同，构建一个由许多不同身份的人组成的统一战线，这将会帮助我们更好地理解和应对问题，而不是在认知差异的基础上进一步彼此孤立。"[1]

## 二 资本主义民主政治制度衰落的原因

金融危机让西方民主弊端的话题日益成为"显学"，而不再是有意无意地避而不谈。经过多重发酵，这一话题引出了西方民主弊端的多重存在维度：既有制度设计上的先天缺陷，也有后天墨守成规之不足。西方民主存在着制度结构问题、基因式缺陷、价值观缺陷等批判式分析正在日益成为学者们的共识：西方民主在20世纪晚期的进步势头在21世纪基本终止了。

### 1. 民主制度结构问题

2008年金融危机后，资本主义发达国家国内政治的"金钱政治"本质由于经济增长的衰退而再次显现在选民面前，政治正日益直接成为资

---

[1] Mathilde Simon, *The November 13 Paris Attacks: Rethinking the Concept of Identity*, Foreign Policy Journal, February 2, 2016.

本角逐的场所，但是，这种角逐却是统治集团内部的不同利益群体之间的博弈，是不同金主之间的角逐，是在利益基本一致的前提下的不同分赃方案之间的对阵。面对赤裸裸的资本攫取利润的压力的政治家，同时还要面对选民的多样性甚至是非理性选择（如欧洲正面临着正在日益严重的右倾化选民），尤其是在选举的第一阶段，政治家群体正面对着来自金主和选民的双重压迫，这种压力迫使政治家在选举前后"直接"做出不同的承诺，选举前对选民承诺，而当选后则实践着对金主的诺言。正如马克思所说，资产阶级口头上标榜自己是民主阶级，而实际上并不如此，它承认原则的正确性，但是从来不在实践中实现这种原则。①

由此我们看到的是西方民主政治制度内部，民主常常与债台高筑、运作失灵等字眼联系起来，人们民主参与的积极性大大降低，西方政党逐渐蜕变成"选举机器"，以西方多党制和议会制等为主要内容的"宪政民主"已成为极化政治和金钱政治的代名词，制度性困境越来越明显。其困难表现在以下六个方面：

第一，今天的西方政党已被选票绑架，政党政治成了选举政治，议会民主成了选票民主。候选人为拉选票，可谓"好话说尽"；一旦当选，所有许诺又成为一纸空文。如此弊端，使得选举远离民主，徒有形式，政党成为选举政治的傀儡。②

第二，只论党派不问是非，议会政府效率低下。基于选票的考虑，议员往往立足于本党和地方利益，置国家整体和长远利益于不顾，将议会视为权力角逐和政治分肥的场所。③

第三，钱权交易大行其道，政党政治异化为金钱政治。随着经济自由化、金融化不断发展，金融寡头所组成的利益集团日益成为西方经济、政治和社会的主宰。鉴于竞选所需的资金因素，西方主流政党大都受利益集团的影响和制约，制定偏向于利益集团的公共政策，最终谋求各自的特殊利益。由此可见，选票公平是一种金钱基础上的公平。④

第四，党派之争导致政治极化，政治恶斗引发社会分裂。在金融危

---

① 《马克思恩格斯全集》第10卷，人民出版社1998年版，第692页。
② 柴尚金：《西方宪政民主是如何陷入制度困境的》，《光明日报》2013年3月19日。
③ 同上。
④ 同上。

机背景下，社会更加分化对立，利益冲突更加尖锐激烈，为得到更多选票和政治献金，西方主流政党所形成的两大政治阵营在政治理念和治理主张上渐行渐远，斗争激烈，互不相让，政治极化加剧。由此引发拥护各自政党的民众对立，冲突扩大，最终导致社会分裂。①

第五，寡头政治盛行，精英民主与草根民主对立。伴随着信息和网络化时代的到来，政党政治异化为寡头政治，其主要表现为西方政党日益脱离群众，党内事务由党内大佬操纵。同样因为社会日益网络化，由年轻失业者组成的草根政治力量异军突起，成为西方国家抗议活动中的主力军。放弃传统的自上而下的组织形式，采取网络式、无中心的平等参与模式。②

第六，利益整合与调节功能弱化，政党短视行为突出。政党是特定利益群体的代表，其目标是选举的胜利和自己政党的利益，因此一个政党往往更关心与自己切身利益相关的局部利益和短期利益，置整个国家的长远利益、人类共同利益于不顾，特别是当下，西方多党竞争体制弱化了政党的利益整合功能，因此党派竞争导致社会改革困难重重。③

就连曾经鼓吹资本主义制度优越的弗朗西斯·福山也坦承美国政治文化中的三个主要的结构性特征均出了问题。④ 第一，相对于其他自由民主国家而言，司法和立法部门在美国政府中的影响力过大，而受损的是行政部门。在此之间，美国政府于2013年10月暂时关门，遭遇1996年以来最大的政治危机，这也说明美国人利用立法部门解决行政问题的方式，变得成本极高且效率极低；第二，利益集团和游说集团的影响力在增加，这不仅扭曲了民主进程，也侵蚀了政府有效运作的能力；第三，由于联邦政府管理结构在意识形态上出现两极分化，美国的制衡制度变成了否决制。换言之，政府的司法化以及利益集团影响力过大，阻止政府调整公共政策。福山认为，美国政治严重两极化，导致太多的行为方可以否决掉为解决问题所作的决策，即"否决政治"。久而久之，利益集团的影响力不断扩大，而美国的制衡制度在总体上已无法代表大

---

① 柴尚金：《西方宪政民主是如何陷入制度困境的》，《光明日报》2013年3月19日。
② 同上。
③ 同上。
④ [美] 弗朗西斯·福山：《美国政治制度的衰败》，《参考消息》2014年4月8日。

多数人的利益。这种状况的出现，让政治成为寡头政治的美国民主的本质再次被赤裸裸地展现在选民和世界面前，加之美国政治的种种意识形态和价值伦理光环泯灭于虽然激烈却苍白无力的选举人的华丽竞选辞藻中，远离政治，正在成为人们的一种选择。

在最民主的资产阶级国家中，被压迫群众随时随地都可以碰到这个惊人的矛盾：一方面是资本家"民主"所标榜的形式上的平等；另一方面是使无产者成为雇佣奴隶的千百种事实上的限制和诡计。正是这个矛盾使群众认清了资本主义的腐朽、虚假和伪善。① 正因为如此，当下民主问题上说与做的脱节深深刺痛了民众的政治神经，民主运作过程中前后矛盾、虚伪做作的表演伤害了民众的参与热情，并由此引发了信任危机。引用学者马克·E. 沃伦（Mark E. Warren）的观点可以说明政府信任下降的主要原因：（1）以对制度规范的背离来衡量，官员们可能正在变得更加不可信任；（2）公民们也正在变得日益老练并且把对官员的预测抬得很高；（3）公民们正在变得更加愤世嫉俗，因为他们的预期已经增加，而官员们的可信性没有相应增加；（4）制度规范日益晦涩、抵触，或制度规范没有提供公民们能充分理解官员规范预期框架；（5）有关官员的利益和表现的信念日益复杂、缺乏或难以得到，所有在缺少信息的情况下，老练的公民们将完全放弃信任。而这种信任危机发展到一定程度必然引发政治冷漠。近些年发达国家选举过程中表现出的低投票率，就反映了公众对于国家政治游戏的厌倦，带来的是资本主义国家的合法性危机及其制度本身的危机。②

在这种情况下，西式民主日趋失灵已是不争的事实。首先，所谓的选举民主日趋背离民主的本意。多党竞争和自由选举看似机会均等，最能体现民意，实则是资源、财富、势力的比拼，由此决定了所谓的民主政治在多数情况下是少数权贵的游戏。其次，民主分权导致政府虚弱。所谓民主政治强调分权制衡、多党竞争、个人权利等，这些成分使民主制度的维系，从开始就是以牺牲效率和政府效能为代价的。③ 由此可

---

① 《列宁专题文集·论资本主义》，人民出版社2009年版，第241—242页。
② 张亚：《资本主义民主信任危机论析》，《前沿》2014年5月总第359、360期。
③ 田文林：《西式民主为何日渐失灵》，《人民日报》（海外版）2014年5月28日。

见，欧美发达国家所提倡的"民主"已在其内部出现严重问题，民主早已背离本义，民主选举"游戏化"、民主运作"资本化"、民主决策"短视化"成为当下西式民主制度的突出问题。正如列宁所说："在资本主义下……由于雇佣奴隶制和群众贫困的整个环境，民主制度受到束缚、限制、阉割和弄得残缺不全。"① "极少数人享受民主，富人享受民主，——这就是资本主义社会的民主制度。"②

**2. 民主基因缺陷**

除却在民主制度结构问题上讨论西式民主的困境问题，西式民主制度的设计前提是否存在缺陷或局限的问题也需要进一步讨论。西方民主模式的最大问题是它的三个基本假设出了问题。③ 这三个假设可以概括为：人是理性的；权利是绝对的；程序是万能的。而这三个假设就是西方民主模式的三个"基因缺陷"。"人是理性的"，也就是所谓人可以通过自己理性的思考，投下自己庄严的一票。但事实是，人可以是理性的，也可以是非理性的。随着新兴媒体的崛起，在民粹主义煽动下，人的非理性面更容易占上风。以英国为例，过去英国一直保持着相对稳定的两党政治，保守党和工党轮流执政是政坛常态。但近年来，英国独立党、苏格兰民族党等小党的崛起改变了传统的政治格局，使保守党和工党面临"腹背受敌"的局面，以往的"两军对垒"现已演变为"群雄混战"。致使英国政治呈现出碎片化倾向，其直接原因是大批选民"右倾化"，尤其是右翼政党英国独立党的迅速崛起。右翼政党的主要支持者是英国本地白人，以蓝领阶层和老年男性为主，这些选民大多缺少适应时代所需的教育和技能，欧洲一体化和外来移民对这一群体的生存处境冲击最严重。"权利是绝对的"，就是权利与义务本来应该是平衡的，这也是中国人一贯的观点，但在西方模式中，权利绝对化已成为主流。"程序是万能的"则导致了西方民主制度的游戏化：民主已经被简化为竞选程序，竞选程序已被简化为政治营销，政治营销又被等同于拼资源、拼谋略、拼演艺表演。

---

① 《列宁专题文集·论马克思主义》，人民出版社2009年版，第286页。
② 同上书，第258页。
③ 张维为：《西方民主的三大"基因缺陷"》，《中国社会科学报》2014年4月15日。

◇◇　调整与变革：危机中的当代资本主义

　　经济危机的一再发生引发了当代资本主义合理性和合法性危机问题。资本主义的合法性主要指资产阶级统治得到人民群众认可与支持的程度。以往资本主义政权的合法性是因为它代表了资产阶级利益。资本主义发展到垄断阶段后，国家政权、垄断集团、利益阶层、特权阶层和工会组织之间矛盾复杂多样，统治者必须在社会各个阶级和阶层之间寻求平衡。一旦失去平衡，其合法性就必然受到来自社会各个阶级和阶层的挑战。当前资本主义正遭遇全面危机的挑战，其合理性、合法性危机不断加剧并延伸至全球。[①]

　　选举民主的合法性建构有其合理性，但也存在有限性，即选举民主的三个结构要素的内在缺陷致使其合法性建构必然存在局限。其突出表现为：（1）同意困境：多数与少数的冲突。首先，选举民主赋予多数者统治权力，但缺乏对少数者正当权利的保护；其次，选举民主实行少数服从多数的同意原则，但该原则却蕴含多数对少数的强制成分；最后，选举民主不但没有体现少数者的权利，还要求少数者有服从的义务。总之，多数同意作为选举民主政治的操作性技术选择，在选举民主的理论与实践中并不能完全保障民主正义的价值旨归。"多数同意"可能会面临三大挑战：首先是权利保障的制度缺失造成少数者同意的虚置；其次是多数原则内在的强制性和优先性与平等自由的主体资格冲突；最后是少数的合理意见可能受制于多数的社会专制。这三者都会影响同意的效力，进而影响合法性。选举民主诉诸多数同意来创造合法性，但合法性却因多数同意的效力而减损，这就是选举民主合法性建构的同意困境。（2）规则困境：选举与罢免的失衡。西式民主作为一种"环式民主模式"貌似合理却实存迷思。选举民主注重定期的选举机制，却忽视不定期的罢免机制，选举与罢免在选举程序中是不对等的游戏规则。实际上，选举内容不仅包括选举权，还包括罢免权，罢免是选举的延续。如果说现代民主的关键在于实现对公共权力的最终控制，那么这种控制既可以用选举这种外显的权力来体现，也可以用罢免这种潜在的权力来实现。权力的确立先于权力的限制，而权力的限制重于权力的确立，罢免

---

　　① 张金霞：《当代资本主义政治危机与社会主义民主政治的发展》，《广西社会科学》2014年第9期。

与选举权效等同，不可偏废。选举民主过分强调即时性的选举规则，却没有重视长效性的罢免规则，这种规则失衡会导致回应性的缺失或不足，进一步说，选举民主诉诸选举程序的安排和实施来创造合法性，但合法性却会因罢免程序的搁置或缺失而减损，这就是选举民主合法性建构的规则困境。(3)绩效困境：授权与用权的偏离。选举民主侧重政治系统的输入方面，赋予授权来源的合法性，却忽视政治系统的输出方面，并不保证用权的合法性。所以，在创造合法性方面，选举民主只确保了合法授权，并且保障有效用权，但合法授权并不等同于有效用权，授权与用权的偏离影响绩效合法性的积累，这就是选举合法建构的绩效困境。①

综上所述，选举民主的合法性建构存在着"同意困境"、"规则困境"和"绩效困境"，这三种困境的生成机理具有内在联系。首先，这些困境都是选举民主的理想价值与现实运作矛盾的产物，选举民主既要承载民主价值的实现程度，又要考虑制度设计的可行空间，这种内在张力决定了上述困境的生成的必要性。其次，选举民主制度设计的先天不足造成其合法性建构的后天缺陷。由于缺乏保护权利和自由的诸多制度，选举民主缺失同意的少数，负责的回应以及有效地用权，因而一定程度上难以带来政治合法性。

所以，西式民主政治制度建立前提的理想化，是导致其在发展过程中不断与现实问题发生碰撞的重要原因之一。加之，欧美发达国家无视民主在现实中的困境，无意推行改革当下的民主制度，致使西方民主危机不断深化。

### 3. 民主危机——文化价值观危机

西式民主政治制度不仅在设计前提上存在缺陷，而且在结构上也存在局限，除此之外，民主危机发生的背后，还有西方传统文化的价值观，即个人主义的影响。例如，美国经济学家理查德·沃尔夫（Richard D. Wolff）②认为，美国和欧洲的经济动荡不应被理解为金融危机或

---

① 张聪、蔡文成：《选举民主：政治合法性的建构及其困境》，《理论与改革》2014年11月。

② 沈永福、沈茜：《金融危机引发西方学者对个人主义的深刻反思》，《红旗文稿》2014年第7期。

债务危机,而应被理解为资本主义的制度危机,而这场制度危机的背后价值根源就在于个人主义。反对国家监督的"新自由主义"经济思潮的核心就是个人主义。因为个人主义反对权威和对个人的各种各样的支配,特别是国家对个人的支配。

西方的经济个人主义过于崇拜自己追求利益的正当性,甚至唯一性,相信自由放任的经济制度是最好的制度;政治个人主义则过于看重自我的权利和自由,政府的目的在于使个人的利益得到实现,个人的权益得到保障,把国家看作一种不可避免的弊病,追求政府的"无为而治"。在各种个人主义的支配下,今天的西方资本主义社会已呈现出唯利是图、不思长远的社会风气。①

西方"个人主义"传统价值观的破坏力由此可见一斑。而建立在此种文化传统价值观基础之上的西方民主势必走上异化的道路,形成今日之困境。民主形式、程序大于内容与实质,非理性的民意裹挟、绑架社会公益,国家治理寸步难行。

在西方传统文化基础上产生的民主政治制度已经实行百年。这种制度设计,无疑导源于西方现代资产阶级文明的肇始,也是为了和自由资本主义相适合而设计的制度,孕育了当今资本主义经济制度、政治制度和社会制度,虽几经变迁,但这种政治制度的设计和运用与资本主义经济基本相匹配和适合,当然这种基本相适合的态势有着极其惨重的代价,经济危机、政治危机、道德危机、文化危机总是伴随其间即为明证。

结合西方政治制度史不难发现,英美民主可能已经到了重蹈雅典民主覆灭的"临界点":"三权分立制度的设计初衷是通过政府权力间彼此制衡,最终更好地为公众服务。但今天,权力相互牵制形成了僵局,整个国家得不到亟须的良好治理。任何一个旁观者都会轻易而惊愕地发现,美国的'社会不平等'与'政府不作为'是那样的密不可分。原本赋予宪政体系的权力被诸如政治行动委员会、智囊团、媒体、游说团体等组织榨取和篡夺"。"在古希腊,当富人变成巨富,并拒绝遵守规

---

① 沈永福、沈茜:《金融危机引发西方学者对个人主义的深刻反思》,《红旗文稿》2014年第7期。

则、破坏政府体制时，雅典民主崩溃的丧钟就敲响了。今日之英美，也已到了岌岌可危的临界点。"[1]

## 三 议会民主制广遭质疑，陷入改革困境

为了防止权力集中于一人之手，美国开国之父汉密尔顿（Alexander Hamilton）设计了三权分立的制度，"防止把某些权力逐渐集中于同一部门的最可靠办法，就是给予各部门的主管人抵制其他部门侵犯的必要法定手段。"这一运转模式曾经给美国带来经济繁荣和政治稳定。20世纪70年代以来，西方自由民主制度在全球范围内呈现出前所未有的扩张态势。苏东剧变更使西方民主制度取得了暂时性胜利，得以在全球大肆推广。"柏林墙的倒塌标志共产主义的破产，共产主义曾是民主制的主要竞争者。自由民主制因此成为被最广泛接受的政府形式，获得快速的蔓延。"[2] 但是2008年金融危机的爆发使得西方民主模式无论在国内还是国外都广受诟病，并引发对其进行改革的热议。这些讨论中主要有两种方案：

一是协商民主。根据协商民主，政治合法性不是以投票箱或多数人的统治为主要议题，而是以有可辩护性的理由、解释和说明的公共政策为主要议题。关键目标是通过协商过程把个人偏好转化为支持公共审议和检验的立场。[3] 2011年11月11日，比利时千人集团宣言更是力挺协商民主是未来的替代方案。他们指出，在协商民主中，公民被邀请积极参与有关社会未来的讨论。但协商民主提供克服代议制民主局限性的有用的方法，它不忽略议会和政党的工作，而是作为它的补充。协商民主可能是未来的民主形式。它与用户产生内容的网络2.0时代完全吻合。它促进民众的智慧，可以说是政治上的维基百科。

二是监督式民主。基恩（Keane）认为"监督式民主"本质上是一

---

[1] ［英］斯特恩·雷根：《没有发展，民主会被历史湮没》，《环球时报》2014年5月4日。

[2] ［美］弗朗西斯·福山：《政治秩序的起源：从前人类时代到法国大革命》，毛俊杰译，广西师范大学出版社2014年版，第16页。

[3] ［英］戴维·赫尔德：《民主的模式》，中央编译出版社2008年版，第272页。

种权力审查（power scrutiny）机制。这一机制主要是指 1945 年之后兴起的公民陪审团、网上聊天室、全球监督委员会、人权网络组织等一百多种控制权力的制度，这些制度提供了各种各样的信息、建议、方案、设备、机会等，它们结合在一起织成了一张庞大的民意网络。基恩认为公共权力只能通过这一网络而运作，并把这一网络称作是"监督式民主"。① 在基恩看来，监督式民主具有其他民主所无可比拟的优点。第一，它可以就政府机关的运作、绩效等问题给公众提供更好的信息和更多样化的观点。除此之外，它还可以给公众提供其他非政府机构的相关信息，使其也置于公众的审查之下。第二，与其他民主形式相比，监督式民主是一种真正通过普通大众得以运作的民主，它把所有公共事务和公共机构置于普通大众的监督之下。因此，它不是一种自上而下的监督机制，后一种机制表现出秘密性，可能仅仅出于政府或者公民社会的私人目标而进行监督。第三，监督式民主与民主的本意更加相符。如果说民主体现为人民的权利、人民的监督、防止腐败、防止不正当决策的话，监督式民主不论从定义、审查机制和执行过程哪个方面来看都更与民主的本意相符。这种民主不仅体现在政府领域，而且体现在更广泛的场景中。第四，监督式民主更能避免选举民主所导致的问题。选举民主的运作容易导致中间人投票定律、政治冷淡现象，使本来多元化的政治趋于暗淡无光。监督式民主的运作则只会越来越强化多元化的声音和多元化的公众参与机制。第五，监督式民主具有动态性和无所不在的敏感性，它时时刻刻把公共事务置于大众的关注之下。②

危机以来西方政治主要是西欧政局混乱，导致领导人频繁下台更换。议会民主制之所以能够实行下去，主要是发达国家能够讨好选民，推动民粹政治，实行福利制度。而这主要是来源于对不发达国家的剥夺，现如今随着发展中国家的崛起，原来西方奉行的这个逻辑不能再维持下去了，福利制度也必须进行改革。所以，竞选成了空头支票，成了上台的口号和工具，一旦上台以后政治依然混乱。这样，就必须要进行政治改

---

① 《"推敲"？约翰·基恩———一场未尽的传播革命》（http：//blog.sina.com.cn/s/blog_627cf0450102vjil.html）。

② 郭忠华：《监督式民主：约翰·基恩的民主新论》（http：//book.douban.com/subject/5246841/discussion/52646932/）。

革,但一旦改革,选民基础就会不稳定,导致政局动荡。由此发达国家进入了"改也难、不改亦难"的恶性循环的境遇。但是,"代议制政体成功地掩盖了寡头精英式统治的实质,不仅继续充当着资本家利益的忠实代言人,还通过其所宣称的'人民主权'迷惑了大众,稳定了社会,从而使自己的执政目标得以最优化的实现。"① 因此,虽然西方民主遇到了前所未有的危机,但不会彻底放弃代议制民主方式,而是会在此基础上进行修修补补,彻底改革的可能性很小。就像福山所说的,"国内政治弊病已经顽固不化,很难出现富有建设性的改革,美国政治衰败还将继续下去,直至外部震荡催化出真正的改革集团、并付诸实践。"②

## 四 正确认识西方民主本质,坚持社会主义民主制度

西方从来没有放弃对我国意识形态的渗透和民主输出,受此影响,社会上不时有质疑中国特色社会主义民主制度的声音,主张中国实行三权分立、多党制、宪政民主,走民主社会主义的道路。针对这种现象,2013年8月19日,习近平总书记在全国宣传思想工作会议上发表讲话强调,意识形态工作是党的一项极端重要的工作。2014年5月6日在北京发布的《中国国家安全研究报告(2014)》也强调,中国意识形态安全总体是稳定的,但在复杂的国际国内环境下,中国意识形态安全面临着严峻的挑战,特别是西方国家民主输出、西方国家文化霸权、网络信息舆论多元传播、宗教渗透等对中国意识形态安全构成严重威胁。报告建议,在当今复杂的国际形势下,中国政府如果不能有效抵御西方国家的民主输出,将严重影响本国政治思想建设,对马克思主义及其中国化的主流意识形态安全构成潜在威胁。鉴于此,我们应高度警惕西方民主输出的渗透,坚定中国特色社会主义的道路自信、理论自信、制度自信、文化自信,坚持并完善中国特色社会主义民主制度。

---

① 本书编写组编:《西式民主怎么了Ⅱ》,学习出版社2014年版,第50页。
② [美]弗朗西斯·福山:《衰败的美利坚——政治制度失灵的根源》(http://cul.sohu.com/20151030/n424724482.shtml)。

阿拉伯国家民主实验的失败使得学者和政府智库们重新考虑国家治理能力的重要性。朱云汉指出，当前所有发展中国家面临的一个严峻课题是如何提升国家机构的各项治理能力，管理市场秩序，监察公司治理，保障公民的社会经济权利，进行财政转移与二次分配，强化内部监控防止违法滥权，确立政府维护公共福祉的价值导向。发展中国家须通过集团力量，在全球建立民主治理机制，让所有群体都有机会参与全球事务管理，才能全面构建市场与社会、文化、环境共生规则。朱云汉认为21世纪是"国家治理能力"竞赛的世纪。最近许多以援助发展中国家为职责的国际组织已意识到，国家建设比民主建设更为关键，但也更为艰巨。在现代国家机能发育不全的情况下，贸然实施普选式民主，反而可能阻碍国家能力建设。① 福山甚至认为不论在伊拉克还是叙利亚，美国的问题似乎在于，美国人根本不懂何谓国家建设。

中国同样也面临加强国家治理能力建设的问题。习近平总书记在省部级主要领导干部学习贯彻十八届三中全会精神，全面深化改革专题研讨班开班式上发表讲话时强调，要完善和发展中国特色社会主义制度，推进国家治理体系和治理能力现代化。习近平总书记指出，"国家治理体系和治理能力是一个国家的制度和制度执行能力的集中体现，两者相辅相成。"我们在悠久的历史传承、文化传统、经济社会发展水平基础上形成了独具特色的国家治理体系，其独特优势受到了越来越多的关注。伊朗总统鲁哈尼、埃及总统塞西都曾明确表示要学习中国治国理政的经验。英国《经济学人》周刊总编约翰·米克尔思韦特（John Micklethwait）和执行主编阿德里安·伍尔德里奇（Adrian Wooldridge）认为，西方国家的"民主制度优势"正在失去光彩，相比之下，在国家治理方面更具创新力的中国和新加坡等东方国家，将会越来越具有吸引力。西方国家如果再不对国家治理体系进行彻底的改革和瘦身，进行"第四次国家革命"，西方民主制度就会陷入危机，从而在新一轮全球竞争中败北。② 中国的民主模式和发展方式为其他国家提供了一条非西

---

① 朱云汉：《一个知识分子对21世纪的思考》，《人民日报》2015年7月9日。
② 《西方亟须第四次国家革命》（http://news.hexun.com/2014-08-18/167635619.html）。

方的另外的发展路径，西方和一些发展中国家对中国特色社会主义民主制度和国家治理能力的认可，更凸显了我们的制度优势。但是，我们也应该看到，随着经济社会的发展，各种矛盾的呈现，以及国际竞争的日益激烈，我们应该时刻警醒，提高防范意识和危机意识，充分认识到存在的问题，同时坚定中国特色社会主义民主制度的信念，不断推进国家治理体系和治理能力的现代化。

# 第六章 资本主义政党政治制度的变化

由金融和债务危机持续发酵引发的经济衰退,对西方发达国家的资产阶级执政党构成了空前的压力和挑战,并不断撞击这些国家的政党政治构架,打破20世纪70年代以来资本主义政党政治"向中间靠拢"的态势,使危机以来的资本主义政党制度呈现出了明显的极化特点。一些原来极为边缘化的极右翼政党迅速崛起,一些原来根本不入流的激进左翼势力也迅速发展,资本主义国家主流政党尤其是原本在多国执政的左翼政党反倒失去了复兴的机会。

## 一 资本主义国家的政治右倾化:以西欧为例[①]

在国际金融危机和欧洲债务危机的冲击下,欧美国家执政党的政策主张难以继续支撑原有的高福利,加之不断凸显的移民、难民问题,使一些国家的执政党陷入了严重的政治危机之中,极右翼则借机壮大自己的势力,在国家和地方议会中赢得了众多席位。

### 1. 极右翼政党异军突起

20世纪80年代以来,随着西欧发达资本主义国家社会结构的变化,第三波极右翼政党在西欧逐渐兴起,其活动越发引人关注,成为西欧政党体制的重要政治组成部分。特别是金融危机后,它们打着"反对移民"、"反对欧盟"、"本国人优先"等旗号,赢得了大批选民的支

---

① 本章之所以以西欧政党为例,主要考虑欧美发达国家政党政治制度极化表现较为突出的地区为欧洲发达资本主义国家。此外,"西欧"这个概念,本章主要指政治意义上的西欧,也就是指除东欧国家以外的欧洲资本主义国家。

持,尤其是在初选阶段,对西欧政坛已有所震动。最具代表性的西欧极右翼政党[①]有:法国国民阵线、德国选择党、奥地利自由党、英国独立党及北欧极右翼民族政党。西欧极右翼政党在金融危机后的异军突起主要表现在选举结果和选民基础两个方面。

(1) 选举结果势如破竹

危机以来,在欧洲多国的国内选举及欧洲议会选举中,极右翼政党都取得了不俗成绩,支持率较危机前有明显提高。

2012年法国总统选举中,法国国民阵线候选人玛琳·勒庞(Marine Le Pen)获得17.9%的支持率,排名第三,这是继2002年法国总统选举后,该党在支持率上获得的又一新高。(2002年总统选举中,让-马利·勒庞(Jean-Marie Le Pen)获得了16.86%。)2012年法国国民阵线在法国国会选举中则获得2席,重回国民议会。2014年在参议院议员选举中获得2席。2014年在法国市镇选举中,一举获得11.75%的支持率,进一步巩固了自己在法国北部的优势。法国国民阵线之所以取得成功,主要归功于玛琳·勒庞的领导策略,她改变了其父亲作为领导人期间的政策方针,实施更可靠、更可信的选举政策,将更多的论战引入社会问题和民众关心的问题,使法国国民阵线在法国人心目中逐步大众化。[②]

德国选择党在2013年9月的联邦选举中取得了4.7%的不俗成绩,差点就跻身目前仅由4个党团组成的联邦议院。在2014年5月的欧洲议会大选中,该党在德国取得了7%的得票率,实现零的突破,从而进入欧洲议会,之后还加入了欧洲议会中持有疑欧立场的第三大议会党团——欧洲保守派与改革派,由此确保了该党7名议员在750多人组成的欧洲议会当中不至于被边缘化。2014年10月,德国选择党议员亨克尔当选该议会党团副主席,进一步提升了该党在欧洲议会中的影响力。在2014年举行州议会选举的三个东部州,德国选择党均实现了质的突破,首次进入各州议会:在萨克森州议会选举中,该党

---

① 本章对"极右翼政党"的界定为主张极端民族主义、新种族主义、排外主义和民粹主义的政党。

② *Le FN de Marine Le Pen se banalise à droite*, *Le Monde*, 6 février 2013.

取得9.7%的支持率，获得了126个议席中的14席；在勃兰登堡州更是一举拿下12.2%的支持率，获得88个议席中的11席；在图林根州则以10.6%的得票率获得91个议席中的11席。在2014年所有联邦州及以上层面的选举中，德国选择党的表现令德国政治生态中地位稳固的政党倍感压力。经过三次州选的重新洗牌，该党在这三个州无一例外成为第四大政治力量，不但将"绿党"甩在身后（后者在三个州的得票率分别为5.7%、6.2%、5.7%），而且支持率均直逼各州第三大政治势力（萨克森州社民党：12.4%；勃兰登堡州左翼党：18.6%；图林根州社民党：12.4%），上升势头之快不容小觑。德国选择党成立以来，支持率从成立之初的3%稳步上升至目前的7%。①其选举成果之出色，令绿党和自民党等一些已经发展了30多年甚至更长时间的政党相形见绌。

奥地利自由党在国民议会选举中获得的支持率，从2008年的17.5%上升至2013年的20.6%，排名第三。在欧洲议会选举中，其支持率也从2009年的12.7%攀升到2014年的19.7%。②

英国独立党在其本国选举中获得的支持率从2010年的3.1%激增至12.6%，这一数字表明，英国选民已经对工党和保守党应对危机的措施失去了耐心和信心，通过支持英国独立党脱离欧盟的方针，表达对当下英国及欧盟的不满。③

2010年瑞典民主党在全国大选中首次进入议会并获得20个席位，近期民意支持率一度逼近10%。2011年芬兰正统芬兰人党在议会大选中，席位从上届的5席猛增至39席，一跃成为议会第三大党。同年，丹麦人民党在大选中获22席，升至第三大党，不久前民意支持率超执政的社民党位居第二。挪威进步党在上届议会选举中获40席，列第二位。④

---

① 伍慧萍、姜域：《德国选择党——疑欧势力的崛起与前景》，《国际论坛》2015年第2期。

② Parti de la liberté d'Autriche, https://fr.wikipedia.org/wiki/Parti_de_la_libert%C3%A9_d%27Autriche#R.C3.A9sultats_.C3.A9lectoraux.

③ UKIP, https://fr.wikipedia.org/wiki/UKIP.

④ 叶国玲：《北欧极右翼民族主义政党崛起的原因及其影响》，《当代世界》2013年第8期。

在欧洲议会选举层面，极右翼政党的表现同样强劲。2014年的第八届欧洲议会选举，是涉及当时欧盟28个成员国和5亿人口的直接选举，共推举出751名欧洲议会成员。尽管从选举结果整体上看，欧洲政治并未在整体上右转。欧洲人民党与欧洲社会党和民主党进步联盟的总得票率在54%左右，保守主义势力占据了403个席位，中左和中右联合执政的态势和地位优势依然存在，其总体政治版图并未改变。这也奠定了欧洲政治的基本态势：理性欧洲的调和与稳定的现实政策估计在近期不会得到根本改变。但从极右翼政党的表现来看，其与中左和中右政党之间的差距在缩小。更为值得注意的是，有17个成员国都是右翼政党获得了最多的选票。在分配比例中，德国占据96个席位，第一次进入欧洲议会的德国选择党斩获7%的选票；法国的国民阵线提出了"反欧盟、反欧元、反移民"的口号，成为影响人们投票的重要因素，最终占据24个议席，是上届的8倍，获得了法国的约25%的选票，超过了执政的社会党等传统政党，一跃成为法国第一大党；由法拉奇领导的英国独立党则获得了20多个席位，卢森堡、爱沙尼亚、塞浦路斯则仅获得了6票。①

（2）选民基础稳中有升

欧债危机爆发后，欧盟层面提出的紧缩政策纷纷在各国落实，在此情况下，受到该政策冲击的中下层选民迅速成为极右翼政党争取的对象。

从整体上看，欧洲极右翼政党的选民基础并未得到较大扩展，这受制于其所宣扬的意识形态、选举口号等系列因素。其选民主体为不信教的工人阶级女性、年轻人（25岁以下）、初次参加选举的选民、新贫困者阶层等。这种选民结构较为倾向于社会底层，其收入水平更容易受到经济发展形势的直接影响，改变自身经济收入状况的机会也相对较少。换言之，在欧盟进一步推进一体化，更直接、深层次参与全球化的进程中，这个群体难以适应这一过程，难以改变自身不利的经济状况。但这一群体是变动的群体，会随着经济发展而相对缩小，随着经济萎缩而绝

---

① 《2014年欧洲议会选举结果》（http://www.results-elections2014.eu/en/election-results-2014.html）。

对扩大。资本增殖过程中，该群体是相对受益方，而当经济衰退时其是直接受损方，甚至会成为经济衰退的代价承受方，成为调节剩余劳动力大军的"蓄水池"。

从政治层面上看，这部分群体可能成为欧洲极右翼相对固定的拥趸者，因为他们不是理性主义的投票者，而是现实主义和实用主义政治的牺牲品和代价，是现实的失意者和反对者。从个体的角度看，这个群体还没有学会如何作为"整体欧洲人中的一员"来思考，作为共同体的欧洲并未在现实中得到欧洲人的认可，他们更习惯于从地方主义、民族主义等传统意识形态的角度来认识自己所处的现实，尤其是经济收入情况，这从根本上影响着其在应对非直接决定本国经济、政治上的选举时，采取非理性主义的态度，从而直接表达其对现实的不满。所以在当下欧洲面临难民问题、贫富差距和宗教冲突等一系列问题时，极右翼政党所倡导的政策方针，如拒绝社会平等与相关的政府方案，反对社会融合，反移民、反伊斯兰、反种族多元、反主流政党的排外主义思想，主张通过国民优先政策保护本地居民，反对世界化和联邦形式的欧盟，支持欧洲国家高度保留主权，刚好迎合了欧盟层面的各国选民。因此，我们可以在欧洲议会选举中看到这样一种现象，即极右翼力量不仅在本国获得一定的政治影响力，在欧盟层面力量更强。

由于极右翼一般采取反对女权主义的意识形态，宣扬恪守家庭妇女的传统女性角色，这导致右翼选民中男性远多于女性，和左翼选民形成鲜明对比。而不信教的工人阶级女性则更愿意投票给极右翼。[1]

极右翼采取的极度排外政策，尤其是激进的移民政策，赢得了年轻人（25岁以下）和初次参加选举的选民的青睐，因此他们更倾向于投票给极右翼。这根源于欧洲高居不下的失业率，而年轻人则占据实业人口的主体。初次参加选举的选民，则更容易受到民粹主义的蛊惑，对各种腐败在情感上持更单一和不能容忍的态度，也容易投票给极右翼。[2]

不设定特定的意识形态，同日益中间化的"全民党"对立，试图

---

[1] 张莉：《西欧民主制度的幽灵——右翼民粹主义政党研究》，中央编译出版社2011年版，第167页。

[2] 同上书，第169页。

摆脱阶级概念，以普通人的代言人自居，以吸收自由人为目的的极右翼选举策略和口号在持续发酵。右翼民粹主义的传统选民群体为自由职业者、自主经营者、白领雇员、中小资产者、手工业者、农民，正在争取从事体力劳动者的工人群体，而私营企业和公共服务部门职员较少。比如，法国国民阵线的主旨在于将法国诸多问题的解决方案单一置于"零移民"和退出欧盟，公民投票的直接民主而不是代议制。经济增长缓慢、社会危机日趋严重、政治不断右转，都为右翼民粹主义的持续存在奠定了现实基础。[1]

新贫困者阶层是在全球化过程中新产生的以缺乏技术、教育水平较为低下的下层工人阶级为主体的人员，其工作岗位更容易为外来移民所替代。虽然这一群体在表象上呈现出无产阶级化的态势，甚至诸如国民阵线也开始向工会渗透，但该群体却并不代表先进生产力发展方向，这种所谓的"工人阶级"也还停留在十八九世纪的概念维度上。经济形势的持续下滑，使这种情况更加明显。[2]

极右翼的极端民族主义口号也有助于拉拢部分民族主义者。早在2008年度，由美国民调咨询机构——"皮尤全球态度调查项目"进行的调查显示，有46%的西班牙人和25%的德国人对犹太人持有负面的观点；同时有52%的西班牙人、50%的德国人和38%的法国人对穆斯林持负面态度。而且在欧洲大部分国家，持有这些负面观点的人数在最近几年迅速增长。[3]

**2. 西欧极右翼政党崛起的原因**

（1）全球经济自由化的危机

全球经济自由化加速了资本和劳动力的国际流动，也使商品面临着更为激烈的国际竞争。在这种情况下，欧洲未能作出及时有效的调整，出现了许多问题：高端新科技等产业创新不足、福利保障过度加剧了财政收支的不平衡、僵化的劳动力市场无法适应人口自由流动的要求、日益严重的老龄化导致合格的基础产业劳动力的相对减少。总体来说，面

---

[1] 张莉：《西欧民主制度的幽灵——右翼民粹主义政党研究》，中央编译出版社2011年版，第170—171页。
[2] 同上。
[3] 思南：《欧美极端民族主义的兴起》，《世界报》2008年10月8日第7版。

对经济全球化的冲击，传统的即老化、保守的欧洲由于受制于现有的政治制度而拿不出切实可行的走出困境的方案，停滞的欧洲是多方势力角逐的结果，未来的不确定性预期又加剧了这种态势。

2009年年末，希腊被惠普、标准普尔和穆迪三大全球评级机构下调主权债务等级，自此开启了欧债危机。2010年1月11日，穆迪警告葡萄牙若不采取有效措施控制赤字将调降该国债信评级。2010年2月4日，西班牙财政部指出，西班牙2010年整体公共预算赤字恐将占GDP的9.8%。2010年2月5日，债务危机引发市场惶恐，西班牙股市当天急跌6%，创下15个月以来最大跌幅。德国等欧元区的龙头国都开始感受到危机的影响，因为欧元大幅下跌，加上欧洲股市暴挫，整个欧元区正面对成立11年以来最严峻的考验。欧盟成员国财政部长2月10日凌晨达成了一项总额高达7500亿欧元的稳定机制，避免危机蔓延。2010年4月23日，希腊正式向欧盟与IMF申请援助。2010年5月3日，德国内阁批准224亿欧元援希计划。2010年5月10日欧盟批准7500亿欧元希腊援助计划，IMF可能提供2500亿欧元资金救助希腊。尽管自2013年欧盟先后承诺无限制直接购买成员国政府债券（OMT）和引入欧洲稳定机制（ESM）举措后，欧债危机的危急时刻逐渐远去，但欧元区和欧盟国家的经济复苏仍缓慢乏力。根据最新欧盟2014年春季预测报告预测数据，2014年和2015年欧元区经济增速仅为1.2%和1.7%；失业率仍居高不下，2014年和2015年仍将高达11.8%和11.4%；公共债务情况仍不乐观，且存在严重的通货紧缩风险。① 欧盟短期复苏前景与美日相比相去甚远，导致欧洲民众对欧洲一体化的前景信心低落。

（2）西欧政治危机

面对汹涌澎湃的外国移民潮，特别是穆斯林难民潮、移民潮，欧洲极右翼势力都异口同声地提出了反对外国移民、建立属于欧洲民族的欧洲国家的共同主张（如"挪威是挪威人的挪威"、"法国是法国人的法国"等），并在实践上歧视和排斥外国移民，甚至对外国移民施以暴

---

① 《欧债危机》（http://baike.baidu.com/link?url=C_uw5RA6rARgFcPeEg1a-fIbdokJg1m0RX2hl41i8i-qURLgVKp632ttS_QET0JQuGddkk7_pdd40pDroN8aQFokPtQKDQjUnJXOFYIHNGW）。

行。但客观而论，欧洲国家特别是西欧国家的政府和社会，对二战期间法西斯主义和纳粹主义对外国移民、少数民族的罪恶行径记忆犹新，并始终给予高度的警惕。因此，面对极右翼分子反移民的疯狂叫嚣和暴力行为，这些国家的政府总是给予压制和打击。这就不可避免地激起了极右翼分子对政府和社会的不满和反抗。当传统的、常受到政府压制的、反对外国移民的游行示威不足以引起政府和社会公众的广泛关注时，通过反政府、反社会的大规模的爆炸和造成本国人、而非外国人死亡的案件，引起政府的震动和社会的广泛关注，就成为极右翼分子的新选择。对欧洲社会现实的反应，极左和极右作为极端主义的政治势力都有着反现实的基本倾向，不同的是在反对现实的实存层面的基点上，极右翼对现实的发展趋势上所采取的策略是彻底的反对主义，多是为反对而反对，可以看作是极端落后的，比如其欲采取直接民主制，这是极端反动的口号，是一种反现代的不负责任的口号。极左翼则采取了彻底的反资本态势，解决方式也是超越当下欧洲的现实的，可谓极端激进式的、超越现代的策略。

极端主义在根本上制约着不同政党的选举策略和执政政策的选择空间，对资本及其垄断的态度则在基础层面上划定着政治图谱中的左右态势。极右翼所采取的反对主义成为时尚的标配，怀疑主义破坏了欧洲内部的共同体认同，民族主义成为从个体向欧洲人过渡的拦路虎，基于地缘政治为基础的传统而又古老的欧洲概念，和现代的需要经济一体化、文化多元化基础上的相互认同需求相去甚远，欧洲被架到了逆水行舟的态势上：要么在欧元基础上进一步强势推进统一的财政政策，要么就退回到欧元产生以前，勉强维持现状。这种欧洲政治、经济、文化和社会的基本情况，在基本面上决定了欧洲的现状与未来的基本施政空间，极左翼政党虽然支持欧洲一体化进程，但其受社会福利政策的拖累过于严重，无法在现实层面上开展建设性的改革，而极右翼政党在没有切实的现实执政经验的背景下，面对纷繁复杂的国际政治、经济局势，束手无策。中左和中右的联合政府，又在现实中为极左和极右的反对党策略所束缚手脚。可以说，在现实中，实际上存在着欧洲主义和地方主义、民族主义的对决，精英政治和群氓政治的对抗。面对非理性主义的选民，欧洲的解决方案恐怕不是政治文化的重构问题，虽然这是根本性的解决方案，但严酷的现实，尤其是选举政治并不会给执政党及其联盟太多时机来谋划这种长远解决方案，只能在现有制度框架内采取一些技术策略限制极端主义政治势力的继续恶化。面对如此复杂的政治博弈状况，欧洲现有的政治制度和政治文化都表现出极大的不适应性，极右翼势力所抬举的政治领袖和群众的直接交流所代表的直接民主，以破坏为主要现实策略的选举策略在将自身置于彻底的反对派的位置上的同时，也给执政党联盟带来了极大的困扰。西欧的民主政治传统正在冒着流向"群氓政治"的危险，分裂的欧洲并不可怕，虚无主义的欧洲才是问题。

（3）媒体的推波助澜

欧洲极右翼势力的存在对于欧洲来说并不陌生，其所代表的极端民族主义等社会思潮在理论与现实中都有一定的反映。20世纪70年代，极右翼就开始登上历史舞台，但就现实效果而言，并未取得突进式进展，究其原因，以报纸、书籍、宣传册等纸质媒体为主要传播渠道的传统媒体的影响面并不太大。近年来随着互联网和新社交媒体的普及，尤其是自媒体的出现，大众从信息的纯粹接收者正在逐步转变为信息的制造者、传播者和消费者，网络等新媒体成为以非理性主义为核心的负能量的聚集地。在技术层面上，基于因特网的微博、脸书等线上社交媒体和线下的街头小报、八卦新闻等构成了无所不在的不佳心情宣泄场所，这种娱乐主义的社会思潮又给了娱乐资本的持续存在空间，膨胀了的资本在该领域内的持续投入又往往需要更多的听众、看客，而极端主义的宣传策略又往往容易形成较大的卖点、看点和大众的神经兴奋点，可谓是买卖双方一拍即合，形成了形式上的多赢格局：娱乐资本获得资本增值，极端主义政党让自己和选民更直接接触从而扩大了自己的影响力和影响面，大众则在宣泄自己的愤懑情绪的同时又能通过反向投票来表达自己对执政联盟的所谓的现实不作为的不满情绪，而受损的一方则是传统的欧洲和现实的欧洲。

民主政治尤其是现代民主政治制度本身要求政党内部是高度制度化、科层化的，也就是要追求高效、理性，这就需要庞大的精英群体来实现。对于20世纪70年代以来才逐渐登上欧洲政治舞台的极右翼来说，没有相对成熟、深厚的政党文化支撑，又不能获得多数社会精英的支持,想获得选民的支持,采取一种领导人和选民的直接互动就是一种现实的选择,而互联网给这种无奈的现实选择提供了巨大的存在与成长空间。从根本上说,极右翼采取的选举口号是不需要实现的,他不需要执政团队的支撑,而首先需要的是一个"营销团队"、"蛊惑团队",这就像是只需要做广告而不需要切实买卖产品的商品营销过程:传销。在这点上,极右翼的生存策略和现代媒体的生存策略可谓一丘之貉。

总之,越来越多的人陷入失业,社会贫困化越发严重,越来越多的劳动群众成为这场资本主义经济危机的牺牲品。急剧的变化引起民众强烈的不安并导致其对现存政治制度的不满、愤恨和反抗情绪激增。与此同时,西欧社会的政治文化日益新自由主义化、个人主义化和娱乐化,中左和中右政党意识形态和思想理论日益趋同、选民对政党政治和选举制度的信任危机及忠诚度下降,在新自由主义主导欧洲社会发展的背景下,西欧政治持续右转,此种反抗情绪就以激进民粹主义运动的形式宣泄出来,这就是右翼民粹主义兴起和持续兴盛的根本原因。[①]

**3. 对传统政治生态格局的影响**

(1) 国家层面的影响

欧债危机发生后,欧洲的问题已经从经济层面逐步蔓延到政治与社会层面,主要表现在激进政党正在日益获得民心,传统的中左、中右政党因缺乏创新性的纲领与政策,逐步流失了一定的选民基础。对于极右翼政党来说,其对西欧传统政治格局的影响首先表现在国家层面,我们以德国选择党为实例展开分析。

德国选择党成立于 2013 年 2 月,核心成员来自基民盟,部分党员来自自由党和"自由选民"。该党成立之后,在德国一系列选举中取得节节胜利,令德国主要大党倍感压力。德国电视一台的"柏林圈"栏目在选举之后曾邀请社民党、基民盟、基社盟、绿党和左翼党各党代表专题讨论应对德国选择党的策略,基民盟秘书长陶伯(Peter Tauber)就明确提出该党是所有政党共同的挑战,社民党主席加布里尔(Sigmar

---

① 张莉:《西欧民主制度的幽灵——右翼民粹主义政党研究》,中央编译出版社 2011 年版,第 195 页。

Gabriel）也要求加大对该党反欧洲立场及其所有政治内涵的批判力度。由此可见，德国选择党已经引起德国其他政党的关注，这些政党已经承认竞争不可避免，要针对该党调整竞争策略。①

德国选择党的崛起对德国的政党体制也产生了相当的影响，使得政党格局进一步碎片化。作为定位右翼保守的政党，德国选择党对于传统的右翼阵营（基民盟/基社盟＋自民党）产生的影响最大，导致黄黑联盟在各个政治层面均丧失了结构性多数的优势。基民盟失去了很多选民，在几乎三个州都是流失选票最多的政党，而自民党更是损失惨重，不但延续了下滑趋势，且无一例外地被踢出了议会，并就此在所有16个州政府中销声匿迹。虽然以德国选择党目前的规模，还远不能撼动基民盟最大政党的地位，但至少分流了右翼阵营的选票，使得基民盟丧失了自民党这个传统的执政联盟伙伴，在选择联合执政伙伴时被迫跨越阵营，甚至出现了基民盟虽然在图林根州选举中赢得最多的选票，却最终无缘执政的惨痛局面。②

德国选择党的走强对于现有的小党冲击也非常大，而且这种影响是超越传统政党谱系的：对于海盗党和自民党这样在5%得票线以下挣扎的小党，逾越第三阶段的几率由于选票的分散而变得更加微乎其微；对于像"自由选民"党这样走右翼民粹路线的政党，该党是它们所面临的最大竞争，不但夺走了大量选民，这些政党的少数高层领导甚至都转而投靠该党旗下；对于左翼党这样的抗议党，选择党也构成了不小的威胁，这主要是由于左翼党选民对于德国选择党的好感度最高，两党在欧洲政治上的立场也有部分重叠之处，即便是在左翼党势力强大的图林根或者勃兰登堡等东部各州，德国选择党也争取到了大量左翼党的选民支持。③

作为西欧极右翼政党的一个缩影，德国选择党也映射出了欧洲极右翼政党的普遍性趋向：尽管德国选择党还无法撼动传统大党的地位，但在很大程度上已经影响了选民的判断，分散了曾经相对集中的

---

① 伍慧萍、姜域：《德国选择党——疑欧势力的崛起与前景》，《国际论坛》2015年第2期。
② 同上。
③ 同上。

选票，并对欧洲的政治文化格局产生了影响。这是因为随着欧洲经济竞争力的下降，欧洲整体竞争优势都在下滑，民众生活水平受影响，尤其是社会底层民众的生活境况更是不如从前。在欧洲各国以往高消费、高福利的生活方式已经难以维系的情况下，新型极右翼政治力量在选举中不负责任的鼓动甚至是煽动性言辞、举动，破坏、恶化了政治文化。对于中间主义和调和主义的执政联盟而言，它们对欧洲现实有着相对稳定的行动策略，维持着欧洲的经济、政治、文化和社会现实，这种现实状况对中产阶级和垄断集团是相对有利的，它们的这种保守主义策略实属无奈之举，"为保存而改良"是一种无奈的选择，稳定压倒一切成为一种理性的选择，相对于急于打破现实的非理性主义选择来说，这是一种可预见的未来。而来自极左和极右的冲击，则是要打破这种现实，极右翼的选举策略迫使执政的中间路线政党在现实政策上减少了政策施政空间。这种选举策略在点燃政治非理性主义的怒火后，不仅极易导致政治非理性主义向社会层面上的转移，而且加剧了选民对社会精英和精英政治的怀疑，也在反向上推动了政治右转态势。

（2）欧盟层面的影响

毋庸置疑，占总席位18%的135个极右翼疑欧或反欧议员的加入，将会改变欧盟一以贯之的以交易与妥协为基础的折中主义政治生态。但从进驻斯特拉斯堡的极右翼政党类属、内在结构以及席位占比等角度来看，欧洲一体化的大局以及欧盟体制结构的主界面发生根本性逆转或瓦解的可能性相对较低。

第一，秉承强硬疑欧取向的极右翼虽然是主流，但强硬派中占主导的是非反体制的极右翼政党，而既反体制又强硬反欧的双重强硬派诸如"德国国家民主党"、"五星运动"、"金色黎明"等党派及其席位数远低于激进派。极右翼的非反体制属性，意味着其行为总体上服从于联盟现行的机制与规约。就其实际诉求而言，极右翼强硬疑欧的指向多集中于一体化导致的某些负面后果，例如多数极右翼均对外来移民持强烈反对的立场，而另一些政党如"瑞典民主党"等则明确反对土耳其的加盟。由此判断，极右翼未来行动的重点可能将集中于修正欧盟及一体化所导致的某些突出问题，并非从根本上重构或颠覆现行的体制与机制。

另一方面，任何制度对个体行为者都存在程度不同的制度"驯服力"，极右翼在竞选动员中的许多激进与极端化诉求，在其进入体制后将因具体的机制与规范明显褪色。①

第二，进驻欧洲议会的极右翼政党是一个矛盾重重且内在构成混杂的群体，其实际影响力将因此大打折扣。迄今为止，"英国独立党"、"五星运动"、"瑞典民主党"等强硬疑欧派，与捷克的"自由公民党"、拉脱维亚的"绿党与农民联盟"以及法国一名独立议员，在对第七届议会的"欧洲自由与民主党团"进行改造的基础上形成了具有强硬疑欧取向的"欧洲自由与直接民主党团"。"德国选择党"与"真正芬兰人党"等强硬派，则加入了秉持温和疑欧取向的"欧洲保守与改革党团"。其他强硬派②却既因相互间立场的巨大差异未能获准加入上述两个疑欧党团，又因未达到7个成员国及25名议员的基本标准未获准建立新的疑欧议会党团。③

第三，第八届议会的极右翼疑欧议员虽然超过以往历届议会，但规模仍与中左翼和中右翼议员存在巨大差距。本届议会中右翼范畴内的"人民党团"和"自由与民主联盟"分别拥有221个和67个议席，两者合计占总议席的38.35%。左翼的"社会主义与民主者进步联盟"、"北欧左翼绿色联盟"、"欧洲绿党联盟"党团，分别获得191个、52个和50个席位，三者合计占总议席的39.01%。"欧洲保守与改革党团"、"欧洲自由与直接民主党团"以及无党团席位分别为70个、48个和52个，三者合计占总议席的22.64%。由此看来，即使所有极右翼疑欧取向的议员在某一问题上能够达成一致，其实际影响力也更多局限于形成动议的范畴。而一项动议要转变为具有法律效力的决议，首先需要获得全体会议多数议员同意。④

---

① 贾文华：《"次等选举"的右倾化——欧洲议会选举中极右翼政党的崛起与影响》，《欧洲研究》2014年第5期。
② 包括"国民阵线"、"奥地利自由党"、"金色黎明"、"德国国家民主党"、"弗拉芒（集团）利益党"等。
③ 贾文华：《"次等选举"的右倾化——欧洲议会选举中极右翼政党的崛起与影响》，《欧洲研究》2014年第5期。
④ 同上。

## 二 激进左翼力量①的复兴及其挑战：以欧洲为例

2008年金融危机以来，欧洲各国激进左翼力量在其本国乃至欧洲政坛上都较为活跃，有些政党甚至出现了历史性的突破。但与此同时，这些左翼政党仍无法克服其社会基础不稳定、内部分歧多、政治表现起伏大的问题。本节主要从政治意识形态、社会支持结构及其自身发展问题等方面，分析欧洲激进左翼政党无法借助金融危机突破现有局面的原因。

**1. 激进左翼政党复兴的表现**

（1）支持率回升

当代欧洲激进左翼运动中心，包括希腊、西班牙、葡萄牙、法国、意大利等国，均存在具有代表性的激进左翼政党。这些激进左翼政党虽然创立时间不长，但在各自国家的议会政治中均取得了一定的成绩。其中最具影响力的是2004年创立的希腊激进左翼联盟。该党借助经济危机后有利的政治形势，在2012年议会选举中一举超越众多传统左翼政党，跃升为希腊议会第二大党以及最大的在野党。2015年1月，该党以较大优势赢得了希腊议会选举。在西班牙，1986年由西班牙共产党联合其他左翼小党领导组建的"联合左翼"，经过20多年发展，已成为该国最大的激进左翼政党。尽管"联合左翼"在不同时期的得票率有所起伏，但已经牢牢占据议会第四大党地位。1999年成立的葡萄牙左翼集团，也是冉冉上升的政治新星。短短十几年间，左翼集团的议会

---

① 由于激进左翼这一概念尚存争议，本章参考中央编译局李其庆研究员在《"欧洲激进左翼"探析》一文中的界定，即激进左翼政党在政治立场上与极右翼、右翼可谓泾渭分明。它们坚决反对这些代表资产阶级利益的右翼政党及其所采取的新自由主义政策。而对于坚持社会民主主义的社会党，激进左翼则认为它们是改良派，只是在资本主义制度内展开一系列改良措施，特别是针对资本主义分配制度的改良。激进左翼虽然也赞成通过改良改善工人的生活和劳动条件，但最终目标是消灭资本主义，主张一方面通过议会和选举，和平地夺取政权；另一方面通过在企业实行民主制或参与制，扩大工人的权利，实行工人自治，自下而上地实现社会主义。激进左翼同极左翼的区别在于，虽然它们都是反对资本主义的政党，目的相同，但手段不同，极左翼主张通过非议会和革命的手段实现共产主义。激进左翼与社会民主主义和极左翼在理论上是既联合又斗争的关系，但在实践中它们之间的界限往往模糊不清。所谓"欧洲激进左翼"就是欧洲各国激进左翼势力的联合。

支持率和议席数屡创新高,在2009年议会选举中甚至一度超越拥有90年历史的葡萄牙共产党。在法国,2008年年底,让-吕克·梅朗雄(Jean-Luc Mélanchon)等社会党议员和党内异议者脱党建立了法国左翼党。在2012年法国总统选举中,作为共产党和左翼党联合组建的左翼阵线推举的候选人,梅朗雄在第一轮选举中获得了11.1%的历史性支持率,成为自1981年以来法国激进左翼政党取得的最好选举成绩。此外,源于2009年大选的左翼选举联盟、2010年正式组建的"左翼生态自由党",在意大利政坛业已开始崭露头角。该党2013年大选参加中左翼联盟,获得3.2%的选票,在众议院、参议院中分别获得37个和7个议席。党员劳拉·宝尔德里尼当选众议长。①

而在卢森堡、比利时、奥地利、德国、荷兰等左翼活动相对较弱的国家,一些左翼政党也取得了不俗的成绩。其中比较有代表性的是荷兰社会党和德国左翼党。荷兰社会党从最初只有500人左右的地方议员领导的小党,已经发展成拥有超过5万成员的政党。在2006年议会选举中,荷兰社会党甚至一度赢得16.6%的得票率和25个议席,位列议会第三大党。德国左翼党在2009年大选中获得11.9%的选票和76个议席。左翼党目前在德国东、西部地区都拥有广泛支持者,被普遍视为欧洲左翼重建中最为成功的政党。②

(2)激进左翼政党选民基础变化

对现实不满是极右翼和激进左翼的共同点,其不同点在于判定当下现实得以存在的原因以及未来发展趋势,更在于改变现实问题的具体策略。因此它们之间的选民既有重叠也有区分。随着高科技产业及信息技术时代的来临,激进左翼的传统选民基础"传统产业工人"逐步被边缘化,这一群体因缺乏持续性教育及政治文化熏陶,更倾向于非理性地表达自身对现实的不满,因此他们转变为极右翼政党煽动的对象,从而削弱了激进左翼的传统选民基础。然而新兴工人阶层队伍中大量受过较高教育但收入较低的群体,又成为激进左翼新的支持对象,激进左翼在

---

① 于海清:《从边缘崛起的西欧替代左翼政党及其发展走向》,《变动世界中的国外激进左翼》,广西师范大学出版社2015年版,第123—126页。

② 同上。

社会观念方面所强调的环境保护、女权、公正、平等意识也吸引了一定的中青年选民。此外，新自由主义对欧洲政治的渗透和社会民主党日趋中间化，导致了传统左、右翼政治空间的变化，社会民主党的部分传统支持队伍在流失，而他们成为来自左、右两端的激进力量（即激进左翼和右翼民粹主义力量）的争取对象。①

许多政党虽然依然以传统型的激进左翼支持力量为主，但也在更多地吸收一些受过较高教育、收入和工作不稳定的人群，如学生、艺术家等，如瑞典左翼党、芬兰的左翼联盟等。在德国左翼党和意大利重建共产党中，这种变化是以地区性结构的变化体现出来的。德国左翼党的传统基础主要是前东德地区蓝领工人、失业者、工会成员和养老金依靠者，但近年来，西部地区的党员数量和比例都在上升。意大利重建共产党传统基础在北部工业地区，尤其是一些前"红色地区"，近年来这些地区的党员队伍在收缩，而在中南部则有发展，并出现年轻化倾向。另外，由于激进左翼对边缘化群体的更大关注，一些政党在移民中获得更大比例的支持。当然，不同国家和不同政党的趋势不尽相同。例如在丹麦，与以市镇中产阶级为主要基础的社会主义人民党不同，丹麦红绿联盟的社会基础依然是传统的产业工人和工会成员。对于那些传统支持力量占主导的激进政党来说，党员及支持队伍的老化是一个巨大的压力。以芬兰左翼联盟为例，该党目前绝大部分党员都在 50 岁以上，其中 70 岁以上的占近 1/3，50—60 岁和 60—70 岁的又各占 1/4，50 岁以下的不到 20%。一些传统型的激进左翼政党普遍存在这种社会支持结构老化的问题。②

### 2. 激进左翼复兴的原因

首先，西欧激进左翼的复兴，是传统左翼政党发展陷入困境的结果。苏东剧变后，西欧左翼政治发展的突出特点，是社民党的右转与共产主义政党的极大衰落。社民党在很大程度上放弃了社会民主主义理论纲领，承认并接受新自由主义的核心原则，由此社民党很快成为资本主义政党家族中一名成员。尽管一度盛行的"第三条道路"助推社民党

---

① 林德山：《欧洲激进左翼政党现状及变化研究》，《马克思主义研究》2014 年第 5 期。
② 同上。

于20世纪90年代中后期在众多欧盟国家上台执政，但理论本身的天然缺陷和内在矛盾，导致其难以具有长久生命力，国际金融危机后西欧社会民主主义陷入颓势。西欧共产党在苏东剧变后的衰落也是不争的事实。这些共产党转型为社民党、绿党，坚持生存下来的共产党或面临极大发展问题，或在国内政治中沦为无足轻重的边缘化小党。这样，在21世纪最初十几年间，整个西欧左翼政治光谱中形成了一个巨大的可发展空间，为激进左翼政党提供了发展平台。①

其次，激进左翼政党能够脱颖而出，与其意识形态和身份特点密切相关。随着西欧经济结构的调整和改变，社会中间阶层逐步壮大。中间阶层是一个劳动方式多样、成分复杂的群体，他们缺乏统一的阶级意识，在意识形态、政策主张上存在明显差异。正因如此，激进左翼政党在争取这部分选民上比传统左翼政党有优势：一方面，他们对生态、女权、和平等非阶级、非意识形态的后物质主义议题强烈关注，明显与生活相对富足、信奉后物质主义价值的中间阶层价值理念相契合；另一方面，激进左翼政党对于新自由主义的批判、对公平正义的呼吁、对于反体制运动的积极支持与参与，引发了中间阶层普遍认同。同时，对于失业者、流浪者、同性恋者、少数族裔、外来移民等边缘阶层，激进左翼政党的政策主张对于选民而言也具有很大吸引力。②

最后，激进左翼的复兴与其积极参与新社会运动，并采取相对实用主义的策略密切相关。国际金融危机以来的新社会运动的参与者更注重利益认同。在主体构成方面，这一时期的运动出现了阶级淡化趋势，通过利益和价值观形成了融合性的"阶级"概念，即阶级混合而导致出现的共同体。正因如此，激进左翼淡化了意识形态方面的思想，而是更强调以选举为重点的政党政治活动。这突出表现在是否与社民党组建选举联盟问题上。相对于受意识形态左右的共产党，激进左翼更偏向于政策绩效的实用主义，这也令其在当代西方政党政治博弈中显得更加游刃有余。③

---

① 于海清：《从边缘崛起的西欧替代左翼政党及其发展走向》，《变动世界中的国外激进左翼》，广西师范大学出版社2015年版，第131—134页。
② 同上。
③ 同上。

### 3. 激进左翼面临的挑战

经过多年的努力，欧洲激进左翼力量明显有所恢复，尤其是进入 21 世纪后一些政党保持了良好的发展势头。但意识形态的多样性、社会结构的变化以及在一些重要政治问题上的立场差异，使得欧洲激进左翼作为一个整体力量的发展带有很大的不确定性。如何根据自身的特点和国情来选择政治战略，如何加强欧洲激进左翼间的联合，将是决定欧洲激进左翼未来发展的关键。

当前欧洲激进左翼面临的威胁主要来自三个方面。

第一，来自左翼内部的冲突，主要是来自意识形态方面的冲突。在国际左翼运动中，一直有一个悬而未决的问题，这就是如何对待马克思主义的问题，或者说，是如何对待科学社会主义、如何对待科学社会主义的基本原则问题，更具体地表现为如何看待无产阶级的历史变迁和历史地位，如何看待资产阶级和无产阶级之间的对立，如何看待议会斗争和暴力革命，如何看待民主集中制和自由主义，如何看待资本主义所谓的日新月异，如何看待科技革命、革新对资本主义的延续的作用，如何看待基于民族主义的民族利益、民族解放和国际主义，等等。这些问题让左翼运动内部持续不断地处于分裂，甚至在某些时刻存在着分裂大于共识的趋势。

由于激进左翼在政治行动和政治诉求方面也表现出多样性的特点：从激进的革命要求到致力于选举政治，从致力于一些高尚远大的目标，到致力于微薄的日常具体政策，乃至专注于地区事务。一些激进左翼在意识形态方面的变化特征明显。如作为曾经的毛派组织，荷兰社会党现在实际上奉行民主社会主义。丹麦社会主义人民党则从早期坚持"大众社会主义"转向了现在的民主社会主义与生态主义的结合。不同的意识形态也并存于同一政党之中，一些政党的分化组合往往即是不同意识形态之争的结果。这种现象在一些左翼联合型政党中表现得尤为突出。如芬兰的左翼联盟本身主要是两种力量，即亲苏的芬兰共产党和遵行欧洲共产主义路线的人民民主联盟的结合。前者表现出更大的不妥协态度而后者则寻求改良。作为这两种力量妥协的产物，该党称它站在"工人一方、和平和裁减一方、自然一方和人类被压迫的多数一方"。政治诉求的多样性意味着激进左翼对其发展方向的不同认识，而这种意识形态的差异也直接影响到了相关政党对一些基本政治问题的立场差异。① 这种情况让左翼的社会形象越来越和选民的现实需求相去遥远。离开传统的产业工人群体，这让激进左翼不得不和新生运动相关联，和环保主义者联合的同时，又增加了来自垄断集团的压力，在和女权主义者的联合中，又要面临来自保守主义的宗教团体和极右翼团体反对无限制扩大女性权利的压力，在选对盟友和对手的现实政治中，激进左翼仍然没有走出列宁所讲的如何避免共产主义运动中的"左派"幼稚病的问题，但从另外一个角度讲，这仍然是一个理想主义和现实主义、实用主义的对决。

第二，来自极右翼的对峙是激进左翼面临的最直接、最现实的威胁。这种对峙来自对选民的争夺。弱势群体无疑是极右翼势力和激进左翼的主要选民群体，这和执政党及其联盟的选民群体具有较为明显的差异。现实世界的选民的动态结构在最根本的意义上决定着激进左翼和极右翼的选举成果。在如何引导选民、如何蛊惑选民以赢得选票的实战操作中，极右翼所采纳的实用主义蛊惑和激进左翼发出的理想主义式畅想，两者之间的对决，前者无疑具有优势。这当然根源于欧洲日益下滑的经济状况，在这个极易受到经济下滑影响的群体中，与其说是选民在投票，还不如说是选民在选择一个宣泄内心愤懑的渠道和对象，在这点上，秉持非理性主义的极右翼无疑给选民一个相对满意的成果，在地方主义、民族主义、极端主义等选项中，这些对于欧洲人来说，都不是什么完全崭新的存在；相反，激进左翼提出的是在现实中曾经出现却被渲染为过时了的"社会主义"，选民对社会主义已经相当陌生，而极右翼却属于右翼，尤其是年轻人对这些更是以时尚式消费为流行风格，投票给极右翼就成了时尚的代名词。由于意识形态的缘故，过于严肃的激进左翼让自己和选民之间的距离越来越远，这首先是理性主义和非理性主义的对峙。

激进左翼是极右翼的现实直接对手，这是激进左翼在欧洲得以存在的原因之一。而且，激进左翼在对待社会福利问题、加强工会力量、保护社会弱势群体、争取环境保护、扩大女性权利等问题上，又和其对待

---

① 林德山：《欧洲激进左翼政党现状及变化研究》，《马克思主义研究》2014年第5期。

欧盟一体化的问题相互抵牾，因为欧盟内部会加剧局部的资本流动和自由竞争态势，这样就会面对雇主利润增加、工人福利减少，还有可能增加新的失业等问题。激进左翼内部在这些问题上存在的分歧及其所带来的损害，远比左右之间的对峙来得深远，对于选民来说，过于理性主义式的用长远利益来替代眼前利益的分析模式，在和极右翼基于"我们"的宣传口号的选举对决中，显然会处于不利地位。在对外政策层面上，其反对美国霸权的理想策略和执政党要稳妥处理美欧关系的策略显然也存在冲突。

第三，来自执政联盟的反击。尽管受到来自极右翼排外政党和极左翼民粹主义政党的严重冲击和挑战，但主张进一步深化欧洲一体化的两大传统政党——欧洲人民党（213 席）和欧洲社会党（190 席）仍占据主导地位。未来欧盟政策的制定者和主导者依然是上述两大传统政党，其各自推选的欧盟委员会主席容克（Juncker）和欧洲议会议长舒尔茨（Schulz）都积极主张推进欧洲一体化。前者是公认的经济货币联盟的推动者和欧元奠基人；后者则以强烈支持欧洲一体化而闻名欧洲政坛。作为欧盟最大的成员国、拥有高达 96 个欧洲议会议席的德国，民众还是力挺坚持欧洲一体化的主流政党的，要求退出欧元区的德国另类选择党尽管选票有所增加，但绝对票数并不高。

细分非主流的"疑欧"政党，可以发现其成分极为复杂。这些政党既有以排外等为主要政策主张的极右翼法国国民阵线，也有反对紧缩政策的极左翼民粹主义希腊联盟党，还有反对德国留在欧元区的德国另类选择党，以及要求英国退出欧盟的英国独立党，不一而足。尽管它们在"疑欧"这点上有所重合，但其主张和诉求并不一致。要组成统一的欧洲党团和"疑欧"集团，用一个声音说话，从而扭转和主导欧洲政坛的大局走向并不容易，至少短期内并不现实。另外，毕竟欧债危机的危急时刻已经过去，欧盟正在复苏，随着经济形势的好转，极右和极左逆袭的民意基础也将有所减弱。[①] 在这次欧洲议会选举中，虽然极右翼的异军突起赢得了理论界和政治界的高度关注，但

---

① 丁纯：《从欧洲议会选举结果看欧债危机的影响和欧洲一体化的前景》，《当代世界》2014 年第 6 期。

不可否认的是，激进左翼和极右翼却是更直接的对手，在撇开由于不满于执政党联盟而投给极右翼的怨恨票后，本已不多的弱势群体的选民的选举倾向就值得注意了，因为这意味着传统左翼、激进左翼和极左翼的选民基础在变动，而这种变动会由于经济危机的持续而可能呈现出一种相对稳定的态势，这也会持续削弱反左翼的社会现实基础，而这种影响有可能是长远的，会剔除掉一部分摇摆不定的中间分子，虽然说在一定程度上变相"清洗、锻炼"了左翼及其选民，但对于选举政治来说，可谓是"双刃剑"，而激进左翼显然还没想到如何面对这种现实。

在 2008 年开始的国际金融危机、欧洲债务危机、乌克兰危机、难民危机等系列事件后，本已困难重重的激进左翼政党无疑面临着更加严峻的困难和挑战。在面对欧洲的现实经济、政治危机时，欧洲各政治团体政党、极端主义团体都列出了自己的解决方案，可行的与不可行的、保守的与激进的、妥协的与激进的，各方势力和各种方案在欧洲政治舞台上轮番上演，可谓乐此不疲。

对于执政联盟来说，中左和中右的政党及其联盟，对于整个欧洲的经济的基本面判定上相对温和，主张基本维持现状，虽然仍旧属于保守主义的范畴内，但在积极摸索走出危机的可行且可操作的现实政策。对于采取极端主义策略的政党来说，作为反对党、反对派和反对势力也可以说是其不得不选择的现实策略，毕竟，其不是执政党，也没有相对成熟的执政经验可供参考，那么，纸上谈兵就是敲门砖。因为对于每一项在现实中实行的经济调整政策、社会稳定政策尤其是关涉到社会福利、政府开支、移民问题等，对于受众来说，都是有利有弊的，折中主义的调整策略，无疑是更有利于中产阶级、资产阶级、垄断集团，但又在其他政策上需要他们对社会做出更多让步，这种策略本身是在时间维度上的前后问题，但对于反对派来说，这种时间序列会被打断，在现实的横切面上被同时讨论，在这种讨论中，不同社会群体之间会被重新建构为彻底的利益冲突群体，要么是垄断者集团，要么是受压迫者；要么是外来者比如伊斯兰移民、难民，要么是本地人，甚至有些时候这个基于本地人基础上的"我们"概念以民族、地区为本位，而无法上升到国家层面上，更妄论要上升到欧盟层面上，对于现实的欧洲来说，其越发地

## 第六章 资本主义政党政治制度的变化

受制于欧洲内部事务的诸多纠缠当中，而忘记了欧洲在全球化过程中是有对手的。这个对手，来自于对现代性的不同理解而产生的不同的走向或超越现代性的道路。

在欧洲政治格局中，激进左翼可以采取的政策空间和选举策略极为有限。除塞浦路斯的劳动人民党之外，其他左翼党均无执政经验，这可谓一个硬伤。深处反对派的地位，争取国家议会层面上的突破是其眼前之急，在欧盟之外，联合执政也是一种选择，比如摩尔多瓦、挪威和爱尔兰的左翼党，虽然有着联合执政的现实，却无法独立提出全面、系统的政策主张，这种政治格局让激进左翼在整体上被极右翼压制，而且这种压制是一种零和博弈的态势。

作为执政党及其联盟的反对派，激进左翼必然要反对"华盛顿共识"，尤其是要针对新自由主义所主张的扩大私有制、贸易和投资的自由化等提出反对意见，却不能提出可行的、可操作的替代方案，其在经济层面上反对的是全球化对于欧洲的不利方面，会推进欧盟一体化或持保留态度、推动环保主义、女权主义等策略，但又会罔顾欧洲经济、政治、文化和社会发展不平衡的现实，尤其是当欧盟扩大已然成为一种历史发展趋势的前提下，因为欧洲只有在联合成共同体而非简单意义上的欧盟的前提下，才能融入全球化而非采取简单对抗的态度——比如极右翼采取的策略——来对抗全球化，激进左翼在整体上忘记了欧洲还是一个保守的欧洲，欧洲是一个现实的欧洲，这里已然不再是理想主义的试验场，也不会成为极端主义的垃圾场。

这种针对保守的欧洲所开出的脱离欧洲政治、经济、社会、文化和生态发展现实的策略，导致了极端主义政治势力的左右之间的划分，也会在左翼政治势力内部更加区分中左翼和极端左翼。在这个背景下，极左翼会采取非议会和革命的手段实现共产主义，这给极左翼的现实策略带来了极大的麻烦，因为，这个策略和欧洲现实的政党政治是格格不入的。在激进左翼及其往左的政治图谱看来，社会民主主义和社会主义不相关，认定其是资本主义的而非社会主义的，社会民主主义只会去想着如何改变资本主义的分配制度，而且是在资本主义框架内。但在整体上，激进左翼与社会民主主义和极左翼在理论上是既联合又斗争的关系，但在实践中它们之间的界限往往模糊不清。

从上述对极右翼和激进左翼的分析可以看出，自国际金融危机以来，资本主义政党极化特点明显。尽管危机为左翼的发展提供了契机，但由于"第三条道路"的溃退，在社会福利方面的高基础、高起点所累积的问题，导致左翼在选举中可以拿出的选项越来越少，社会福利问题也成为各方无法把控的选项，在这一背景下，左翼还为环境问题、多元文化问题、外来移民问题、女权问题等非经济领域内的事项所裹挟，其基于变化、发展基点上所提出解决问题的原则不为欧洲现实所接受，拉大了左翼和选民的距离，致使左翼政党在选举的第一阶段面临巨大的门槛。

右翼则面临着相反的问题，其极右翼的选举策略虽然使其在选举第一阶段容易过关，但其在后期选举或组成联合政府或参与执政后，前期的选举承诺，尤其是关于外来移民问题等事项在现实策略中无法及时兑现，同时其激进的政治策略，反对新自由主义、反对欧盟一体化和反对全球化的策略，也导致其无法采取现实可行的经济政策来推进欧洲经济走出经济危机。

在这个背景下，整个欧盟的经济、政治、文化、社会等领域出现了相互脱离的态势，基于一定经济发展的社会整体发展而试图整合的欧盟，现在在各国出现了政治与经济的分离。欧洲的民主制度也正在演变为政党政治，继而表现为选举政治，最终异化为选票政治，让民主政治最终沦落为一场"秀"，在现有格局下，再也无法对社会的各个层面发生积极的促进作用。为经济衰退所连累的政治本身，再次调转方向开始进一步拖累欧洲走出经济危机，逐步朝着恶性循环的态势发展。

综上所述，资本主义金融和经济危机爆发以来，欧洲的传统政党均面临着政治参与的新问题，特别是近期出现的难民危机等问题，令传统意义上的政治冲突解决机制失效而遭到普遍性怀疑。但西方政党制度作为资本主义制度的有机组成部分，势必为维护资产阶级利益，去抵抗来自激进政治势力的暂时性冲击。西欧政党在其本国及欧盟层面的政治生态变化问题还需要继续关注。

# 第七章 国际政治格局的新变化与新特点

金融危机的蔓延和欧债危机的深化,对世界政治格局和全球治理体系产生了深远影响。随着国际力量对比的显著变化,新兴经济体和发展中国家在国际事务中的影响力不断提升,原有的世界政治格局被打破,全球治理机制发生重大变革,国家治理体系建设受到重视,发达国家不断调整对外战略,尤其是中国崛起引发世界秩序重构,国际政治呈现出诸多新特点。

## 一 国际力量对比"趋向均衡",政治格局发生重大变化

### 1. 发达国家实力下降,世界权力格局被打破,多个发展中心逐渐形成

美国在二战后建立的霸权体系自 20 世纪 70 年代就受到西欧、日本的挑战而显示出相对衰落的趋势,"9·11"事件后,随着美国在伊拉克和阿富汗等战场的失利,尤其是 2008 年国际金融危机的冲击,使美国作为国际社会稳定器的作用更为减退。随着综合实力下降,政策日益内敛、国防开支逐渐缩减,美国能为盟国提供公共产品、降低交易成本、减少不确定性的功能大大削弱。当今的美国虽然仍可被称为"一超",但已经不再能执世界之牛耳了。世界随之进入了一个"潜在的转变时期,即从二战后 20 年的霸权合作时代过渡到新的阶段,或者是一个充满纷争的时代,或者是一个霸权

之后的合作时代。"① 在这一时期,"尽管美国仍然拥有世界上最强大的经济实力,美国霸权的前景——以能够决定和维系规则为界标——却是渺茫的。其他国家行使这种主导权的可能性几近于零。"② 正如法国学者尼古拉·巴韦雷(Nicolas Baverez)所预见的:世界将摆脱西方的统治,从而变得更加不稳定,21世纪的世界格局将更为复杂,宗教、历史和政治等诸多方面的分歧可能造成世界分裂,从而进入一个轮廓模糊、变幻不定的多极世界。

随着文化和价值观冲突加剧,暴力在扩散并加剧。于是,世界出现了一种自16世纪以来未曾有过的格局,突出特点就是展现出一个十分混杂和不稳定的世界,它充满了对西方垄断人类历史和价值观的质疑。无论是民主的作用、开放的经济、还是战略,全球化都进入到未知世界。面对危机以及全球化造成的危险,各国、各个机构以及传统的政治手段都显得无能为力。③ 哥伦比亚大学教授伊恩·布雷默(Ian Bremmer)甚至认为,世界即将进入一个"零国集团"(G-0)的时代。

新自由主义也起到了推波助澜的作用。新自由主义在美国引发了三大发展趋势,它既促进了持续几十年的利润增长和长期经济扩张,同时也形成了最终会导致结构性危机的长期趋向:(1)利润和工资之间以及贫富家庭之间的差距日益增大。(2)放松管制的金融部门追逐更加冒险和投机性的活动。(3)一系列规模不断扩大的资产泡沫,能够通过刺激需求增长来暂时解决利润实现问题,但从长远来看,这样做是不可持续的。④ 由此,美国在就业、经济增长率、贫困率、基础教育等九个方面的表现,都表明了美国实力的相对衰落。⑤

---

① [美]罗伯特·基欧汉:《霸权之后:国际政治经济中的合作与纷争》,苏长和等译,上海人民出版社2001年版,第292页。

② [美]罗伯特·基欧汉、约瑟夫·奈:《权力与相互依赖——转变中的世界政治》,门洪华译,北京大学出版社2002年版,第242页。

③ [法]尼古拉·巴韦雷:《危机使我们进入一个未知世界》,法国《费加罗报》2008年10月6日。

④ David M. Kotz, The current financial and economic crisis and the prospects for the socialist movement. *International Critical Thought*, Vol. 1, No. 3, September 2011.

⑤ 2009年《美国新闻与世界报道》杂志分析了美国实力衰退的九大标志(http://www.china.com.cn/international/txt/2009-10/27/content_ 18778417.htm)。

（1）从就业来看，尽管美国失业率由2009年12月10%左右的高峰下降到2015年5月的5.5%，但劳动参与率却仅为62.9%。有研究表明："如果退出劳动力市场的人们也主动寻找工作，美国实际的失业率将接近10%。"

（2）从经济增长来看，据美国商务部公布的数据，2014年全年美国GDP增长2.4%，略高于2010—2013年2.2%的平均增速。虽然美国经济已经开始复苏，但对世界经济增长的贡献率已经今非昔比。

（3）从贫困率来看，美国是发达国家中收入最不平等的国家，仍有占总人口15%的约4600万人在贫困线上挣扎，日生活费不足16美元，大约2000万人的日生活费不足8美元。美国向贫困宣战50年收效甚微，贫困率仅降4%。

（4）从广受诟病的基础教育来看，据2012年8月21日美国进步中心和下一代中心在华盛顿联合发布的题为《至关重要的竞争：美国、中国、印度对下一代劳动力投资比较》的最新报告显示，在经合组织34个成员国中，15岁美国孩子的阅读能力排名第14位，数学排名第25位。[①]

（5）从竞争力来看，根据世界经济论坛公布的《全球竞争力报告》，自2009年美国的竞争力结束了连续数年排名世界第一的佳绩落在了第二位之后，美国一直没有重回头把交椅，"宏观经济环境"的不稳定大大影响了美国竞争力的提升，2014年《全球竞争力报告》中美国又落到第3位。

（6）从繁荣程度来看，英国智库列格坦研究所通过测评经济基础、政府治理能力、居民健康以及受教育程度、安全和保安等综合指标来衡量一个国家的繁荣程度，2014年发布的全球繁荣指数，美国排名第10位。

（7）从健康状况来看，美国人的预期寿命为78.9岁，低于发达国家平均水平。

（8）从人类发展指数来看，美国最新排名第5位。

（9）从幸福感来看，联合国《2015年世界幸福报告》显示，美国

---

① 温宪：《智库称美国教育状况衰弱落后于中国》，《环球时报》2012年8月23日。

仅位列第 15 位。

欧洲和日本经济 2015 年尽管出现温和复苏，但依然受到多重危机困扰。据欧洲统计局数据，2015 年欧元区失业率为 10.4%，整个 2015 年欧元区 GDP 同比增长 1.6%；日本央行预测 2015 财年 GDP 增长预期为 1.1%。国家间发展不平衡，分化逐渐加大，全球权力格局重新洗牌，美、欧、日主导世界的局面正在发生改变。正如中国前外长杨洁篪在墨西哥答记者问时指出的，"多极化进程不仅是指新兴发展中大国的快速发展，而且也包括亚非拉等地广大发展中国家地区性力量的不断增强。"① 也有一些政治学家把新的世界称为以巴西、美国、西欧、俄罗斯、印度、中国和日本为主要力量的"七中心"结构。各国实力对比的变化，必然会打破以美国为中心的旧的世界权力格局，诚如列宁所说："金融资本和托拉斯不是削弱而是加强了世界经济各个部分在发展速度上的差异。既然实力对比发生了变化，那么在资本主义制度下，除了用实力来解决矛盾，还有什么别的办法呢？"②

**2. 新兴经济体成为塑造世界格局的重要力量**

金融危机爆发后，世界格局中一个很重要的新变化就是：发展中国家对于世界经济的再平衡和国际政治的民主化起着越来越重要的推动作用。

金融危机初期，发展中国家尤其是新兴经济体的快速增长被看成是世界经济增长的引擎和发动机。根据国际货币基金组织 2011 年 4 月 11 日发布的《世界经济展望》报告，2010 年全球经济增长速度为 5% 左右，发达经济体增速为 3%，而亚洲新兴工业化经济体为 8.4%，新兴和发展中经济体为 7.4%，而金砖国家尤其是南非外的四国比起这些数据来更为辉煌，印度 10.4%、中国 10.3%、巴西 7.5%、俄罗斯 4.0%、南非 2.8%。这一势头增强了发展中国家吸引外资和对外投资的能力。联合国贸发组织发布的 2015 年《世界投资报告》显示，2014 年中国已成为最大的 FDI 接受国，其次是中国香港和美国。发展中经济体作为一个整体吸引了价值达 6810 亿美元的 FDI，以全球投资流入的

---

① 王恬：《世界权力重心"东移"了吗》，《人民日报》（海外版）2010 年 8 月 4 日。
② 《列宁专题文集·论资本主义》，人民出版社 2009 年版，第 183 页。

份额计保持着领先区域的地位。世界上前十名 FDI 接受国和地区中，有一半是发展中经济体：中国大陆、中国香港、新加坡、巴西和印度。报告显示，与吸引外资相比，中国对外投资的增长更加引人注目。2015年，我国境内投资者共对全球 155 个国家/地区的 6532 家境外企业进行了非金融类直接投资，累计实现对外投资 7350.8 亿元人民币，同比增长 14.7%。①

新兴经济体经济实力的全面提升推动了全球经济格局的改变。2014 年 10 月 8 日英国《金融时报》刊载的经济综述称，按购买力平价（PPP）计算，巴西、印度、印度尼西亚、中国、墨西哥、俄罗斯和土耳其形成的"新七国集团"的 GDP 超越了由英国、德国、意大利、加拿大、美国、法国和日本组成的原有的发达国家"七国集团"。《金融时报》评论员认为，世界舞台上的经济力量平衡发生了显著变化，在前 20 个国家中，有一半是新兴经济体。"像准垄断性的主导产业一样，准垄断性的地缘政治力量也是自动清偿性的。其他国家逐渐改善其经济、政治、文化状况，变得不太愿意接受昔日霸权国家的'领导'了。"② 各国实力的此消彼长，必然会引发世界权力与责任的重新分配。

### 3. 国际安全形势更为复杂

由于当前正处在国际体系和国际秩序深度调整之际，原有地区热点尚未消解，新的热点又冲突频发，大国的介入使形势变得更为复杂：美国实施亚太再平衡战略重新搅动美中日三角关系；在乌克兰危机上美俄欧不断博弈抗衡；在叙利亚问题上美俄法争夺主导权；在利比亚美英法之间针对石油利益展开争夺；在阿富汗重建问题上美印巴俄的矛盾不断；在伊朗核问题上英美俄法的战略竞争，等等。被称为"阿拉伯之春""伦敦之夏""华盛顿之秋"等冲突、骚乱、运动对现有秩序的冲击至今仍余波未平。恐怖主义更是无处不在，美国国务院 2015 年 4 月 30 日发布年度全球恐怖主义报告，称 2013 年全球发生

---

① 中新网 2016 年 1 月 20 日电。
② Immanuel Wallerstein. Structural Crisis in the World-System: Where Do We Go from Here? *Monthly Review*, 2011, Volume 62, Issue 10.

9707起恐怖袭击，造成逾17800人死亡，超过32500人受伤，2990余人被绑架或劫持为人质。另据外媒报道，经济与和平协会于18日公布了自2012年以来第二版的全球恐怖主义指数。该报告称，自2001年美国遭受"9·11"恐怖袭击以来，全球恐怖主义活动增加了近5倍。2008年的孟买恐怖袭击、2011年的挪威大屠杀等惨案至今都令人发指。有学者指出，"伊拉克和叙利亚脆弱的国家结构是'伊斯兰国'迅速而惊人增长的关键原因，区域和全球性的对抗维持和延长了它的存在。只要这些条件和分歧依然存在，就会很难击败ISIS并将他们驱逐出伊拉克和叙利亚。"① 美国国会议员罗恩·保罗也曾指出，对中东的干预是恐怖主义敌对行动背后的主要动机。② 传统安全问题依然严峻，地缘政治因素更加突出，非传统安全威胁对和平与发展影响逐渐加大，全球安全治理机制越来越难以应对新问题的出现。

### 4. 国际秩序失范推动全球治理机制变革

国际旧秩序是以美国等发达国家为主导建立的，广大发展中国家被排除在世界决策机制之外，它们的声音、利益和诉求都被严重忽略。"战后国际体系的一个重要特征就是国际组织发挥了巨大作用，这一作用反映了美国的权力，特别是其特性、观念和经济利益。就权力而言，国际组织是霸权国一个有用的工具，它掩盖霸权的真相。"③ 金融危机爆发后现有国际机制应对乏力，表明国际货币基金组织、世界银行等发达国家主导的全球治理体系存在明显缺失，全球治理单靠发达国家已经是孤掌难鸣了；另一方面，发展中国家在国际金融体系改革、气候问题谈判、打击恐怖主义、应对粮食危机等全球性问题中所体现出来的积极态度和高度责任感以及取得的成就，不断获得世界的认可，世界权力逐渐由发达国家向发展中国家转移。这一切都促使现有的全球治理机制发生重大变革，而建立行之有效的全球治理机制是构建公正、合理的国际新秩序的重要条件。习近平总书记在金砖国家领导人第五次会晤中就指出："全球经济治理体系必须反映世界经济格局的深刻变化，增加新兴

---

① Fawaz A. Gerges, *The World According to ISIS*, Foreign Policy Journal, March 18, 2016.
② Luis Durani, *The Cause of Terrorism*, Foreign Policy Journal, November 7, 2014.
③ [美]斯蒂芬·克莱斯勒：《结构冲突：第三世界对抗全球自由主义》，李小华译，浙江人民出版社2001年版，第60—61页。

市场国家和发展中国家的代表性和发言权。"① 国际货币基金组织和世界银行提高发展中国家份额和投票权的做法就是变化的最好体现。二十国集团峰会的机制化，也充分说明发展中国家同国际社会的互联互动已变得空前紧密。

此外，发展中国家还积极成立国际机构，补充、完善现行的国际秩序。南非斯坦陵布什大学中国研究中心学者沈陈认为，金砖国家新开发银行的建立标志着金砖国家完成了从热门投资概念到政治合作象征、再到国际改革力量的蜕变。② 由中国发起并领导的亚投行的成立，标志着"我国对世界的依靠、对国际事务的参与在不断加深，世界对我国的依靠、对我国的影响也在不断加深。"③ 2015 年 6 月美国副总统拜登（Joe Biden）在中美第七轮战略与经济对话开幕式上表示欢迎中国参与到为全球事务制定新规则当中来。可见，由几个发达国家垄断全球事务的局面被打破，发达国家与发展中国家尤其是新兴经济体相互博弈、共同参与全球治理将成为大势所趋。

## 二 美国调整对外战略，发达国家合力捍卫全球领导权

虽然美国等发达国家实力有所下降，但它们的综合实力在短期内仍然是发展中国家无法抗衡的。英国学者苏珊·斯特兰奇（Susan Strange）认为，由安全、生产、金融和知识构成的结构性权力是"形成和决定全球各种政治经济结构的权力，其他国家及其政治机构、经济企业、科学家和别的专业人员，都不得不在这些结构中活动"。④ "美国政府以及同它相依为命的公司，其实在国际体系中没有丧失结构性权力。它们也许改变了如何使用结构性权力的主意，但是并没有失去这种

---

① 《坚定不移走和平发展道路　坚定不移促进世界和平与发展》，《人民日报》2013 年 3 月 20 日。
② 《金砖合作　走深走实（权威论坛）》，《人民日报》2015 年 7 月 7 日。
③ 《习近平出席中央外事工作会议并发表重要讲话》，新华网 2014 年 11 月 29 日。
④ ［英］苏珊·斯特兰奇：《国家与市场》，杨宇光译，上海人民出版社 2006 年版，第 21 页。

权力。"① 具体而言，安全方面，美国2015年国防预算缩水，预算总额仍高达5850亿美元，远远超过其他国家。生产方面，美国的生产制造能力依然很强，尤其是页岩气革命为美国带来了廉价的能源供给，大大降低了美国制造业的成本，最近的美国《财富》杂志发表文章称，现在美国制造业商品的平均成本只比中国高5%，预计到2018年，美国制造业的成本将低于中国2%—3%。这将对美国再工业化提供新的动力。金融方面，从历史上霸权周期来看，在每个霸权国家的地位受到挑战、霸权周期即将衰亡的后期，原先霸权国家的金融地位并未随着物质扩张阶段的衰退而马上丧失，而是会保持很长时间。美国依然是世界金融体系的核心，金融是美国经常使用的攻击别国的一个重要手段。美国金融学专家、《货币战争》的作者里卡兹（James Rickards）曾披露他在2009年亲身参加过的一次由美国政府组织的"金融仿真战"，他们通过运用各种金融武器，包括推动美元大幅贬值，引发全球粮食价格、大宗商品价格高涨，以此大幅抬高拟攻击国家的通货膨胀率，达到扰乱该国社会稳定、经济稳定的目的。与此同时，华尔街的各大投资机构开始攻击该国的股市、楼市和货币，破坏该国的金融市场，切断其资金链，令该国社会、经济和金融市场全方位遭受打击。这也很容易引发政治不稳，甚至政府倒台，被攻击的国家只能向美国屈服。② 知识方面，美国在全球科技最新排名中位居第一。这一局面恰好说明了沃勒斯坦的断言："一个体系性的后果是经济上最有优势的区域在分布上经常发生缓慢的位移，但并不改变这些优势区域在体系中所占的比例。"③

由此看来，发达国家不会自动放弃其在国际秩序中的主导地位，在国际力量对比发生显著变化、新型发展中国家不断崛起的情况下，发达国家也在积极采取对策，重新夺取并巩固其对世界的领导权。这主要表现在三个方面：

---

① ［英］苏珊·斯特兰奇：《国家与市场》，杨宇光译，上海人民出版社2006年版，第24页。

② 《美国即将发动第三次金融攻击抄底战》（http://business.sohu.com/20150603/n414326606.shtml）。

③ Immanuel Wallerstein. Structural Crisis in the World-System: Where Do We Go from Here? *Monthly Review*, 2011, Volume 62, Issue 10.

一是美国对外战略更为务实，有选择性介入全球和地区冲突。

金融危机的冲击和伊拉克、阿富汗战争的残局使得美国更为关注国内事务，关注国内经济的恢复和繁荣。奥巴马政府调整了对外政策，与之前奉行"先发制人、单边行动"的小布什政府相比很大的不同就在于更为务实，总体战略收缩，虽然突出美国的全球领导作用，但不再四面出击，并且对军事作用进行了限定，而更注重外交手段。马克思曾形象而深刻地描绘英国外交大臣帕麦斯顿勋爵在国际舞台上的表现：帕麦斯顿"知道怎样把民主的词句和寡头政治的观点调和起来；怎样用旧时英国贵族的傲慢语言来掩盖中等阶级投和平之机的政策；怎样在默许纵容的时候扮演进攻者，在出卖的时候扮演防御者；怎样对表面的敌人讨好，怎样使所谓的盟友气恼；怎样在争执的适当时机站到强者一边去欺压弱者，怎样一边说大话一边溜之大吉。"① 这段话用来形容目前奥巴马治下美国的外交表现也是恰如其分的。2014 年 5 月奥巴马在西点军校的讲话最能体现美国战略的调整与收缩，在讲话中奥巴马提到了军事在美国外交中的作用，"美国的军事行动不能成为我们在每个场合发挥领导作用的唯一因素——甚至不是最基本的因素。不能因为我们有最优质的榔头，就把每个问题都当成钉子。"他还提到了单方面出兵的原则，"首先，请让我重复我担任总统之初提出的一项原则：在我国核心利益需要的时候——当我国人民受到威胁，当我们的生存处于紧急关头，当盟邦面临危险，美国将在必要的情况下单方面出兵。"解决问题的办法就是加强盟国的作用，提高出兵的门槛，"如果全球性问题对美国并未构成直接的威胁，当某些危机激发了我们的道德责任，或者使全世界滑向更危险的方向——但并不直接威胁到我们的时候，出兵的门槛必须提高。在这类情况下，我们不应该单独行动。相反，我们必须动员盟邦和伙伴采取集体行动。我们必须扩展我们的干预方式，比如深度外交、制裁、国际法；同时在正当、必要和有效的情况下，采取多边军事行动。在这类情况下，我们必须与其他力量合作。"② 在叙利亚危机中，

---

① 《马克思恩格斯全集》第 12 卷，人民出版社 1998 年版，第 399—400 页。
② 《奥巴马西点军校演讲全文：美国比任何时候都更强盛》（http：//www.guancha.cn/america/2014_ 05_ 31_ 234035. shtml）。

美国就没有派遣地面部队而依靠英法的力量进行空中打击。奥巴马把美国最大的威胁确定为恐怖主义，而不是俄罗斯、伊朗之类的国家，"我们必须调整我国打击恐怖主义的战略——吸取我们在伊拉克和阿富汗的成功经验和失败教训——转而与国内有恐怖主义基地的某些国家进行有效的伙伴合作。"他主张把在阿富汗的作战行动转向训练和顾问活动，减少阿富汗驻军。奥巴马的这个讲话很好地概括了美国外交政策的转向：外交中心发生转移，亚洲再平衡战略不断推进，减少对欧洲和中东地区的关注；美国对全球事务保持克制，不再充当世界警察，而是有选择性参与；在地区热点上，不断调整外交手段，倚重直接制裁或国际制裁而不是单纯依靠军事打击；发挥美国的领导角色，充分依靠盟国和问题所在国的力量，减轻美国国内的经济压力和人员伤亡。

奥巴马的外交实践也体现了美国对外政策的这一转变。在小布什政府期间，美国曾计划利用2001年袭击事件作为后面5年入侵伊拉克、叙利亚、黎巴嫩、利比亚、索马里、苏丹和伊朗7个国家的理由。但奥巴马政府在这些地区发生的战争、冲突中，都没有延续以前的一贯做法。比如利比亚战争，美国主要是提供充足的后勤保障，而更多借助英法盟军的力量，包括北约国家在内的19个国家参与其中。副总统拜登总结美国在利比亚战争中"美国花了20亿美元，没死一个人"。伊朗核问题上也显示了奥巴马政府的风格。尽管美国国内强硬派积极主张以军事和其他强力手段"一劳永逸"地解决伊朗核问题。奥巴马政府还是坚持了在强力制裁手段的压力下开展六方会谈，最终在2015年7月14日，伊朗核谈判落下帷幕，取得实质性进展。特朗普上台后短暂的外交实践已经显现出孤立主义的色彩，更使未来的世界格局充满了不确定性。

二是积极构建"民主联盟"，意欲抵消、取代联合国的作用。

这一战略集中体现在由包括重要决策者、学者与自由职业者在内的等近400人历时两年多所完成的普林斯顿项目上，该项目旨在"铸造法治之下的自由世界，21世纪美国国家安全战略"。这项报告指出，美国应该援助并鼓励世界上"一切受拥戴的、负责任的以及尊重人权的"（popular，accountable，rights—regarding，PAR）国家政府。为了帮助各国政府达到PAR标准，美国必须通过所有切实可行的方法将那些

(未达 PAR 标准的）政府及其公民与已经达到此标准的政府和社会联系起来，激励并支持前者效仿后者。在推动联合国和其他重要的全球性制度进行改革的同时，美国还必须与其友邦及盟国共同努力，创立一个全球性的"民主国家协约"，即一项旨在加强世界自由民主国家安全合作的新制度。这个协约将使"民主和平"得以确认并制度化。如果联合国无法进行成功的改革，民主协约就将为自由民主国家提供一个替代性论坛，以超级多数表决权的形式，授权包括使用武力在内的集体行动。民主协约的成员资格须经遴选，但也取决于自我选择。成员国必须保证相互间不得使用或计划使用武力；承诺定期举行自由公平的多党选举；保证公民享有以独立司法加以实施的公民权利和政治权利；以及履行保护的职责。① 尽管这份报告的建议并没有被政府作为施政方针公然实行，但其中包括的要点和精神却在美国对外政策中有所体现。其中一个很重要的表现就是美、日、澳、印"四国战略同盟"的不断推进，日本首相安倍晋三在 2013 年年初呼吁澳大利亚、印度、日本和（美国的）夏威夷共同组成"民主安全菱形"，与实力日渐增强的中国抗衡。安倍说："我构想出一种战略，由澳大利亚、印度、日本和美国的夏威夷组成一个菱形，以保卫从印度洋地区到西太平洋地区的公海。我已经准备好向这个安全菱形最大限度地贡献日本的力量。"②

而且美国对联合国持实用主义的态度，用得着的时候就会委以重任，用不着就会颐指气使。在金融危机较为严重的时期，美国迫切需要与其他国家合作，由世界来分担美国经济不景气的压力。美国驻联合国大使苏珊·赖斯（Susan Rice）2009 年 8 月 12 日说，美国现在认为在应对全球安全威胁时联合国是必不可少的，"美国已经为'撇开'联合国和拒绝我们的国际伙伴付出了代价"。而一旦联合国妨碍了美国的肆意所为，就会另有一番景象。美国拒绝伊朗新任的联合国代表入境、美国国家安全局曾监听位于纽约的联合国总部、年年拖欠联合国会费，等等。有学者这样形象地形容美国与联合国的关系：美国把联合国一直像抽屉一样使用，想开就开，想关就关，这实际上是对《联合国宪章》

---

① 《普林斯顿国家安全项目最后报告》中译本，《领导者》2006 年第 12 期、第 13 期。
② 英国《简氏防务周刊》网站 2013 年 1 月 10 日报道，新华网 2013 年 1 月 12 日。

的违背和挑战。

另外一个变化就是民主输出方式有所改变，更为注重培养青年领袖人才，尤其是有针对性地加强同个别国家的关系。2013年12月3日，美国总统奥巴马发起"东南亚青年领袖行动计划"，这项计划力求加深与各关键领域的青年领袖的接触；以及加强美国与这一地区的青年领袖的人文联系。这项新行动计划将扩大与整个东南亚地区的广泛的外交和项目合作并使之制度化，旨在增进下一代领导人的自主权。尤其有针对性地加强与印度尼西亚、文莱、缅甸、菲律宾等国家的接触，并确定了诸多的途径，其中包括青年领导力培养、高等教育、科学、技术和创业精神，美国国务院发起的富布赖特美国—东盟行动计划，支持来自美国和东盟的学者进行侧重于粮食保障和公共卫生等地区性重点议题的交流。为回应印度尼西亚政府投资培养下一代领袖的愿望，美国将发起一项新的奖学金计划，为青年提供成长为印度尼西亚社会中富有成效的成员和领袖的职业道路。这项2900万美元的计划将为生物多样性、气候变化和基础及高等教育等专业领域的印度尼西亚政府官员和高校教师提供160多项奖学金。并且美国正在与该地区各国政府合作支持扩大英语能力，以促进美国和东盟国家更好地交流。这项2500万美元的文莱—美国东盟英语能力强化项目还大力提倡公民参与和社会创业精神。为了支持美国—缅甸增进民主、和平与繁荣伙伴关系，美国正在与高等院校和私营部门合作创立一项高等教育伙伴关系计划，美国还通过在5年内向棉兰老青年发展项目投资1100万美元，支持菲律宾南部的青年，提供优质劳动力发展并增强将解决问题、领导力、和平教育和创业精神融为一体的生活技能。[①] 美国智库战略与国际问题研究中心研究报告披露，美国政府正通过国家民主基金会和国际共和研究院等非政府机构，为缅甸各党派提供选举支持，包括强化政党组织能力，培训当地选举监督员，在制定选举法规方面提供"技术支持"等。奥巴马政府还通过公开表态以及民间培训等方式，介入缅甸2015年的选举。

---

① 《关于总统发起的"东南亚青年领袖行动计划"的简报》（http：//iipdigital. usembassy. gov/st/chinese/texttrans/2013/12/20131206288521. html#axzz3sWTAsa8r）。

三是加强全球规则制定权，发挥经济协定的地缘政治作用。

被很多人称为"经济北约"的"跨大西洋贸易和投资伙伴关系协定"，是依照欧美的利益和价值观来重新制定贸易和投资规则的谈判，甚至被认为是"美国和欧盟保持世界领导地位的最后一次机会"。美日主导的"跨太平洋伙伴关系协定"被视为是美国为削弱中国在亚太地区影响力而采取的重要举措。这两项协定可看作是美欧日重塑全球经济秩序的标志，将使发展中国家提高全球经济治理话语权的难度增大。据西班牙《世界报》网站10月12日报道，美国彼得森国际经济研究所前所长弗雷德·伯格斯滕（Fred Bergsten）说："TTIP不仅仅是贸易协定，也是地缘政治协定。经济日程是由地缘政治关注点决定的，而地缘政治的关注焦点又受到对外政策以及国际安全风险和恐惧等因素的驱动。"美国智库大西洋理事会的加勒特·沃克曼（Garrett Workman）也持相同看法。他说："TTIP是一项地缘战略协议，是北约的第二个支柱。它表明了该如何继续合作，也是美国和欧盟保持世界领导地位的最后一次机会。"① 现如今尽管特朗普宣布美国退出TPP，但紧握全球规则制定权的诉求不会改变。

## 三 中国和平崛起之下的积极应对

世界格局是国际秩序的基础，世界政治、经济、安全格局的新变化必然会打破旧的国际秩序。在这新旧秩序交替之际，美国、欧洲、日本和新兴大国都在宣示自己的国际秩序观。美国国际秩序观的核心还是要保持美国的全球领导地位。2010年《美国国家安全战略报告》指出，要通过国内建设和国外塑造重振美国的领导地位，把塑造国际秩序看作美国国家安全战略的四大支柱之一。2015年《美国国家安全战略报告》又进一步指出，在这种国际秩序中，"美国必须处于领导地位。强大而持续的美国领导对于基于规则的国际秩序非常关键，这个问题从来不是美国应该不应该领导，而是我们如何领导。"欧洲的国际秩序构想主要

---

① 《美欧打造"经济北约"欲让中国接受规则》（http://news.sohu.com/20141014/n405111023.shtml）。

是想通过促进"有效的多边主义"来制约美国的单边主义，突出欧洲的实力，欧盟在其第一份安全战略文件《更美好世界中的欧洲安全》中就明确提出，"有必要建立一个以有效的多边主义为基础的国际秩序"，"对多边主义的承诺是欧盟外交政策的一个既定原则。支持多国工作框架和多边原则对管理一个相互依存的世界是极其重要和必要的"。① 2008 年，欧洲重要思想库欧盟安全问题研究所又发布了《全球危机管理中有效的多边主义伙伴》报告，继续推进和落实以"有效的多边主义"为核心的对外战略。金融危机后欧洲国家一直力推国际金融新秩序的建立，并且纷纷加入亚投行，就是为改变美国长期主导国际金融体系的现状而做的尝试。日本更是想通过强行推动解禁集体自卫权，扩大军事影响力来参与到国际秩序的重建中来。发展中国家也认识到了要想改变国际政治经济旧秩序，应该抱团取暖，建立有利于和平与发展时代主题的新秩序。2008 年 5 月 16 日，中国、俄罗斯、印度和巴西外长会晤时一致认为，在法治和多边主义基础上建立更加民主的国际体系是当今时代的要求。当今世界秩序的基础应是国际法治、加强多边主义和发挥联合国的核心作用。

罗伯特·基欧汉推测未来世界秩序的前景存在三种可能：一是出现一个新霸权；二是相互冲突的权力中心组成非霸权的世界结构；三是反霸权秩序，其基础是第三世界国家结成了反抗核心国的联盟。② 可见，国际新秩序将是众多力量既合作又博弈的结果，就像由美国国家情报委员会（NIC）研究小组完成的《全球趋势 2025：转型的世界》报告所指出的那样，国际体系将是一个全球性的多极体系，随着发达国家与发展中国家间的实力差距继续缩小，第二次世界大战后建立的国际体系到 2025 年即将面目全非。以美国为核心的发达国家的秩序观与以中国为代表的发展中国家的秩序观的矛盾之处主要源于西方国家根深蒂固的偏见和私利，西方自由主义理论认为西方民主国家之间能够保持和平与稳定，而非西方世界的崛起将会打破这种局面。在《世界秩序》一书中，

---

① 林霖：《欧盟外交中的多边主义理念》，《国际资料信息》2009 年第 2 期。
② 参见罗伯特·基欧汉：《新现实主义及其批判》，郭树勇译，北京大学出版社 2002 年版，第 220—222 页。

## 第七章 国际政治格局的新变化与新特点

基辛格提到哈佛大学一项研究显示，在历史上曾有的 15 起守成大国遭遇上升大国事例中，10 起引发了战争。① 进攻性现实主义的"大国政治悲剧论"更是认为守成大国与新兴大国之间的冲突必然会导致"修昔底德陷阱"。因为"多极体系比两极体系更容易导致战争，而含有特别强大的国家，或曰含有潜在霸主的多极体系是众体系中最危险的体系。""竞争具有零和属性，有时非常惨烈和不可饶恕。当然，国家彼此也有偶尔的合作，但它们从根本上具有相冲突的利益。"② 西方发达国家无视现阶段国际秩序的调整是在和平与发展时代主题下发生的，而沿袭以往历史上战争和大国冲突充当国际体系变迁重要动力的惯用思维，针对中国提出"中国威胁论""国强必霸"等不实论调，其实质是试图继续推行霸权主义和强权政治，维护垄断资产阶级的利益，以西方的价值观来判断整个非西方世界。

时代主题反映当代世界的基本矛盾和共同面临的问题，需要根据时代条件，也就是世界格局的变化对之进行判断。正如列宁所指出的，"只有首先分析从一个时代转变到另一个时代的客观条件，才能理解我们面前发生的各种重大历史事件。这里谈的是大的历史时代。……哪一个阶级是这个或那个时代的中心，决定着时代的主要内容、时代发展的主要方向、时代的历史背景的主要特点等等。"③ 正是在和平与发展已成为世界的主流，世界多极化、经济全球化、文化多样化、社会信息化深入发展的国际形势下，在以习近平总书记为核心的中国新一代领导集体和众多发展中国家一道阐释了构建国际新秩序的丰富内涵，积极应对国际格局的变化与国际秩序的重组。其中和平共处五项原则仍是基本准则，我国外交部部长王毅就此指出，在历史上和平共处五项原则强调各国主权平等，为广大发展中国家共同反抗侵略和压迫、维护国家主权提供了坚强保障；倡导和平、反对战争，为各国之间通过和平方式解决争端开辟了正确路径；旗帜鲜明地反对霸权主义和强权政治，为推动建立公正合理的国际政治经济新秩序发挥了建设性作用，和平共处五项原则

---

① 晓岸：《基辛格的地缘政治忧思》，《世界知识》2014 年第 20 期。
② [美] 约翰·米尔斯海默：《大国政治的悲剧》，王义桅、唐小松译，上海人民出版社 2003 年版，第 4、17 页。
③ 《列宁专题文集·论资本主义》，人民出版社 2009 年版，第 91 页。

是一个与时俱进的思想体系，至今仍是一份推动建立国际新秩序的宣言书。①

**1. 在整体框架上坚持发挥联合国的核心作用，维护战后的国际秩序**

以中国为代表的广大第三世界国家对联合国改革持有与以美国为首的发达国家不同的态度。第69届联合国大会中方立场文件表明联合国改革应是全方位的，应在安全、发展、人权三大领域均衡推进，中方支持安理会改革。改革应优先增加发展中国家、特别是非洲国家在安理会的代表性和发言权，使广大中小国家有更多机会轮流进入安理会，参与其决策并发挥更大作用。各方应继续进行民主、广泛协商，兼顾各方利益和关切，寻求"一揽子"改革方案，并达成最广泛一致。不能人为设定改革时限或强行推动不成熟改革方案。我国外交部副部长刘振民在"《联合国宪章》与战后国际秩序"国际研讨会上的主旨演讲"维护《宪章》权威，共促合作共赢"明确阐释了这一主张，刘振民指出，《宪章》建立了以联合国为核心的多边主义国际秩序，确立了以安理会为核心的集体安全机制，形成了二战后国际关系的基本行为规范。《宪章》确认了现代人类社会的共同价值理念。因此，《宪章》所确立的国际秩序框架、安全机制、行为规范和价值理念依然有效，《宪章》的原则依然是现代国际法和国际关系的基石。②《上海合作组织成员国元首乌法宣言》成员国呼吁，在平等和共同安全、兼顾相互利益和法治等原则基础上，巩固第二次世界大战后形成的全球治理机制，首先就是联合国体系。2015年9月26日，习近平总书记在出席联合国发展峰会时指出，要解决好各种全球性挑战，实现共同发展，也就是要争取公平的发展，让发展机会更加均等；要坚持开放的发展，让发展成果惠及各方；要追求全面的发展，让发展基础更加坚实；要促进创新的发展，让发展潜力充分释放。为实现2015年后发展议程，中国还设立"南南合作援助基金"，首期提供20亿美元，支持发展中国家落实2015年后发展议程。继续增加对最不发达国家投资，力争2030年达到120亿美元。

---

① 王毅：《坚持和平共处 推动合作共赢——纪念和平共处五项原则创立60周年》，《求是》2014年第13期。

② 新华网北京2015年4月14日电。

免除对有关最不发达国家、内陆发展中国家、小岛屿发展中国家截至2015年年底到期未还的政府间无息贷款债务。

**2. 在经济发展上主张坚持"合作共赢、共同发展"理念**

在国际旧秩序下，发展中国家难以完全实现自主发展。虽然发展中国家内部面临着结构调整、改变经济增长方式、增强政府治理能力、完善民主制度等问题，但以不合理的国际分工、不平等交换以及不对等的金融体系为特征的国际经济旧秩序对它们的影响还是显而易见的。新兴经济体一般采取出口导向型发展方式，受益于外资的大量涌入、劳动密集型和资源型产品的大量出口，对外依存度高，特别容易受到外部环境变动的影响。发达经济体由于经济衰退而逐渐采取贸易保护主义政策，新兴经济体也随之受到巨大冲击。美国《华尔街日报》2013年8月12日报道称，金融危机以来一直扮演全球增长引擎角色的新兴经济体正在逐步让位给发达经济体。桥水联合基金（Bridgewater Associates LP）编制的数据显示，包括日本、美国和欧洲在内的发达经济体对全球经济的贡献率自2007年年中以来首次超过中国、印度和巴西等新兴经济体。尤其是美国虽然实力下降了，但是综合实力还是稳居世界前列。奥地利《标准报》报道，布里奇沃特投资公司（Bridgewater Associates）的一份调查结果显示，在2013年全球预计新增的约2.4万亿美元经济产出中，日本、美国和其他发达经济体的贡献率约为60%，其余来自新兴市场。世界银行在2015年6月10日发布的《全球经济展望》中下调2015年发展中国家GDP增速至4.4%。尤其是美国有可能退出量化宽松政策将会对发展中国家产生重要影响，据世界银行预测，美国加息可能导致新兴国家国内生产总值下降1.8个百分点。新兴经济体若想重拾繁荣，就需要处理好既要被迫加息以避免资金大量外逃，又要刺激国内经济增长的两难问题，并推进结构性改革。不仅如此，发达国家的剥削手段还更加隐蔽，技术性贸易措施已成为对付发展中国家的新型贸易壁垒。根据中国质检总局的调查结果，2014年有36.1%的出口企业受到国外技术性贸易措施不同程度的影响，全年出口贸易直接损失755.2亿美元。其中欧盟和美国分别占直接损失总额的32.8%和29.9%。

在国际旧秩序下，南北对立发展的结果只能是世界愈益两极分化。据世界银行估算，发展中国家增速每放慢1个百分点，就会使贫困人口增加 2000 万。根据联合国发布的《2014 年人类发展报告》,目前 91 个发展中国家仍有近 15 亿人口生活在贫困之中,仍有另外近 8 亿人一旦受到各种可能的冲击便会重新回到贫困状态。习近平总书记在莫斯科国际关系学院演讲时指出,"世界长期发展不可能建立在一批国家越来越富裕而另一批国家却长期贫穷落后的基础之上。只有各国共同发展了,世界才能更好发展。那种以邻为壑、转嫁危机、损人利己的做法既不道德,也难以持久。"若想改变这种状况,世界经济实现长期稳定发展,就必须重新调整发达国家与发展中国家的关系,使其基于以下两个原则加以重建:"一是双方共同致力于拓展市场并使其更有效率地运作,二是发展中国家应更多地参与规范市场行为和参与具体的规则制定。"①斯坦福大学著名国际关系教授斯蒂芬·克莱斯勒(Stephen D. Krasner)在分析了现存国际制度下发展中国家维护自己权利的努力后指出:"主权国家一律平等的规范和正式国际组织的开放性是决定第三世界成功与否的两个主要变量。主权平等规范保证了第三世界国家在讨论国际游戏规则时取得与大国一样的发言权。国际组织的开放性为第三世界国家发表意见和投票提供了讲坛;在决策程序不开放的问题领域,欠发达国家没法改变居主导性的原则、规范和规则。"②

"合作共赢、共同发展"、建立"新型全球发展伙伴关系"是构建合理、公正、平等、互利的世界新秩序的必由之路,就像德国席勒研究所创始人黑尔佳·策普—拉鲁什所概括的:"习近平主席提出的共赢战略不仅让每一个参与国从经济上受益,而且是唯一能够超越地缘政治思考的方式。"

### 3. 在与世界合作上主张坚持"命运共同体""利益共同体"理念

由于发达国家不会自动出让全球领导权,构建国际新秩序的基本动力是新兴经济体和发展中国家,作为世界第二大经济体以及最大的发展中国家,中国自然是重要的推动力量。在《全球经济治理再平衡:2015 年后中国和 G20 面临的机遇》报告的发布会上,联合国开发计划

---

① [美]斯蒂芬·克莱斯勒:《结构冲突:第三世界对抗全球自由主义》,李小华译,浙江人民出版社 2001 年版,第 19 页。

② 同上书,第 70 页。

署驻华代表诺德厚指出,"中国在 G20 峰会中的地位与在金砖国家开发银行和亚洲基础设施投资银行等新兴机构中所扮演的领导角色,都显示中国将在未来的国际经济架构设计中扮演更重要的角色。"① 中国偕同其他发展中国家为构建国际政治新秩序提供了新思路,体现了新担当:

一是致力于"丝绸之路经济带"与"21 世纪海上丝绸之路"的建设。"一带一路"的新概念将"中国梦"融于"世界梦"之中,有助于加强政治互信,推动中国与东盟在取得"黄金十年"的基础上,进一步打造"钻石十年"。其更深远的意义还在于,"它第一次将亚非大陆一举从某种附属边缘位置解放出来,使其重新焕发成繁荣和平的新中心地带成为可能,或将重塑全球新秩序。"②

二是南南合作中强调打造"命运共同体"。2013 年 3 月习近平总书记在莫斯科国际关系学院的演讲时提出"命运共同体"的理念,首先,将其运用在周边外交上,在博鳌亚洲论坛、上合组织峰会以及亚信峰会上习近平总书记多次强调"命运共同体"。"亲、诚、惠、容"的周边外交政策就是这一理念的体现。其次,由于广大发展中国家具有"共同的历史遭遇、共同的发展任务、共同的战略利益",都面临着"加快发展、改善民生的共同使命",更具有打造命运共同体的现实基础和动力,习近平总书记分别提出建立中非、中阿以及中拉命运共同体。③ 尤其是在中国—拉美和加勒比国家领导人会晤时,习近平总书记宣布了中方对促进中拉合作的倡议和举措,提出构建政治上真诚互信、经贸上合作共赢、人文上互学互鉴、国际事务中密切协作、整体合作和双边关系相互促进的中拉关系"五位一体"新格局,打造中拉携手共进的命运共同体。④ 中方倡议双方共同构建"1+3+6"合作新框架,推动中拉务实合作在快车道上全面深入发展。"1"就是"一个规划",即以实现包容性增长和可持续发展为目标,制定《中国与拉美和加勒比国家合作规划(2015—2019)》,实现各自发展战略对接。"3"就是"三大引

---

① 曲一琳:《〈全球经济治理再平衡〉报告发布》,《光明日报》2015 年 6 月 27 日。
② 王健君:《"一带一路"塑造全球新秩序》,《财经国家周刊》2015 年第 2 期。
③ 参见阚枫:《习近平的"共同体"外交理念:中国思路促国际合作》,中国新闻网 2014 年 10 月 13 日。
④ 《推动构建以合作共赢为核心的新型国际关系》,《人民日报》2016 年 5 月 11 日。

擎",即以贸易、投资、金融合作为动力,推动中拉务实合作全面发展。双方应该发挥贸易对中拉经济增长的重要促进作用,优化贸易结构,促进拉美国家传统优势产品和高附加值产品对华出口,并在服务贸易、电子商务等领域扩大合作,力争实现 10 年内中拉贸易规模达到 5000 亿美元。双方应该扩大相互投资,促进投资多元化,引导资金更多流向生产性领域。中国政府鼓励和支持更多中国企业赴拉美投资兴业,力争实现 10 年内对拉美投资存量达到 2500 亿美元。"6"就是"六大领域",即以能源资源、基础设施建设、农业、制造业、科技创新、信息技术为合作重点,推进中拉产业对接,推动中拉互利合作深入发展。① 再次,广大发展中国家利用不结盟运动、七十七国集团、上合组织等机制和亚信会议、金砖国家峰会、亚非峰会等各种平台,为推动国际新秩序的构建作出了巨大贡献。2015 年 4 月举行的亚非峰会的一项重要内容就是加强和推动建立更加公正、和平的国际秩序。最后,中国提倡的新型南南合作是互惠互利、无附加条件的合作,受到广大发展中国家的欢迎。塞内加尔总统阿卜杜拉耶·瓦德(Abdoulaye Wade)就曾表示:"与欧洲投资者、捐助机构和非政府组织缓慢、有时带有施恩性质的后殖民主义方式相比,中国满足我们需求的方式更适合。"② "真、实、亲、诚"的对非合作方针更是被视为中非友谊的基石。

三是南北关系中强调建立"利益共同体"。发展中国家与发达国家生活在同一个"地球村",已经形成利益交融、休戚与共的关系,在金融危机、恐怖主义、公共卫生、跨国犯罪、气候变化等全球问题的威胁下,没有一个国家能够独善其身,也没有一个国家可以置身事外。而且发展中国家一再强调南南合作将继续成为南北发展合作的补充而不是替代。"从建设人类命运共同体的战略高度看,南北关系不仅是一个经济发展问题,而且是一个事关世界和平稳定的全局性问题。"在谈及中法、中德、中欧关系时,习近平总书记多次使用"利益共同体"的概念。"中欧是发展之路上的利益共同体。""利益共同体"理念的提出,为构建国际新秩序提供了全新的合作模式,成为破解"修昔底德陷阱"

---

① 习近平:《努力构建携手共进的命运共同体》,《人民日报》2014 年 7 月 19 日。
② 威廉·沃里斯:《中国与非洲:共建世界新秩序?》,《金融时报》2008 年 2 月 15 日。

的钥匙。在接受美国《世界邮报》的专访时,习近平总书记明确指出:"强国只能追求霸权的主张不适用于中国,中国没有实施这种行动的基因。"

打造利益共同体就需要建立"新型大国关系"。大国关系是国际关系和国际格局中的主导性因素。主权平等原则和大国优先原则在国际关系中一直不断博弈,为了处理好这对矛盾,2013年6月,习近平总书记在与奥巴马庄园会晤时提出建立"不对抗、不冲突、相互尊重、合作共赢"的新型大国关系,成为以开创性的思维处理国际关系的典范。这一战略已初见成效,刚刚结束的第七轮中美战略与经济对话,中美双方在战略、经济和人文交流领域分别取得127项、70多项和119项具体成果。

南南合作、南北关系中政治因素不断上升,只有牢固树立"共同体"意识,扩大在治国理政和重大国际问题等方面的对话交流,才能提高发展中国家在国际政治舞台上的地位,真正做到"各国体量有大小、国力有强弱、发展有先后,但都是国际社会平等的一员,都有平等参与地区和国际事务的权利"[1]。

**4. 在安全防务上主张坚持"共同、综合、合作、可持续安全"理念**

面对整体稳定、局部动荡的复杂的国际安全局势,2015年1月举行的德国慕尼黑安全会议第51次年会发布了题为"坍塌的秩序,不情愿的卫士?"的《慕尼黑安全报告》。报告分析了全球面临的热点问题和重大挑战,指出"这些危机暴露出国际秩序中的智慧欠缺,揭示了现行集体安全机制和结构的短板"[2]。

在全球安全治理机制存在赤字的情况下,美日欧还都没有脱离冷战旧思维,依然希望借助军事同盟来解决地区冲突。美国2014年发布的《四年防务评估报告》把推进亚太再平衡看作主要战略布局,强化美日、美韩、美菲、美澳等双边军事同盟关系。2015年4月27日美日双

---

[1] 习近平:《迈向命运共同体 开创亚洲新未来》(http://news.xinhuanet.com/2015-03/28/c_1114794507.htm)。

[2] 晓岸:《首份慕尼黑安全报告拷问国际秩序》,中国网2015年2月4日。

方发表了修订的新版《日美防卫合作指针》,将日美军事同盟的覆盖面从日本周边为主扩大到了全球。5月美国国会众议院通过《2016财年国防授权法》,宣布"支持包括解禁集体自卫权在内的日本防卫政策变动"。7月16日日本众议院通过了以解禁集体自卫权为核心内容的新安保法案。北约作为冷战的产物,其军事集团组织的性质也使其很难摆脱冷战思维的影响。比如北约秘书长斯托尔滕贝格(Jens Stoltenberg)则否认了"国际秩序的崩塌"这一说法,并表示北约将承担起自己的责任,维护地区和国际秩序的和平、有序,"我不认为国际秩序会崩塌,只要国际上还有机构为维护国际秩序随时准备行动着——监督国际规则,保障欧洲的完整、自由和和平。自北约成立以来,它一直在扮演着维护国际秩序的角色。而国际秩序正在面临挑战,我们也要尽力去保卫它。我今天要谈三点基础性的努力:保持北约的强大、与邻国维持稳定并拉近与俄罗斯的距离。"①

就像《慕尼黑安全报告》中所质疑的,"国际体系的不稳定究竟是应归因于既有秩序被新崛起力量打破,还是美国扮演的领导角色走向失败?"越来越多的证据表明,在美国于2001年"入侵"之后,阿富汗的形势变得更加恶化。塔利班占领了更多的阿富汗的领土,ISIS扩大了在该区域的影响力,基地组织也重新建立了训练营。② 少数发达国家依靠军事同盟垄断国际安全事务的治理模式已经难以为继,以新兴大国为代表的发展中国家必须在国际安全事务中发挥更大的作用,开创新的合作模式,探索新的治理机制,才能应对世界面临的安全危机。从亚信峰会到香格里拉对话会、第51届慕尼黑安全会议,再到博鳌亚洲论坛2015年年会,中国提出的"共同、综合、合作、可持续"的新安全观引发各界关注,并受到广泛认可。习近平总书记在亚信峰会上详细阐述了新安全观,"要跟上时代前进步伐,就不能身体已进入21世纪,而脑袋还停留在冷战思维、零和博弈的旧时代。"在博鳌亚洲论坛2015年年会上又进一步指出,"当今世界,没有一个国家能实现脱离世界安全

---

① 扈大威:《慕尼黑安全会议:乌克兰危机与世界秩序的"崩溃"》,大公网2015年2月12日。
② Paul Mcleary, *The Long War in Afghanistan Grows Longer*, Foreign Policy Journal, JANUARY 28, 2016.

的自身安全，也没有建立在其他国家不安全基础上的安全。"奉行"新安全观"的上海合作组织秉持不结盟、不对抗、不针对第三方的原则，并且启动接收印度、巴基斯坦加入上合组织的"扩员"程序，有利于打击恐怖主义、分裂主义、极端主义"三股势力"，为地区安全合作机制提供了范例，"成为本组织成员国打造命运共同体的精神纽带"。但是，另一方面，坚持和平发展道路，并不意味着要放弃我们的正当权益，也正如习近平总书记所强调的，"任何外国不要指望我们会拿自己的核心利益做交易，不要指望我们会吞下损害我国主权、安全、发展利益的苦果。……中国走和平发展道路，其他国家也都要走和平发展道路，只有各国都走和平发展道路，各国才能共同发展，国与国才能和平相处。"①

当今世界处在破旧立新的过渡时期，各种力量相互依存又彼此较量，相互抗衡又竞争合作，使国际局势的发展充满了不确定性。但一定要看到时代的发展方向和潮流是不会改变的，"要充分估计国际秩序之争的长期性，更要看到国际体系变革方向不会改变。当今世界是一个国际力量对比深刻变化并朝着有利于和平与发展方向变化的世界。"② 总而言之，以和平共处五项原则为基础，以联合国协调机制为框架，以有利于发达国家和发展中国家共谋发展、共促和平的全新理念推动国际新秩序的构建，才符合时代潮流，才会促进时代的发展，而那种还想依靠霸权主义、新干涉主义、以大欺小的冷战思维构建国际秩序的做法则是阻碍时代发展、违反时代潮流的，也是不公正、不可持续的。

---

① 习近平：《更好统筹国内国际两个大局夯实走和平发展道路的基础》，《人民日报》2013年1月30日。

② 《中央外事工作会议在京举行》，《人民日报》2014年11月30日。

# 第八章 发达资本主义国家社会阶级结构的新变化

伴随着二战后的工业化与现代化进程，当代发达资本主义国家的社会结构发生了重大变化，西方学者乘机抛出各种各样的"工人阶级消失论"，提出中产阶级概念，试图论证中产阶级是西方发达国家经济发展的中坚力量，是推动社会结构由"金字塔型"向"橄榄型"转变、促进社会稳定的主要力量。然而，近年来，产业空心化导致西方发达国家收入两极化趋势不断加剧，西方社会的中产阶级出现了一定程度的萎缩趋势，特别是 2008 年爆发的金融危机对中产阶级造成了巨大冲击。中产阶级由资本主义社会的"稳定器"和"减压阀"成为矛盾集中爆发的地带，在金融危机后的一系列社会运动中，受损害的中产阶级也成为社会抗议的重要组成部分。

## 一 二战后发达国家中产阶级的崛起

当代西方中产阶级的出现是和西方国家的现代化进程密切相关的。在工业化早期，资本主义国家阶级差别非常大。但是到帝国主义时代，大约从 20 世纪初开始，阶级差距逐渐缩小，特别是二战以后，中产阶级的力量不断壮大，发达资本主义国家形成两头小、中间大的社会结构。

### 1. 中产阶级出现的社会经济根源

二战后，西方国家的现代化推动了社会生产力的巨大发展，导致了发达资本主义国家产业结构的调整，主要表现为以重工业为主向以技术密集型产业、高技术产业特别是服务产业（第三产业）为主的产业结构的转移。当汽车和家用电器走进千家万户的时候，人们参加文化活动、改善住宿条件、开辟业余生活的可能性也就随之扩大，由此导致了大众消费需求向诸如饮食业、旅游业、保健业、科学、教育、艺术等服务业的迅速转移。传统产业部门在社会生产中的比重日益缩小，第三产业所占比例开始大幅提高，其就业人数超过了第一、第二产业，成为就业人数最多的产业部门。就业结构的变化必然会导致社会阶级结构的变化，其基本特征就是中产阶级的发展壮大。

除产业结构变化导致中产阶级人数上升之外，二战后西方发达国家中产阶级增长的原因还有三个：

一是二战后凯恩斯主义的盛行。它要求扩大国家职能，加强政府参与和干预经济与社会活动的能力，这就使政府机构扩充，行政人员相应增加。此外，国家出资兴办了许多科研、学校、医院、社会福利等机构。在这种情况下，公共部门就业人员和国家公务员数量增长很快。从数量上看，目前西方发达资本主义国家的政府雇佣人员约占全部就业人口的20%—30%。从人员的构成情况来看，政府雇佣了社会中全部专业人员和管理人员的一半，这些人员大多数属于中产阶级。

二是中小企业的大量存在。中小企业在技术创新和维持社会稳定等方面，为大企业的发展提供了有利的再生产环境。美国小企业的技术创新数量成倍地超过大企业，全国大约一半人口靠小企业为生。这些中小企业的业主和专业技术人员大多数属于中产阶级。

三是西方高等教育的大众化。决定社会分层结构或促成社会流动的原因有多种，而在西方白领阶层的成功模式中，教育在个人命运中成了决定性的关键因素，曾经成为社会下层人员提升为中间阶层的资本或工具。只要经济条件许可，大学、高中都能提升他们的社会地位、使他们成为中间阶层的一员。尤其是在英美相继吸收中国古代科举制度背后的能力本位理念，推行文官考试制度后，教育更是成为社会流动的必要条件。在传统的两极社会中，只有极少数新兴中产阶级受过高等教育，多数人都没受过正规高等教育。在现代社会中，大多数人都受过高等教育，政府能够通过考试雇佣优秀的专业人员和管理人员，一个中间阶层就形成了。

譬如，联邦德国在20世纪60年代初开始对教育尤其是高等教育进行改革，通过扩建原有学校和建设新校增加招生数量，并通过结构重组等方式改革教育内容，从而使高等教育在保证质量的前提下实现大众化。例如明斯特大学在1945年的在校学生为1000余人，1949年发展到近5000人，大规模扩招前的1960年又比1950年多了一倍，达到11000人。从整个联邦德国在校大学生人数的变化，可以看出高等教育扩大的趋势。1961年联邦德国在校大学生人数是22.9万，1971年为44.6万，1981年增至88万，1988年上升到110.5万。高等教育的发展对联邦德国中间阶层的扩大起到了极大的促进作用。[1]

美国是全球最早普及中小学教育的国家，领先于社会等级分明的欧洲，从而为美国的工业化和现代化提供了教育程度最高的劳动力，使得美国的制造工业和农业机械化都领先世界。更重要的是，在过去100多年中，美国人口的普遍教育水平不断提高，特别是二战以后，美国高等教育从原来的豪门特权向平民社会开放。这里有两个主要历史原因，一是二战末期美国国会通过了著名的《老兵法案》，资助后来的大批退伍复员军人接受高等教育。二是公立大学的普及和扩展，大大降低了高等教育的社会门槛和费用，进一步为寒门子弟提供了社会上升通道。20世纪五六十年代，不需家庭和父母任何帮助、半工半读念完大学可谓家常便饭。高等教育的平民化，为二战后美国的技术不断创新和经济持续增长创造了良好的社会条件。

作为高等教育大众化的结果之一，知识化成为中产阶级的重要标签。中产阶级从事的多为脑力劳动，并且其中相当多的职业是专业技术性的。20世纪六七十年代以来，西方国家经济增长方式由粗放型向集约型转变，各类"知识密集型"产业，如信息产业、银行、金融保险、通讯、教育和公用事业等迅速发展，而这些新兴产业需要大量的专业技术人员。在西方发达资本主义国家，技术与管理专家主要有：投资银行家、房地产经纪人、公司经理、科研人员、工程师、会计师、律师、医生，等等，他们形成了一个队伍庞大的技术专家阶层。

中产阶级的发展是与生产和资本的社会化同向运动的。绝大部分中

---

[1] 以上数据参见许璐：《联邦德国产业结构转型与中间阶层的变化》，《华中科技大学学报》2008年第22卷第1期。

产阶级不直接占有生产资料,但是拥有一些对生产资料的日常管理权和控制权。正是由于股份公司的出现使生产资料所有权趋于分散,生产资料不再被个人和家庭单独占有;正是由于生产规模日益扩大,生产资料的日常管理权同资产所有权发生了分离,这些技术与管理人员才获得了生存和发展的条件。

**2. 被分割的工人阶级**

中产阶级的出现可视为工人阶级所经历的分化过程的一部分,但中产阶级并不能穷尽这种分化。因为这种分化实际上源于资本主义分工机制的深度扩展所带来的部门分割和行业分割的加剧。

随着20世纪七八十年代"后福特主义"的兴起,一种"分割式"控制系统代替了福特主义的"流水线"控制系统,这种分割式的控制系统对工人进行了"再阶层化",即沿着职业、种族、性别、阶级等各个路线对工人群体进行阶层上的分割,使工人阶级的不同部分服从于不同的组织、报酬和流动性,甚至是情感和认同。① 正如齐泽克(Slavoj Žižek)曾经指出的那样:"在今天的发达社会中,出现了工人阶级的三个派别之间的分离,即脑力工人、旧体力工人、被抛弃者(失业者、贫民窟居民、生活在其他公共空间缝隙中的人),这一进程的结果就是社会生活逐渐瓦解自身,容纳三个派别的公共空间逐渐瓦解,各种身份政治成为了替代。……无产阶级也因此分成了三个部分,其中每个部分都反对其余两个部分:脑力工人对'乡巴佬'工人的文化偏见;工人对知识分子和被抛弃者的民粹主义仇恨;被抛弃者对社会本身的敌视。"②

工人阶级的分割由于资本主义生产的全球扩展得到了进一步的强化。全球新自由主义制度的盛行使得一种灵活的空间积累机制得以建立。这种积累机制使得资本能够通过转移生产地或转包的形式,灵活地雇佣劳动力并进行生产,同时,劳动力市场和劳动过程在全球规模上的分割给工人带来的是不定期的裁员和不稳定的雇佣。换言之,在后福特

---

① 唐睿:《被分割的纽带:现代西方工人阶级认同感的消失》,《理论界》2013年第9期。

② Costas Douzinas & Slavoj Žižek, *The Idea of Communism*, London and New York: Verso, 2010, pp. 225–226.

制的生产方式下，与跨国公司的全球拓展相伴随的是全球劳动力的分化与整合，不计其数的劳动力被纳入跨国公司的全球空间，跨国公司也凭借资本权力关系在不同空间进行销售与采购，并建立起一个结构化的劳动控制网络，进一步造成工人阶级的分裂和分散化。①

在信息革命的推动下，工人阶级在国内和国际上的分割进一步加剧。随着电脑、激光、微电子、电讯和因特网等信息技术的广泛应用，西方发达国家陆续发生了以信息产业为主要内容的新的产业革命——信息革命。它使得文化生产、金融服务等非物质生产逐渐成为经济发展的关键性动力，并带来了脑体分工的进一步细化，致使工人的分割在发达国家的内部不断深化，比如设计者、分析者和日常使用者之间的分化，重要职位和非重要职位之间的分化，不同的控制模式之间的分化（相对松散的控制和高压控制）。此外，从国际层面来看，灵活积累机制也只有借助于信息革命才能实现，比如利用计算机和因特网在远距离（美国总部）实现对劳动过程的组织和指导，以及对工人实行远程监管。换言之，只有借助于信息技术，生产的分散化和控制的集中化才能够同时实现，而这两方面都是资本的"分割和管理战略"的关键性环节。②

### 3. 围绕"中产阶级"的争论

关于"中产阶级"的性质和归属，西方左翼有两种代表性观点。

一是主张把新出现的中间阶级归入"新工人阶级"，即认为那些受过良好教育和训练的技术人员和管理人员仍然是"被雇佣"的群体，和"雇佣者"即资本家相对立，因此仍然属于工人阶级；但这些新的被雇佣群体是当代新工人阶级的先进代表，他们能够超越传统产业工人的狭隘眼界，即能够从简单的经济诉求中摆脱出来，把目标指向对企业乃至整个社会的控制权，从而成为挑战资本主义的中坚力量。比如马勒就曾指出："新工人阶级处在现代资本主义的最复杂机制的核心，他们比任何其他人都更快地认识到这个制度的固有矛盾。正因为

---

① 宋宪萍、孙茂竹：《试论后福特制生产方式下跨国流通组织的劳动关系》，《教学与研究》2013年第5期。

② Magdoff, F. and J. B. Foster, Class War and Labor's Declining Share, *Monthly Review*, Volume 64, Issue 10 (March) 2013.

## 第八章　发达资本主义国家社会阶级结构的新变化

新工人阶级的基本要求多半得到了满足，他们才能对工业的等级制本质提出拷问。"[1] 其后又有一些学者，如哈特（Michael Hardt）和奈格里（Antonio Negri），从非物质生产取代物质生产成为主导性生产的角度出发，把一些从事非物质生产的信息产业从业者视为资本体制反转的中坚力量，他们认为，在知识经济条件下，非物质生产所造就的"智识工人"将作为潜在的革命主体领导诸众进行抗争。也就是说，随着工业式的集中控制变成了相对松散的管理机制，资本主义的内在可反转性就在于由智识工人所主导的生命政治跃出资本限制并诉诸共有的这一路径。[2]

二是主张把新中间阶级归入"新小资产阶级"行列。这种观点强调新中间阶级所具有的两重性。如普兰查斯（Nicos Poulantzas）曾指出，从"技术分工"来看，新小资产阶级和工人阶级一样处于受剥削的经济地位，而在"社会分工"的意义上，新小资产阶级又代表着资本对工人的政治支配，并使资产阶级与工人阶级之间的政治关系得以在生产过程中再现。此外，新小资产阶级的出现也使工人无法接近生产过程中的"秘密知识"，各类技术专家也成为资本行使权力的思想载体。[3] 赖特（Eric Olin Wright）也认为，"新小资产阶级"总是处于一种"尽管统治无产阶级，但又受资本统治"的双重地位，这种双重地位使其在政治和意识形态方面类似于历史上的传统小资产阶级，即在一定情况下具有革命性，而在另一种情况下又对权力抱有幻想。随着阶级斗争的展开和阶级矛盾的激发，"新小资产阶级"就会分化，重新加入无产阶级或成为资产阶级。

可见，"新小资产阶级"理论和"新工人阶级"理论的主要差别在于，"新小资产阶级"理论强调当代资本主义国家阶级斗争的一种"均势"状态，新小资产阶级正是劳资矛盾暂时平衡的表征。而新工人阶级理论则强调阶级斗争形式的转换，即从一种物质生产主导下的传统的经济斗争形式转向非物质生产主导下的生命政治的斗争形式。但二者的

---

[1] 参见李青宜：《当代法国"新马克思主义"》，当代中国出版社1997年版，第86页。
[2] Costas Douzinas and Slavoj Žižek: *The Idea of Communism*, London and New York: Verso, 2010, pp. 137 – 140.
[3] Nicos Poulantzas, *Classes in Contemporary Capitalism*, London: NLB, 1975, p. 261.

共性在于，都反对一种中产阶级理论。这种中产阶级理论认为，新中间阶级已经构成了一个稳定的"无阶级的灰色地带"，"新中间阶级"既不属于工人阶级也不属于资产阶级，而是位于资产阶级和工人阶级之间的中间地带，这个中间地带通过不断吸纳原来的资产阶级和无产阶级扩大自身；而且，随着这一地带的扩大，整个社会的两极化趋势就会得到扭转，阶级和阶级斗争也就逐渐淡出。

从表面来看，中产阶级理论符合大多数人对于发达国家社会结构领域新变化的直观感受，即阶级和阶级斗争的弱化。但马克思主义视角，或者说阶级分析视角能够使我们超越直观感受，看到更深层次的问题，即在全球资本主义条件下，发达国家阶级斗争"弱化"的实质是阶级斗争从内容到形式的"转移"，一种是空间位置上的转移，即从资本主义世界体系的中心到边缘的转移；另一种是社会领域的转移，即工人阶级分化所带来的多重压迫的交集（intersectionality）①，使得阶级、性别、种族等方面的因素相互交织，无法再辨认出"纯粹"的阶级和阶级斗争。

如果以人与生产资料的关系以及人与雇佣劳动的关系来判断，资本主义社会的资产阶级与工人阶级存在着根本利益的对立，表现为总体资本与总体劳动的对立。资本同劳动对立的总体性理论，是马克思对劳动与资本对立的表述。劳动总体是指作为总体工人的组成部分，不论劳动者在哪个行业，从事什么性质的劳动，总是在资本的驱使下为了获得生活资料而非剩余价值进行与资本相对立的劳动，即劳动作为一个整体一直处于受资本剥削压迫的地位。中产阶级化以表面现象掩盖阶级本质，从表象出发来定义社会结构变化，并没有直面资本主义社会的根本矛盾。资本主义社会中新兴工人即中产阶级的出现并没有改变资本主义的社会本质与阶级结构。

不可否认，中产阶级领导着资本主义社会的价值观和生活方式的改变。具有专业技术的白领广泛而密集地占领了大部分政府机构和各类技术组织，这些专业技术人员越来越处于资本主义社会的主导地位，是社会创新的一个主要来源。中产阶级能够推动民主化，但需要一定的条

---

① https：//en.wikipedia.org/wiki/Intersectionality.

件,中产阶级在民主化中的表现受社会地位、经济利益及内部构成的制约。

从某种程度上说,中产阶级只是西方舆论的时髦术语,"被中产阶级"和自封"中产阶级"的人群,是国际垄断资产阶级拿来作为洗刷自己历史罪孽的"清洁剂"。因为资本主义是导致人类分裂的社会形态。新自由主义全球化以来,国际垄断资产阶级创造了从未有过的两极分化。一个空前两极化、持续两极化的世界,摆在人类面前。[①] 事实上,资本主义从诞生起,从来没有形成过一个"橄榄型"的"中产化社会",因为资本的本性就是制造两极分化。资本主义时代的一个最大特点就是阶级对立简单化。

从本质上来说,中产阶级的兴起是随着资本主义生产力的发展而引起的社会结构变动,是资本主义自我调整的产物。中产阶级的兴起与壮大,是人类社会开始走向"共同富裕"的标志。西方发达国家从普遍贫穷走向"普遍富裕",中产阶级从无到有、从少到多,这是人类社会的巨大进步,是值得肯定的。在发达的资本主义世界,一直没有发生社会革命,其中主要的原因,是西方发达国家的普遍富裕和存在人数众多的中产阶级。在社会动乱中,损失最大的是普通公众,社会革命的代价过高,人心思稳是大势所趋,这是经济增长和财富积累的必然结果。解决了生存问题的大多数人一般是没有革命意愿的,而绝对贫困的人只是西方社会中的少数,他们所代表的不是先进生产力,即使有革命的意愿,也没有发动革命的能力。

社会主义、共产主义建立在生产力巨大进步的基础上。虽然发达资本主义国家"普遍富裕",但是离马克思、恩格斯所描述的"各尽所能,按需分配""每个人的自由发展是一切人自由发展的条件"的理想状态还很遥远。要达到或接近这个理想状态,即物质财富的巨大增长、社会全面进步和人的全面发展,包括资本主义在内的人类社会还要奋斗相当长的一段时期。

---

[①] 卫建林:《2013年土耳其、埃及、巴西等"6月事件"和所谓"中产阶级"》,《世界社会主义研究动态》2014年1月2日。

## 二 金融危机对中产阶级的冲击

在资本主义以往的危机中,中产阶级或中间阶层虽然在收入和生活上会受到影响,但与受到沉重打击的底层劳动者、少数民族和外来移民等群体相比,中产阶级的境况要好许多,其人数也不会出现大幅下降。但在这次由产业空心化和虚拟经济膨胀引发的金融危机中,中产阶级受到的冲击和影响尤为突出和严重。中产阶级及其子女失业现象严重,收入下降,许多中产阶级家庭负债累累,能够维持中产阶级生活方式的家庭不断减少。在收入中间值范围的中产阶级人数所占比例大幅下降,西方发达国家普遍出现了中产阶级萎缩的"危机"。

### 1. 产业空心化对就业的影响

20世纪80年代初以来,在主要发达国家,金融衍生产品层出不穷,虚拟经济越来越脱离实体经济,中产阶级丧失了继续发展和壮大的根基。

由于资本的全球化,西方发达国家以制造业为中心的物质生产不断向国外转移,大量资本转移到利润更高的金融服务业,一些发达资本主义国家出现"产业空心化"现象,使物质生产在国民经济中的地位急剧下降,在物质财富没有增长甚至减少的情况下,用货币来衡量的财富却高速增长。大多数的富裕国家只是货币财富较多的国家,不一定是物质财富较多的国家。国外有学者曾指出,一个国家的经济最重要的就是要有"生产性",这种"生产性"不仅是霸权国家盛衰的重要基础,也是中产阶级不断兴起与壮大的基础。因为,只有工业化、只有坚实的制造业基础才能为一个国家提供大量稳定的有体面收入的就业机会,进而实现该国经济社会的持续发展。仅从表面上来看,发达资本主义国家的这次金融危机有其历史、体制等原因,但首要原因是这些国家缺乏物质生产的强力支撑。

美国的服务业大致包括13个门类:保险、金融、信息、交通、教育、医疗、社会救助、娱乐餐饮、房地产、租赁、专业与商业服务、政府服务、其他服务,可以说囊括了制造业、农业以外的几乎所有产业。根据美国劳工统计局(BLS)的数据,2014年美国排名前15的职工福利薪酬最高的公司（依薪酬福利水平排序）是：Apogee Medical 公司（医疗服务）、波士顿咨询公司（全球商业咨询服务）、博斯公司（全球管理咨询服务）、科尔尼公司（全球管理咨询服务）、Juniper Networks 詹博网络（网络解决方案咨询服务）、Visa 公司（信用卡服务）、LinkedIn（社交网络服务）、欧特克（商业服务）、沃尔玛（零售服务）、谷歌（网络搜索服务）、麦肯锡（会计法律服务）、Twitter（网络社交服务）、雅虎（网络信息服务）、苹果（信息技术服务）、巴克莱银行（金融服务）等。以上名单清一色是服务行业企业，苹果公司是名震全球的 iPhone 手机和 iPad 平板电脑的供应商，但美国业界和学界及媒体更倾向认为苹果是一个创意提供者，因为所有的苹果产品都是在亚洲的巨型工厂生产的，比如在中国大陆赫赫有名的台资企业富士康。

表 8-1　　美国雇员薪酬前 10 名　　（单位：人、美元）

| 公司名称 | Google | Walmart eCommerce | Autodesk | LinkedIn | Visa Inc. | Juniper Networks | A. T. Kearney | Booz & Company | Boston Consulting Group | Apogee Medical |
|---|---|---|---|---|---|---|---|---|---|---|
| 行业 | 信息技术 | 电子商务 | 商业服务 | 信息技术 | 金融 | 信息技术 | 商业服务 | 商业服务 | 商业服务 | 制造业 |
| 雇员人数 | 47756 | 1500 | 7300 | 5045 | 9500 | 9483 | 3200 | 3000 | 6200 | 750 |
| 平均年薪 | 125000 | 125000 | 128000 | 130000 | 130000 | 134218 | 135000 | 140000 | 143750 | 220000 |

根据 Glassdoor 的数据显示，美国人的平均年薪为 3.475 万美元。但在一些企业中，员工的平均年薪可能超过平均值的 5 倍多。平均支付雇员工资最高的企业主要是管理咨询类及科技类企业，这些企业招人的特点也是瞄准那些高学历、有特殊技能的优质人才。

《商业内幕》2015 年 9 月 28 日选出全美最具影响力的前 50 家公司，其评选标准是基于 2014 年的营业额、员工人数以及在 Google 新闻的媒体报道与社交网站的影响力。社交媒体影响力是以社交平台影响力评估网站 Klout 的标准给的分数为根据，分数越高影响力越大，满分是 100。

在全美最具影响力的前50家公司名单中，有6家零售业上榜，它们是沃尔玛、Target、亚马逊、Kroger、好市多以及CVS Health；16家科技公司挤入排行，包括微软、苹果、IBM与谷歌等知名企业。

表8–2　　**美国最具影响力前50家企业雇佣人数排名**

（单位：亿美元、万人）

| 公司 | Walmart | McDonald | Kroger | IBM | Target | Berkshire Hathaway | General Electric | HP | PepsiCo | Wells Fargo |
|---|---|---|---|---|---|---|---|---|---|---|
| 营业额 | 4856.2 | 274 | 1085.6 | 928 | 720.61 | 1940 | 1483.2 | 1115 | 667 | 843.4 |
| 员工数 | 220 | 42 | 40 | 37.9 | 34.7 | 31.6 | 30.5 | 30.2 | 27.1 | 26.5 |

通过表8–1和表8–2①对比，可以看出第三产业虽然平均年薪很高，但雇员的人数普遍不多，高端制造业的年薪最高，但雇佣的人数少得可怜。提供就业岗位最多的是像沃尔玛和麦当劳那样传统的服务业和老牌的制造业，但都是一些低薪岗位。雇佣人数最多的前10名企业与平均年薪前10名的企业没有交集。全球零售巨头沃尔玛在美国经常被指责刻薄其零售店员的工资，因为其一线零售门店的普通雇员年薪才2万美元。但对于高智商的人才，资本家并不会吝啬薪水。沃尔玛近年来一直加大其在线业务，旨在赶超电商巨头亚马逊，所以它们对于软件开发人员非常慷慨，平均年薪约12.5万美元，比美国软件开发员的平均年薪高出3.8万美元！

美国经济复苏后创造的工作大都是低薪工作，经济衰退期损失的低薪工作占22%，但后来增加的低薪工作却占44%。根据美国全国就业法协会的报告，经济衰退期裁减的中薪工作占37%，但复苏后增加的工作仅占26%；高薪工作在经济衰退期损失41%，但后来增加的工作只占30%。民间企业的低薪工作，在过去4年增加的工作中占39%。②

可以说，高端制造业和新兴服务业的兴起并不眷顾中产阶级。从

---

① 表中数据是作者参考国外网站相关内容整理的。
② 《中产阶级经济力量衰退　美国恐沦为低薪国家》（http://world.huanqiu.com/exclusive/2014–04/4984929.html）。

## 第八章　发达资本主义国家社会阶级结构的新变化

20世纪80年代开始,美国中产阶层就出现增长停滞的趋势。很多从事白领工作的中间管理阶层和中等收入阶层也被计算机所取代,就像当年机器曾取代并在继续取代很多从事蓝领工作的体力劳动者一样。现代科技的发展,最终将导致50%—70%的劳动力失业,其中主要是从事中产阶级工作的那些劳动力,到那时,资本主义将难以维系。[①]

在今日之美国制造业中,提供中等收入的岗位少之又少,总体上本土雇员在减少。比如生产工业自动化设备的罗克韦尔公司(Rockwell),年度营收60亿美元左右,公司在美国的雇员仅占22000名雇员的39%,海外雇员占61%,在美国本土8500名雇员中,约68%从事营销、采购、售后、工程技术等服务性岗位。换言之,美国制造业内部结构也在走向高端——服务性。

有观点认为,曾经傲视全球的美国中产阶级"正在消失"。大型跨国公司在全球化贸易架构中摄取到越来越多的利润,这要拜美国发达的金融业和贸易、商业咨询、服务咨询等服务业之功。美国传统意义上的"中产阶级工人"只能从事工资更低的零售服务和一般服务岗位,"靠在沃尔玛当咨客和在麦当劳卖汉堡已经不能养活一家人"。"产业空心化"在很大程度上是资本逐利的结果。资本可以全球流动,寻找最好的盈利机会,但是劳动力却没有实现全球化。以此为特征的国际分工,使美国资本在世界经济良性运转时可以赚取世界的"血汗钱";反之,在金融危机、经济衰退之时,美国资本难免遭遇打击,民众也随之遭殃。

目前美国的多数学者认为,中产阶级的分化和贫富差距的扩大是信息技术冲击下产业结构和企业组织结构迅速转变的必然代价,也是为了适应经济全球化和更加激烈的国际竞争所做出的反应。可以预计,这种社会结构的不协调势必导致中产阶级的不满,并使社会冲突的可能性加剧。

### 2. 危机加剧社会财富的不合理流动

国际金融危机对每个资本主义国家的中产阶级都产生了不同程度的冲击。相对来说,北欧国家、英国、法国、德国等国的中产阶级保持了

---

[①] [美]伊曼纽尔·沃勒斯坦等:《资本主义还有未来吗?》,社会科学文献出版社2014年版。

相对的稳定，美国等国家的中产阶级受到很大的冲击，"美国梦"备受质疑。

"有产化"是西方发达资本主义国家中产阶级的一个显著标签。在美国，根据家庭收入可分为三个明显的阶层：富人、穷人和中产阶级。年收入在3万到几十万美元之间的家庭被视为中产阶级，低于3万美元的为穷人阶级。

那么，美国中产阶级的典型生活是怎样的呢？曾有人这样描述："住在郊区，有1幢2间至4间卧室的花园房子（分期付款），2个孩子，1只狗，2部汽车（分期付款）。门前是修剪整齐的草坪。丈夫每天辛勤工作，妻子在家带孩子做家务，拿薪水后马上开出15张以上的支票付账。"① 关于"中产阶级"，奥巴马用下面几个条件表达了这个阶级的外部特征："他们努力工作的话，便可以养家，生活还可稍有结余，拥有房子，可供孩子上大学。"在现实生活中，美国中产阶级要实现这个人生目标确实不易，很多人可能苦苦打拼一辈子也不一定达到。从家庭资产配置来看，大部分中产阶级家庭约60%的财富来自自有住房资产，企业股权、金融证券等投资仅占家庭财富的12%。而对家庭财富排在前1%的最富有阶层来说，47%的财富来自企业股权收益和其他房地产投资；27%的财富来自股票、信托、共同基金等金融证券投资；自有住房资产仅占家庭财富的9%。② 美国房地产繁荣时期，住房自有率为69%，如今这一数字为64%。自2009年以来，读大学的成本增速接近通胀率的3倍。奥巴马医保法案虽然惠及数以百万计原先不享受医保的人群，但保费提高令本来就享受稳定医保的部分中产阶级人士负担加重。股市和楼市的双双塌陷粉碎了数以百万计美国人的退休计划，有超过半数的退休年龄段家庭面临严重财务危机。美国人现在的旅行度假时间比以往任何时候都短。一些低收入工作甚至没有任何带薪假期。

有数据显示，目前年收入在9.4万至20万美元的中上收入家庭中（约占全美家庭80%—95%），拥有教育贷款的比例从2007年的19.5%

---

① 《另眼看美国：高福利制度制造懒人经济》（http://www.chineseinla.com/f/page_viewtopic/t_1099.html）。

② 数据参见高攀：《美国中产阶级衰落为哪般》，《经济参考报》2015年1月28日。

上升至 2010 年的 25.6%；在金额方面更是高涨，2007 年平均贷款额为 2.66 万美元，2010 年则上涨至 3.28 万美元。① 这其中有两个原因：第一，学费不断上涨。随着经济低迷以及政府减少拨款，目前美国大学本科四年的花费已是 1985 年的 2 倍多。美国公立的宾夕法尼亚大学在过去 5 年学费上涨 21%，但同期政府拨款减少 25%；第二，经济不景气使得多数中上收入家庭资产缩水。金融危机以来，美国中上收入家庭资产净值中位数下跌了 19%。在年收入 9.5 万到 12.5 万美元的家庭中，有 1/3 的父母没有为孩子进行教育方面的储蓄和投资。教育费用让受金融危机影响最大的中产阶级犯难，这其实是美国中产阶级贫困化的一个具体表现。著名经济学家克鲁格曼把原因归结于政府。他指出，中产阶级陷入困境的原因是经济增长收益流向了富人阶层，政府以牺牲中产阶级的利益来取悦富人。②

垄断资本在创造从未有过的巨大财富的同时，也创造出从未有过的两极分化。西方垄断资本由工业资本变形升级为金融垄断资本，在一国内制造两极分化。通过把所谓中产阶级几代积累的房产、汽车、有价证券等财富过度金融化，造成财产虚拟化，进而致使绝大多数人辛苦劳动积累的财富一夜之间以金融为渠道过渡到少数人手中。这种金融垄断资本主义使少数资产阶级通过金融手段消灭所谓中产阶级于无形。世界资本主义体系的金融经济危机使资本主义宣传的"中产阶级"人群大跨度地分化和坠落，"中产化社会"的谎言遂告破灭。无论是西方国家内部还是世界体系中间，贫富和社会地位的两极化都在不可遏制地加剧。这再次印证了马克思、恩格斯的论断：资本主义最大的特点是"它使阶级对立简单化了。整个社会日益分裂为两大敌对的阵营，分裂为两大相互直接对立的阶级：资产阶级和无产阶级"③。

在新自由主义的影响下，作为资本的总代理人，资本主义国家的政府行为主要以提高资本的利润为导向，工人地位不断降低，社会福利日益受到限制。这种态势造成了一种以利润增长和工资停滞为特征的资本

---

① 《华尔街日报：美国中产家庭为教育费发愁》（http://news.youth.cn/gj/201208/t20120812_2348575.htm）。
② 成珞：《教育让美中产阶级"很受伤"》，《解放日报》2012 年 8 月 12 日。
③ 《马克思恩格斯文集》第 2 卷，人民出版社 2009 年版，第 32 页。

扩张，同时出现了剩余价值的创造条件与实现条件之间的矛盾。利润增长与工资停滞相结合产生了一个与需求相对的潜在生产过剩的危机。为了应对这个危机，"透支消费"和"财政赤字"（国家层面上的透支消费）成为西方社会普遍采取的办法。从实际结果来看，"透支消费"暂时填补了收入与消费之间的缺口，一定程度上掩盖了资本主义扩大再生产与有效需求不足的矛盾。但"透支消费"不能从根本上解决"生产过剩"的问题。因为有效需求不足的根源在于资本主义内在矛盾，"透支消费"只是把资本主义内在矛盾的爆发从当下推到了未来。这是金融危机发展的关键链条，也是西方发达资本主义国家以工资收入为主的中产阶级受伤害最大的根本原因。

### 3. 中产阶级的生活日益窘迫

经过二战后长期的和平发展，西方资本主义各国出现的一个普遍现象便是人民收入的中等化趋势。由于有了经济能力的保障，"中产阶级"都积极追求高品质的生活。然而，在资本主义制度下，工人阶级生活状况的改善只是相对的、暂时的，工人阶级贫困化的趋势并没有改变，无论生产力发展到什么程度，总是以工人阶级的贫困相陪衬，自金融危机以来，中产阶级也要勒紧裤腰带过日子。

据美国官方统计，美国占绝大多数的白人家庭，年中等收入为5.2万美元，其中1/3收入用于交税，大约剩余3.5万美元，约合每月2900美元左右，然后扣除生活所需，再扣除住房、汽车贷款以及医疗保险费用，再扣除孩子上大学的费用，一个月下来所剩无几，如果能存下几百美元那简直算是个奇迹了。[①]

银行利率网站2015年6月发布的一项调查报告显示，在全美受访者中，29%的成年人完全没有应急储蓄，为5年来最高比例。如果把该比例放大到全美，就意味着约7000万成年人没有应急储蓄。此次调查发现，只有22%的成年人有至少够用6个月的应急储蓄，是5年来的最低水平。该调查报告与其他同类调查报告的结论相似，美国劳工组织2015年3月公布的调查结果显示，全国34%的民众没有应急储蓄。财

---

① 参见蒋英建：《美国的社会阶层 富人穷人都好过 中产阶级很艰辛》，《观察与思考》2006年第11期。

## 第八章 发达资本主义国家社会阶级结构的新变化

经专家表示，低储蓄反映了大部分美国家庭的收入并没有显著增加，因此家庭预算紧张。人们习惯等到月底看看有多少结余可供储蓄，而事实上是没钱可存。缺乏应急储蓄的危害很大，当紧急情况发生时，人们可能需要一个昂贵的解决方案，如透支信用卡或个人贷款，在极端情况下不得不宣布破产。根据美国运通公司的调查，过去1年中，一半民众有不可预见的意外支出，其中44%与医疗费用有关，46%与他们的汽车有关。这两者都难以逃避。

缺少应急储蓄是美国家庭在财务安全网上的一个短板，在现实生活中，不少家庭成了"月光族"，而且"月光族"家庭不仅出现在低收入群体，连中产家庭甚至是部分百万富豪也加入了"月光族"的行列。布鲁金斯学会的一项研究报告称，美国有近1/3的家庭属于"月光族"，在这3800万"月光族"家庭中，有2550万家庭属于中产家庭，占"月光族"家庭总数的66%；低收入家庭有1250万，占"月光族"家庭总数的34%。研究显示，中产"月光族"家庭有稳定的收入，许多家庭拥有住宅和退休储蓄账户，但他们却挣多少花多少。中产"月光族"家庭的年中位收入为4.1万美元，低收入"月光族"家庭的年中位收入为2.1万美元。对家庭年收入7.5万美元以上人群的调查反映出，即使在这类有不错收入的家庭中也有一部分人陷入"月光族"境地。在年收入7.5万美元以上的人群中有1/3的人表示，他们有过"月光族"的经历。美国很多家庭的财务目标并不是成为富豪，只要有足够的收入能够过上像样的中产生活就心满意足了。但"月光族"凸显出家庭财务安全网的薄弱，并会加重家庭生活的精神压力。"月光族"家庭攒不下钱与家庭理财不善有关，但生活成本的上升，也使得美国人想攒钱或是多攒钱变得更加不容易。美国经济研究所的研究显示，在纽约一对夫妻带两个孩子这样的四口之家，一年的基本生活费用，如住房、食品、交通、医疗保险等支出需要94676美元，想想看，按照这样的生活支出水平，年收入7.5万美元也要勒紧裤腰带过日子，成为"月光族"已经是很幸运的了。①

---

① 以上数据参见：《美国有多少人成为月光族 近三成民众没应急储蓄》（http://money.sohu.com/20150714/n416731413.shtml）。

### 4. 中产阶级的发展趋势

金融危机爆发以来，中产阶级的收入水平虽然有不断下降的趋势，但仍是西方发达国家的主体人群。

自1800年以来，全球中产阶级共出现三次爆炸性增长。第一次发生在工业革命期间，在1820年至1913年期间，全球经济增长从基本停滞发展到大约每年1%的水平。在此期间，中产阶级人口从1820年的1.8%增长到1913年的13.2%。在1913年到1950年期间，由于两次世界大战和经济危机的影响，中产阶级人口增长速度相对较低。第二次中产阶级爆炸性增长发生在二战后，1950年至1980年期间，中产阶级人口从23.5%增长到32.2%。第三次中产阶级的增长发生在1990年之后，从1990年的34.2%，即约为1/3的世界人口增长到2006年的50.2%，超过一半世界人口。①

皮尤研究中心的报告显示，欧洲和北美的富裕经济体处于稳固的繁荣，世界范围内的贫富差异则比过去研究显示的要大。即使采用最宽泛的定义，把日均生活费10—100美元的人都计算在内，21世纪第一个10年末，仅有17亿人能算作中产阶级。2011年（有各类全球数据可查的最近一年），在全球范围内，71%的世界人口仍然被列为贫困或低收入，2001年的这一比例为79%。在直至2011年的10年内，近6.7亿人升至日均2美元的全球贫困线以上。但这个标准远远低于美国定义的贫困线：2011年为日均15.77美元。虽然发生了这样的变化，但34亿人即全球56%的人口依然仅勉强高于全球贫困线，日均生活费2—10美元，相当于四口之家年收入2920—14500美元。在这10年中，日均生活费10—20美元的"中等收入"者，从3.99亿增至7.84亿，其中超过一半在亚洲和南太平洋。

然而，全世界绝大多数的富裕家庭，即每人日均生活费超过50美元的，仍然处在北美和欧洲。2011年，全世界的"高收入"人口大约87%生活在这两个地区，比2001年的91%只是略有下降。相比之下，仅仅1%的高收入人口生活在非洲、4%生活在南美、8%生活在亚洲和

---

① 以上数据参见张茉楠：《"中产阶级危机"是全球经济困顿之源》，《中国证券报》2012年12月3日。

南太平洋。美国是高收入人口比例最大的国家,从 2001 年的 58% 降至 2011 年的 56%;与此同时,加拿大则从 49% 增至 56%;而西欧从 35% 增至 44%。如果按四口之家年收入 7.3 万美元以上的人口比例计算,不少欧洲国家都已经超过美国。在美国,中等收入群体停滞不前已经成为引发焦虑和政治争论的来源。美国的家庭收入中值从 2001 年的 53646 美元降至 2011 年的 50054 美元,影响因素包括全球化、中等收入工作被技术取代以及工会的衰退等。[①]

美国中产阶层生活水平已持续下降十余年,这可能会成为破坏未来美国经济增长和社会稳定的危险信号。华盛顿智库美国进步研究中心的研究显示,2000 年至 2012 年,美国中产阶级家庭收入中位数下降了 8%,而儿童护理、医疗、教育等基本生活保障成本却上涨了超过 30%。美国皮尤研究中心 2014 年进行的一项调查则显示,仅有 44% 的美国民众认为自己属于中产阶级,远低于 2008 年调查时的 53%。如何拯救中产阶级?美国总统奥巴马 2015 年 1 月 20 日发表国情咨文演讲,旗帜鲜明地首次提出"中产阶级经济学"的执政理念和以向富人增税、为中产阶级减税为核心的一揽子经济政策方案,希望以税收为杠杆缩小美国近年来日益扩大的贫富差距,显示其国内经济政策重心已逐渐从促进经济复苏转向调节收入分配。虽然这些进步主义色彩浓厚的经济政策不大可能在崇尚"小政府"理念的共和党掌控的国会获得通过,但民主、共和两党都认识到,中产阶级收入停滞不前和贫富差距扩大已成为当前美国经济增长面临的重大挑战。奥巴马政府认为,经过 6 年调整,美国已从如下五个方面初步实现了重建经济基础的目标:增加对能源和科技的投资,创造更多高质量中产阶层就业岗位;完善教育制度和加强职工技能培训,保证青少年和工人满足未来的工作需求;推行医疗保险制度改革;降低财政赤字,实现长期财政可持续性;推行金融监管改革保护消费者金融权益和避免金融危机重演。因此,奥巴马在当天的国情咨文演讲中高调宣布美国经济已摆脱金融危机影响,"翻开新的一页"。但他也承认,过去几年美国经济复苏的成果并未被社会各阶层广泛共

---

① 肖恩·唐南等:《数据显示全球中产阶级比人们认为的贫穷》,英国《金融时报》网站 2015 年 7 月 9 日。

享,普通民众收入持续下滑,贫富差距进一步拉大,中产阶层萎缩,美国需要就未来数十年如何发展作出抉择。

发达国家的一般发展历史表明,在社会生活水平普遍提高的基础上,被列入贫困线以下的穷人在总人口中的比重不断缩小,经过一段时期,就会出现一个按收入划分的"两头小、中间大"的社会阶层结构。人们往往把美国社会看作1%与99%之间的较量,中产阶级其实就在美国社会的99%的人群中间。金融危机以来,中产阶级的收入在下降,甚至日益贫困化。在一个相对成熟、富裕、稳定的社会中,最富有的人与最贫穷的人都是少数,大多数人既不是很富有,也不是很穷困。在西方的话语中,这个大多数就是中产阶级。在马克思主义的话语中,这个中产阶级中的大部分就是工人阶级。他们中的多数人并不拥有传统意义上的生产资料和资本,与工人一样受雇于企业主,但由于他们拥有较高的科学文化知识或技术专长,因而获得较高的劳动报酬。实际上他们是以知识作为生产要素参与生产经营,从而获得了高于传统意义上的劳动力价格的收入。从经济上而言,中产阶级一般指拥有中等资产,有较稳定的中等水平收入,生活状况比上不足、比下有余,一般不从事剥削或不以剥削为主要的经济来源,而是靠出卖脑力劳动为生的那部分人。在现实生活中,中产阶级远非总是表现为严格确定的一望可知的集团,他们常常处在各种职业、部门、文化和其他共同体的复杂结合之中,甚至在经济、意识形态上都不是统一的整体,但他们至少有三个共同点:(1)他们无论在经济、政治、职业上都处于特权显贵阶级与无产阶级之间,是社会的一股平衡力量;(2)他们分布广泛,有不同的利益诉求,但他们基本有一个共同的生活方式和行为准则;(3)由于受过良好的教育,拥有一定的技能,他们也代表着一定的自由、民主的价值观。他们企求自由的社会环境而未必形成明显一致的共同主张,但整体意识是进取的。

## 三 中产阶级对资本主义制度的态度

中产阶级处于社会中间结构的政治与经济地位,决定了他们中的大多数并不支持劳工运动等左翼活动,而赞同对社会的改良。但金融危机以来，中产阶级逐渐褪去了昔日的光环，成为社会抗议的重要组成部分。

**1. 中产阶级的犬儒主义**

中产阶级本身就是一个模糊的阶层划分，从资本与劳动的矛盾关系来看，他们中的一部分最适合被称呼为"劳动大众"，也就是工人阶级。

国外有学者认为，中产阶级不是罗宾汉式英雄。当今资本主义剥削的主要方式已从对劳动时间的剩余价值榨取转换为对知识产权的私有化或对其他资源的垄断所带来的租金的占有，非物质的智力劳动产生了一个新兴的工薪资产阶级。他们虽然出卖自己的劳动力，但分享着新技术带来的工资和特权。在他们看来，资本主义的问题不在于其收入和财富的不平等制度，而在于其经济体系的不稳定。由于中产阶级在经济地位上的脆弱性、道德文化上的放纵性和政治生活上的冷漠性，他们并未从实际行动上反对资本主义。

美国中产阶级在经济地位上相当脆弱敏感，财富的增加并没有减少他们的负担，并没有让他们呼吸到自由的气息，却带来了更多危机感。造成美国中产阶级经济困境的另一个重要原因来自于年轻一代对消费的崇拜。消费文化以中产阶级为基础，年轻一代无视金钱的意义，在通货膨胀的驱使下消费欲望不断扩张，需求转化为欲望，经济状况脆弱得不堪一击。他们缺乏安全感，必须在理想和现实之间挣扎以不至于脱离这个阶层，这是资本主义发展到一定时期中产阶级的无奈和困境。因此，在现代社会，中产阶级是比产业无产者、游民无产者更具有革命倾向的阶级，他们往往是革命的领导和发起者。[①]

冷漠性和利己性是美国中产阶级的政治生活态度。他们虽然背后经常抨击政府的弊病，但只是作为茶余饭后的谈资，从未从实际行动上反对当局，他们从来只打算通过金钱而不是权力和名声来获得满足感。在中产阶级看来，个人日常生活和遥远的政治世界发生的事情之间有一定差距，正如美国社会学家米尔斯（Charles Wright Mills）所说："在美国这样一个以个人和金钱为标准，为个人和金钱而活动占

---

① 以上参见国虹：《福山论资本主义与社会主义》，《新疆社会科学》2014年第3期。

据统治地位的社会里，对政治漠不关心倒应该是一个意料之中的心理现象。"①

中产阶级在生活方式、价值取向、行为选择上的个人自由主义观念，严重阻碍了他们阶级意识的形成，这使作为维护阶级利益的整体行动缺乏一种内在的必然性。自由主义信奉个人主义和自我利益，是18世纪以来西方流行的意识形态模式，它首先考虑个人，其次才是国家和社会；认为社会目的是为了个人，国家应为个人服务，而不是个人利益服从国家利益。以洛克、孟德斯鸠和美国杰斐逊等为代表的传统自由主义的基本主张是：个人自由是社会的最高价值，是社会进步的最终源泉。威廉姆斯（P. J. Williamson）认为："自由主义打破了社会联合的纽带，它促使社会分裂，转向大众原子化形态，其中，追求自我价值的个体总是避免承担任何更高的道德责任。自由主义使人们奔向物质世界，这不是财产制度错了，而是自由主义的本质使得财产权离开了任何道德的、社会的和责任的约束。"以美国为例，处于下层社会的工人阶级应该是具有阶级意识的阶级，但是在提倡民主反对控制、信奉个人自由主义的社会文化影响下，美国工人对以阶级团结为基础的社会主义运动却产生出一种恐惧感乃至抵触情绪，这也是美国社会主义运动长期发展迟缓的重要原因。这种思想观念在依靠个人奋斗起家、崇尚自由竞争的传统中产阶级中也很流行。②

中产阶级在政治生活态度上的冷漠性和利己性使西方社会"碎片化"，工人阶级（中产阶级中的绝大多数）作为一个整体从事政治行为的能力被削弱，难以对发达资本主义国家和政治格局施加更大影响。

### 2. 危机以来中产阶级态度的新变化

从2008年的金融危机开始，西方社会有关社会主义的出版物不断增加。在亚马逊网上书店，截至2015年10月17日，标题（Title）中有"socialism"（社会主义）一词的出版物达13000种。

---

① 李莹：《从〈兔子富了〉看美国中产阶级危机》，《文学评论》2014年第23期。
② 沈瑞英：《"自在"或"自为"：中产阶级与阶级意识》，《上海大学学报》2010年第1期。

表 8–3　　Amazon 每年新增 "socialism" 出版物

| 年份 | 2006 | 2007 | 2008 | 2009 | 2010 | 2011 | 2012 | 2013 | 2014 |
|---|---|---|---|---|---|---|---|---|---|
| 数量（种）| 114 | 193 | 303 | 601 | 926 | 438 | 981 | 604 | 337 |

从表 8–3 的数据来看，自 2008 年金融危机以来，每年有关"社会主义"的出版物明显增加。这种情况说明，西方社会还有一部分知识分子在反思资本主义的固有缺陷和探索社会主义的现实问题。在新自由主义盛行的 20 世纪 90 年代，"马克思主义"、"社会主义"和"帝国主义"这样的词从不少政党和知识分子的公开话语中消失了。然而金融危机以来，《资本论》在全球的销量一路飙升，2011 年 4 月，耶鲁大学出版社出版的特里·伊格尔顿（Terry Eagleton）的新著《马克思为什么是对的》在海外引起了广泛关注和争议。在近年的"占领运动"、罢工和游行示威等各种抗议活动中，"社会主义""共产主义"等口号和标语频频出现。甚至在长期流行"社会主义例外论"的美国，社会主义和共产主义的可信度也开始明显增强。金融危机后的拉斯马森民意调查显示，"20% 的受访者更偏爱社会主义，而不是资本主义……30 岁以下的年轻人两种选择各占一半"。"社会主义"这个词在美国不再像过去一样令人恐惧，越来越成为普通大众的日常话题。这些是社会主义运动开始复苏的利好消息，但同时也不能忽视社会主义话语在西方曲高和寡的窘境。

从亚马逊网上书店的"最多评论"（Most reviews）的排名，可以看出某种图书的销售数量和读者的关注度。在以 "socialism" 作为标题的图书中，有三位数评论的图书仅有两种：评论最多的图书却是反社会主义的（The Road to Serfdom: With the Intellectuals and Socialism, Jul 1, 2005 by Friedrich A. Von Hayek，哈耶克的《通往奴役之路》），有 836 个顾客评论；位列第二的图书（Manifesto of the Communist Party, 1959 by Karl Marx，马克思的《共产党宣言》）有 627 个顾客评论。两位数评论的图书也只有 32 种，绝大部分图书只有寥寥几个或者没有评论。[①]

---

① 以上数据是作者的整理，前几年出版的图书很可能已经下架停止销售，每年的数据不一定符合真实情况。参见：http://www.amazon.com/Advanced-Search-Books/b/ref=sv_b_0?ie=UTF8&node=241582011.

从上面的数据可以近似得出这样的结论："socialism"一类的图书销售情况并不乐观，可从侧面近似印证西方社会对社会主义相关问题感兴趣的读者人数并不很多。这种局面表明，已经知识化的中产阶级对资本主义社会的主流价值与现存秩序有着较强的认同感。西方资本主义通过公共舆论和教育体制不断灌输资产阶级的生活方式和价值观念，使资产阶级意识形态日益生活化和文化化。

# 第九章　发达资本主义国家社会运动的新变化

国际金融危机爆发以来，发达资本主义国家的社会运动呈现出两个方面的新态势。首先是制度化工人运动的复兴。随着失业率和通胀率的不断攀升，欧美各国相继出现罢工潮和工人抗议运动，工会力量得以恢复和重建，共产党等激进左翼的身影也开始显现，移民工人作为一支新生力量走上了政治斗争的舞台。其次是以"占领运动"为主要形式的"新社会运动"风起云涌。"占领运动"作为21世纪的新社会运动，在延续新社会运动的多元化、分散化等特征以外，还出现了一些新的趋向，包括运动诉求的激进化、运动形式的网络化和运动规模的全球化。

## 一　制度化工人运动的复兴

发达资本主义国家的工人运动在历史上曾经和马克思主义相结合，并作为一种反对资本主义制度的激进运动和社会主义相联系。二战以后，西方世界的工人运动经历了一个制度化的过程，即逐渐被吸纳进资本主义的国家结构之中。尽管这种制度化的工人运动能够在一定程度上改变劳资力量的对比，但由于不再谋求从根本上消除劳资对立，因此，逐渐成为体制内的一个制衡因素而不是革命因素。这主要表现在发达资本主义国家的工人运动主要由国家赋权的合法机构——工会来组织和领导，一些工人党派也逐渐被整合进资本主义的国家机制之中，成为体制内的反对派，行使政治参与职能；工人斗争的目标不再是变革资本主义的政治制度，而是主要集中在一些社会经济诉求上，比如争取更多的社会福利和社会权益（提高报酬、增加福利、改善劳动条件等）；工人斗争的形式主要是工会代表与资本进行集体谈判,偶尔也进行罢工和游行等抗议活动,但早期工人运动中出现过的武装斗争几乎绝迹。制度化工人运动的常态化和发达资本主义国家在二战后推行的劳资妥协战略相联系,即通过国际超额垄断利润的支撑,实施一些有利于缓和劳资矛盾的政策,如福利制度等。但是,制度化工人运动本身并不能仅仅被视为资本主义国家劳资妥协战略的结果,也应被视为促使资本主义国家实施这一战略的积极因素。换言之,如果没有以"强工会"为代表的制度化工人运动在资本主义国家内部的有力制衡,劳资妥协的局面也难以达成,从这一角度而言,二战后劳资妥协战略及福利制度的实施,不仅是资本出于稳定考虑所做出的调整和让步,更是由于工人在国家内部斗争和争取的结果。正如马克思曾经指出的那样,"在工人阶级在组织上还没有发展到足以对统治阶级的集体权力即政治权力进行决定性攻击的地方,工人阶级无论如何必须不断地进行反对统治阶级政策的鼓动……否则,工人阶级仍将是统治阶级手中的玩物"①。

20世纪80年代,随着新自由主义制度的建立,发达资本主义国家的劳资妥协战略被终止,"强工会"和制度化工人运动也受到了极大的冲击。在这种态势下,欧美左翼政党进一步体制化,发达资本主义国家的一些共产党组织逐渐成为信奉马克思主义的知识分子的学术沙龙,在工人中的影响也逐渐弱化。其他一些主张改良、政治立场较为温和的左翼政党也越来越向国家靠拢,不再谋求独立的资金来源和传播手段,而是依靠国家补贴作为政党经费的主要来源。这些政党中也出现了卡特尔化和媒体化,即政党的领导层决定一切方针政策,普通党员在政党中的作用减小,政党越来越趋向于通过媒体传播领袖的个人魅力而获得选举胜利,政党精英、党员和选民之间的共生关系被打破,政党的社会基础遭到了削弱。②

2008年国际金融危机爆发后,这种制度化工人运动的颓势在一定程度上得到了扭转。这主要是由于发达资本主义国家实行的"救助"

---

① 《马克思恩格斯文集》第10卷,人民出版社2009年版,第369页。
② [英]比尔·布莱克沃特:《资本主义危机和社会民主主义危机:对话约翰·贝拉米·福斯特》,韩红军译,《国外理论动态》2013年第11期。

政策使劳资矛盾在一定程度上被重新激化——"救助"政策只是救了垄断资本，而工人阶级一方面要承受危机带来的失业率的持续攀升；另一方面也要承受福利缩减和物价上涨所带来的生活压力。① 在这种情势下，欧美资本主义国家出现了持续的罢工潮，工会组织也在一定程度上得到了重建，制度化工人运动出现了复兴的迹象。在此过程中，共产党等激进政党的力量也开始显现，移民工人成为罢工和抗议活动的一支新生力量。

### 1. 危机对工人的冲击和罢工潮的出现

国际金融危机爆发之后，西方发达资本主义国家的经济遭受到了严重打击，工人的失业率不断攀升。以美国通用汽车公司为例，2009年6月1日，通用公司向法院申请破产保护；7月10日，宣布关闭14家设在美国的制造厂，并将原有的6000家销售代理商裁撤2000家。为进一步削减开支，通用公司于2009年年底在美国本土裁员2万人，几乎占到了本土全部雇员的1/4。通用公司的"破产"也给整个汽车行业带来了连锁反应，美国汽车行业工人的工资、退休金和福利平均减少了1/2，有几十家汽车厂倒闭，大约20万工人丢了饭碗。关厂和裁员也蔓延到了其他行业，甚至是过去端着"铁饭碗"的公共部门的雇员，包括地铁工人、环卫工人、消防员等，也都面临着失业的压力。② 从相关数据来看，危机发生后，美国的失业率一直维持在较高水平。2009年第三季度的失业率高达10.2%。尽管随着美国经济的缓慢复苏，就业市场的状况有所改善，但截至2012年4月，美国非农业部门的失业率仍然高达8.1%。据美共副主席贾维斯·泰纳（Jarvis Tyner）统计，2011年美国有5000万人处于生活保障线下，1800万年龄在18—25岁的青年人待业，53%的大学毕业生离校一年之内找不到工作。

欧洲各国的情况更加严重。在经历了2008年的经济衰退之后，

---

① 正如斯拉沃热·齐泽克（Slavoj Žižek）所指出的那样，"2008年，超过1万亿美元的银行'救助金'使新自由主义'赌场资本主义'的损失社会化，社会大众要为对冲基金、金融衍生品市场和以消费和借贷为基础的经济体系的投机行为埋单"。参见 Costas Douzinas & Slavoj Žižek, *The Idea of Communism*, London and New York: Verso, 2010, p. 1.

② 刘淑春：《全球金融危机背景下的美国工会运动和美国共产党》，《马克思主义研究》2011年第9期。

2009年又陷入了欧债危机的泥潭。2009年第一季度，欧盟27国经济环比下降2.5%，同比下降4.7%，导致失业率急剧上扬。2009年6月，欧元区失业率为9.4%，欧盟27国失业率为8.9%，其中西班牙的失业率竟然高达18.7%。到了2009年第三季度，欧洲平均失业率上涨至9.2%，其中西班牙为19.3%、爱尔兰为10%。2011年第四季度，欧盟各国就业形势再度恶化，27个成员国的平均失业率高达9.8%，其中，青年、低技能、移民等群体的失业情况更为严重。2011年11月，欧盟青年失业人口共计560万，青年平均失业率达到22.3%，比2008年危机爆发前上升了7个百分点，西班牙等国的青年失业率甚至接近50%。截至2012年4月，欧盟27国的失业率已经攀升至10.3%，创21世纪以来新高。2014年，欧元区各国的平均失业率仍然居高不下，其中西班牙达23%、意大利8.1%、爱尔兰13.1%、希腊16.2%、葡萄牙12.4%、法国9.2%。

与高失业率相伴的还有福利的缩减和物价的上涨。金融危机尤其是欧债危机发生后，许多西方主流学者都将福利制度作为引发危机的主要原因，在他们的呼吁和游说之下，削减社会福利成为发达国家反危机的重要举措。在欧洲，许多国家都采取了推迟退休年龄、缩短失业救济领取期、增加社会保险中的个人缴存比例等措施来达到削减财政预算的目标。如希腊的《福利改革法案》规定，公务员至少3年内禁止加薪，企业裁员的遣散费被削减，女性退休年龄由62岁提高到65岁，每月养老金在1200欧元以上的削减20%。法国也把退休年龄从60岁调高到62岁，完全领取养老金的年龄由65岁延迟到67岁。此外，欧洲各国的通胀率在危机后也居高不下，欧元区各国的平均通胀率一度高达4%。

这些都使得工人阶级的处境在危机后雪上加霜。与此同时，"救助"政策却使得垄断资本毫发未损。甚至，据美国"薪酬沙皇"肯尼斯·范伯格（Kennth Feinberg）2010年7月23日发布的一份报告显示，有17家接受援助的银行在危机期间还向其高管人员支付了总额为16亿美元的高额薪酬。

正是在这种情况下，一些大规模的罢工和抗议运动开始在欧美国家频繁发生。在美国，根据美国劳工局的统计，2008年到2011年的4年间，中等规模以上有组织的罢工就将近 200 起，涉及工人 300 万人。如 2008 年车桥公司工人罢工、2010 年 Spirit Airlines 的飞行员大罢工、2011 年 8 月美国电信营运商 Verizon 工人大罢工等。2013 年，千人以上的罢工运动共 15 起，涉及 5.5 万工人。2015 年 4 月 15 日，美国纽约、波士顿、芝加哥、底特律、迈阿密等 230 个城市爆发示威行动，要求当地政府将最低工资由每小时 7.25 美元提高到每小时 15 美元。在欧洲，希腊于 2008 年 3 月 19 日举行了公用事业部门和工商企业员工大罢工，参加人数达 300 万。① 罢工的直接目的是抗议裁员和减薪，反对政府的私有化政策，要求政府在金融危机中保护工人与消费者的利益。爱尔兰在 2009 年 2 月 21 日也爆发了 12 万人参加的大规模的示威游行，迫使政府收回削减公共开支和公务员养老金的计划。西班牙、英国、德国和意大利等国也爆发了声势浩大的工人罢工和游行示威活动。如法国在 2010 年 1 月 29 日爆发了金融危机以来的第一次大规模罢工活动；意大利仅 2010 年举行的全国性总罢工就多达 128 起；西班牙 2008 年至 2011 年的罢工总数达到 3572 次，其中全国层面的大罢工为 127 起；英国在 2011 年 11 月 30 日还爆发了 200 万人参加的全国大罢工。尤其是 2012 年 11 月 14 日，欧洲工会联盟在欧洲 20 多个国家举行了声势浩大的"欧洲团结行动日"示威游行，反对欧洲各国政府为应对欧债危机而纷纷采取的紧缩政策，葡萄牙、意大利、希腊和西班牙等国家的数百万人响应欧洲工会联盟的倡议进行了总罢工。

**2. 工会力量的恢复**

工人罢工潮的出现，使得长期以来的"弱工会"情况得到了一些改善。在新自由主义背景下，资本由于自身危机不再向工人让步，而是加大了对工人的剥削力度；工会也不再被授权以充当资本的减压阀，而是受到了无情的打压，如撒切尔对英国矿产工会的打压以及里根对航运工会的打压。整个 20 世纪 80 年代成为发达资本主义国家"非工会化"的 10 年，即便有一些幸存的工会，其谈判能力、组织能力和动员能力也在不断弱化。这一方面是由于全球化造成的非全日制工人和临时工人

---

① 邢文增：《金融危机背景下西方工人运动的发展及其面临的挑战》，《科学社会主义》 2013 年第 2 期。

的增多、资本威胁在地理上转移工厂等因素，使得资本在谈判中的筹码相对上升，尤其是一些高移动性产业在面临工会运动时，往往以迁厂作为要挟，工会逐渐失去了其谈判能力；① 另一方面，由于工会自身组织的官僚化和腐败等问题，工人对工会也产生了信任危机，工人加入工会的比率逐年降低。从美国的相关数据来看，1950年大约有33%的工人加入工会，而到了2003年，入会率仅剩13%。1980年是工人入会率的一个拐点，从这一年开始美国工人的入会率持续下降。此外，工人罢工的次数和持续天数也在急剧减少。

金融危机爆发后，欧美发达资本主义国家的一些工会组织在罢工潮的推动下积极投入行动，从过去的"服务型"转向"组织型"，以谋求自身的发展和复兴。如爱尔兰零售业工人工会——"命令工会运动"就发起了"命令成员周"活动，要求数以百计的工会成员在新成员招募和组织中承担更多责任，确保全国每一个零售业工人都有机会加入到"命令工会运动"之中。在欧洲，金融危机以来绝大多数大规模的、产生广泛社会影响的罢工抗议活动都是由工会组织领导的，如2008年3月19日和10月21日的希腊大罢工，其领导者分别是希腊全国总工会、全国劳工总会和全国公职协会。在美国，工会组织不仅是罢工运动的主要领导者和组织者，同时也在新社会运动中发挥着重要作用。2011年3月威斯康星州劳工的抗争吸引了全国劳工活动家的注意，数千人涌向被占领的州府大楼，支持公共部门工人捍卫他们集体谈判的权利。几个月后，占领华尔街运动爆发，大范围激发了工人的团结，纽约等地的工会对占领运动提供了重要的政治和物质支持。2012年劳动节后，芝加哥教师工会（CTU）组织27000名工人发动罢工，要求公平的工资和捍卫公共教育，这场罢工是美国历史上最受欢迎的大城市教师罢工，也是社会运动工会主义（social movement unionism）的贯彻。正如美国学者李·苏斯塔（Lee Sustar）所指出的那样："今天的工会不管多官僚、多低效，都反映了美国工人阶级独一无二的多样性。这是工人在生产场所

---

① 大卫·科兹认为，20世纪30年代西方发达国家建立的一种新自由主义积累机制反映在资本—劳动关系中，就是由二战后的谈判能力较强的工会，以及资本对于劳动的妥协变成一种资本对于劳动的完全支配。参见［美］大卫·科茨：《劳资关系：当前的特点与未来变化的前景》，韩冬筠译，《海派经济学》2007年第1期。

形成组织的结果,那里是资本主义社会财富的生成地,工会正是从中获得了力量。如果占领运动表明了反抗1%的最富有人的群众运动是可能的,那么在工作场所的工人也能团结起来通过斗争收获实实在在的利益。芝加哥教师罢工等提醒我们,工会仍将是劳资内在冲突的中心角色。"①

此外,罢工运动还直接引发了人们参与工会的热情,工会的入会率在危机爆发后有所增加。据英国《劳工研究》2012年2月发表的一篇文章显示,2011年11月英国公共部门大罢工前后,加入各公共部门工会的人数明显增长。其中拥有约12万会员的英国大学和学院工会(UCU)在2011年11月共有2500人加入;拥有16万成员且在其127年发展历史中首次参与全国罢工行动的英国教师和讲师工会(ATL),2011年11月末比2010年同一时期的入会率提高了5%;一般工人工会(GMB)在2011年10月和11月分别增加了8000人和12000人,而2010年同一时期分别只增加了6000人和7000人;英国最大的联合总工会(GUN)公共部门会员数在2011年下半年也增加了6600人。②

**3. 共产党等激进力量的介入**

总体来看,2008年以来发达资本主义国家复兴的工人运动仍然延续了制度化工人运动的基本特征,即工会仍然作为运动的主要组织者,只有极少数行动是没有任何组织领导的工人自发行为,大规模的、产生一定社会影响的罢工抗议无一例外都是由各种各样的工会组织的。工人运动也主要以经济诉求为主,即围绕保障就业、提高工资、反对削减福利、提高教育水平等问题进行斗争。游行示威等活动也主要是以非暴力抗议为主要斗争手段,抗议在整体上温和有序。

但一些地方的工人运动中也出现了激进化的趋向。这主要是由于以共产党为代表的激进左翼组织及其"阶级工会"的参与,使得罢工运动在塑造阶级意识和斗争精神方面产生了较好的效应,并在一定程度上促使传统社会主义运动的复兴。如2010年6月希腊主要海港比雷埃夫

---

① [英]李·苏斯塔:《芝加哥教师工会罢工对劳工运动的意义》,牛政科译,载《国际共运研究专辑》(第3辑),研究出版社2014年版。
② 于海青:《国际金融危机下欧美地区罢工潮透视》,《国外社会科学》2013年第5期。

斯的工人大罢工，其领导者就是希腊共产党支持的"全国劳动斗争阵线"。该"阵线"成立于1999年，是一个激进工会联盟，它明确主张自己是工人阶级利益的代表，并强调"阵线"与希腊国内其他一些保守的工会力量，如希腊劳工总会（GSEE）和公职协会（ADEDY）有本质区别。金融危机爆发后，"阵线"积极参与和组织各种形式的罢工斗争，尤其是在一些具有阶级导向的罢工斗争中发挥了不可替代的作用。通过发表决议、宣言以及为罢工工人家庭提供经济援助和募集食物等具体行动，"阵线"在罢工工人中赢得了极高的声望。①

**4. 移民工人成为抗争的新生力量**

在金融危机爆发以来的工人运动中，一些处于社会底层的移民工人（即通过非法或合法途径进入发达国家的外籍劳工）逐渐成为罢工和抗议活动的主力军。移民工人参与罢工和抗议的主要原因是他们在金融危机中受到的冲击最大，生存和发展也更为艰难。和本地工人相比，移民工人总是具有更大的就业压力和更高的失业率，尤其是由于没有合法和规范的工作合约在身，在政府模糊而又严苛的移民政策下，随时都有被遣返或坐牢的可能。

此外，移民工人能够在政治舞台发出自己的声音，也是由于移民群体在发达国家已经构成了一支不可小觑的力量。全球新自由主义灵活积累机制的实施带来了雇佣劳动在世界范围内流动性的增强，除了资本跃出国门到低收入国家寻求廉价劳动力之外，一些边缘国家的廉价劳动力也涌向发达国家，成为第一世界中的"第三世界"。由于这些第一世界中的"第三世界"处于第一世界内部食物链的最低端，受到的剥削和压迫也最为严重，但同时，由于人员数量不断增加，也逐渐成为第一世界经济运行不可或缺的组成部分。

随着移民劳工队伍的不断壮大，移民的罢工也开始具有一定的威慑力。比如2006年美国移民发动的大罢工，他们拒绝购物、拒绝售卖、不工作、不上课，极大彰显了移民的经济力量。金融危机爆发后，尤其一些欧债危机的重灾区，如希腊和意大利等国，相继爆发了一系列以移民工人为主体的抗议活动。这些移民工人为改善工作环境、争取基本社

---

① 于海青：《国际金融危机下欧美地区罢工潮透视》，《国外社会科学》2013年第5期。

会权益,一反"静默"状态,发起了具有一定规模和社会影响的罢工和游行示威活动。例如,2011年7月,意大利南部城市纳多爆发了移民工人"对工头说不"的罢工运动,这是意大利移民工人第一次自发组织,并产生一定影响的罢工运动。参加罢工运动的农场工人大都来自撒哈拉沙漠以南的非洲地区,他们在罢工后占领了农场周围的道路以阻止工头运送其他移民进入农场试图恢复生产的企图,尽管这场罢工只持续了不足十天,但社会上对农场移民劳工的声援和关注活动却持续了数周,移民工人的生存状况也得到了社会广泛的关注。2013年3月1日,意大利移民劳工发起"没有我们的一天"的全国总罢工,他们要求废除必须有工作合约在身才能申请居留的规定,并提出移民能在意大利自由移动,并具有自由选择生活地区的权利诉求。尽管罢工的目的并没有完全达成,但作为移民大规模抗争的第一步,它所产生的象征意义和示范效应不可低估。

## 二 "新社会运动"呈现新态势

20世纪70年代以来,随着信息革命的发生和全球新自由主义制度的确立,发达资本主义国家的社会阶级结构也发生了较大的变化,突出表现在以下两个方面:一是新中间阶级逐渐发展成为一支重要的社会力量;二是工人在全球范围内被分割,工人之间的竞争加剧。反映到阶级斗争和社会运动领域,表现为二战后的劳资平衡被打破,工会组织弱化,制度化工人运动陷入低潮;而与此同时,随着非物质生产主导性地位的建立以及工人的分层化,以新中间阶级和"剩余"人口为主体的新社会运动逐渐成为社会反抗的典型表现形式,阶级政治和制度化的工人运动形式让位于各种身份政治和非制度化的社会运动形式。2008年金融危机以来的新社会运动,仍然延续着新社会运动的多元化和分散化的趋势;与此同时,随着发达资本主义国家对外利用剥夺性积累进行危机的修复和转嫁,对内实施金融救助和紧缩战略,社会抗议运动也出现了一些新的趋向,主要表现为运动诉求的激进化、运动形式的网络化,以及运动规模的全球化。

❖ 调整与变革：危机中的当代资本主义

### 1. "新社会运动"的兴起

西方发达资本主义国家的"新社会运动"[①] 兴起于 20 世纪 70 年代，正是制度化工人运动陷入困境的时期。实际上，当代资本主义国家社会运动的这两个相互关联的趋势，即传统工人运动的衰落和新社会运动的兴起，其原因都是由于二战后调节型社会积累结构陷入危机所致。调节型社会积累结构的危机使得一种妥协式的阶级策略走向了终结，其结果一方面是资本对劳动压制的强化使得制度化工人运动走向衰落；另一方面也激发起新的社会反抗运动，如反全球化运动、反对性别压迫运动，以及反对工业污染的绿色和平运动，等等。这些新社会运动可以视为资本压制在社会其他层面的爆发。

从当代发达资本主义国家社会运动的发展历程来看，社会运动总是发生于经济积累周期的衰落期，并在危机所带来的社会矛盾激化的条件下有一个集中的爆发；接着，随着资本主义世界的调整（转嫁危机）和新的积累结构的建立，在危机之后就会形成一种带有新的结构特征的社会运动形式。其典型例证就是二战后所建立起的调节型积累周期在 20 世纪 70 年代陷入滞涨危机之后，西方世界的激进革命运动风起云涌（以 1968 年爆发的法国五月风暴革命为高潮），并在其后随着全球新自由主义制度的确立形成一种新的社会运动的常规形式，即"新社会运动"。换言之，随着资本主义社会积累结构的转换，社会反抗运动也开始具有一些新的面向和新的表达。从某种角度而言，"新社会运动"代表着危机后社会反抗运动的非激进化和日常化。或者说，新社会运动正是 1968 年发生在发达国家的一系列激进的社会反抗运动的遗产，它并没有被完全整合到机制中（虽然部分已经被整合），而且由于新自由主义积累结构的不稳定性，社会冲突和社会矛盾始终存在，因此成为制度化工人运动的一个替代形式。

---

[①] 在西方左翼学者看来，新社会运动包括西方 20 世纪 70 年代以来发生的和平运动、学生运动、反核抗议运动、少数民族的民族主义运动、同性恋权利运动、女权运动、动物权利运动、选择医疗运动、原教旨主义宗教运动、新生代运动、生态运动等。一般说来，生态运动、女权运动、和平运动、第三世界反帝国主义运动、反种族主义运动，构成了新社会运动的五种最基本的运动形态。其中，生态运动和女权运动是最成熟、最主要的两种形式。参见周穗明：《新社会运动与未来社会主义》，《欧洲》1997 年第 5 期。

和传统的工人运动相比，新社会运动最突出的特点就是：它们并不直接指向劳资矛盾，也不带有明显的阶级色彩。或者说，它们的旗帜上总是书写着各式各样的符号，如文化、性别、种族、环境，其参与者也贴着各式各样的标签，如女权主义者、后殖民主义者、动物保护主义者，等等；它并不涉及任何关于无产阶级的符号，也不以历史上传统的产业工人为主体。

新社会运动的主体也不是传统的工人阶级，而是一些新中间阶级。这些人可以视为晚期资本主义和后工业社会条件下出现的新型工人阶级，他们在信息革命和文化产业兴起的过程中，成为非物质生产领域的新的生产者。这些脑力工人虽然仍受到资本的剥削和控制，但却是通过相对外在的机制，再加上全球资本主义时代阶级矛盾的转移和后现代主义的影响，致使这些新中间阶级的反抗并没有直接对准资本，而是在更多情况下诉诸一种文化的权利（反对资本主义的工业文化）和自由解放的权利（反对社会控制）。比如，他们主张对形成信息的语言和文化密码发出挑战，对资本主义进行文化基因层面的批判，向掌握信息生产的、资本主义官僚制度的文化霸权发出攻击。他们针对的主要是资本主义对日常生活领域的压制，而不是经济上的剥削。他们认为，在非物质生产占主导地位的条件下，私人的（如身体、性、感情关系）、主体的（如认知和情感过程、动机、愿望）、生理的（如脑结构、遗产密码、再生产能力）各个方面都受到社会的支配和操纵，因此社会反抗也应该集中在资本主义"生命政治"的一种日常权力规训和压迫上。

新社会运动的参与者还包括被工人阶级的分层化甩到社会最底端的一些"剩余"人口。在这些"剩余"人口中，有的没有资格成为工人（如一些短工或黑工），因为不能（经常性）受到雇佣，他们的抗争并不是以受到资本剥削的工人的身份，而是以性别、种族等身份进行（比如"黑人女性"对"资产阶级白人男性"的反抗）。这些人员也构成了新社会运动中反对种族主义和帝国主义的主要力量。

总之，新社会运动的主体是资本主义全球化进程中所造就的新的"从属阶级"，他们所表达的对抗不是阶级对抗，而是指向各种多元化的权力关系的对抗。上述这两种新社会运动主体的共同点就是：都从根本上怀疑制度化政治解决问题的能力，因此在组织动员上也具有一些不同于常规化的工人运动的特征。从组织形式来看,新社会运动并不采取政党政治的规范形式,而是采取一种相对分散和自主的形式,既没有明确的行为规范和行为目的,也没有严密的组织和固定的角色。

### 2. "占领运动"作为 21 世纪的新社会运动

2008 年金融危机爆发以来,资本主义国家的新社会运动也呈现出一些新的态势,即传统的生态运动、女权运动以及反全球化运动虽然时有发生,但一系列以"占领运动"为代表的社会反抗运动却抢占了风头,并成为 21 世纪有代表性的新社会运动的主要形式。

"占领运动"最早萌发于 2009 年到 2010 年美国加州的大学生占领学校建筑以抗议学费增加和财政预算减少。在抗议过程中,有 150 多名学生被逮捕,学生们群情激愤,提出了"占领一切"的口号。"占领"某个场地或社区作为斗争策略由此成为一种风尚。2011 年 9 月 17 日,出于对金融危机后美国政府偏袒富人政策的不满,纽约爆发了"占领华尔街"运动,在短短不到一个月的时间内,美国就有 600 个社区被占领。"占领运动"很快就发展到了 82 个国家和地区。

"占领运动"可以视为 20 世纪 70 年代以来新社会运动的继续发展。因为"占领运动"显然不属于制度化的工人运动,具有明显的非制度化特征:既没有明确的诉求,也没有完整的组织。"占领运动"与新社会运动在内在构成机制上基本一致。比如,参与运动的主体呈现出多元化特征(主要包括两类人,一类是新中间阶级,以白领、学生和青年人居多;另一类是全球化链条中最为脆弱的剩余人口);议题和诉求具有复杂性和包容性(例如反对贫富分化、反对金钱政治、反对战争、反对性别压迫等);运动组织形式具有分散性的特点(无论是固定的正式运动组织还是非固定的临时活动群体,在运动中很少相互协调,各有各的动机、各有各的目标)。

但这里要指出的是,想要严格区分这两种运动形式:即制度化的工人运动和"占领运动""新社会运动"似乎也不太可能。因为在"占领运动"的背后,总是有工会和激进政党的身影,它们对于"占领运动"而言,是一些强大的支持性力量。而罢工运动的复兴,也是由于"占领运动"的激发,最具代表性的就是 2012 年由"占领运动"所引发的美国"五一"大罢工。在"五一"劳动节当天,从美国东海岸到西海岸超过 100 个城市同步举行了罢工示威活动，产生了重大的社会影响。

**3. 21 世纪"新社会运动"的特征**

金融危机以来，以"占领运动"为代表的 21 世纪新社会运动和 20 世纪七八十年代的新社会运动相比，具有以下几个方面的显著特征。

一是运动诉求的激进化。

与 20 世纪七八十年代把主体意识、身份观念、价值追求和文化诉求作为主要宗旨的新社会运动不同，争取工作权利、保障社会福利、反对政府转嫁危机等经济因素，自始至终就是新世纪新社会运动的主要诉求。美国"占领华尔街"运动的起因，就是政府对富人的减税制度和对金融投机商的财政补贴。因此在一定程度上，"占领运动"已经超越了文化反抗的轨迹，试图重新回归政治，而不是去政治化。

"占领运动"不仅把目标指向新自由主义，也指向了资本主义制度。这从"占领运动"的一些口号上就能看出来，如"消灭资本主义"，"我们是革命的一代"，"反对两党政治"等等。就像理查德·沃尔夫（Richard D. Wolff）教授所指出的那样，"占领华尔街"运动是数十年来首次质疑资本主义制度的社会运动，是对资本主义经济制度和政治制度的抗议。①

运动参与者的阶级意识也有所增强。金融危机以后的新社会运动，尽管仍然符合新社会运动超越阶级、超越行业的复杂性构成，但"占领运动"提出了"99% 对 1%"的口号，也就是说，不需要再贴上女权主义、青年学生或是少数族裔的标签，而是直接提出了穷人对富人的反抗。这一变化主要是由于危机所带来的新中间阶级的萎缩造成的。据美国皮尤研究中心（Pew Research Center）的数据，以同样的成人收入口径计算，1971 年美国有 61% 的美国人属于"中产阶级"，而到了危机后的 2011 年，这一数字下降到了 51%。德国经济研究会的数据显示，德国劳动力的中间部分已经从 2000 年的 62% 下降到 54%。英国前首相约翰·普雷斯科特（John Prescott）1997 年曾经信心满满地表示"我们都是中产阶级"，但 2013 年的"英国社会态度调查"显示，有 60% 的

---

① 吕薇洲等：《"占领"运动、金融危机与资本主义的历史命运》，《山东社会科学》2012 年第 8 期。

人认为自己属于工人阶级。

　　此外，从西方左翼思想和左翼理论来看，金融危机以来也具有激进化的趋势。其典型表征就是共产主义观念的复兴。2009年3月，首届"共产主义观念"大会在英国伦敦召开，会议的参与者包括斯拉沃热·齐泽克（Slavoj Žižek）、阿兰·巴迪欧（Alain Badiou）、雅克·朗西埃（Jacques Rancière）、安东尼奥·奈格里（Antonio Negri）等一批极负盛名的当代西方左翼学者。这也是当代左翼思想界第一次以"共产主义"为名召集的国际性会议。其后，"共产主义观念"大会又连续召开了三届，分别是2010年的柏林会议、2011年的纽约会议和2014年的首尔会议。此外，一系列以"共产主义"为主题的著作也相继出版，主要包括巴迪欧的《共产主义假设》、齐泽克和杜兹纳（Costas Douzinas）合编的《论共产主义观念》和《论共产主义观念之二》、格罗伊斯（Boris Groys）的《共产主义附录》、博斯特尔斯（Bruno Bosteels）的《论共产主义的实在性》、狄恩（Jodi Dean）的《共产主义地平线》，等等。这些左翼学者的主要观点是，在此次国际金融危机背景下，只有共产主义这个名称才能作为当前激进政治和激进行动的代言，许多曾经和革命、进步相联系的概念，包括民主、正义、权利、社会主义等，都已经或正在内化为全球资本主义统治话语的一部分而失去了效用。比如，权利已经成为和治安相联系的政治安排，各种权利的主张者发挥着资本"维稳"的功能，从而不再作为真正的政治主体存在；民主成为了资本统治下的政治世界和生活世界的一般形式，作为资产阶级公共管理的"好"的示范合法地排除了人民建制权；正义也仅仅作为一种建立在劳动力价值之上的关于公平分配的倡导。尤其是金融危机重新调整了关于资本主义和社会主义的主导性话语，西方主流媒体《新闻周刊》也在其封面严肃宣称："我们现在都是社会主义者了"[1]，这些都不得不促使人们重新思考激进政治的新方向。

　　关于新政治的可能性主体，迈克尔·哈特（Michael Hardt）和安东尼奥·奈格里从"内生性"原则出发指出了脑力工人的革命性。在他

---

[1] Costas Douzinas & Slavoj Žižek, *The Idea of Communism*, London and New York: Verso, 2010, p. 131.

第九章　发达资本主义国家社会运动的新变化

们看来，共产主义因素是在资本主义内部生成的，我们生活的世界并没有"外部"，资本主义自身生产出了它的掘墓人。在知识经济条件下，非物质生产所造就的脑力工人将作为潜在的革命主体领导诸众进行抗争，从而使"维持着帝国的芸芸众生的创造力也能够自主地构造一个反帝国，一个可供替代的全球流动和交流的政治组织"①。但是这种存在于帝国内部的"内在可反转性"并不是一个自然而然的过程，脑力工人和那些直接生产主体性的新型劳动者是否能够在现实中真正担当起掘墓人的角色也存在着问题。一方面，脑力工人并没有摆脱劳动和客观条件的分离（虽然这些工人拥有自己的生产工具，但仍要和生产的社会领域相分离，和以私人资本为中介的"通用标准"相分离）。另一方面，脑力工人在获得相对自主性的同时，也成就了资本的一种新的财富积累方式，共有生产和私有制之间的矛盾经由租金反转获得的暂时性解决，也是资本主导下的一种帝国拯救机制。因此可以说，非物质生产和认知性劳动一方面使得脑力工人的主体性和自主性得到了提升，另一方面也为统治者提供了一种新的剥削和控制手段。正如齐泽克所评论的那样，目前进行的对非物质领域的垄断和圈占，对新政治而言，既会是可能性存在的领域，也会是即将丢失的阵地。

另一些学者则把新政治的潜在主体归结为全球资本主义态势下的"剩余"人口。所谓"剩余"人口，就是被全球资本主义所排除的那部分人口，他们既不是传统的工人阶级，也不是新的非物质生产者。朗西埃把这部分人称为"无派别的派别"，主要包括难民、移民、无国籍者、流浪者、棚户区住民、收容中心住民等，他们主要由全球资本主义的病态发展所造就。② 由于这些人的共同特征就是处于社会建立的登记簿之外，处于可见的团体、位置和功能之外，因此也被称为社会的"被排除者"（excluded），和"被纳入者"（included）相对。齐泽克认为，在当前全球资本主义统治之下，只有"被排除者"和"被纳入者"之间的对抗才能够发展成为一种新的激进政治。因为如果没有这种对

---

①　[美]迈克尔·哈特、[意]安东尼奥·奈格里：《帝国》，杨建国等译，江苏人民出版社2003年版，序言第5页。
②　Costas Douzinas & Slavoj Žižek, *The Idea of Communism*, London and New York: Verso, 2010, p. 83.

抗，现存的各种对抗就会失去其颠覆的锋芒：生态问题会变成可持续发展问题，知识产权问题会变成烦琐的法律性问题，生物遗传问题也会变成社会伦理问题等。①

齐泽克还指出，革命主体性的生成只有在"被排除者"联合脑力工人和产业工人进行共同反抗的条件下才有可能。因为对于当前的潜在的革命主体而言，最大的问题在于各个部分之间的疏离甚至是仇视。在全球资本主义的分割下，脑力工人、旧体力工人和被排除者，这些本应该同属于一个阵营的无产阶级被分化为不同的部分，其中的每个部分都有其相对应的"生活方式"和意识形态。如脑力工人阶级的启蒙享乐主义和自由多元文化论，工人阶级的民粹主义原教旨主义和"被排除者"半合法化的身份政治等。他们之间不仅相互疏离还相互敌视：脑力工人对"乡巴佬"工人的文化偏见、工人对知识分子和"被排除者"的民粹主义仇恨；"被排除者"对社会本身的敌视。因此，新的革命主体的浮出必须建立在被分割的无产阶级的新的联合之上。

但是，无论是基于劳资矛盾的从事非物质生产的智识工人，还是和整个社会相对抗的那些"被排除者"，如果要使之成为新政治的积极主体，必然还会涉及政治组织问题。奈格里认为，新的政治组织要能够把"剩余"人口的反抗转变为"人民建制权"的主张。"剩余"人口在反对现存的各种典章制度的同时，也必须具备"以新知识创造新权力的能力"。目前，这种新的人民建制权的雏形只能从一些"被排除者"的有组织的暴动、骚乱中去辨认，从拉美的贫民窟、法国的移民区和雅典的街道上去寻找。②

还有一些学者认为，新的政治组织形式要能够"把普遍的、一般的智识建构和当前一些具体的、独特的、可传递的真理片段的试验相结合"③。博斯特尔斯认为，新的政治组织形式可以从评价当代最激进的政治试验出发，他以拉美的激进左派政治为例提出一种建立在"混杂"之上的平民主义战略和灵活的政党实践形式。博斯特尔斯认为，

---

① Costas Douzinas & Slavoj Žižek, *The Idea of Communism*, London and New York: Verso, 2010, p. 214.
② Ibid., p. 161.
③ Ibid., p. 14.

这种灵活的政党实践形式对应于马克思所说的一种"伟大历史意义上的党"的概念。他借用巴迪欧在《元政治》中的相关论述对这一具有伟大历史意义的政党进行了解释:"这种政党不是工人阶级的一个联系紧密的派系,也不是斯大林所说的先锋队式的政党,而是一种不固定的普遍性存在;其功能不是为了代表阶级,而是要随时反对利益刚性的束缚;因此,这种具有伟大历史意义的党的真正品格不是其坚固性,而是对事件的可容纳性,即面对不可预料局势时的一种具有发散式的灵活性"。①

二是运动组织的网络化。

网络化包含两个方面的含义,一是字面意义上的,即利用互联网和新媒体技术进行线上的组织、动员和联络;二是隐喻意义上的,即一种和自上而下的形式不同的新的发散式的民主形式。

实际上,从20世纪80年代开始,新社会运动就开始利用互联网这一工具进行政治诉求的表达和行动的协调。到了21世纪,随着网络新媒体的发展,社会反抗运动从动员、组织到形成规模,更是和网络息息相关。如2000年美国总统选举之后,一位网上的政治积极分子扎克·埃克斯利(Zack Exley)建立了一个匿名网站,号召大家起来抗议佛罗里达州的选举结果,结果在选举之后的第一个星期六,就爆发了100多次抗议活动,参加人数多达数千人。2001年,菲律宾的民众通过手机信息互相通气,一起到黎刹靖国神社(EDSA Shrine)抗议埃斯特拉达(Joseph Estrada)总统的腐败,最终导致总统下台。

金融危机之后爆发的"占领运动"的一个显著特点就是Twitter、Facebook、Youtube等网络新媒体的作用得以凸显。以往社会运动的信息传播活动大部分都是由专业人士(媒体记者、社会运动领袖)进行的,而占领运动中的信息传播大多是由运动的参与者完成的。参与者不再是传统媒体消极的受众,而是具有行动能力的"参众"。他们不仅具备生产海量内容的能力,还开展协同行动,显示出巨大的力量。而在运动中代替传统媒体发挥作用的,是人人可及、使抗议者和记录者合二为

---

① Costas Douzinas & Slavoj Žižek, *The Idea of Communism*, London and New York: Verso, 2010, p.61.

一的网络新媒体。从具体过程来看，运动前，主要是由意见领袖以网络新媒体为工具在网民中发起讨论议题，争取支持者和同情者，进而发出集体行动的号召；运动初期，网络媒体成为抗议者组织协调的平台，向参与者提供集体行动的具体信息；而在运动进行中，网络媒体更是起到了放大、扩散运动的作用，网上讨论和网下行动相互交织，使得相关议题迅速扩散；运动后期，网络媒体发挥着沉淀运动成果和记录集体记忆的作用，抗议者借此交流各自的故事、观点与情感，建立身份认同并形成自我持续的社区。由于新媒体有一种"即时化聚合效应"，只要少数活跃分子就可能组织起大规模的街头聚集和示威，这就使这一波社会运动的强度超过了结构类似但政治诉求温和的 1980 年以来的新社会运动。①

此外，社会动员形式在线下也发生了变化，即由过去基于特定社会改革方案的垂直动员，变为一种发散式的参与式民主，主要包括多领导化、"人民麦克风"和"一致决议"等大众民主形式。

"占领运动"发明了一种"人民麦克风"的广场动员形式。所谓"人民麦克风"，指的是一种有别于过去发言人利用高音喇叭进行宣讲的广场动员形式——在那种氛围下，精英和群众之间总是会产生一定的距离，群众也只能作为听众来被动接受发言人的思想。"人民麦克风"则打破了这种隔阂，具体来讲，就是发言人在宣讲时，先喊一句"麦克风核实"，让人群安静下来；然后发言者开始说话，由前排群众把发言人的话语向后方传递，发言人喊一句，听到的人接着重新喊一遍，声波依次传递，这样就将发言人的信息扩散到会场的各个角落，上一句扩散结束后发言人再讲第二句。由于"人民麦克风"依赖在场所有人员的共同参与，当数千人伫立在广场上安静地聆听从发言人传来的信息并通过自己的声音传达给周围的同伴时，每个参与运动的人既是听众又是发出自己声音的人，每一个声波都代表着另外一拨人听到了宣讲人所说的话，每一个声波也都代表着听众主动在听而且主动宣讲。因此，"人民麦克风"这一形式有利于几千人聚集在一起进行交流，也有利于直

---

① 万小广：《新媒体在美国"占领华尔街"运动中的作用》，《中国社会科学报》2012 年 5 月 16 日。

## 第九章　发达资本主义国家社会运动的新变化

接参与到广场、街道现场的团体和民众进行民主沟通和决策。①

由于"占领运动"的集会没有固定的领导者，也没有一个权威的领导机构，遇到问题时就只能进行民主协商，由此也出现了一种新的决策机制——"一致决议"，即通过全体同意的方式形成决议。"一致决议"不是投票表决，因此不需要遵从"少数服从多数原则"，"一致决议"尊重每个人的意见。这种决策机制对参与者的考验更多的不是同意，而是否决。因为"参与者知道，如果觉得有原则问题，自己可以即刻停止一个审议的开展。这不仅意味着他们会极少使用这一否决权，还意味着他们会在选择前更加深思熟虑，更容易在不重要的小事上妥协。创造性综合过程是一致决议机制真正的精髓所在。就像一个被看作是小孩的人在行为上也会像小孩一样幼稚，要让人变成熟且有责任感，就必须把他们当作成熟而富有责任感的人去对待"②。可见，"一致决议"机制实质上就是通过赋予所有个体参与权利以激发其基于共同利益的责任意识，通过这样的方式让每个意见在总集会上都经受所有人的审议，反过来又促使参与者更审慎地表达自己的意见。"一致决议"可以说是对直接民主的一次有益探索。

三是运动规模的全球化。

"新社会运动"从一开始就具有全球化的特征，即与制度化工人运动在民族国家的范围内开展不同，新社会运动虽然也在特定的民族国家范围内发生，但在很大程度上实现了异地联动。比如20世纪90年代的反全球化运动，就是在全球层面上开展的社会抗议运动。

金融危机爆发之后的"占领运动"，由于规模更大，涉及国家和地区更多，从而也构成了名副其实的具有全球规模的社会运动。"占领运动"自2011年9月爆发之后，就迅速蔓延到美国境外的许多发达国家，如德国、法国、西班牙、日本、新西兰等。不仅美国、英国等发达国家的"占领运动"迅猛发展，中等发达国家如希腊、西班牙也成为"占领运动"的中坚力量，一些发展中的民族国家如突尼斯、利比亚、埃

---

① 刘颖：《21世纪的西方新社会运动：从反全球化运动到"占领"运动》，《理论月刊》2013年第8期。

② [美]沙拉·范·吉尔德：《占领华尔街：99%对1%的抗争》，朱潮丽译，中国商业出版社2012年版，第9页。

及等国也成为运动的集中爆发地。2011年10月15日,"占领运动"的第一次全球行动,世界各地共82个国家的抗议者在951座城市举行谴责资本主义、社会不公与经济危机的游行示威活动,抗议的浪潮从发达国家扩展到中等发达国家和发展中国家,席卷了东亚、欧洲和北美,这一天被称为"全球愤怒日"。据"占领华尔街"运动的组织者声称,"占领运动"在全球范围内的蔓延,使得全世界共有超过1500座城市都出现了类似的"占领运动"。

全球规模的抗议活动之所以出现,主要是由于新媒体条件下即时通讯的催化作用。网络化在很大程度上塑造了危机之后新社会运动的目标设定、组织动员形式以及影响范围,使之成为一种跨越民族国家范围的全球性的社会运动。比如,一些人到美国纽约参加了抗议活动,然后决定回到家乡开展类似的行动,这是传统的传播路径,而网络新媒体的出现,则大大加快了这一进程。"占领运动"中,各地的组织者通过网络电话(skype)与全球其他地区的抗议者联络,使得地区化的反抗在短期间内发生连锁效应,一地的抗议运动不仅迅速遍布全国,而且也通过互联网平台迅速跨越国界扩散到全球各地。

从另一个层面来看,由于这次爆发的金融危机是全球资本主义的体系性危机,因此社会反抗也必然会在国际层面上进行。目前,人们已经普遍认可的是,许多地区性问题无法在地区的范围内得到解决,由于资本主义全球化的发展,资本主义结构性矛盾已经超越国界,许多问题和矛盾都已成为世界性的问题和矛盾,因此,从属阶级只有超越地区分割以及矛盾转移带来的分割,达成新的联合,才能使社会运动产生革命性的效果。

# 第十章 亚非拉资本主义国家的发展变化

二战以来,亚非拉发展中国家虽然有过经济"奇迹",但"奇迹"过后就是危机,如拉美国家20世纪70年代奇迹后面经历了20年危机;东南亚在取得20世纪80年代发展奇迹后也在90年代陷入危机。2008年金融危机以来,亚非拉发展国家经历了一个先扬后抑的发展过程。当前,在石油资源丰富的西亚、北非地区恐怖活动日益严重,武装冲突频发,国家面临分裂;其余发展中国家的经济不是停滞就是增长缓慢,各种矛盾突出,社会动荡不安。

## 一 金融危机对亚非拉地区经济的影响

金融危机对广大发展中国家的影响日益明显。突出表现是,石油和矿产等初级产品的出口下降,外国直接投资减少,经济增长放缓,工业化或现代化进程受阻,收入分配改善缓慢。

### 1. 大多数发展中国家的经济增长明显放慢

2008年金融危机以来,拉美和加勒比地区都面临经济增长缓慢的压力。从整体来看,拉美和加勒比地区政治社会格局基本稳定但局部动荡;经济增长放慢,各国都面临着寻找经济持续增长和保持宏观经济稳定新办法的挑战。

2014年拉美经济虽然继续有所增长,但是连续4年增速逐年下降。据联合国拉美经委会报告,2014年拉美和加勒比地区经济增长率只有1.1%,低于上年的2.5%,为2009年以来最低增速。拉美增速下降首先是因为全球经济复苏乏力,贸易条件恶化,对大多数拉美国家的经济发展产生了较大影响。拉美进口总额减少了1%，为2009年以来首次出现减少；出口只增长了0.3%。其次，拉美经济大国的经济增长乏力，大都为低增长或负增长。2014年拉美第一大国巴西经济只增长了0.2%，第二大国墨西哥增长了2.1%，第三大国阿根廷为-0.2%，而主要石油输出国委内瑞拉经济增长率为-3%。国际货币基金组织（IMF）表示，2015年拉美经济增长仅为0.9%。南美洲的三大经济体阿根廷、巴西和委内瑞拉经济负增长，分别为-0.3%、-1.0%和-7.0%。[1] 最后，国内公共投资减少、本国需求和消费不足也是大多数拉美国家经济增长放慢的重要原因。据拉美经委会《2014年拉美社会概况》报告，2014年拉美贫困率为28%，与2013年基本持平；贫困人口绝对数从2013年的1.65亿增加到1.67亿。但是，赤贫率从2013年的11.7%增加到12%，赤贫人数从6900万增加到7100万。[2] 由此可见，拉美继续工业化和社会发展的前景都有点暗淡，金融危机使大多数拉美国家继续在"中等收入陷阱"里苦苦挣扎。

在东南亚，由于欧美经济复苏缓慢，世界市场对资源类产品需求减少导致其价格下跌和出口量下降，进而出现贸易赤字和货币贬值，对东南亚的经济社会发展带来巨大压力。2014年东南亚经济表现一般，经济增长率普遍低于预期，处于近几年的低谷。油价下跌对于印度尼西亚、文莱、马来西亚经济的拖累明显，甚至导致了货币大幅度贬值。

油价的下跌给马来西亚的经济带来严重影响，马来西亚的货币林吉特在2014年第四季度下跌6.2%，是亚洲金融危机以来的最大跌幅。从马来西亚股市撤出的外国资金达到20.25亿美元，是2008年金融危机以来最大规模。

菲律宾2014年经济增长率为6.1%，这在东南亚地区是比较高的，但低于政府制定的目标，也低于2013年的增长率。而且，阶段性的经济增长很难触动多年遗留下来的经济痼疾。菲律宾粮食安全、失业、贫富分化等经济问题依然突出。菲律宾的国际收支和财政状况可以说是急

---

[1] 《IMF: 2015年拉美经济增长仅0.9%》（http://china.huanqiu.com/News/mofcom/2015-05/6416446.html）

[2] 以上数据参见徐世澄：《2014年拉美和加勒比地区形势述评》，《拉丁美洲研究》2015年第1期。

剧恶化。2014年出现了28.79亿美元的逆差，这是2004年以后的首次逆差。如果不是2014年油价暴跌，菲律宾的逆差还会增加10亿美元。同时，政府2014年的征税目标无法实现，仅1—10月就形成了34.08亿美元的财政赤字，与11亿美元盈余的年度目标相去甚远。据菲律宾民间调查机构"社会气象站"2013年9月和12月公布的数据，52%以上的受访者自称贫困，39%的受访者自称买不起食物。据2014年11月的数据显示，2014年全年自认贫困率达到54%，这是自2006年以来的最高值，更有41%的民众声称在过去3个月中挨过饿，同比上升2个百分点。① 这或许正是2014年1月福布斯在2013最佳商业环境国家排名中，将菲律宾从2012年的第87位下调到第90位的原因之一。

2014年泰国的经济增长率约为1%，其中第一、第二、第三、第四季度的增长率分别为-0.5%、-0.4%、0.6%、3%，全年经济的增长主要是依靠第四季度的拉动，这主要是因为临时政府上台后大幅度增加政府购买和政府投资。2014年1—10月，泰国的工业生产指数出现了5.1%的跌幅，民间投资指数下跌了4.9%。2014年印尼的GDP增长率为5.02%，为5年来的最低值。外贸状况的恶化，加上市场对于美国经济复苏以及美元加息的预期，印尼盾大幅度贬值，与美元的汇率创1998年以来的新低。在对外贬值的同时，印尼盾也在对内贬值，新任总统佐科维把燃料价格调高了30%，直接导致印尼全年通胀率高达8.36%。②

金融危机发生后，非洲地区经济发展速度放缓，其经济增长模式也难以持续。危机对非洲经济的影响是间接的、渐进的。西方发达国家从非洲进口、对非洲投资、贷款、援助及赴非游客减少，原材料价格下降，使非洲国家经济增长受到全方位冲击。

由非洲开发银行、经合组织发展中心和联合国开发计划署共同完成的2015年《非洲经济展望》报告称，非洲2015年的经济增速预期将为4.5%，而2016年这个数字预计将达到5%。2015年非洲GDP增长率

---

① 数据参见鞠海龙、邵先成：《2014年菲律宾政治、经济与外交形势回顾》，《东南亚研究》2015年第2期。

② 以上数据参考邓应文：《东南亚地区形势：2015年》，《东南亚研究》2015年第2期。

为 3.62%，低于年初的预期，但仍高于世界 3.12% 的平均水平，仅次于亚太地区。非洲经济增长主要由摩洛哥（4.37%）、埃及（4.19%）及尼日利亚（3.96%）等国驱动，这三个国家 GDP 之和占非洲 GDP 总量的三分之一强。① 不过，全球油价和大宗商品价格下跌以及西非地区埃博拉疫情等因素延缓了非洲经济重回 2008 年金融危机前高速发展的进程。此外，报告还指出，得益于中国对非投资的不断增长，非洲大陆的外国直接投资在 2015 年预计将达到 735 亿美元。② 2015 年 7 月 9 日，中部非洲国家银行（BEAC）货币政策委员会（CPM）在喀麦隆首都雅温得召开该年度第二次会议。会议根据第二季度疲软的经济表现，将 2015 年中部非洲共同体（CEMAC）经济增长率预期由 3 月的 4.2% 下调为 2.8%。会议认为，区域内各国安全形势仍面临挑战，国际石油价格的持续低迷导致区域内各国国内需求继续萎缩，而各国推动经济多元化特别是促进农业和电信业增长等方面也未见起色，这些都成为阻碍区域经济增长的主要因素。会议同时预测，区域财政赤字占 GDP 比重为 3.7%，通胀率为 2.9%，经常项目赤字占 GDP 比重为 11.4%，货币对外保证率即中部非洲国家银行对外资产总额与其即期债务总额之比率为 78.4%。③

非洲经济转型研究中心的报告称，目前许多非洲国家经济的增长表面上非常喜人，但其增长模式不可持续，不利于非洲大陆的经济转型和长期发展。大多数非洲国家的经济严重依赖于矿业和石油，对日益增加的年轻群体创造的就业机会不足，而且非洲大陆的一些经济强国正在日渐衰退，这些因素可能会导致将来的政治或社会不稳定。目前非洲需要更为深度和多样化的发展，包括提高出口竞争力、生产力、技术创新等，这样才能使非洲大陆实现真正的转型。④

---

① 《非洲 2015 年经济增长低于年初预期》（http://china.huanqiu.com/News/mofcom/2016-01/8343487.html）。
② 《非开行：2015 年非洲经济增长预期为 4.5%》（http://world.people.com.cn/n/2015/0525/c1002-27054217.html）。
③ 《中部非洲国家银行再次下调 2015 年本地区经济增长率》（http://world.huanqiu.com/hot/2015-07/7001642.html）。
④ 《报告显示非洲国家经济增长模式难持续》（http://news.xinhuanet.com/world/2014-05/20/c_1110766486.htm）。

## 2. 亚非拉地区工业化或现代化进程受阻

金融危机以来，资本主义发展中国家经济增长缓慢的另一个表现是工业化或现代化进程受阻。对大多数发展中国家来说，欲从贫穷落后走向富裕发达，工业化或现代化是必须经历的至关重要的客观进程。

美国今日的强大，既不是三权分立制度的科学性也不是民主自由理念的先进性所造就的，工业化才是美国富强真实的根源。美国建国虽晚，但工业化却并不算迟。英国于18世纪60年代开始工业化进程，而美国在19世纪90年代也开始了工业化进程。在推进工业化的过程中，美国充分利用了其后发优势，直接引进和利用英国、法国等国家的技术和人才等资源。同时，美国的资本力量先通过西进运动夺走印第安人的土地，再经过南北战争使南方种植园的黑奴成为自由劳动力。而美国相对于英国有地理优势，国土面积大又无强邻，本土就是很好的原料产地和巨大的销售市场。英国只能不断扩张海外殖民地来弥补国土和人口的短板。伴随着19世纪后期英国殖民地的不断丧失，1900年美国开始取代英国成为第一经济大国。在此后的工业化进程中，美国一方面靠高关税保护本国工业不受工业强国冲击，高关税一直维持到20世纪30年代的大危机时期；另一方面由于远离欧亚大陆的地缘优势，两次世界大战对美国本土没有造成破坏，而欧洲和亚洲国家却遭受了战火的蹂躏。由此，美国一跃成为世界头号强国。随后美国凭借经济和军事优势又建立了美元霸权。至此，美国创立了一种不同于历史上曾经出现的世界霸主靠战争掠夺财富的全新统治模式：利用美元霸权优势掠夺世界各国财富，而武力为确保美元霸权服务。这才是当前美国富强的真正秘密，而根源还是其世界上最为成功的工业化进程。美国从20世纪90年代开始走过一段去工业化的弯路。由于金融衍生品的泛滥和制造业的空洞化，导致美国从2008年起陷入了自大萧条后的最大经济危机，就连美国引以为豪的汽车业也遭遇破产危机。面对一片狼藉，美国政府竭力寻找引领美国经济走出困境的突破口，最终把目光聚焦到"再工业化"。由此可见，工业化不仅是发展中国家的必经之路，也是发达国家长治久安的治国良策。

金融危机造成的全球经济长期低迷状态，使发展中国家的工业化或现代化进程前途未卜。就连发展状况比较好，已经具备一定的工业化基础的拉美国家都面临继续工业化或进一步现代化的各种问题，更何况当今世界综合实力最弱的非洲地区。

从全球国际直接投资（FDI）的比例来看，拉美的份额增长缓慢，与其作为世界经济大区域的地位不相称，说明拉美继续工业化面临较大的资金困境。根据联合国贸发会 2013 年世界投资报告，流入发展中国家的 FDI 占全球的比重从 20 世纪 80 年代的 20% 增至 90 年代的 33% 和 2010—2012 年的 47%，与发达经济体基本持平。同时期的拉美和加勒比地区占世界 FDI 存量的比重，只是从 1990 年的 5.36% 增至 2000 年的 6.75% 和 2012 年的 10.13%。虽然作为南美洲最大经济体的巴西拥有 FDI 的存量有所增加，从 1990 年占世界的 1.79% 增至 2012 年的 3.08%，但与作为一个整体的发展中国家的 FDI 占全球的份额相比，相差甚远。更令人关注的是，2014 年 FDI 对拉美的直接投资下降了 25%—30%。①

跨国公司在东南亚投资了电子、汽车、生物医药、石化、纺织等加工业，使东南亚成为全球生产网络中的重要生产基地。可以说，东南亚的工业化由跨国公司主导并以产业集群的形式表现出来。但是东南亚现代加工业在全球价值链中处于较低端环节，附加值小，产业集群竞争力仍然较低；同时，产业集群多由跨国公司掌控，本土厂商处于产业链中的低端环节，多数企业主要为跨国公司提供零部件和辅助服务，核心设备和关键零部件主要依靠进口，产业集群的"根植性"不强，使各国的产业安全面临威胁，当地企业发展受到制约。虽然跨国公司主导的工业化推动了东盟国家产业结构的调整与升级，带动了本地中小企业的发展，有助于当地企业获得跨国公司先进技术溢出的好处。但是，跨国公司不是万能的上帝，更不是慈善家。基础设施落后、教育水平低下、国内市场狭小、技术创新缺乏、国内投资不足、政局动荡不安，等等，这些都是东南亚国家的普遍现象，也是进一步工业化或高级工业化的最大障碍。

当然，工业化的新契机也在东南亚出现。在中国"一带一路"战

---

① 以上参见赵雪梅：《21 世纪以来拉美国家利用外国直接投资的比较分析》，《拉丁美洲研究》2014 年第 1 期。

略的推动下,东南亚将加快实现互联互通的迫切需求,降低客流物流费用并促进经济社会融合,强化交通设施以提高国际竞争力。如雅万高铁将成为东南亚第一条高铁,不仅能直接方便民众出行、优化投资环境、增加就业机会,还能促进沿线商业开发、拉动配套产业发展、推动经济结构升级。一条"雅万经济走廊"有望在高铁经济的带动下加速形成,沿线及周边地区冶炼、制造、基建、电力、电子、服务、物流等配套产业将迎来大发展。

非洲有丰富的自然资源,有众多的人口,有潜在的广阔市场,客观上具备工业化的基础条件。但事实却是相反的,非洲的工业化进程最为缓慢。有非洲学者认为,建立在自主、中央控制积累基础上的资本主义发展的一揽子政策,由于非洲国家一个接一个地经历了去工业化而被摧毁。在成本分享和外包的名义下,非洲仅有的少数公共服务,如教育、医疗、用水、养老等被商品化了。诸如中央银行等财政部门和政策制定机构被赋予了自主地位,商业银行被私有化。① 实际上,西方发达资本主义国家倡导的贸易自由化抑制了非洲民族工业发展的客观要求,并进一步导致了去工业化的不良后果。

除了外在的客观因素,非洲国家的自身缺陷更令人深思。如非洲的劳动力素质还没有为工业化做好准备。非洲的各层次教育都难以满足经济发展的需要,尤其是技术教育长期遭到忽视,更是难以满足工业化的发展需要。一方面,非洲经济的发展需要引入大量外部技术人员;另一方面,非洲本土人才却大量流向海外。据初步估计,每年有13万名大学毕业生离开非洲大陆,仅1999年就有超过3万名拥有博士学位的非洲人生活在非洲之外。这种状况直接导致非洲缺乏一个富有生产力的阶级,历史前进缺乏社会动力。②

因为缺乏内部积累,非洲大部分国家的公共投资每况愈下。联合国贸发组织在2014年7月3日发布的《2014年非洲经济发展报告》中指出,用于教育、医疗和基础设施的公共投资在发展进程中发挥着关键性

---

① 参见 [坦] 伊萨·G. 希弗吉:《非洲的民主与民主化》,《国外社会科学》2013年第4期。

② 杭聪:《殖民主义与非洲发展的困境》,《史学理论研究》2013年第4期。

的催化剂作用,但过去的20年中至少有23个国家出现了公共投资率减少的情况,其中佛得角从18.1%降至13%,埃及从14.5%降至8.2%,厄立特里亚从17.6%降至13.4%,莱索托从18.2%降至9.1%。在撒哈拉以南非洲地区1.28亿适龄入学孩子当中,只有大约一半人能入学接受教育,获取基本的技能,健康成长。[①] 1990年至2011年间,全球所有地区的青年文盲人数都呈下降趋势,只有撒哈拉以南非洲地区的青年文盲人数同期增长了1300万。这意味着,撒哈拉以南非洲地区同一时期青年识字率的增长幅度小于人口增长率,并且增长乏力,从1990年至2011年的21年间,青年识字率仅增长了4%。[②] 通过教育现状,不难预计非洲未来的经济增长和社会发展会举步维艰。

世界经济的全球化与发展中国家的工业化并不是同步进行的,而非洲经济的边缘化与发达资本主义国家主导的全球化却是同步进行的。非洲经济融入全球经济的程度越深,其在全球经济中的重要性就越小。在新的国际分工中,非洲的地位已无足轻重,非洲似乎成了全球化进程中"被人遗忘的角落"。这与其人口大洲、地理大洲、资源大洲的地位是极不相称的。[③]

当今的世界经济格局和国际经济秩序,有利于发达资本主义国家向发展中国家转嫁金融危机,而广大发展中国家却无力进行抗争,工业化进程受挫是必然的。拉美的"中等收入陷阱",其含义之一是当人均收入水平达到一定程度时,由于收入分配不公引起社会动荡,造成经济发展长期徘徊不前。拉美和加勒比地区是较早开始工业化和现代化实践的发展中国家和地区,其城市化速度超过了工业化速度,滞后的工业化没有解决人们的就业问题,使得大量人口迁徙造成社会动荡。因为这样的剧烈变化没有引起足够的重视,结果造成了大量的社会问题。当社会动荡时,任何经济发展和社会进步都无从谈起。一般来说,发展中国家的工业化进程受挫,社会发展就会停滞不前,各种矛盾就会接踵而至,政府在处理各种问题时就会捉襟见肘,接下来便是社会动荡不安,整个社

---

① 数据参见《非洲教育危机:在学校,但不是学习》,《广东教育》2013年第1期。
② 数据参见陈明昆等:《撒哈拉以南非洲成人与青年识字情况研究》,《世界教育信息》2014年第1期。
③ 以上观点参见钟伟云:《非洲在国际体系中的地位》,《西亚非洲》2002年第3期。

会进入恶性循环。

## 二 亚非拉资本主义国家政治形势严峻

虽然大多数发展中的资本主义国家进行了政治民主化的改革，但在治理国家的过程中收效甚微，经济发展的红利没有惠及普通人，两极分化现象严重，中产阶级普遍脆弱，国家权力仍由各种利益集团掌控，社会结构的转型远没有完成。

**1. 社会权力长期由利益集团把控**

东南亚国家社会结构转型缓慢，国家权力被家族、军事等集团长期控制。这种现象在其他地区的发展中国家中也普遍存在。

菲律宾的权力政治是权贵、财阀家族统治与自由民主的特殊混合。选举是在自由民主形式之下权贵家族和财阀对国家权力的争夺。2013年菲律宾的中期选举选出了包括12名参议员、291名众议员、80个省长、80个副省长、143个城市的正副市长在内的共计18053个政府职位。然而，在178个政治家族控制着80个省中的73个，控制着70%的众议院议席和80%的参议院议席的政治背景下，菲律宾的中期选举依旧是民众无法参与的权贵之间的权力分配游戏。选举之后，总统阿基诺的堂弟邦·阿基诺、前总统埃斯特拉达的儿子J. V. 埃斯特拉达、副总统比奈的女儿南希·比奈，以及艾伦·卡耶塔诺与皮娅·卡耶塔诺姐弟俩等先后当选参议员。前总统埃斯特拉达击败寻求连任的现市长阿尔弗雷德·林拿下马尼拉，前总统马科斯的遗孀伊梅尔达和长女艾米分别连任北伊罗戈省的众议员和省长，而其外甥安杰洛·马科斯·巴尔巴则赢得副省长职务。① 在政治权力被众多家族把持的背景下，大政方针的混乱和不稳定为菲律宾政府与反政府势力的和平进程带来阻力。"新人民军"（菲律宾共产党武装）是国内最主要的反政府武装之一，2011年2月曾与政府达成未来18个月实现全面和解的协议。在与反政府武装和解难以达成的情况下，菲律宾政府政策明确转向"压制政策"，开始强

---

① 参见鞠海龙：《2013年菲律宾政治、经济与外交形势回顾》，《东南亚研究》2014年第2期。

调强行清剿等应对手段。反政府武装的进攻造成了13万以上居民逃离家园，大量房屋被毁等人间惨剧。阿基诺政府对和解政策的搁置，以及针对国内反政府武装的强硬政策无疑进一步加剧了政府与反政府力量之间的矛盾与冲突。除非将反政府武装彻底铲除，否则这种政策将意味着菲律宾政府与反政府力量之间的较量时间和烈度将继续增强。

缅甸的军事集团长期操控政府与少数民族武装之间的和解进程。军队在缅甸的政治地位与必要性就是因为少数民族武装持续的存在和斗争，如果真的达成了停火协议，缅军在政治中的显著地位就失去了依据，因此从集团利益的角度，缅军也不希望缅甸少数民族武装问题迅速解决。军队掌握着和谈的主动权，军队没有动力按照少数民族武装的要求推动和谈；反之，从利益角度考虑，他们有强大的动力去按照自己的设想，依靠武力削弱地方武装，维护他们的联邦和统一。2014年3月30日至4月10日，缅甸进行了30多年以来的第一次人口普查。这次人口普查具有浓厚的政治意味，为政府军进攻一些少数民族武装提供了借口。为了能够在谈判中强化自己的立场，军队以保护人口普查为名，增加在克钦邦和掸邦北部的军事力量，发动了对少数民族武装的军事进攻。

非洲国家一直在各种利益集团角逐中挣扎——本国的精英阶层、西方的原宗主国、外国的商业团体等，这些利益集团阻碍了非洲的发展与进步。非洲国家的社会矛盾，主要有原殖民宗主国与非洲国家之间的民族矛盾、国内资产阶级与工人阶级之间的阶级矛盾、中央政府与传统部族之间的统分矛盾、部族与部族之间的地方矛盾、宗教矛盾，等等。原殖民宗主国与非洲国家之间的民族矛盾根源于反对资本主义的阶级矛盾，但又独立于国内的阶级矛盾，是非洲国家当前的主要矛盾。阶级矛盾虽然存在，但就非洲来说，部族意识比阶级意识强大得多，传统的部族身份认同超越了社会阶级属性。就大部分非洲人的身份认知来说，他首先是部族的成员，然后才是所属社会阶级的一员。结果，非洲的阶级矛盾长期从属于民族矛盾，阶级界限不明显，阶级解放有赖于民族解放。①

---

① 杭聪：《殖民主义与非洲发展的困境》，《史学理论研究》2013年第4期。

非洲现代经济结构滞后的同时，现代社会结构的发育也很迟缓，大部分非洲国家面临改造传统社会结构的历史重任。独立之前，非洲不存在民族资产阶级，而领导独立取得权力的是小资产阶级，资产阶级的民主革命远未进行。[①] 因此，非洲的许多传统制度仍旧流传下来，最显著的例证就是部族制度。在殖民地时代，西方统治者出于统治的需要，有意识地不去触动传统的社会结构，甚至创造出许多新的酋长、族群，阻碍社会历史发展的成分被殖民统治所加强。在殖民统治结束后，许多传统制度依旧在当地生活中发挥着显著的负面作用。由松散分割的传统部族社会，向统一聚合的现代主权国家过渡，是当代非洲国家政治发展的艰巨任务。迄今为止，国家成长与民族融合这两大任务在许多非洲国家都没有真正完成。

**2. 民族资产阶级相对弱小且先天不足**

发展中国家的国家权力被家族或部族、军事集团和国外垄断力量等长期控制，从侧面说明其国内民族资产阶级的力量很弱小，还没有成为领导经济社会发展的中坚力量。发展中国家的民主化改革是被迫进行的，与其国内社会发展的程度并不相适应。世界上两个全盘效仿美国政治制度的国家是菲律宾和墨西哥，同样的总统制，同样的三权分立，但却没有美国式的国家富强和社会稳定。相反地，菲律宾以贫困和输出女佣闻名，墨西哥以暴力犯罪和毒品盛行著称。

发展中国家在推进工业化的过程中，民族资产阶级的力量不断壮大，但与国内的传统政治集团和国外的垄断势力相比，仍然很弱小。拿非洲来说，民族资产阶级的力量越来越强大，一个重要现象是非洲经济民族主义重新兴起。非洲经济民族主义最突出的表现是资源民族主义。非洲大陆拥有丰富的矿产资源，为国际市场提供资源和能源，为世界经济的发展作出了自己的贡献。进入21世纪以来，越来越多的非洲国家不满足于用自己的资源和能源换取外国的工业品，主张提高本国资源的附加值和利用率，重提非洲的工业化战略。因此，资源民族主义在非洲变得越来越有市场，说明民族资产阶级不仅仅寄希望于国际贸易条件的

---

① 参见［坦］伊萨·G.希弗吉：《非洲的民主与民主化》，《国外社会科学》2013年第4期。

改善、世界经济的复苏以及不断增加的外来投资和援助,也更加强调非洲人的励精图治,不断推动国内的政治民主建设和发展政策调整,体现出强烈的独立自主和复兴非洲的政治意愿。非洲的民族资产阶级志在实现非洲大陆的经济发展、政治转型,并试图改变非洲长期边缘化的不利地位,从而真正实现几代非洲人孜孜以求的非洲复兴夙愿。

同时,非洲的民族资产阶级仍旧带有浓厚的买办性。非洲的民族资产阶级能从国家对财富和经济资源的垄断性控制中获利,是原有政治和社会秩序的受益者,也能从非洲国家广泛存在的非正规经济部门,以及官方与黑市之间的商品价格落差中获利发财,因而不可能率先提出政治变革的要求。有学者认为,西方银行分支机构多成为非洲国家国际融资的主渠道,沿着那些渠道 10 万名非洲百万富翁将自己的大量财产移出大陆。在过去 30 年里,非洲流出的资金达到 1.3 万亿美元,远远高于包括官方援助、侨汇和外国直接投资等在内的所有流入非洲的资金总额。在民主化浪潮席卷非洲的过程中,一个新的买办阶级取得支配地位。他们尽其所能讨好世界银行并获得结构调整计划在非洲的长期合约。与前任不同,他们民族主义情结较弱,更加亲西方,而且对自由民主一直抱有幼稚的幻想。

### 3. 中产阶级的人数增长缓慢

如果说在西方发达资本主义国家里,改造社会的主要力量是中产阶级。那么在工业化程度很低的亚非拉发展中国家,中产阶级的发展相对缓慢且很脆弱,还谈不上是社会发展的主要力量。

长期以来,同撒哈拉以南的非洲地区一样,拉美地区被公认为是世界上收入分配最不公平的地区之一。而收入的过度不平等恰恰可以解读拉美的中产阶级为什么长期难以发展壮大。拉美的"过度不平等"是最高收入阶层占社会总收入的比重畸高,这种状况不利于中等收入阶层向上的社会流动,因为他们与 10% 的最高收入阶层之间横亘着一条巨大的鸿沟,中间基本上没有过渡地带。

不同于欧美发达国家,拉美国家的中产阶级是一个脆弱的群体。20世纪 80 年代初拉美债务危机的爆发,不仅终结了该地区经济长期增长的局面,也逆转了中产阶级稳定扩张的势头。随后为解决危机而采取的一系列结构性调整政策,导致公共部门萎缩、失业率增加、收入减少和生活水平下降。中产阶级的经济和社会地位大幅下滑，甚至因此陷入了"新贫困"。20世纪90年代拉美地区推行的新自由主义改革，不仅没有改变经济颓势，反而加剧了贫困和不平等，中产阶级也进一步受到挤压。由于工薪收入是中产阶级的主要收入来源，因此中产阶级的贫困化主要源于失业、就业不足和就业质量下降。

中产阶级的脆弱性和诉求的多样性使他们不但无法成为拉美社会的"稳定器"，反而成为撕裂社会的负能量。政治分歧进一步加剧了中产阶级、脆弱中产阶层和贫困人口之间的矛盾。尤其是在秘鲁、哥伦比亚和巴西等国，政治两极化已经抬头，大选前后不断的示威游行就是例证。近年来发生在拉美国家的很多政治和社会危机事件，如阿根廷的农业罢工、厄瓜多尔推翻古铁雷斯政府、智利的学生运动、巴西因公交涨价引发的社会动荡，2014年2月初开始的委内瑞拉反对派抵触查韦斯政府和现马杜罗政府所实施的"玻利瓦尔革命"，反对派在首都以及全国数十个城市举行大规模抗议，有些抗议演变成暴力行动，等等，均以中产阶级为主要参与者。①

南非标准银行发布的《理解非洲的中产阶级》报告显示：非洲中产阶级规模虽然不大，但发展态势却较好。这一报告用家庭消费标准来衡量非洲家庭的收入状况，并以此作为中产阶级的标准。非洲家庭的收入被分为四个等级，低收入家庭的消费在每天15美元以下，中产阶级家庭的日消费介于15美元至115美元之间，其中，日消费15—23美元的为低等中产阶级，日消费23—115美元的是标准中产阶级，日消费超过115美元则为高等的中产阶级，即所谓强中产阶级。报告对撒哈拉以南的经济表现前11名国家（安哥拉、埃塞俄比亚、加纳、肯尼亚、莫桑比克、尼日利亚、南苏丹、苏丹、坦桑尼亚、乌干达和赞比亚）的1.1亿个家庭进行了分析，认为只有1500万个属于中产阶级家庭，其余86%的家庭都属于低收入家庭。尽管非洲中产阶级规模尚小，但这一集团的数量自2000年以来增长了230%，虽然总体人数不大，但增

---

① 参见林华：《拉美社会阶层结构的变化与政治进程的发展》，《拉丁美洲研究》2013年第5期。

长迅猛。①

世界银行将经过购买力平价调整后的日收入超过 2 美元的人定义为中产阶级，根据此定义，非洲地区的中产阶层人数已达到 3.5 亿左右。这一数字虽然不断被媒体和学者引用，但人们对这一数字的真实性普遍表示怀疑。实际上，非洲的中产阶级概念不同于西方发达国家，非洲的中产阶级是除极端贫困的穷人和最富有的资本家以外的社会群体。即使如此划分，非洲特色的中产阶级还是不到总人口的三分之一。而且，非洲大多数中产阶级的收入还极低，每天只有 2 美元多，与其他发展中国家相比仍处于初级发展阶段。

非洲的中产阶层占总人口比重仍是所有新兴地区当中最小的。中产阶层在非洲地区总人口中所占比重为 33%，而在亚洲发展中国家这一比例为 56%，在拉丁美洲这一比例为 77%。数据显示，虽然过去 10 年间非洲大陆的年均经济增速达到了约 6%，但中产阶层上层的人数年均增幅尚不到 2%。以尼日利亚为例，它不仅是非洲第一大经济体而且是非洲人口最多国家，但在其 1.7 亿人口中，目前仍有超过 60% 的人生活在极度贫困中。②

总的来说，非洲中产阶级力量很弱小，构成比较庞杂，主要包括政府官员、企业管理人员、私营业主、自由职业者、教授、律师、医生、教员和大学生，等等。非洲社会进步的动力主要源自教员、学生、律师等知识分子以及失势的前政府官员。伴随着非洲民主化的推进，知识精英对社会舆论和国家决策的影响力显著增强。但是，即便是这些知识分子，他们身上也带有追求民主、反对专制同时又认可和崇敬酋长、从所属部族中寻求支持的现代与传统的双重烙印，自身的团结和凝聚力十分脆弱，难以形成统一、持久的政治主张。

## 三 亚非拉资本主义国家社会问题凸显

经济增长缓慢，两极分化严重，社会矛盾激化，这是亚非拉发展中

---

① 李安山：《2014 年非洲经济形势分析与展望》，《国际研究参考》2015 年第 3 期。
② 参见《非洲中产阶层难成气候》，《北京商报》2014 年 6 月 23 日。

国家长期存在的普遍现象。在金融危机的背景下，发展中国家存在的各种社会发展失衡的问题被不断激发出来，下层民众普遍对现状不满，极易引发社会震荡，突出表现是不断蔓延的罢工活动、愈演愈烈的恐怖主义以及越来越严重的难民潮。

**1. 不断蔓延的罢工活动**

金融危机以来，发展中国家每年都发生许多罢工活动，但大部分规模不大，持续时间较短，社会影响也相对较小。罢工的原因主要是发展中国家的通货膨胀导致实际收入下降，下层劳动者的生活愈益艰难。罢工最多的行业是公共服务业和个人服务业，其次是制造业，最少的是金融业和电力行业。

2015年10月5日，巴西银行业员工举行全国大罢工，要求加薪16%，以弥补因高通胀所致的购买力损失。2014年世界杯比赛期间，港口职员、机场职员、邮局职员、银行职员、巴士司机、地铁工人、建筑工人、炼油厂工人，甚至老师、医生和警察也都轮流罢工，巴西几乎每天都在上演这样的社会活动。2015年9月2日，印度10个全国性工会发起罢工，抗议莫迪政府提出的劳动法改革。在莫迪的家乡古吉拉特邦，银行业受到了严重打击。印度工商协会预计本次罢工将造成37亿美元的经济损失。2014年南非共计发生88起罢工，造成61亿兰特经济损失，平均罢工时长为20天，占全部工作日损失的98.4%。2014年6月，刚果（金）的铜矿工人罢工长达一周，抗议公司拖欠三个月薪水。本次罢工导致该矿生产受阻。2014年4月10日，阿根廷三大工会组织超过100万人参加罢工。示威者对日益恶化的社会治安和高涨的物价表达不满，要求增加工资，保障生活水平。2013年哥伦比亚最大煤矿Cerrejon的工人接受工资协议，结束持续一个月的罢工。2013年，柬埔寨有30万服装业工人参与罢工，记录在案的罢工共有130起，是过去10年来最频繁的一年，造成数千万美元的损失。柬埔寨政府将服装业工人的最低月薪标准上涨到95美元，但这个涨幅远远不及工人们160美元最低月薪的诉求。2013年雅加达爆发大规模的游行示威，要求雅加达政府将工人的每月最低工资从264美元增加到410美元，涨幅达到68%。近几年来，印尼工人不断要求增加工资。2012年12月，苏西洛总统宣布结束廉价劳动力时代，增加劳动福利是政府的任务。有分析认为，2010—2013年，相对于亚洲其他国家和地区，雅加达的工人工资增长最快，达到30%，而同期泰国只上升14%、柬埔寨上升5%、马来西亚上升3%、菲律宾上升3%。在工资上升的同时，印尼的生产率并没有上升太多。工资的上升虽然增加了工人的福利，但对于生产企业来说，却增加了成本，如果工资增加速度超过了生产率的增长速度，不仅不利于经济的长期增长，而且会带来失业率的增加。据统计，2013年印尼全国失业率从2012年的6.14%上升至6.25%。因此，国际观察家认为，印尼不再是理想的投资地。①

在信息化时代，人们能够及时和公开获得信息，大众政治运动的组织障碍或门槛大大降低。现在群体运动的组织和形成变得如同探囊取物般容易。非洲的腐败问题举世闻名，而且几乎是"消极腐败"，难以对经济增长作出任何积极贡献。严重的腐败与停滞的经济，使得非洲的贫富差距相当严重，最为受挫的群体是青年人、妇女和其他弱势群体。非洲人口普遍年轻，有50%的人口集中在15—35岁，但就业机会却由于经济不够发达而相当不充分。在非洲城市的大街上，看到一群群青年人或站或蹲地聊天，一点也不新鲜。在信息化时代，非洲国家普遍存在的严重腐败、贫富分化、青年失业等社会问题，极易引发大规模的社会运动。②

从表面上看，非洲的工人运动出现复兴的势头，突出表现是南非矿业工人的常态性罢工。金融危机以来，非洲国家失业率上升，就业者福利相对下降，阶级矛盾趋向尖锐。一些经济相对发达的非洲国家的工会再次成为积极的反体制先锋，引发城市无正式工作者的联合行动。这在某种程度上已经危及非洲国家的民族共识。南非经常发生的引发人员伤亡的罢工运动，在和平与发展的世界潮流下，尤其是在非洲更需要稳定和发展的背景下，显得有些不合时宜。正确的做法是，各阶级各族群团结起来，共同反对自己的民族敌人，为国家的真正独立和民族的真正解放而艰苦奋斗。这是非洲复兴的内在要求。人民要革命的时代，在非洲国家还远没有来临，其他发展中国家也同样如此。所以，发展中国家的

---

① 以上数据来源：新华网与全球网。
② 张春：《非结构性暴力增生与非洲动荡的常态化》，《当代世界》2014年第10期。

罢工活动在现阶段仅仅是一种经济斗争形式。

金融危机对广大发展中国家产生了很大影响,很多国家在反思、比较和总结中,加强了社会主义因素和手段的选择和使用。而社会主义中国与非洲的交流合作日益增多,更促使非洲国家用社会主义的思路解决各自面临的经济危机。南非共产党在其政治纲领中认为,要建立可持续的世界,唯一的希望就是实现向社会主义的彻底过渡。虽然非洲社会主义思潮与运动出现了新的转机,但社会主义思潮并不是当今非洲社会有影响力的主流思潮之一。非洲传统社会里长期存在的村社制度和大家庭观念,曾经被认为是通向社会主义的天然基础。但是,生产力发展水平才是决定社会思潮兴起的关键和基础因素。如今,中国只是处于社会主义的初级阶段,要达到社会主义的高级阶段,至少需要几代人或几百年的艰苦奋斗。面对比中国更加贫穷落后的社会现实,我们的亚非拉兄弟何能奢谈社会主义?南非一学者指出:"在过去的20年间,马克思主义作为一种独立的学术视野几乎不被承认。事实也是如此,几乎没有学者公开宣称自己是马克思主义者,不夸张地讲,在全国的学术圈中,任何宣称自己是马克思主义者的人都会被认为是极端守旧(或知识上落后)。"① 当然,社会主义作为人类的共同理想还是有必要长期坚守的。

**2. 愈演愈烈的恐怖活动**

近年来,发展中国家的恐怖袭击和人质绑架案件频发,中东和北非的恐怖主义最为突出,非洲已成为全球恐怖主义的新中心。特别严重的是,分散的恐怖主义势力趋于联合,袭击表现出一定程度的组织性和统一领导。连接西非、北非和东非的"恐怖动荡之弧"已形成,恐怖主义组织愈发猖狂,开始向撒哈拉以南的非洲地区蔓延。恐怖主义对非洲的安全稳定和经济复兴已构成严重威胁。

恐怖主义的世界地图显示,2000—2013年间,绝大部分的恐怖袭击事件发生在发展中国家和地区,只有大约5%的恐怖袭击发生在34个世界经合组织成员国家。② 特别是在2013年,有113例恐怖袭击事件

---

① [南非]柯瑞科·海里克等:《南非马克思主义主要流派及其思想主张》,《西亚非洲》2015年第2期。
② 参见澳洲智库经济与和平研究所公开发行的《全球恐怖主义指数报告》(http://www.jiemian.com/article/208982.html)。

发生在这些国家，占世界总数的 0.6%。《全球恐怖主义指数报告》研究了在 1968 年到 2006 年间停止了恐怖活动的 268 个恐怖组织，发现 10% 的恐怖组织因为达成了目的而停止活动，43% 由政治干预解决，40% 由警方镇压，只有 7% 的恐怖组织是因为军事干预而停止了袭击。其中，警方镇压和军事干预合计 47%。看来，武装干预并不是打击恐怖主义的最优选择，外交与科技才是打击恐怖主义的最佳手段。

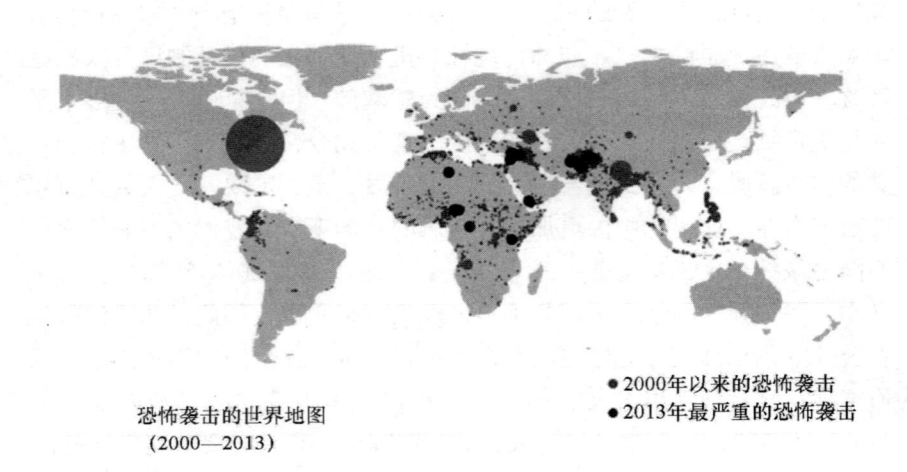

恐怖袭击的世界地图
（2000—2013）

● 2000年以来的恐怖袭击
● 2013年最严重的恐怖袭击

根据美国马里兰大学经济与和平研究所公布的 2014 年全球恐怖主义指数，榜首位置由阿富汗及巴基斯坦占据。在东南亚国家当中，菲律宾位居第 9（7.29 分），紧接着是第 10 名的泰国（7.19 分），印尼第 31 名（4.67 分），马来西亚第 48 名（3.04），而新加坡排在第 124 名，获得零分，意味着不受恐怖主义的负面影响。①

最令人胆战心惊的恐怖组织既非老牌教父"基地"组织，也不是风头正劲的"伊斯兰国"（IS），而是向 IS 俯首称臣的"博科圣地"（BOKO HARAM）。在阿拉伯语中，"博科圣地"的名字就是"禁止接受西方教育"的意思。该组织成立于 2002 年，目标是将尼日利亚变成伊斯兰国家。2009 年，"博科圣地"开始迈出军事化的步伐，2014 年因绑架了 276 名女学生而名声大噪。时至今日，这些女生中仅有 58 人

---

① 以上数据参见：http://dapmalaysia.org/cn/statements/2014/11/20/7388/。

平安回家，其余仍下落不明。2015年，该组织在453次袭击中杀死了6644人，是GTI评出的"全球杀人最多的恐怖组织"。"博科圣地"已迫使260万人背井离乡、1.7万人丧生，还有几百人遭到绑架。2015年，IS在土耳其制造的爆炸导致100多人丧命，俄罗斯的客机因为炸弹爆炸而空中解体，机上224人无人生还。而IS制造的最新恐怖事件，则是在贝鲁特和巴黎的连环恐怖袭击。报告显示，恐怖主义对世界的危害正在逐年增加：2014年，全球死于恐怖袭击的人数比前一年增加了80%，达到32658人。67个国家有公民死于恐怖袭击，死亡人数排在前列的是阿富汗、伊拉克、尼日利亚、巴基斯坦和叙利亚。[1]

2015年11月20日，位于马里的巴马科市中心的丽笙酒店遭到恐怖组织"纳赛尔主义独立运动"的武装分子袭击，酒店内约170名客人和员工被扣为人质。劫匪却没有公布任何谈判条件，没有任何宣言，一开始7名手持AK-47步枪的攻击者冲入酒店开始扫射，造成27人遇害，其中包括3名中国公民，他们是到马里帮助非洲发展的工程技术人员。枪手在行凶时高喊口号。这种作案手法与巴黎恐怖袭击有一定的类似之处，当时枪手也是没有谈任何条件直接杀人，其目的是把事情闹大。有媒体认为，"纳赛尔主义独立运动"此次袭击巴马科市的丽笙酒店，矛头显然对准西方人士。至于袭击时机，看起来更是经过深思熟虑。法国巴黎刚刚发生严重恐怖袭击，此时在属于法国传统势力范围的马里制造袭击事件，明显意在最大程度地制造恐慌和扩大影响。

恐怖主义还会继续，其出现本身就是当前世界格局磨合的一部分，也必将随着资本主义的灭亡而结束。在这个意义上，恐怖主义更像是资本主义的伴生物，对于整个世界的走向而言，影响非常有限。当前，恐怖主义已成为非洲反对资本主义的极端形式。殖民主义、帝国主义、霸权主义是资本主义的表现形式和发展阶段，从历史到如今，非洲国家深受殖民主义、帝国主义、霸权主义之害。从过去到现在，与殖民主义、帝国主义、霸权主义国家的民族矛盾是非洲社会的主要矛盾。哪里有压迫，哪里就有反抗！作为力量弱小一方的非洲，一直用不同方式同资本

---

[1] 《"博科圣地"成全球最致命恐怖"魔头"》（http://qnck.cyol.com/html/2015-11/25/nw.D110000qnck_20151125_1-06.htm）。

主义进行坚决的斗争,只是现在采取了一种极端的方式——恐怖主义。虽然非洲的恐怖分子与反政府武装、走私者、宗教组织、非法贩运者和国际恐怖组织混合在一起,但不能否认恐怖主义从根源上是反对资本主义的。因为非洲恐怖主义的兴起,是一些西方发达资本主义国家转嫁金融危机的产物。一些原殖民宗主国与美国狼狈为奸,通过电子信息技术和网络媒体,先"茉莉花革命"突尼斯、"鲜花"埃及、扩展"阿拉伯之春",再军事导演利比亚,引发这些国家的社会动乱,为恐怖主义大开方便之门。法国出兵马里,使马里局势复杂化,成为吸引外国"圣战者"的"磁场"、恐怖分子的"训练营"和输出地。总的来说,金融危机和转嫁金融危机的行为激发了非洲的恐怖活动。

当然,恐怖主义在非洲的兴起也有自身的原因。非洲恐怖主义重灾区国家大多国力虚弱,无力将恐怖主义扼杀在萌芽阶段,边境管控松散、政局不稳、宗教及种族冲突治理欠佳、腐败等因素都为恐怖主义滋生和蔓延提供了条件。旷日持久的国内冲突,使索马里和马里等国成为恐怖主义策源地,这些国家的恐怖组织实施跨境暴恐活动,企图将邻国和地区拖入恐怖主义深渊。索马里青年党的恐怖活动已殃及肯尼亚、乌干达等邻国的安全。此外,非洲一些国家长期发展不平衡,恐怖主义成为一些人发泄不满的重要渠道,使得非洲恐怖主义呈现本土化特征。[①]

### 3. 越来越严重的难民潮

最近一段时间,受中东和北非政治局势持续动荡的影响,来自叙利亚、利比亚的难民纷纷涌向欧洲,欧洲开始面临自二战后最为严峻的难民潮危机。欧洲的"地中海难民问题",是由来已久的痼疾。二战后的历次巴以冲突、阿尔及利亚战争、两伊战争、阿富汗战争、波黑战争、科索沃内战、阿尔巴尼亚动乱、阿富汗乱局等,都曾制造了成千上万的"地中海难民"。他们通过海、陆、空各种渠道偷渡进入欧盟境内,如果未被发现或阻拦,他们就是非法移民,他们往往以各种理由寻求难民庇护,并因此成为"地中海难民"。他们中几乎所有人都提出政治难民庇护申请,但其实相当部分应被算作经济难民。

难民为何而来?相对于贫穷落后或者经济被战争击垮的国家,欧洲

---

① 《2013成非洲恐怖主义井喷年》,《人民日报》2014年1月6日。

是世界上最富有、最和平的地区之一,有较好的工作机会和经济收入,给予难民的福利很诱人。从地理因素上说,大多数难民的首选避难所并不是欧洲,而是邻国。据统计,自叙利亚冲突爆发以来,其邻国黎巴嫩目前已接纳了约 120 万名叙利亚难民,而黎巴嫩总人口只有 450 万人。同为叙利亚邻国的土耳其早在 2014 年就宣称境内难民高达百万。为限制难民流入,土耳其在边境部署了防暴军队。2015 年 1 月,黎巴嫩也实行了新的入境政策,原本只需要出示身份证就可以入境的叙利亚人被首次要求实行签证入境,大量限制了难民的流入。

邻国的不堪重负和政策限制,让难民不得不把目光放向更远的欧洲。地中海地处欧洲、非洲和亚洲大陆之间,经由地中海前往意大利、希腊和西班牙等国成为难民入欧的重要通道。国际移民组织的数据显示,约 70% 的难民和移民经地中海进入希腊,约 28% 进入意大利,还有一小部分进入西班牙。抵达欧洲大陆后,他们再辗转前往德国、瑞典、英国和法国等富裕的欧洲国家。而经海路进入欧洲的难民和移民主要来自叙利亚、阿富汗等中东和亚洲的战乱国以及利比亚、厄立特里亚等受战乱和贫穷困扰的北非和撒哈拉以南非洲国家。只要跨越地中海到达意大利,或者登陆希腊,走马其顿—塞尔维亚—匈牙利这一条偷渡客的"黄金路线",就可以一路北上,深入欧洲。许多难民冒着生命危险,不惜千辛万苦抵达欧盟,但他们并不想在所谓第一个入境的国家,例如希腊、意大利或是匈牙利等国申请难民,他们的最终目的地是德国、法国、英国或是北欧的一些国家。在法国,难民每人每周可以得到 56.62 欧元生活费,而德国、瑞典和英国的待遇则是 35.21 欧元、36.84 欧元和 36.95 欧元,这对流离失所的难民无疑有致命的吸引。另一方面,欧洲部分国家签署的《申根协定》对难民而言是很好的避难政策条件。因为一旦成功获得任何一个申根国家的签证,就可在"申根领土"内自由通行并进入其他 25 个欧洲国家。虽然协定规定难民到达每一个国家都要登记,但在申根区内逃避管制并非难事。[①] 据统计,至 2015 年 9 月,经过地中海进入欧洲的难民和移民总数已经超过 50 万。仅前 8 个月,就有超过 38.3 万难民在希腊登记入境,其中

---

① 《难民!难民!》(http://mt.sohu.com/20150913/n420989729.shtml)。

叙利亚难民占了45%。① 自2011年至今，已有400多万叙利亚人被迫逃亡海外，其中近43万人辗转前往欧洲寻求避难。2015年前三个季度已有50万名外来移民在德国申请避难。根据德国当局的"内部预测"，2015年第四季度，外来移民压力将继续加大，预计每天平均将有6000人至1万人"非法入境"，总数可能超过90万人。报道称，按照这一预期，2015年入境德国的难民人数将高达120万到150万，远远超过联邦政府此前预计的80万。希腊和意大利作为中东北非难民登陆欧洲的起点，早已不堪重负。而作为难民在欧洲主要目的地的德国，也在巨大的压力面前捉襟见肘。

欧洲移民政策研究所主任伊丽莎白·科列特表示，导致大批叙利亚人背井离乡、逃往欧洲的首要原因，是他们在经历多年战乱与恐怖威胁之后，对国家和个人前途命运深感绝望。科列特说，自2011年叙利亚爆发内部冲突以来，国内局势持续动荡，政府军与反对派战事不断，"伊斯兰国"恐怖组织乘虚而入并大肆杀戮，令局面更加错综复杂。美欧国家虽然组建了打击"伊斯兰国"的国际反恐联盟，但仅靠空袭不足以对其造成重创，其势力仍不断扩张。

有学者指出，此轮难民危机早在数年之前就已发端，之所以到现在才备受关注，是因为这场危机已经从欧洲的边缘地带蔓延至欧盟的核心地带。此次难民危机的根源，应该追溯到叙利亚内战之前，以美国为首的西方国家发动阿富汗和伊拉克战争，紧接着为所谓的"阿拉伯之春"推波助澜，以"反对独裁"和推动"民主化"的名义插手中东和北非国家政局，甚至不惜采用军事手段，实现政权更迭。然而，对于广大民众来说，血腥的"颜色革命"并未换来梦寐以求的明媚春光，他们面对的是局势动荡、战乱不断的梦魇，是家破人亡、流离失所的厄运。叙利亚正是其中最典型的例子。根据"维基解密"最新披露的档案，美国早在2006年就开始酝酿推翻叙利亚总统阿萨德，并改变中东地区政局，先是推翻政权、扰乱局势，而后是摧毁经济、掠夺资源，接踵而至的必然是愈演愈烈的难民危机。随着以叙利亚人为主的大批中东和非洲

---

① 《美国应当为欧洲难民潮问题负主要责任》（http://world.gmw.cn/2015-10/26/content_17487622.htm）。

难民大举涌向欧洲大陆，曾经支持和参与"阿拉伯之春"的欧盟，不得不忙于应对难民危机和稳定中东局势。"从这个角度来看，欧盟难道不是自食其果吗？"①

其实，欧洲的难民危机与恐怖主义是一个问题，只是出场次序不同的表现形式而已。中东与北非恐怖主义的"兴旺发达"是西方发达资本主义国家转嫁金融危机的恶果，由此恶果带来的中东与北非的难民问题，美国不可能承担其应有的责任。由于没有美国那样的"地缘优势"，欧洲发达国家只好自食其果。

虽然发展中国家面临许多困难，但未来的发展机遇和潜在的巨大能量都不可小觑。2014年5月，李克强总理出访非洲，指出非洲堪称世界"三个一极"：非洲有54个国家，注重以"一个声音说话"，已成为世界政治舞台上的重要一极；非洲经济总量超过2万亿美元，拥有丰富且未得到充分开发的自然资源，10多亿人口的潜在大市场，近几年来超过5%的年均经济增长率，使非洲成为全球经济和能源增长中的重要一极；非洲有1500多个民族，历史悠久，文化灿烂，文明的多样性在这里充分体现，是人类文明的多彩一极。当然，广大发展中国家真正成为世界政治经济舞台中的重要一极，必须改变当今不合理的世界政治经济格局，建立新的全球治理机制——"共商共建共享"，人类社会才能共同走向美好未来。

---

① 《"颜色革命"让欧洲吞咽难民危机苦果》（http://world.huanqiu.com/hot/2015-10/7755900.html）。

# 附录1 资本主义及其新变化研究前沿(2013年度)

危机进入第6个年头的发达资本主义国家，尽管已采取了各种治理危机、刺激经济发展的调整和改革措施，但都没有达到预期效果。最新公布的报告显示，世界五大经济体中的4个（美国、欧元区、英国和日本）都在衰退中或在衰退的边缘上挣扎，在接下来的几年中还会持续这一趋势。这种状况不能不引发人们对资本主义制度更为全面的反思和批判。2013年度国内外各界不仅继续对资本主义危机的成因、影响等进行分析，而且还围绕危机与资本主义的发展趋势、资本主义的意识形态危机与输出、资本主义与生态危机、西方工人运动及社会运动的新动态等新热点展开了研究和探讨。

## 一 金融—经济危机与资本主义的发展

国际金融危机发生后，国内外学者围绕危机的根源、新自由主义的影响等问题进行了广泛深入的研究，涌现了众多研究成果，并达成了一定共识。学界普遍认为：此次国际金融危机是资本主义制度所固有的危机，其根源仍然是资本主义基本矛盾，而新自由主义推行的一系列经济政策和体制也是引发危机的罪魁祸首。危机对当代资本主义产生了全方位多层面的影响：在经济方面，危机不仅重创了资本主义国家的经济，其发展模式也广受批判，新自由主义走向破产，福利资本主义的弊端日益凸显；在政治方面，危机动摇了世界对资本主义民主制度的信心，西方自由民主制度的神圣"光环"不再；在世界经济政治格局方面，危机削弱了发达国家对世界经济政治的影响力，世界多极化和多元化趋势将进一步发展。

在这一背景下,如何认知资本主义,国内外学者关注的视角很多且观点各不相同。

**(一)金融危机是资本主义发展到现阶段的必然产物**

国内外学者普遍认为,当代资本主义发展到了一个新的阶段,但对于如何认识和命名这一新阶段却存有较大的分歧。国家垄断资本主义、国际垄断资本主义、金融垄断资本主义、国际金融垄断资本主义,是其中有代表性的观点。萨米尔·阿明将资本主义分为三个阶段:长期准备期、短暂成熟期和漫长衰落期,垄断资本主义是资本主义长期衰落的开始。资本集中化的第二次浪潮发生在20世纪的最后30多年,构成了资本主义体系的第二次质的转变,称之为"普遍化的垄断",它们不仅控制着现代经济的高地,而且成功地直接控制了整个生产体系。在资本集中化的最高阶段,资本与有生命力的有机体(资产阶级)的联系已被打破,社会性生产劳动的功能已经消失。普遍化的垄断资本主义是资本主义的最后阶段。① 拉美左翼学者海因茨·迪特里奇也有类似观点,认为资本主义即将进入其生命周期的尽头。②

大部分学者认为生产的全球化、资本的自由化、经济的金融化、金融的虚拟化、财政的债务化、大众的贫困化等是当代发达资本主义国家的显著特征,也是当前资本主义金融和经济危机的主要原因或直接原因。发达资本主义国家综合危机的深层次原因主要有三方面:周期性因素、制度性因素、结构性因素,从而使本次危机具有周期性、制度性和结构性的鲜明特征。从某种意义上,欧债危机和美国财政危机是危机的升级版,次贷危机可能引发企业破产,前者则可能引发政府或者国家破产。③ 还有学者认为,2008年美国金融危机及随后爆发的欧债危机是资

---

① 参见[埃及]萨米尔·阿明:《历史资本主义的轨迹和马克思主义在三个大陆的使命》,《国外理论动态》2013年第1期。
② 参见刘宁宁、王冀:《海因茨·迪特里奇"21世纪社会主义"理论述评》,《当代世界与社会主义》2013年第1期。
③ 参见郭强:《逆全球化:资本主义最新动向研究》,《当代世界与社会主义》2013年第4期。

本主义发展的阶段性危机，它集中反映了资本主义发展的阶段性特征。这个特征就是经济全球化以及由此而引发的一系列变化；[①] 欧债危机是资本主义发展到金融资本主义阶段的必然产物，同时也折射出金融资本主义阶段资本主义制度面临的困境。[②]

安德鲁·克莱曼的《大失败：资本主义生产大衰退的根本原因》作为第一部采用美国官方数据，并在科学严谨的逻辑推理基础上得出马克思经济危机理论可以解释这些事件的实证研究著作，为我们深度介绍了大衰退的根本原因。

### （二）危机之后的资本主义调整与发展

面对金融经济危机的打击，资本主义如何走出困境，是资本主义自我调整还是通过社会主义替代，这是国内外各界人士争论的热点。

#### 1. 资本主义是否具备自我调整的潜力

从资本的本质和资本主义的发展趋势来看，国内很多学者质疑资本主义进行自我调整的广度和深度。对此，有学者持反对意见，认为在后金融危机时期，当代资本主义依然具有创新能力和容纳生产力发展的空间。现代西方国家处于世界领先地位除了掠夺全世界这个因素外，重要的一条是逐渐摆脱了压榨性体制，建设了一种包容性体制。压榨性体制暴露出资本主义制度和包容性体制的严重矛盾，资产阶级生产方式和社会体制蕴含着包容的性质，通过不断地自我扬弃和变革，形成了适应经济发展需要的包容性混合型经济结构和多样的政治形式。[③] 吕薇洲等撰写的《危机背景下的资本主义及其历史宿命》认为，经济危机的频繁爆发意味着资本主义的衰退与没落，5种社会形态依次更替理论与当今资本主义世界的全面危机表明资本主义的过渡性及其历史宿命的不可逆转。卫建林则认为危机后还是后危机。

---

[①] 参见孙劲松：《全球化视野下资本主义的新变化》，《当代世界与社会主义》2013年第4期。

[②] 参见鬲正明、王玉：《从"欧债危机"透视当代金融资本主义的制度困境》，《教学与研究》2013年第2期。

[③] 参见奚广庆：《历史呼唤人本的包容的社会体制和发展战略——关于21世纪世界历史走向的一些思考》，《中共四川省省级机关党校学报》2013年第3期。

## 2. 资本主义自我调整的策略与方式

为阻止金融危机和债务危机进一步蔓延和恶化，资本主义国家既采取了一些凯恩斯主义的政策，也采取了一些自由主义的政策，仅仅是制止了出现大崩溃的局面，但是无力改变危机本身。对于资本主义自我调整的方式与策略，学界也进行了深入分析并形成了如下观点。

坚守新自由主义理论的学者认为，经济危机与资本主义制度无关，这是错误管理、人性贪婪和信任危机等引致的。他们仍坚信资本主义创造了财富机会和自由，是全世界很多人向往的制度，认为资本主义需要调整但不应该随意改变其模式。

左翼学者普遍认为，资本主义变革不会触及已经建立起来的一整套资本规则和市场法则。近期内资本主义的变革有两个方向：一是加大对教育、医疗、社会保障等的投入，实现社会福利水平的提升，这是广大民众期望的改革途径；二是减少社会福利等开支，减轻政府财政负担，这是大资本家期望的改革途径。在实际运作过程中，发达资本主义国家往往偏重于后者。

有学者认为，资本主义金融危机是资本主义外围制度调整造成的后果。外围制度的调整本质上也是一种利益关系的调整，这个过程是各种利益主体之间的博弈过程，新制度的形成需要各种力量的反复博弈。从长期来看，资本主义制度调整方向必须是制度的深层修复。但这种深层修复的速度不容乐观，意味着资本主义经济可能还会持续萧条。① 还有学者认为，逆全球化是发达资本主义国家应对危机的策略，突出表现为新贸易保护主义、发达资本主义国家再工业化和各国的右翼势力不同程度抬头。② 由艾伦和盖尔教授合著的《当代资本主义研究丛书：理解金融危机》则从微观经济学的实证和规范视角对金融危机的原因和后续发展进行了详细研究。

## 3. 金融危机预示着资本主义进入新的发展阶段

金融危机引发资本主义的经济结构调整，催生新的经济增长模式和

---

① 参见刘凤义、肖哲：《全球金融危机的马克思主义解读——兼论资本主义未来调整的方向》，《经济学家》2012 年第 11 期。

② 参见郭强：《逆全球化：资本主义最新动向研究》，《当代世界与社会主义》2013 年第 4 期。

资本积累方式。有学者认为,危机预示着资本主义经济实践范式的重构,从而进入一个新的发展阶段——各国有望向一种体现新式社会民主主义的经济模式("新莱茵模式")趋同。① 林恩撰写的《新垄断资本主义》一书介绍了完全新形式的垄断,和一些大家认为已经消失很久的垄断形式,并指出我们除了颠覆现在的垄断过程,别无出路。

还有学者认为,目前全世界随着金融危机引发的经济结构调整正在上演一场"创造性破坏"的大戏。资本主义每一次大规模的创新都会淘汰旧的技术和生产体系,并建立起新的生产体系。科技变革和商业模式创新引领了新兴产业的兴起,全世界新的经济增长点虽然还没有明确,但"创造性破坏"行业的涌现,已经为"第三次工业革命"敲响了前奏。②

危机背景下资本主义和社会主义的关系依然是学界关注的热点,陈海燕、臧秀玲等撰写的《全球化视域下的社会主义与资本主义》对后危机时代国际局势的走势以及社会主义与资本主义"两制关系"的发展态势与趋势进行了新的探索。

## 二 资本主义意识形态的输出与危机

国际金融危机重挫了发达资本主义国家的主流意识形态——新自由主义。当前国内外学者对新自由主义、资本主义宪政、自由民主等普世价值进行了分析与批判。

### (一) 资本主义意识形态的特点与输出

许多学者认为,当代资本主义意识形态呈现出调整性、欺骗性、强制性、国际性的趋势。随着形势的变化与需要,资产阶级对其意识形态不断进行调整,增强了资本主义意识形态的内在张力,在一定程度上也增强了资本主义的软实力。一个接一个的西方意识形态和文化思潮的不

---

① 参见刘盾、袁伦渠、林玳玳:《资本主义经济和经济学的双重危机与重构:历史唯物主义的视角》,《经济学家》2013 年第 7 期。
② 参见冯鹏程:《"创造性破坏"大戏拉开》,《新财经》2013 年第 10 期。

断涌入，给社会主义国家人民群众的生活方式、行为方式、思维习惯、价值取向甚至文化认同带来冲击，尤其是对马克思主义的主导性、权威性产生冲击。当前美国将维护自由民主价值观与反恐、经济复苏放在同等重要的位置，对外意识形态输出呈现出更加强硬的发展势头，使社会主义意识形态面临新压力和新挑战。

发达资本主义国家加强意识形态输出的手段和策略多种多样。

大众传媒网络化为资本主义价值观输出和文化渗透提供便利。网络新媒体时代，信息传播的畅通无阻使网络新媒体理所当然地成为全球各种意识形态竞逐、宣传的新阵地。目前，以美国为首的资本主义发达国家拥有世界"信息强势"的地位。全球大型数据库70%设在美国，90%由英文信息占据，而中国仅享有世界上互联网信息量0.05%的信息输出量。西方各国利用网络新媒体传播资本主义的价值观、道德观和人生观；雇佣网络水军捏造事实，宣传反动言论，诋毁社会主义制度，对我国社会主义意识形态产生强烈的冲击。①

国内有学者认为，好莱坞大片折射着美国文化价值观。好莱坞电影自诞生之日起就成为美国主流媒体，它对美国人的价值观念、政治理念、文化传承起着举足轻重的作用。好莱坞不但是先锋技术开创者和时尚领军者，而且是美国意识形态的最佳代言，是对共产主义最有效的摧毁力量。② 近年来好莱坞电影越来越重视使用和挖掘中国元素，一是商业利益的驱使；二是输出美国价值的需要。对此，不能认为这是美国对中国文化的认同，更不能盲目乐观，必须要清醒地认识到这些电影对中国文化安全和国家安全的危害。③ 谢晓光在《美国为什么热衷于推广"普世价值"》一文中指出，关于"普世价值"的争论所体现的深层政治意蕴表明，以美国为首的西方国家从未松懈对社会主义国家的"和平演变"，它的本质目的是促使世界各国的社会制度趋同于资本主义制度。

---

① 参见徐晶：《关于社会主义意识形态安全的若干思考》，《人民论坛》2013年第5期。
② 参见蒋晓娟：《好莱坞电影——美国意识文化形态的象征》，《电影文学》2013年第5期。
③ 参见陈国勤：《试析当今美国好莱坞电影中的中国元素》，《大众文艺》2012年第24期。

基金会可能成为传播帝国主义的新形式。慈善基金会是美国文化和思想的集中代表，它们对外援助活动的扩展，在某种程度上可以控制知识和思想的创造和传播，并影响人类认识世界的方法。在美国，比较大的慈善基金会往往是由比较著名的企业家创建并管理，这意味着慈善基金会仍然控制在大企业手中，不可避免地成为企业实现利益的重要渠道。慈善基金会凭借其拥有的财富、战略和知识优势，其对外援助是促进受援国变革的催化剂，在客观上帮助受援国的同时，也增强了美国权力对国际秩序的控制强度。[①]

## （二）对资本主义意识形态的批判

当代西方左翼学者从政治学、社会学、伦理学的角度，甚至从哲学的高度，揭露了资本主义意识形态的非理性和利益性，取得了许多研究成果，但对资本主义意识形态的批判并不彻底。有学者认为，左翼理论家们对"占领华尔街"运动的全部夸张性的言说是在合法性的范围内展开的，他们不敢用自己的脑袋去触碰资本主义制度，从未真正地突破过资本主义意识形态的界限，只是装出严肃的态度在理论上作秀而已。[②]

### 1. 新自由主义的理论欺骗性

经济自由主义只是西方特有经济实践的产物，经济自由主义理论充其量也只是一种选择性解释，并不能解释所有的事物。资本主义的某些调整是以其思想意识形态的某种修正为基础的，新自由主义作为一种反向调整仍然是在资本主义意识形态继续进行自我修正的基础上进行的，并未改变资本主义的历史进程。[③] 此外，新自由主义既非一个典型的经济学范畴，也非一个确切的经济学流派，而是一个经济理论、社会思潮和政策主张的"混合体"，或者用更通俗的话说是一个"大杂烩"，但

---

① 参见霍淑红：《基金会可能成为传播帝国主义的新形式》，环球网 2013 年 8 月 8 日 (http://opinion.huanqiu.com/thought/2013-08/4223630.html)。

② 俞吾金：《西方左翼理论家并未突破资本主义意识形态——以对"占领华尔街"运动的评论为例》，《社会科学报》2013 年 1 月 3 日（第 1344 期）。

③ 参见肖勤福：《正确认识资本主义的历史演变》，《毛泽东邓小平理论研究》2012 年第 12 期。

是带有更大的理论欺骗性和社会影响力。①

**2. 美国宪政的名不符实**

美国宪政概念是资产阶级迷惑人民大众，维护自身专制统治的神话，也是美国垄断资本寡头及其代理人用来颠覆社会主义制度的信息心理战武器。美国的政治模式稳定运转200多年，从内部看，根本性的原因是美国资产阶级的成熟、强大以及严密的组织性，对应的则是无产阶级的相对幼稚、弱小以及一盘散沙的形态。从外部看，最主要的原因是这些帝国主义国家一直在以新旧殖民主义的方式对第三世界进行剥削。只要保障资产阶级对生产资料的垄断性权利，便不会存在广大人民的民主和自由，这两者之间存在不可调和的冲突，这是美国宪政名不符实的重要原因。②

**3. 自由与民主之间的紧张感与血腥味**

区分自由与民主的最简单也是最原始和最适用的标准是财产权，由此才能厘清二者的或合作或你死我活的关系。在国际关系意义上，一条主线就是自由与民主的关系史：自由是西方国家通过海外贸易和殖民扩张而压迫、剥夺其他国家的历史，而各民族的反应性自卫即自决史、解放史、独立史，完全可以看作是世界民主史的一部分。从西方国家的民主化到第三波民主化，再到"阿拉伯之春"，"自由"几乎是不变的，变化着的是"民主"，民主不再仅与简单物质意义上的富人和穷人阶层相关，民主已经成为民族分裂主义和宗教政治的旗帜。③

有学者认为，选票政治或可在一定程度上展现民意，但其受条件和情境的限制也显而易见，常常会歪曲民意的本初。民主制度不该止步于选票政治，而应着眼于追寻理性民意进行创新。④ 政党的数量和三权分立是西方民主的表达方式，并非民主的本质。民主和自由不仅仅是一种

---

① 参见刘迎秋：《新自由主义究竟是什么》，《环球时报》2013年9月27日（http：//opinion. huanqiu. com/thought/2013 – 09/4398818. html）。

② 参见马钟成：《美国宪政的名不副实》，《人民日报》（海外版）2013年8月6日（http：//china. huanqiu. com/hot/2013 – 08/4212840. html）。

③ 参见杨光斌：《当前世界民主变种与未来大势》，人民论坛9月下（总第417期）2013年9月22日（http：//opinion. huanqiu. com/thought/2013 – 09/4379757. html）。

④ 参见许晓英：《选票政治常受制民意假象》，《环球时报》2013年9月11日（http：//opinion. huanqiu. com/thought/2013 – 09/4344625. html）。

政治制度，更是一种生活方式，即开放、包容、理性等等。①

**4. 西方普世价值的主观性**

"普世价值"在理念上把某些国家、民族的价值或某些国家、民族在一定历史时期的价值当作人类普遍永恒的价值追求，具有明显的先验论色彩，是一个历史唯心主义的命题。② 普世价值的概念其实不是用来改变社会的，而是更多被用来作为对外输出西方价值观和政治制度、进行意识形态渗透的主要工具。普世价值都是主观的，普世价值本身就是一个假命题。③

还有学者认为要从人类主体和人类解放的视野和高度来理解西方社会倡导的"普世价值"。马克思的世界历史理论，以及站在人类主体、人类解放的高度观察分析问题的视野、胸襟和方法，为我们超越民族主义的狭隘性，合理解决这些问题提供了方法论的指导。④

### （三）资本主义意识形态的危机

许多学者指出，目前这场资本主义经济危机，不仅是对新自由主义政策理论的有力清算，也是对美国所谓民主制度的根本挑战，更是对西方的自由民主价值的强烈冲击。

西方宪政民主陷入制度性困境。有学者认为，选票和金钱绑架政治，选举成为民主的唯一形式，政党政治异化为金钱政治。党派之争导致议会政府效率低下和政治极化，政党恶斗引发社会分裂。寡头政治盛行，精英民主与草根民主对立，利益整合与调节功能弱化。⑤

金融危机对资本主义精神的打击。有学者认为，资本主义的一切矛盾和危机都可以从资本主义精神根源上找到原因。资本主义精神与资本

---

① 参见郑永年：《西方自由主义会把中国带向何方？》，环球网 2013 年 7 月 10 日（http://opinion.huanqiu.com/thought/2013-07/4113748.html）。

② 参见田改伟：《民主与"普世价值"》，《前线》2013 年第 7 期。

③ 参见宋文洲：《普世价值是个假命题》，环球网 2013 年 9 月 17 日（http://opinion.huanqiu.com/thought/2013-09/4365599.html）。

④ 马俊峰：《从世界历史的高度审视和理解"普世价值"》，《苏州大学学报》2012 年第 6 期。

⑤ 参见柴尚金：《西方"宪政民主"陷入制度性困境》，《环球时报》2013 年 3 月 20 日（http://opinion.huanqiu.com/thought/2013-03/3749050.html）。

主义化的理性形式为所谓的资本主义社会形式的合理化铺平了道路。然而，恰恰是资本主义精神与极端理性的普遍化、形式化、技术化、意识形态化等已经使这种合理化演变成了非合理化。资本主义金融市场货币生产的无政府主义等等各种矛盾，不外乎是其精神的社会化和物化形态而已。①

金融危机暴露了资本主义的道德困境。资本主义剥削之所以是不正义的，是因为它涉及强迫性的劳动，侵犯了工人的权利，损害了自由的价值；资本主义剥削的非正义在根本上源于分配的不公正，即初始分配的不平等。分析的马克思主义者以正义为轴心，以自由和平等为两极对资本主义展开的批判，在一定程度上增强了马克思主义的时代性和对现实问题的解释力。②

## 三　发达资本主义国家的社会运动和工人运动

进入2013年，发达资本主义国家的传统意义上的工人运动趋于平缓，而社会运动却有新起色（当然这种判断也不尽全然，比如西班牙、希腊、意大利，还有德国、法国等国的工人运动仍在蓬勃展开，而且与社会运动相结合并推动了新社会运动的发展），这种新变化引起了学界的广泛关注，纷纷发表文章思考工人运动陷入低潮、新社会运动持续发展的原因等问题。

### （一）发达资本主义国家工人运动的状况及原因

#### 1. 发达国家工人运动的性质和特点

当前，西方发达国家的工人运动突出表现为经济斗争。罢工活动虽然接连不断，但是参加者多是地铁工人、环卫工人、快递工人等之类的蓝领工人，诉求多是反对裁员、增加薪资和抗议政府的财政紧缩政策。不但罢工的频率降低了，罢工活动的持续时间也变短了，而且参与罢工

---

① 李国俊、周启超、魏坦：《资本主义危机的哲学透视》，《学术交流》2012年第12期。
② 李旸：《自由与平等："分析的马克思主义"对资本主义非正义的两种批判》，《科学社会主义》2013年第1期。

活动的劳动者人数也有所减少。

有学者认为,与强调以阶级斗争为基础的传统工人运动相比,当前的工人运动没有要求变革资本主义政治经济制度。此外,当前的工人运动在关怀重点、组织形式、价值取向上与传统工人运动有极大的不同,更多的是围绕引起公众高度重视的重大社会和政治问题提出抗议和诉求。因此,当前的工人运动更倾向于西方研究者所说的新社会运动的范畴。[1]

**2. 发达资本主义国家工人运动低迷的原因**

不少学者认为,当代发达资本主义国家工人运动处于低潮,主要是因为传统工人运动的做法无法适应现实状况的变化。一是传统的工人运动的宗旨与当前西方的社会状况存在脱节。传统工人运动追求变革资本主义的生产关系,消灭剥削,实现财富的公平分配。近几十年来,发达资本主义国家的科技发展极大地提高了生产力水平,西方社会出现了明显的无产阶级中产化现象,很多工人自认为是"中产阶级"的一部分。同时,福利制度也有效地缓和了社会矛盾。这些决定了工人阶级没有变革资本主义制度的愿望。二是工作外包和兼职雇员的不断增加,以及加入工会的工人数量急剧下降,这两方面极大地削弱了劳工的力量,从而导致罢工的次数和天数急剧减少。[2] 三是随着西方发达国家由工业社会向后工业社会或信息社会转变,公众的关注力与关心的重点从原来的阶级、意识形态、党派斗争、战争等逐步转向到关系整个人类生存与发展的生态与环境、可持续发展、社会和谐、民主人权以至伦理道德等问题。尤其是随着金融危机的深化,利益分配和公平正义再次成为社会运动的核心和主题。工人运动很难形成指导思想明确、目标一致的群众斗争。四是当代工人阶级长期被资产阶级施行的各种福利政策所蒙骗,没有从根本上认识到资本主义体制危机,从而变革资本主义制度的意识逐渐削弱。[3]

---

[1] 黄家远、黄雨燕:《后危机时代资本主义国家工人运动的发展现状探析》,《赤峰学院学报》(哲学社会科学版) 2013 年第 2 期。

[2] Magdoff, F. and J. B. Foster, Class War and Labor's Declining Share, *Monthly Review*, Volume 64, Issue 10 (March) 2013.

[3] 黄家远、黄雨燕:《后危机时代资本主义国家工人运动的发展现状探析》,《赤峰学院学报》(哲学社会科学版) 2013 年第 2 期。

有学者认为，由资本主义生产方式的改变所带来的工人阶级的分裂和分散化，是传统工人运动处于低潮和新社会运动升起的原因。后福特制生产方式下，与跨国流通组织的全球拓展相伴随的是全球劳动力的分化与整合，不计其数的劳动力被纳入到跨国流通组织的全球空间，跨国流通组织凭借资本权力关系在异质空间的销售与采购，建立了一个结构化的劳动控制网络，形成工人阶级的分裂和分散化。[1]

**（二）发达国家新社会运动的持续发展**

许多学者认为，新社会运动已经成为左翼理念和运动的重要表现形式。它以社会审视者和批判者的形象出现在社会政治舞台上，是当代西方发达国家深刻社会矛盾的产物和表现，也是当代西方社会历史发展的一个重要组成部分。

1. **反全球化运动是新社会运动的延伸与发展**

有学者认为，21世纪的反全球化运动是对20世纪新社会运动的一种延伸与发展，是新社会运动在21世纪的一种新表现形式。

学界对反全球化运动的影响进行了总结，认为它在一定程度上有反对霸权主义的作用，有利于遏制美国的单边主义倾向；同时，反全球化浪潮迫使国际社会开始反思全球化的消极面。[2] 但也有学者指出，反全球化运动与世界范围内上升的民族主义、排外主义和其他极端势力有着千丝万缕的联系，更易为发达国家利用，从而成为其实施贸易保护主义和排外思潮的助手。[3]

2. **互联网为社会运动开辟坦途**

许多学者认为，随着互联网的普及，社会运动开始与其相结合，从而使社会运动在动力机制、重构舆论场、建构集体利益与认同、话语策略等方面发生了变化。

---

[1] 宋宪萍、孙茂竹：《试论后福特制生产方式下跨国流通组织的劳动关系》，《教学与研究》2013年第5期。

[2] 张丽琼、何婷婷：《关于反全球化运动的思考》，《赤峰学院学报》（哲学社会科学版）2012年第11期。

[3] 林建华：《反全球化运动研究》，《青年与社会》2013年第2期。

### 3. 新社会运动的影响与作用

对于新社会运动的影响，有学者认为，新社会运动与工人运动交织在一起，形成了反抗资本主义现行体制的重要组成部分，而且，在当前许多发达国家对工人运动和工会持续打压的背景下，新社会运动能更迅速地吸纳民众的参与，引起更多民众的支持，因而能引起更大的社会反响。[1]

"占领华尔街"运动由媒体发起呼吁，通过即时通信工具号召民众走上街头，占领各类标志性场所，以此吸引社会大众的关注，向政府施加压力，参与活动的是资本主义金钱民主下的弱势群体。[2] "占领运动"的影响主要体现在三个方面：实质性影响属于运动的政策影响；制度性影响属于运动的政治性影响；敏感度影响属于运动对人们价值观或认知态度的影响。[3]

至于欧洲社会运动是否能转变为社会主义运动，相当部分学者们持否定态度，他们认为欧洲抗议者虽打出反体制旗号，但其宗旨是要解决民生问题，并不打算全面挑战现行社会制度，发起一场针对现行制度的政治革命，欧洲社会动荡实际上主要还是经济问题，还未向政治层面聚焦。

## 四 生态危机与资本主义

全球形式的生态危机日益成为人们关注的焦点。学者们把当前的生态危机与资本主义制度联系起来，对生态危机发生的原因、生态危机的转移、如何解决生态危机等问题进行了探讨。

### （一）生态危机的成因

国内外学者主要从资本主义的本性、西方工业文明的外在性、消费

---

[1] 参见邢文增：《金融危机背景下西方工人运动的发展及其面临的挑战》，《科学社会主义》2013年第2期。

[2] 参见黄家远、黄雨燕：《后危机时代资本主义国家工人运动的发展现状探析》，《赤峰学院学报》（哲学社会科学版）2013年第2期。

[3] 刘颖：《21世纪的西方新社会运动：从反全球化运动到"占领"运动》，《理论月刊》2013年第8期。

方式的非理性和科学技术的应用等几个方面进行了剖析。

### 1. 资本主义生产方式是生态危机的根源

国内学者普遍认为,生态危机源于资本主义的生产方式。一是资本主义生产方式以追求利润增长和经济增长为首要目标,最终会导致人类社会和自然界之间的"物质变换断裂"。二是为了获取交换价值带来的巨额利润,资本主义不可能抑制消费欲望的膨胀,而是投入大量的能源和材料在短期内生产出大量的产品。在快速大量消耗自然资源的同时,单方向、跨区域的废料倾倒造成了环境的极大破坏和污染。三是资本主义生产方式过度关注短期效果,忽视长期累积的资源枯竭和生态破坏。资本主义的生产为了继续保持短期高额的回报就必然会进行资源的超前攫取和消费。① 四是资本主义国家为了经济的增长,制定出各种有利于资本积累的政策,其结果是国家对环境保护控制的弱化。违背生态原则的无限度增长是由资本主义制度追求利润最大化的本性所决定的,必然会超出生态所能承受的极限并导致生态危机的爆发。②

### 2. 生态危机是西方工业文明的伴生物

有学者认为,西方工业文明不断吞噬着自然,生态恶化是其伴生物,生态危机是西方工业文明的结构性特征促成的。西方工业文明把全部自然作为满足人的不可满足的欲望的材料来加以理解和占用。自人类进入工业社会之后,经济增长不可遏制,人类对自然物的利用越来越难以控制,特别是对矿物的攫取没有止境。西方工业文明将全世界卷入了疯狂掠夺大自然的体系之中,"……西方工业文明吞噬自然的特点,并不因中国走社会主义道路就有所改变。"③

### 3. 异化消费加速生态危机的进程

有学者认为,异化的消费方式加重了自然界的负担,对本来脆弱的生态系统造成更大的压力,加剧了全球范围内的生态危机。生态危机日

---

① 参见张国梁:《福斯特关于资本主义的马克思主义生态学批判研究》,《重庆科技学院学报》2013 年第 2 期。

② 韩欲立:《物质变换断裂与协同进化:马克思生态伦理思想的生态经济学基础》,《湖南师范大学社会科学学报》2013 年第 1 期。

③ 张劲松:《生态危机:西方工业文明外在性的理论审视与化解途径》,《国外社会科学》2013 年第 3 期。

益严重，就是人们内在理性导致的外在非理性和集体行为的非理性的结果。现代资本主义为了促进产品的消费，通过制造虚假的需要，来实现不必要的消费，为了消费而消费。这种异化消费引起了资源的极大浪费，环境受到严重污染，生态平衡被破坏。①

### 4. 科学技术的滥用加剧生态危机

资本在利用科学技术疯狂攫取利润时给生态所带来的巨大破坏。有学者认为，资本主义生产在二战后进入"人造时代"，石油化学工业成为资本主义反生态力量的最根本的物质来源。技术的变革之所以会导致环境的危机，主要源自于"技术的缺陷"，但是造成生态危机的深层原因却在于"对技术的资本主义使用"。在资本主义社会中，大型垄断企业使用何种技术的标准只有一个，那就是——盈利。被资本主义所选中的技术一般具有两个特点，一是必须能减少劳动量的投入；二是不介意大量消耗原料和能源。在这两个特点的作用下所选择的技术必然是使用更少的劳动力，消耗更多的资本与能源，产生更多的环境污染。②

## （二）资本主义的生态扩张

国内外学者大多赞同，发达资本主义国家利用经济上的优势对欠发达地区进行生态扩张和资源掠夺，主要表现为生态危机由发达国家向全球输出和国际间生态交换的不平等。

### 1. 资本主义的生态危机输出

有许多学者认为，资本主义的生态扩张与生态掠夺在资本主义的不同发展阶段具有不同的表现形式。

在两次工业革命完成以后，发达资本主义国家开始以经济输出的方式来转嫁生态与环境危机。它们利用与欠发达地区之间的技术与经济落差，通过合作的方式把一些高污染、高耗能的企业迁移到边缘地区国家，破坏当地的环境与生态系统。发达资本主义国家对边缘地区的间接

---

① 参见刘鑫：《摆脱人类生存的阴霾——读福斯特生态危机与资本主义》，《边疆经济与文化》2013年第1期。
② 参见贾学军、朱华桂：《生态危机的深化与全球化：由资本主义的扩张逻辑谈起》，《生态经济》2013年第3期。

生态掠夺是依靠"结构性暴力"这一手段实现的。①

在经济全球化时代,对第三世界国家的生态侵略和掠夺,已从"生态殖民主义"发展到了生态帝国主义。福斯特认为,资源掠夺、污染输出和生态战争是生态帝国主义的主要内容。生态帝国主义的转嫁和殖民行径是生态危机全球化的真正原因。②

### 2. 全球生态交换的不平等

资本主义的生态扩张还表现为发达国家与发展中国家之间生态交换的不平等。有学者通过对美国的生态足迹水平进行分析,指出以美国为首的发达国家严重依赖于不平等的生态交换,美国为了促进自身的增长和实力,从全球其他地区尤其是欠发达国家攫取资源。能量密度和碳(化石燃料)强度高已成为二战后主要工业国的特点,这种高能量密度是由生态的不平等交换造成的。环境透支的主要根源在于富裕国家过度消耗地球资源。③

### (三) 解决生态危机的路径选择

当今世界"绿色运动"大致分为三个类别:以生态中心主义价值观为核心的"深绿"、以资本主义制度替代为核心的"红绿"和以经济技术手段革新为核心的"浅绿","深绿"、"红绿"和"浅绿"分别代表三种不同的解决生态危机的路径选择。

"深绿"反对生产力的过度发展,强调为了维护整个世界的可持续性,人类必须牺牲一部分利益。这些观点曾经在西方的绿党和生态运动中占据主流地位,但本身存在着难以解决的理论和实践困难。④"红绿"的结构性变革的替代方案是对现行的资本主义制度加以批判,努力将阶级运动与环境运动结合到一起,建立一种以人为本、人与自然和谐相处

---

① 参见贾学军、朱华桂:《生态危机的深化与全球化:由资本主义的扩张逻辑谈起》,《生态经济》2013年第3期。
② 参见孟鑫、刘爱章:《对西方左翼研究当代资本主义生态问题成果的分析》,《毛泽东邓小平理论研究》2013年第4期。
③ 参见[美]约翰·贝拉米·福斯特等:《星球危机》,《国外理论动态》2013年第5期。
④ 参见孟鑫、刘爱章:《对西方左翼研究当代资本主义生态问题成果的分析》,《毛泽东邓小平理论研究》2013年第4期。

的新的社会经济运行模式，实现社会生产与自然和谐统一。①

生态资本主义（"浅绿"）主张在资本主义制度架构下，以经济技术革新为主要手段应对生态环境问题的渐进性解决思路与实践，如生态现代化、绿色国家、环境公民权、环境全球管治等。②

对于在资本主义的框架内就可以解决生态危机的此类观点，许多学者表示反对并进行了批判，如生态社会主义者指出，生态资本主义利用各种关于生态危机根源的"非资本主义"解释来躲避资本主义自身的问题，将市场与技术作为两种基本解决方案将徒劳无功。因为市场是一种南辕北辙的解决方案，它很少起作用并会产生诸如不平等之类的新问题。技术的改进不是减少而是增加能源消耗，因为资本主义体系就是技术无法解决生态危机的根本原因。③马里奥·坎德亚斯的《什么是"社会党人"的"绿色社会主义"》则尝试使用"绿色社会主义"的概念，探讨它是否能填补左翼的、生态的和女性主义的思想空白。

## 五　当代资本主义研究述评

从最近一年的研究来看，国内大部分学者能够运用马克思主义的观点和方法，对危机的根源、新自由主义的影响及资本主义的发展趋势、资本主义意识形态、资本主义生态危机、西方工人运动及社会运动等新热点进行科学分析，并达成一定的共识。从金融危机、债务危机、民主危机、意识形态危机、生态危机到资本主义的全面危机，国内学者对危机与资本主义关系的认识不断深化；从垄断化、全球化、信息化、金融化到虚拟化，人们对当代资本主义发展变化的认知也不断扩展。这是当代资本主义研究的整体印象。

同时，我们也可以看到，当前对资本主义的研究依然存在有待深入

---

① 参见张国梁：《福斯特关于资本主义的马克思主义生态学批判研究》，《重庆科技学院学报》2013年第2期。
② 参见郇庆治：《21世纪以来的西方生态资本主义理论》，《马克思主义与现实》2013年第2期。
③ 参见蔡华杰：《论生态社会主义对生态资本主义的批判》，《延边大学学报》2013年第1期。

和加强的地方:

一是资本主义生态问题研究的针对性不足。中国现在是世界工厂,大部分跨国公司已经进驻,肯定存在资本主义的生态输入问题。现阶段很少有学者涉及这一领域,研究成果也不多。中共十八大向全世界宣告,中国要走向"社会主义生态文明新时代",说明中国今后会越来越关注生态和环境问题。对这方面加强研究,既有理论价值,又有重大的现实意义。

二是对金融危机的长期性估计不足。国内学者对资本主义经济的萧条预期持普遍乐观的态度。从资本主义经济危机的历史来看,从萧条到复苏往往要经过一段相当长的时间,并且是采取对外战争和掠夺的方式直接转嫁经济危机。当今的金融危机是资本主义历史上最严重的一次经济危机,现阶段只是用国家机器强制性地阻止了大崩溃的局面,过剩的生产能力并没有得到破坏性地释放,危机会以新的形式再次爆发,如今年的美国财政危机。格林斯潘认为,美债危机未来还会发生,在欧元区政治整合前,欧债危机可能继续。①

三是对资本主义的综合性研究不足,如金融危机(经济危机)与生态危机的内在联系等问题涉及不多。关于经济危机与生态危机的关系,奥康纳认为资本主义积累导致一定程度及一定类型的生态问题,经济危机会有可能导致成本外化的加强而引致环境恶化或者刺激更新的现代技术从而带来生态恶化的新形式,而生态危机有可能会带来要素成本上升而引发经济危机。国内学者较少对这些问题进行系统的论述和阐发。

"金融危机背景下资本主义的变化与马克思主义时代化"创新工程子项目组将在学界研究的基础上,继续坚持与发展马克思主义经济危机理论、马克思主义阶级分析理论以及马克思主义生态理论,力争对马克思主义理论有所推进和创新,使得资本主义学科取得较大进展。

(执笔人:刘向阳、牛政科)

---

① 格林斯潘:《美债危机未来还会发生》,环球网 2013 年 10 月 22 日 (http://finance.huanqiu.com/people/2013 - 10/4475985.html)。

# 附录2 国内外与资本主义研究相关的会议概览(2013年度)

2013年度,全球资本主义经济整体仍处于低迷状态,工人罢工浪潮和社会抗议运动在许多国家仍频繁爆发。在这一背景下,如何促进资本主义经济社会转型依然是全球各界人士共同关注的一个重要问题,如何在这一契机下求得发展,则成为了包括国外共产党在内的左翼机构组织以及左翼学者重点讨论的议题。围绕危机与资本主义制度、资本主义经济的转型、左翼思潮的发展以及当代世界社会主义运动的策略等问题,本年度国内外各界开展了形式多样的学术交流活动,为当代资本主义理论研究的深化提供了重要的支撑,对世界社会主义运动实践的发展起到了有益的推动。

## 一 2013年度召开的与资本主义相关的国际国内研讨会

从2013年年初在瑞士召开的世界达沃斯论坛,到11月举办的共产党和工人党国际会议,全球各界人士特别是各国左翼人士仍将目标聚焦在尚未摆脱危机、走出困境的资本主义。

2013年1月23—27日,在瑞士达沃斯召开了主题为"为持久发展注入活力"的冬季达沃斯论坛,论坛围绕如何"塑造有弹性和动力的经济体系"进行了深入探讨。来自100多个国家的2500多人参加了会议,其中包括近50位国家元首和政府首脑,以及全球商界领袖、国际组织代表、专家学者等。论坛举办了250多场研讨会,议题涉及欧洲竞争力重建、绿色投资、非洲发展、气候变化以及全球供应链建设等各个领域。

2013年3月26—31日，在北非突尼斯举行的世界社会论坛上，来自全球的5万多人参加了会议。会议举办了1000多场论坛，议题涵盖政治、经济、人权、环保、战争、妇女等多个方面，论坛重点讨论的问题集中在欧洲"占领运动"和转型过程中左翼政党的作用。

2013年5月31日—6月2日，在比利时召开了第22届"国际共产党人研讨会"，会议主题是"在世界资本主义危机背景下民主权利和自由遭受攻击，回应战略和行动"。会议通过了《总结论》和包括《民主权利在欧盟遭受攻击的问题的决议》、《关于拉丁美洲的决议》等一系列决议。会议深入分析了资本主义国家的本质作用，梳理了资本主义国家工人阶级民主权利和自由的历史与现状，提出了共产党人回应的行动和策略。明确指出随着资本主义危机的加剧，各种形式的游行示威和抗议活动频发，为加强反对资本主义争取社会主义的工人运动创造了有利的条件。呼吁共产党人、工人阶级和人民群众加强国际主义和团结合作，积极在各个领域形成统一战线。

2013年6月7—9日，一年一度的"全球左翼论坛"在美国纽约佩斯大学举办，此次会议的主题为"为生态转型和经济转型而努力"（Mobilizing for Ecological \ Economic Transformation）。来自全球的近5000名左翼知识分子、社会活动家、政府官员、学生以及普通民众参加了此次盛会。与会者围绕着360多个专题进行了研讨和交流。在全球生态环境日益恶化的条件下，此次论坛围绕着生态转型这一主题，探讨了生态危机及其根源、资本主义发展趋势、危机背景下的工人运动和左翼的发展等。

2013年7月31日—8月4日，在巴西圣保罗市召开了旨在"制定拉美替代新自由主义发展模式，促进拉美加勒比国家经济、政治和文化关系"的"圣保罗论坛"第19次会议。来自世界40多个国家的近100个左翼政党和组织代表参加会议，主题为"推动革新和加快融入地区进程：各政党、社会运动和政府的作用"，主要就国际和地区形势、拉美左翼运动、左翼政府的成就与挑战、加快地区互联互通进程的措施以及可持续发展、粮食安全、社会保障、信息民主化、气候变化、毒品、移民等诸多问题展开讨论。论坛呼吁拉美左翼继续向左转,坚持目前的扶贫模式以应对这一模式受到全球危机和右派进攻的冲击,论坛通过了支持拉美各国与世界人民的正义斗争的若干决议。会议通过了题为"深化变革和加快地区一体化"的《最后声明》,明确提出资本主义正处于深刻危机之中,且在短期内很难找到出路;强烈谴责和反对美国利用网络监控巴西等拉美国家和人民,干涉拉美和亚非一些国家的内政。

2013年8月25—26日,在云南大理召开的由中国国际共运史学会与大理学院共同举办的中国国际共运史学会2013年年会暨学术研讨会,主题为"世界社会主义历史进程与中国特色社会主义道路"。来自中央编译局、中共党史研究室、中央党校、中央社会主义学院、中国社会科学院、北京大学、中国人民大学等国内各相关科研机构和高等院校的130余名学者进行了深入交流探讨。会议着重围绕"世界社会主义500年:思想历程与历史经验;马克思的资本主义观及其当代意义;中国特色社会主义:理论体系、制度安排与道路特点;不同社会主义国家历史实践比较;西方国家左翼思潮与运动"等议题进行了深入探讨。

2013年9月24日在北京召开的由中国社会科学院马克思主义研究院国际共运部主办的"国际共产主义运动:历史与现实"学术研讨会,旨在总结国际共产主义运动的历史规律,把握国际共产主义运动的发展现状和前景。来自中国社科院、中央编译局、中联部、中央党校、北京大学、中国人民大学、山东大学、华中师范大学等20余家单位的60多名专家学者参加了本次研讨会。会议围绕"国际共产主义运动史的发展规律、经验教训及启示、国外共产党及其他社会主义力量的发展现状与前景、世界社会主义力量的团结与合作"等问题进行了探讨。

2013年10月30—31日,在北京召开了由中国社会科学院世界社会主义研究中心和中联部当代世界研究中心联合举行的"第四届世界社会主义论坛",论坛主题为"世界社会主义和左翼思潮的现状及发展趋势"。来自中国、美国、俄罗斯、英国、法国等18个国家的150多名专家学者围绕"新自由主义和国际金融垄断、世界格局及社会阶级结构、新帝国主义的特征及发展趋势、世界左翼与社会主义现状及前景"等议题进行了深入研讨。

2013年11月8—10日,在葡萄牙首都里斯本召开了第十五次共产党和工人党国际会议，69个共产党和工人党的代表围绕着"资本主义日益深重的危机、工人阶级在争取劳动人民权益中应扮演的角色及共产主义者的任务、帝国主义的进攻、国际层面所能联合的正义力量、国家问题、阶级解放及为社会主义而斗争"这一主题进行了探讨。

## 二 重要会议内容简介

本年度国内外的会议从不同方面对资本主义和世界社会主义运动进行了研讨，尽管会议规模不一、主题各异，但资本主义危机、社会主义运动却是各种会议讨论的核心。归纳起来，本年度国内外召开的各种会议和论坛主要围绕着三个方面展开：一是生态危机与资本主义生产方式的关系；二是如何增进资本主义经济的活力；三是左翼思潮的发展和世界社会主义运动的策略。

**1. 从生产方式入手探讨生态危机的根源，对资本主义危机进行深入研讨**

20世纪60年代以来，生态危机已经日益成为困扰世界各国的难题。进入21世纪后，生态环境的恶化不仅没有缓解，反而随着资本的不断扩张和掠夺而日益加剧，从而使人类面临着一个最重要的危机：长期生存的危机。在这种背景下，探讨生态危机的根源，研究其与资本主义生产方式的联系，并在此基础上寻求解决生态危机的替代方案成为国内外左翼学者研究的重要议题，而2013年的全球左翼论坛则对此进行了深入研讨。

论坛宣言指出，"气候不断变暖，冰川不断融化，海平面持续上升，旱灾愈发严重，许多物种濒临灭绝，所有这一切都源于不可持续的发展及对自然资源的过度消耗。"宣言还指出，我们当前正经历着自大萧条后最为严重的一次经济危机。它不仅产生了严重的经济后果，如极高的失业率，收入水平大幅降低，财政预算大幅缩减等，从而使全世界工人的利益严重受损；同时，在生态方面，也造成了严重的后果。孟加拉的洪涝灾害和工厂火灾就是明显的实例。这一切都暴露了资本主义的破坏性发展动力本质。

在论坛中，学者们重点探讨了生态危机的资本主义根源，指出资本主义与环境保护之间存在根本性矛盾,资本主义制度不仅无法从根本上解决环境问题,而且其以利益最大化为目标的生产方式正是造成生态危机的根源。约翰·贝拉米·福斯特认为资本主义的本质就是追求经济增长与财富积累,因而一方面会不断在国内和国际上进行扩张以寻求新的市场和原料来源;另一方面会不断刺激人们的消费,最终导致资本主义制度不可避免地面临自然资源有限的现实,这也表明了资本主义制度是产生生态危机的根源。沃勒斯坦和乔姆斯基等学者也指出,工业化加剧、碳排放加速是环境日益恶化的罪魁祸首,而建立在资本积累基础上、以牟利为主要目的的资本主义企业不仅不会解决这一问题,反而会使其加剧。

在对生态危机进行探讨的基础上,学者们进一步探讨了资本主义的发展趋势。他们指出,由于资本家实现其目标的根本驱动力是无止境的资本积累,这就需要对剩余价值的剥夺和榨取,因而必然加速阶级斗争的爆发。沃勒斯坦甚至预言,粗略地估算,到2050年,资本主义制度将会被一种新的社会制度取代。论坛还对拉丁美洲和北美的社会运动进行了声援。

**2. 包容性不断增强、但内部分歧明显的世界社会论坛**

世界社会论坛(World Social Forum)是由反对经济全球化的各国非政府组织发起,并由全世界非政府组织、知识分子和社会团体代表参加的大型会议。其长期口号是"另一个世界是可能的"。

今年在突尼斯举办的世界社会论坛又增加了一个口号"尊严",并将其用7种语言标注在每个参会者的胸牌上,该口号强调了把出席论坛的组织和个人会聚到一起的基本因素,即寻找真正的平等。

世界社会论坛的一个特色就是包容性越来越强。在本届论坛中,各种各样的"新"组织如"占领运动""愤怒者运动"等都参加了会议。与会者指出,作为一个组织,世界社会论坛一直不断努力扩展其基础,这不仅包括扩大其地理分布,还包括从结构上能使其反映越来越多的要求。而本届论坛提出的三个口号——民主化(democraticing)、非殖民化(decolonising)和非商品化(decommodifying)——也反映了这种不断增强的包容性。

本届论坛的一个重要议题就是转型过程中左翼政党的作用。部分与会者赞同左翼政党必须掌握政权，认为如果左翼政党不掌握政权，无论短期还是中期都不会发生显著变化，社会运动应采取措施支持左翼政党掌握政权。部分与会者则反对这种观点，认为左翼政党执政也无法完全实现其承诺，社会状况并不会发生显著改变。而且即使左翼政党能够掌握政权，社会运动也应置身其外，以作为这些政党的关键性控制力量。对于世界左翼的具体方案，与会者也进行了讨论。部分人认为，世界社会论坛在反对帝国主义和新自由主义等方面做得比较成功，但却没有提出具体的替代方案，因此，世界左翼应在提出具体的替代方案目标方面有所作为。部分人则提出反对意见，认为替代方案目标的提出会分裂和削弱世界社会论坛已经汇聚起来的力量。

除上述议题外，本届论坛还对欧洲"占领运动"、如何看待新兴国家、人权、环保等问题进行了讨论，与会者的观点同样存在众多分歧。

### 3. 运用马克思主义观点探讨左翼思潮和世界社会主义运动的第四届世界社会主义论坛

中国社会科学院举办的世界社会主义论坛一直坚持运用马克思主义的立场、观点和方法探讨世界社会主义运动中的理论和现实问题。本届论坛的主题是"世界社会主义和左翼思潮的现状及发展趋势"，与会学者就世界格局、世界社会主义和左翼思潮的现状及发展前景等问题进行了深入探讨。

对于当前的世界格局，与会者一致认为，世界转折性变化导致世界格局深刻转型。二战后，大国关系的演变并没有超出经济全球化、世界多极化和文化多元化三大时代潮流的限制，并由于这三大时代潮流而不断改变大国力量的变迁，推动世界格局深刻转型，多极化趋势不断向深入发展。[①]

对于世界社会主义的发展现状，学者们指出，一方面，21世纪以来，尤其是国际金融危机发生后，世界社会主义取得了巨大的进展，主要表现在几个方面：一是共产党执政国家社会主义再创辉煌；二是发展中国家的社会主义蓬勃发展；三是发达国家社会主义奋力推进。这三个方面决定了21世纪世界社会主义必将从回升走向复兴，这是大势所趋

---

① 《2013年第四届世界社会主义论坛在北京开幕》，光明网，2013年10月30日。

和历史必然；但另一方面，从总体上看，社会主义仍处于低潮，并面临着许多挑战，如经济全球化的挑战、西方国家对世界社会主义的西化和分化等，"一球两制多种模式、资强社弱竞相消长"仍是当前和今后相当长时期内世界社会主义运动的总体态势。

对于世界社会主义的发展前景，学者们指出，国际金融危机凸显了马克思主义的生命力，这是社会主义走出低谷、走向复兴、走向新高潮的新标志。人类社会的发展趋势必将是社会主义的全球化代替资本主义的全球化，世界社会主义前景光明。

## 三 对本年度相关会议情况的评价

本年度国内外的会议从不同方面、视角对资本主义进行了研讨，既有马克思主义学者和西方左翼学者对资本主义进行的批判，也有西方政界对寻求资本主义的再度发展而提出的对策，这些都对我们正确认识资本主义的发展现状、正确把握其发展趋势有重要意义。

1. 对资本主义的研究和批判不断深入和细化

国际金融危机发生后，国内外与资本主义相关的重要会议主要集中在对经济危机的根源、对资本主义的影响以及资本主义的历史命运等问题的研究。本年度，除了对资本主义根本制度进行批判外，许多会议还加强了对环境问题、人权问题、美国的对外霸权、新兴国家的发展与世界格局的演变等问题的研究，对资本主义的研究和批判呈现出更为深入和细化的特点。如全球左翼论坛在对生态危机的探讨中，不仅分析了生态危机与资本主义制度间的关系，而且对垄断资本在发展中国家的扩张所导致的各种环境问题进行了具体分析，从而使对资本主义的批判能够更为具体和客观。

2. 与会人数不断增多，但部分会议议题较为分散，内部分歧较多，难以产生重大影响

随着资本主义制度弊端的不断凸显，国内外参加各种论坛、会议并对资本主义提出批判的人数不断增多，如今年的世界社会论坛有5万多人参加，全球左翼论坛有近5000人参加，世界社会主义论坛等参加人数也都有所增加。但与此同时，也会出现另外一方面的问题，即由于参

与人员的理论背景多元化,导致部分论坛议题分散,难以就某一个问题进行深入探讨。同时在参与者中也存在众多的分歧,削弱了会议的影响力。

(执笔人:邢文增)

# 附录3　资本主义经济问题研究新进展（2014年度）

2008年肇始于美国的国际经济金融危机，对当代资本主义国家的经济产生了深远影响，发达资本主义国家纷纷采取各种政策措施予以干预，但时过6年，当前资本主义经济仍未完全走出泥潭，处于危机后的深度调整期，整体增长动力不足，复苏的基础尚不巩固，2014年一季度美国增长率仅为-1%，欧盟增长率也只有0.5%。在这一背景下，国内外学者围绕当前资本主义经济问题进行了大量研究，主要集中在探讨当代资本主义经济的新特征及其所处发展阶段、反思此次金融经济危机的政策和效果以及讨论资本主义历史走向等问题，在理论上取得了一些新的进展，但仍有许多问题有待进一步深入研究。

## 一　当前资本主义经济发展的阶段性特征

资本主义的每一历史阶段都必定出现一系列基本特征，这些基本特征是各阶段实质变化的具体体现，也是该阶段据以区别于前一阶段的基本标志。当前国内外学者以历史与逻辑相统一的观点和方法，研究了当代资本主义的新阶段和新发展问题，学者们基本认同当前资本主义处在国际垄断资本主义阶段，而此次全球经济金融危机被看作是国际垄断资本主义的经济增长期走到了尽头。对于这一阶段的特征，学者们从不同角度进行了阐释。

### （一）国际金融资本为了摄取超额利润在全球范围内疯狂扩张

在国际垄断主义阶段，金融资本有显著的新发展，金融资本借助网络、媒体等新型技术手段实现了金融业资本统治的社会化、大众化,实现了横向的统治。其次,金融资本凭借国家经济、政治实力在世界范围内实现了纵向的统治。通过这种横向和纵向的统治,金融资本已转变成国际超级金融垄断资本。

对于国际金融垄断资本的特征和本质,程恩富、杨斌从其控制能力和掠夺财富等方面进行了分析,认为当前美国金融寡头通过有意识操控政府和中央银行,影响财政、货币、市场规则、舆论导向等政策杠杆,获得了一定程度上人为操控危机进程的能力,并且已将危机作为获得巨大利益的金融战争武器,大规模掠夺社会各个阶层财富,并打击国际竞争对手。而美欧政府和中央银行注入巨资挽救金融垄断财团的各种计划,本质上是金融垄断财团挟持公众银行存款和养老金等财富为人质,为不断获取超额利润而进行的一种新的剥削形式的创新,是以挽救危机为借口发动的掠夺全球民众财富的新型金融战争。①

还有学者认为,当代资本主义经济金融化的本质是将更多的人卷入金融游戏,使金融社会化,但是社会化中的收益由垄断资本获得,而将风险转嫁给社会。被卷入的全世界民众大多不可能理解金融操纵内幕,危机发生后,那些大资本及其代理人早已经赚得盆满钵满,而大量的普通人却失去了家园、工作和养老金。由于金融化,民众更深地卷入资本体系,更普遍、更经常地受害。② 正如戴维·斯托克曼所说,他认为"美国已陷入大变形","自由市场经济和繁荣已经危在旦夕,美国政府和美联储由于太贪婪、臃肿和外部竞争,而悲惨地失败了。它们已经堕落为某种权贵资本主义和金钱政治的工具,依然被当今集权政策的观念所束缚着。"③ 正是由于发达资本主义国家的过度贪婪,在全世界疯狂地攫取超额垄断利润,经济社会危机在所难免。

---

① 程恩富、杨斌:《当前美国金融垄断资本主义的若干新变化》,《当代世界与社会主义》2014 年第 1 期。
② 刘元琪:《金融资本的新发展与当代资本主义经济的金融化》,《当代世界与社会主义》2014 年第 1 期。
③ [美]戴维·斯托克曼:《资本主义大变形》,张建敏译,中信出版社 2014 年版。

## (二) 资本主义经济制度中追逐利润的社会法则造成日益严重的生态危机

20世纪60年代以来，生态危机已经日益成为困扰世界各国的难题。资本主义国家造成的生态环境问题不仅仅发生在本国，在全球范围内也产生了更为严重的影响。发达资本主义国家的生态殖民政策，造成了第三世界国家更为严重的生态环境问题。进入21世纪后，生态环境的恶化不仅没有缓解，反而随着资本的不断扩张和掠夺而日益加剧。对于当前的生态危机的根源，学者们大多将其与资本主义经济制度本身联系起来，认为资本主义经济发展与环境保护之间存在根本性矛盾，资本主义经济制度中追逐利润的社会法则导致了生态环境的严重破坏和自然资源的枯竭浪费，并且认为资本主义制度不仅无法从根本上解决环境问题，而且其以利益最大化为目标的经济生产方式正是造成生态危机的根源。

国外的一些左翼学者认为，全球生态危机日益加剧的主要原因是资本主义的生产方式。福斯特把这种生产方式称为"踏轮磨坊的生产方式"，其主要特征是在有限的环境中实现无限扩张，因而在全球资本主义和全球环境之间形成了潜在的灾难性的冲突，同时，它也是一个自我扩张的价值体系，经济剩余价值的积累由于植根于掠夺性的开发和竞争法则赋予的力量，必然要在越来越大规模上进行。[①] 在他看来，资本主义的本质就是追求经济增长与财富积累，因而一方面会不断在国内和国际上进行扩张以寻求新的市场和原料来源；另一方面会不断刺激人们的消费，最终导致资本主义制度不可避免地面临自然资源有限的现实，这也表明了资本主义制度是产生生态危机的根源。还有学者也指出，工业革命的确为世界带来许多福利，但是不可否认的是，它同时为地球环境增加了压力。工业化加剧、碳排放加速是环境日益恶化的罪魁祸首，而建立在资本积累基础上、以牟利为主要目的的资本主义企业不仅不会解决这一问题，反而会使其加剧。[②] 国外一些左翼政党还从资本主义经济

---

① 参见张健：《福斯特对资本主义的生态批判思想研究及其启示》，《中共宁波市委党校学报》2014年第1期。

② http：//www.leftforum.org/video_gallery？term_node_tid_depth = All&term_node_tid_depth_2 = All&keys = Noam + Chomsky&term_node_tid_depth_3 = All.

制度的角度来论述生态危机。加拿大共产党指出:"资本主义是环境危机的根源。在资本主义制度下,劳动力和自然环境都被用于实现资产阶级压倒一切的目标——牟取私利。资本主义作为一种生产和消费模式,使大自然退化到了历史上前所未有的程度:空气污染、寒带森林和农业的破坏、洪水泛滥、交通堵塞、垃圾成堆、核废料剧增、动物栖息地相继消失等。"①

国内不少学者认为,资本主义以私有制为基础,追求利润最大化为生产目的,资本主义制度从建立开始就孕育了其制度的内在缺陷。在资本主义之初,生产相对过剩危机体现在大量失业工人和大量过剩产品,这显然是对劳动力和自然环境、资源的浪费的双重体现。资本主义通过刺激需求,创造"异化消费"部分掩盖了产品过剩的危机表现。但是资本主义制度中生产力和生产关系的矛盾依旧存在,资本主义生产方式和自然生态环境的矛盾依然存在,大量失业和对自然资源、生态环境的破坏依旧表现明显。而对于生态环境、自然资源的这种持久的破坏已经使当今全球陷入了生态危机之中。这在整个社会的表现就是大工业和大农业的产生和以此为基础的不断追求所谓的"经济增长"。大工业和大农业的建立和运转就是以牺牲生态环境和自然资源为基础的,而"经济增长"这种理念更是以消费更多的自然资源、污染更多的生态环境为基础。"经济增长"之所以在资本主义国家如此盛行,并被视为这些资本主义国家发展的最终目标,是因为这种"增长"符合资本增殖的本性,即单纯的数量增殖。在这种资本主义培育的增长范式下,资本主义对物质世界(劳动和自然)的剥削已拆毁了自身存在的基础。在这种方式下继续发展经济必将面临自取灭亡的道路。② 还有一些国内学者从生态危机的本质来论述,认为资本主义在本质上是反生态、反自然的,生态危机源于资本主义的生产方式。资本无止境地追求利润的冲动和社会生产的无组织性,必然引发全球性的人口、资源、环境和生态难题。过度的资源消耗、严重的环境污染日益威胁着环境和生态的平衡,

---

① 刘卫卫:《加拿大共产党关于资本主义新变化的思考与判断》,《上海党史与党建》2014年第1期。

② 马越:《生态环境与资本主义经济制度》,《安阳师范学院学报》2014年第1期。

破坏着社会再生产的正常条件，严重的生态危机成为当前资本主义经济体系面临的一个最为严峻的挑战。有学者认为，发达资本主义国家不仅把边缘地区的自然资源集中到了中心地区，而且还把有毒的垃圾和肮脏的工业输出至边缘地区，是对全球自然资源和生存环境的双向度掠夺和双重剥削，是一种彻底的生态帝国主义行径。它们的生态扩张、掠夺和垄断不仅带来荒野退化、资源匮乏、生态脆弱等问题，破坏了人类赖以生存的生态环境，而且加剧了世界不公正的国际秩序，抑制了落后国家的发展，使南北差距继续扩大，威胁全球稳定。我们要用历史的眼光清晰认识到，发达国家今天表面看上去优美的生态环境是以把全球自然界作为"水龙头"和"垃圾场"的生态扩张和掠夺换来的。①

### （三）全球世袭资本主义造成严重的财富收入不平等

自20世纪80年代以来，美国社会各阶级，尤其是占人口绝大多数的"中产阶级"与极少数上层阶级在收入和社会财富占有上的差距扩大了，尤其是国际经济金融危机发生后，由财富收入不平等所导致的社会矛盾和冲突更加凸显。近年来，美国"占领华尔街"运动的爆发与蔓延、各大机构一系列最新研究数据的公布，以及围绕向富人增税的"巴菲特规则"的激烈论争，更是将财富收入不平等话题推向了社会舆论的风口浪尖。对财富收入不平等的深入研究和讨论，可以说是当前美国社会矛盾冲突激化的集中反映。

2014年，一本论述财富分配不平等的著作《21世纪资本论》成为全球经济界、政界和媒体关注的焦点，该书作为一本研究收入和资产分配的历史著作，之所以获得成功，是因为契合了对美国乃至全球对财富不平等现象的忧虑。该书对从18世纪工业革命以来到当今的财富分配数据进行分析，认为自由市场经济并不能完全解决财富分配不平等问题。冷战结束以后，自由市场经济让高收入人群收入的增加远远超出了经济的增长速度，欧美将世界经济的不平衡归咎于国际贸易的不平衡是在为国内矛盾找替罪羊，美国财富分配的不平等才是导致美国经济和金

---

① 李娟：《生态学马克思主义的生态帝国主义批判与当代启示》，《当代世界与社会主义》2014年第1期。

融系统脆弱的最重要原因。因此,2008 年开始的金融危机的真正原因是由于美国财富分配制度的不公引起的。①

诺贝尔经济学奖获得者保罗·克鲁格曼三评皮凯蒂新书《21 世纪资本论》,认为该书不单单是记录了如何有越来越多的收入汇聚到一小群经济精英的手中,而且还有力地证明,资本主义正在倒退回"世袭制资本主义"的年代。在这样的制度下,经济的制高点不仅由财富决定,还由承袭的财富决定,因而出身的重要性要高过后天的努力和才能。② 可以说,现代资本主义经济也演化成一种"现代世袭制",由于资本回报率长期高于经济增长率,全球世袭资本主义造成了严重的财富收入不平等。

对于资本主义国家的收入不平等,罗伯茨通过数据分析到,与 2009 年相比,2010 年的实际家庭收入中位数下跌 2.3%,收入分配顶端 20% 的人控制了全美 80% 的财富③,并探讨了美国无法解决其严重的经济问题的原因,这是因为"只有问题延续,强大的利益集团才能继续获利。只要这些狭隘的私人利益能够利用所谓的增加整体福利的自由贸易伪装自己的真实目的,美国的经济就会继续沉溺在相对衰退和绝对衰退的困境中,美国纳税人也不得不继续承担起离岸外包和工作签强加的外部成本"④。

国内的一些学者也对当今资本主义收入差距的原因进行剖析,认为近 30 年美国高收入阶层收入份额增长、手工工人工资收入停滞,同时高收入者像高管、明星和专家等人的收入增长较快影响较大,特别是高管由于社会状况、绩效考核、税收规则改变等因素而拥有大量的股票与股票期权,成为一个新的资本家阶层。另外,由于美国居民家庭金融资产的分布不均,金融业的发展造成资本地位大为提高,资本收益成为高收入阶层的一个重要收入来源。最后,税率的下降是造成高收入阶层收

---

① 应强:《〈21 世纪资本论〉:用数据勾画财富不平等历史》,《参考消息》2014 年 6 月 12 日。
② http://www.guancha.cn/Paul-Krugman/2014_04_30_225504.shtml?XGYD.
③ [美] 保罗·克雷格·罗伯茨:《自由放任资本主义的失败》,秦伟译,生活·读书·新知三联书店 2014 年版,第 112 页。
④ 同上书,第 26 页。

入份额增长的另一个重要因素。①

## 二 对资本主义金融经济危机的反思及政策效果评价

对于此次国际经济金融危机,当前仍有不少学者在探寻其原因。波斯纳指出,资本主义危机的原因在于这是一种由分散化的私人做出经济决策的体系。② 还有学者重温卢森堡的资本主义危机论,那就是重建资本积累模式,以资本主义与非资本主义体系的空间结构性矛盾来解释新帝国主义时代的资本主义危机机制。这不仅为世界经济体系研究奠定基础,而且为坚守科学社会主义和历史唯物主义革命观确立理论前提。③ 除对危机根源的分析外,学者们讨论的焦点更多地集中在对反危机的政策效果评价上。

### (一) 资本主义的反危机举措成为转嫁危机的重要方式

学者们普遍认为,资本主义的反危机举措从本质上看是将危机转嫁给普通民众,它并未解决生产社会化和生产资料私有制之间的矛盾,从而导致承受危机的依然是普通劳动者,而不是财富精英和权力阶层。

不少学者都对这种反危机举措持否定和批判态度。朱安东、蔡万焕等认为,如果把危机爆发时政府用公共财政"救市"和之后削减社会福利支出结合起来看,可以认为这是又一轮的"劫贫济富"。德国学者玛丽亚·N. 伊万诺娃也指出,自从 2007 年衰退以来,政府的危机管理政策都旨在阻止资产价值下跌以及使公司重获利润,这实际上是不惜一切代价阻止资产价值的下跌以及维持公司利润。

除学者外,各国共产党人尤其是欧洲国家的共产党对此也进行了深入分析和批判。欧洲共产党人指出,资本主义危机的产生是生产社会化与生

---

① 张彤玉、崔学东、刘凤义等:《当代资本主义经济的新特征》,经济科学出版社 2013 年版,第 174 页。
② 刘波:《波斯纳眼中的金融危机》,《经济观察报》2014 年 11 月 1 日。
③ 李平:《资本主义危机何以可能——卢森堡的资本主义危机论解析》,《中国社会科学报》2014 年 2 月 26 日。

产资料私人占有制的根本矛盾激化的结果，但现在解决危机的方案却是"转嫁危机"。资本主义国家利用政治权力来挽救私人银行和金融业，把危机转嫁到劳动群众身上，令子孙后代背负上不可承载的债务，并尽可能地剥夺人民赢得的劳工权利、社会权利、经济权利、政治权利和社会保障权利等。葡萄牙共产党人认为本国政府解决危机的措施，加重了对下层的剥削，破坏了人民几十年斗争赢得的权益，严重冲击了国家卫生服务、公共教育和社会保障体系，削弱了国家的社会职能。英共着重对资本主义的紧缩政策进行了批判，认为"帝国主义对其人民实行严格的紧缩政策，使他们承受着本不应由他们负担的代价：失业、薪酬缩水、利益、服务和生活水平都持续下降。然而当劳动人民承受着贫穷重担之时，大规模财富的并购正在发生——通过公共服务的私有化，并且公共服务的安排被日益增长的垄断卡特尔和跨国公司所控制，通过大量毁灭就业以及冻结和削减工资，这就将数以百万计的劳动人民投入贫困之中"。

对于反危机的措施及效果，学者们总结到，尽管资本主义政府的反危机措施在很大程度上缓解了金融危机带来的经济萧条、失业率上升、社会恐慌等，但由于资本追逐剩余价值的本性没有改变，资本和劳动的对立没有改变，私有制基础上商品经济的基本矛盾没有改变，资本主义的基本矛盾没有改变，因此，经济危机难以从根本上克服。也就是说，只要资本主义的国家干预不能消除利润即不能消除剩余价值，那么这种干预就不可能消除生产过剩，从而也就不可能消除生产过剩的经济危机。

**（二）当代资本主义经济掉入发展陷阱导致反危机的调控效果并不明显**

西方资本主义国家为了摆脱危机所采取的财政和货币手段，迄今效果都不明显。究其原因，学者们给出了不同的答案，基本认同资本主义经济掉入发展陷阱，主要体现在金融陷阱、债务陷阱和福利陷阱上。西方政府表面上采取反危机措施去应对上述问题，但实际是为了维护资产阶级的整体利益，因而并没有实质性的进展，使得经济增长乏力，民众不满上升，进而导致调控效果大打折扣。

**1. 金融资本没有从根本上被限制和削弱**

近年来，西方国家金融领域过度膨胀，金融业以高于实体经济增长率数倍的速度扩张，积聚了空前风险。产业空心化削弱了西方国家应对危机、实现增长的能力。无度扩张的金融产品集聚大量"泡沫"，最终破裂。学者们基本上一致认为，近年来爆发的震撼世界的全球金融危机，就是金融资本在缺乏监管的情况下大肆膨胀，投机猖狂达到极点，泡沫崩溃的结果。而在危机爆发后，金融资本家并未遭受实质性打击；相反，他们借助政府的救市措施以及包括减税计划在内的财政货币政策度过危机并进一步壮大。在最初的拯救措施和现在的退出战略中，经济政策一直首先用来稳定和维持一个由私人控制的、自由化的金融体系。这是因为，在垄断集团的控制下，资本累积要持续，唯一选择是把这些过剩的剩余用作金融投资，因此，受垄断资本控制的资产阶级政府尽管会采取一些措施对金融资本进行监管，但不会从根本上对其发展进行限制，相反却会运用政府权力为其提供更有利的运行环境。在这种政策下，金融资本的力量并不会从根本上被限制和削弱，反而会进一步得到巩固。

对于资本主义加强金融监管、实施再工业化的战略，有学者认为，这对"垄断资本过度金融化现象有所遏制，金融化与再工业化及经济实体化同时并存"，而且会"促使金融资本与产业资本相互融合、相互支撑，以实现美国经济转向可持续增长模式"①。但也有学者认为，以"货币宽松"为主的扩张性货币政策尽管给市场注入了大量的流动性，但并未给实体经济带来所期望的影响。②

### 2. 公共债务推高到一个无法持续的水平

西方赤字财政和公共债务问题并不是 2008 年国际经济金融危机以来特定国家在特定时期的特殊问题，而是长期以来各国经济运行的必然结果。第二次世界大战以来，随着各国政府管理经济的需要，公债功能从财政功能和金融功能不断向宏观调控功能发展，最终使得资本主义经济的发展越来越离不开公债，可以说，赤字财政和公共债务是资本主义经济的一种增长模式。在当代，公债已经成为基础性金融资产，对资本主义宏观经济稳定发展极为重要，特别是作为货币政策的重要政策工

---

① 齐兰、曹剑飞：《当今垄断资本主义的新变化及其发展态势》，《政治经济学评论》2014 年第 4 期。
② 朱安东、蔡万焕：《国际金融经济危机与资本主义的走向：阶级分析的视角》，《当代世界与社会主义》2014 年第 1 期。

具。学者们指出,西方长期以来养成超前消费、借债度日的习惯,导致债务负担积重难返。资本主义采取的反危机措施,并没有有效地削减公共债务,反而使得自己的公共债务不堪重负。如朱安东、蔡万焕等认为,危机刚爆发时,各国政府纷纷出手"救市",西方主要国家的公共债务水平从一个高位推高到了一个无法持续的水平。①

据美联储经济在线数据库(FRED)数据,截至2014年一季度末,包括政府债务、企业债务、抵押贷款、消费贷款等在内,美国各种债务加起来总额已高达59.4万亿美元。而40年前,美国的总负债仅为2.2万亿美元。换言之,美国的债务在过去的40年间增长了27倍。②法国全国统计和经济研究所发布的数据显示,截至2014年6月底,法国公共债务首次超过2万亿欧元,债务规模与国内生产总值之比达到95.1%,大大超过欧盟《稳定与增长公约》规定的60%上限,导致法国的经济增长陷入零增长的困境。③日本财政制度审议会日前就日本财政发展前景进行了分析研究,结论令人吃惊,目前日本的公共债务已高达1100万亿日元,是国内总产值的120%,在发达国家中最高。④

从最深的层次来看,学者们指出资本主义制度乃是全球公共债务危机的最深根源。由于资本主义基本矛盾,资本主义经济运行越来越依赖于公共债务,赤字财政成为资本主义的一种发展模式,而不是纯粹的宏观调节政策。加上金融寡头操控下财政管理不善和财政立法腐败,公共债务规模也就越来越大,各国的经济增长普遍地伴随着越来越深的政府干预和公共债务的高速增长。所以,公共债务危机并不是一个可以治理的行政管理问题,而是与当代世界资本主义的新变化密切相关的必然发展趋势,现有制度框架下的任何政治程序都不能从根本上消除公共债务危机的根源。

### 3. 改变现有福利模式导致的工人运动让资本主义国家进退两难

长期以来,西方把福利制度作为安抚中下层百姓、维护社会稳定的

---

① 朱安东、蔡万焕:《国际金融经济危机与资本主义的走向:阶级分析的视角》,《当代世界与社会主义》2014年第1期。
② http://gold.jrj.com.cn/2014/06/19015017437779.shtml.
③ http://news.xinhuanet.com/2014-10/01/c_1112699755.htm.
④ http://intl.ce.cn/specials/zxgjzh/201405/05/t20140505_2758960.shtml.

重要手段，号称"从摇篮到坟墓"，福利只高不低、只上不下，财政不堪重负。在福利制度最发达的国家，一些中下层民众拿的救济甚至比正常工作收入还高，因而失去了工作意愿和动力。在非危机状态下，高支出、粗放型的福利模式尚可维系，一旦经济出了问题，便立刻成为难以承受之重。学者们认为，危机爆发以来，资本主义国家改变现有的福利模式，不仅并未使工人的失业率和生活水平恢复到危机前的水平，而且紧缩公共开支的重要部分就是削减养老金等支出，导致工人阶级的反抗并未停止，在主要资本主义国家内工人运动和社会运动仍时有发生，虽然没有动摇资本主义的根本制度，但却让资本主义国家在调控政策取舍上进退两难。

譬如，希腊政府改革社会福利制度的举措在减少政府开支方面收到了一定成效，但它却使无家可归者、退休者、妇女和儿童等弱势群体越来越没有保障。其实希腊政府在社会福利问题上迈的步伐并不算大，但遭到不停的抗议和罢工。① 在其他国家同样如此。尽管西方改变现有的福利模式导致的工人运动和社会运动还没有动摇西方现有的制度基础，但工人运动的频繁和大规模发生却在全球引起了广泛关注，成为威胁西方国家政权的一股不可忽视的政治力量，对西方政府改变福利模式形成了一定的阻力。

## 三 对资本主义的发展前景和历史命运的争论

资本主义的发展前景和历史命运一直是本学科关注的热点。随着西方国家的缓慢复苏，学界对资本主义发展前景的争论尽管与危机初期相比略有减少，但资本主义的调整举措所造成的一系列负面影响以及资本主义制度的弊端并未从根本上加以触及和改革的现实，使得这种探讨与争论仍是当前的热点。在讨论中主要达成了以下两点共识：

### 1. 资本主义还有一定的调整空间

学界普遍认为，危机后资本主义的调整和缓慢复苏表明，此次危机并不会导致资本主义立刻走向灭亡，它还有一定的发展和调整空间。

---

① 陈占杰、刘咏秋：《希腊削减福利是把双刃剑》，《国际先驱导报》2014年1月3日。

有学者指出了在这种发展空间背后的不确定因素，认为："尽管发达资本主义国家经济发展的潜力依然很大，自我修复的能力还在生长，创新能力在许多方面还有所增强，有些国家的经济已经开始缓慢复苏，但经济持续向好、社会持续稳定、政治更加开明的走势并不十分明显。世界资本主义的未来发展，不确定和不可测的因素依然很多。"[①] 还有学者强调了资本主义的自我调整和改良与马克思主义的关系，认为尽管在可预见的时间范围内，资本主义不会自行退出历史舞台，社会主义与资本主义共存，将是一个基本事实，但"当代发达资本主义国家制度框架内的局部调整和自我改良，在一定意义上可以说，是由于资本主义国家客观上'遵循'了《资本论》中关于社会化大生产条件下人类社会普遍适用经济运动规律才得以实现的"[②]。

**2. 资本主义必然灭亡的历史命运并未改变**

尽管资本主义仍然有一定的调整空间，但从其发展前景来看，资本主义必然灭亡的历史命运并未改变。有学者对资本主义灭亡的方式进行了论述，认为："被新科技革命全副武装的当代发达资本主义只能通过和平改良、不断改良和世界改良逐步把其推进到社会主义，而难以通过暴力革命、不断革命和世界革命去打倒它、推翻它、消灭它。我们不否认个别地区和国家由于阶级矛盾等多种矛盾激化会爆发暴力革命甚至已经爆发暴力革命多年，但在新科技革命迅猛发展态势下，这些暴力革命难以像当今某些权威人士所预言的那样，会沿着中国过去新民主主义革命的道路在全国范围内夺取政权。更加切实可行之路是坚持和平改良、不断改良和世界改良。"[③]

（执笔人：张福军）

---

[①] 于洪君：《全球化时代的社会主义与资本主义》，《红旗文稿》2014年第1期。
[②] 王韶兴、张士海：《资本主义发展趋势与"两制"关系的科学把握》，《中国社会科学报》2014年1月24日。
[③] 高放：《科学社会主义面临当代发达资本主义的挑战》，《中共天津市委党校学报》2014年第3期。

# 附录4 资本主义民主政治制度研究前沿(2014年度)

2008年金融危机发生后,尽管近两年资本主义国家的经济形势有所好转,但是其内部的政治与社会问题却日益突显,特别是发达资本主义国家所标榜的"西式民主"制度,不仅在其内部面临政治极化、精英脱离群众、居高的国债、政客不负责任的承诺、选民投票率下降等问题,而且按照西方模式进行政治改革的国家也出现了政局动荡、社会分裂乃至国无宁日的局面。鉴于此,近两年国内外学者针对"民主退化论"集中展开了讨论与分析。尤其是2014年,围绕资本主义民主尤其是西式民主危机问题,国内外学界出版发表了大量著述,学界关注的焦点主要集中在欧美发达资本主义国家民主制度问题,埃及、乌克兰及泰国等发展中国家民主制度问题和资本主义民主与中国特色社会主义民主制度的关系三个层面。

## 一 欧美发达资本主义国家民主制度问题

### 1. 民主制度结构问题

柴尚金在题为《西方宪政民主是如何陷入制度困境的》① 一文中指出,西方政党逐渐蜕变成"选举机器",以西方多党制和议会制等为主要内容的"宪政民主"已成为极化政治和金钱政治的代名词,制度性困境越来越明显。其困难表现在:第一,今天的西方政党已被选票绑架,政党政治成了选举政治,议会民主成了选票民主。候选人为拉选

---

① 柴尚金:《西方宪政民主是如何陷入制度困境的》,《光明日报》2013年3月19日。

票，可谓"好话说尽"，一旦当选，所有许诺又成为一纸空文。如此弊端，使得选举远离民主，徒有形式，政党成为选举政治的傀儡。第二，只论党派不问是非，议会政府效率低下。基于选票的考虑，议员往往立足于本党和地方利益，置国家整体和长远利益于不顾，将议会视为权力角逐和政治分肥的场所。第三，钱权交易大行其道，政党政治异化为金钱政治。随着经济自由化、金融化不断发展，金融寡头所组成的利益集团日益成为西方经济、政治和社会的主宰。鉴于竞选所需的资金因素，西方主流政党大都受利益集团的影响，制定偏向于利益集团的公共政策，最终谋求各自的特殊利益。由此可见，选票公平是一种金钱基础上的公平。第四，党派之争导致政治极化，政治恶斗引发社会分裂。在金融危机背景下，社会更加分化对立，利益冲突更加尖锐激烈，为得到更多选票和政治献金，西方主流政党所形成的两大政治阵营在政治理念和治理主张上渐行渐远，斗争激烈，互不相让，政治极化加剧。由此引发拥护各自政党的民众对立，冲突扩大，最终导致社会分裂。第五，寡头政治盛行，精英民主与草根民主对立。伴随着信息和网络化时代的到来，政党政治异化为寡头政治，其主要表现为西方政党日益脱离群众，党内事务由党内大佬操纵。同样因为社会日益网络化，由年轻失业者组成的草根政治力量异军突起，成为西方国家抗议活动中的主力军。放弃传统的自上而下的组织形式，采取网络式、无中心的平等参与模式。第六，利益整合与调节功能弱化，政党短视行为突出。由于政党是特定利益群体的代表，他们的目标是选举的胜利和自己政党的利益，他们往往更关心与自己切身利益相关的局部利益和短期利益，置整个国家的长远利益、人类共同利益弃之不顾，特别是当下，西方多党竞争体制弱化了政党的利益整合功能，因此党派竞争导致社会改革困难重重。

弗朗西斯·福山在《美国政治制度的衰败》[①]中指出，美国政治文化中的三个主要的结构性特征均出了问题。第一，相对于其他自由民主国家而言，司法和立法部门在美国政府中的影响力过大，而受损的是行政部门。美国人利用立法部门解决行政问题的方式，变得成本极高效率极低；第二，利益集团和游说集团的影响力在增加，这不仅扭曲了民主

---

① ［美］弗朗西斯·福山：《美国政治制度的衰败》，《参考消息》2014年4月8日。

进程，也侵蚀了政府有效运作的能力；第三，由于联邦政府管理结构在意识形态上出现两极分化，美国的制衡制度变成了否决制。换言之，政府的司法化以及利益集团影响力过大，阻止政府调整公共政策。此外，福山认为美国政治严重两极化，导致太多的行为方可以否决掉为解决问题所作的决策，即"否决政治"。久而久之，利益集团的影响力不断扩大，而美国的制衡制度在总体上已无法代表大多数人的利益。

牛津大学教授斯特恩·雷根在《没有发展，民主会被历史湮没》①一文中判断，英美民主可能已经到了重蹈雅典民主覆灭的"临界点"："三权分立制度的设计初衷是通过政府权力间彼此制衡，最终更好地为公众服务。但今天，权力相互牵制形成了僵局，整个国家得不到亟须的良好治理。任何一个旁观者都会轻易而惊愕地发现，美国的'社会不平等'与'政府不作为'是那样的密不可分。原本赋予宪政体系的权力被诸如政治行动委员会、智囊团、媒体、游说团体等组织榨取和篡夺"。"在古希腊，当富人变成巨富，并拒绝遵守规则、破坏政府体制时，雅典民主崩溃的丧钟就敲响了。今日之英美，也已到了岌岌可危的临界点。"

田文林在《西式民主为何日渐失灵》②一文中认为，西式民主日趋失灵已是不争的事实。首先，所谓的选举民主日趋背离民主的本意。多党竞争和自由选举看似机会均等，最能体现民意，实则是资源、财富、势力的比拼，由此决定了所谓的民主政治在多数情况下是少数权贵的游戏。其次，民主分权导致政府虚弱。所谓民主政治强调分权制衡、多党竞争、个人权利等，这些成分使民主制度的维系，从开始就是以牺牲效率和政府效能为代价的。

**2. 民主基因缺陷**

张维为在《西方民主的三大"基因缺陷"》③一文中认为，西方民主模式的最大问题是它的三个基本假设出了问题。这三个假设可以概括为：人是理性的；权利是绝对的；程序是万能的。在其看来，这三个假

---

① ［英］斯特恩·雷根：《没有发展，民主会被历史湮没》，《环球时报》2014年5月4日。
② 田文林：《西式民主为何日渐失灵》，《人民日报》（海外版）2014年5月28日。
③ 张维为：《西方民主的三大"基因缺陷"》，《中国社会科学报》2014年4月15日。

设则是西方民主模式的三个"基因缺陷"。"人是理性的",也就是所谓人可以通过自己理性的思考,投下自己庄严的一票。但事实是,人可以是理性的,也可以是非理性的。随着新兴媒体的崛起,在民粹主义煽动下,人的非理性面更容易占上风。"权利是绝对的",就是权利与义务本来应该是平衡的,这也是中国人一贯的观点,但在西方模式中,权利绝对化已成为主流。"程序是万能的"则导致了西方民主制度的游戏化:民主已经被简化为竞选程序,竞选程序已被简化为政治营销,政治营销又被等同于拼资源、拼谋略、拼演艺表演。

张金霞在题为《当代资本主义政治危机与社会主义民主政治的发展》[①]一文中指出,经济危机一再发生引发当代资本主义合理性和合法性危机问题。她认为,资本主义的合法性主要指资产阶级统治得到人民群众认可与支持的程度。以往资本主义政权的合法性是因为代表了资产阶级利益。资本主义发展到垄断阶段后,国家政权、垄断集团、利益阶层、特权阶层和工会组织之间矛盾复杂多样,统治者必须在社会各个阶级和阶级之间寻求平衡。一旦失去平衡,其合法性就必然受到来自社会各个阶级和阶层的挑战。当前资本主义正遭遇全面危机的挑战,其合理性、合法性危机不断加剧并延伸至全球。

张聪、蔡文成在题为《选举民主:政治合法性的建构及其困境》[②]的文章中指出,选举民主的合法性建构有其合理性,这意味着选举民主在一定程度上能够带来政治合法性,然而选举民主也存在有限性,有限性是选举民主核心要素存在的消极特性,选举民主的有限性造成了其合法性建构的困境,即选举民主的三个结构要素的内在缺陷致使其合法性建构必然存在局限。其表现为:(1)同意困境:多数与少数的冲突。首先,选举民主赋予多数者统治权利,但缺乏对少数者正当权利的保护;其次,选举民主实行少数服从多数的同意原则,但该原则却蕴含多数对少数的强制成分;最后,选举民主不但没有体现少数者的权利,还要求少数者有服从的义务。总之,多数同意作为选举民主政治的操作性技术

---

① 张金霞:《当代资本主义政治危机与社会主义民主政治的发展》,《广西社会科学》2014年第9期。
② 张聪、蔡文成:《选举民主:政治合法性的建构及其困境》,《理论与改革》2014年11月。

选择，在选举民主的理论与实践中并不能完全保障民主正义的价值旨归。"多数同意"可能会面临三大挑战：首先，权利保障的制度缺失造成少数者同意的虚置；其次，多数原则内在的强制性和优先性与平等自由的主体资格冲突；最后，少数的合理意见可能受制于多数的社会专制。这三者都会影响同意的效力，进而影响合法性。选举民主诉诸多数同意来创造合法性，但合法性却因多数同意的效力而减损，这就是选举民主合法性建构的同意困境。（2）规则困境：选举与罢免的失衡。西式民主作为一种"环式民主模式"貌似合理却实存迷思。选举民主注重定期的选举机制，却忽视不定期的罢免机制，选举与罢免在选举程序中是不对等的游戏规则。实际上，选举内容不仅包括选举权，还包括罢免权，罢免是选举的延续。如果说现代民主的关键在于实现对公共权力的最终控制，那么这种控制既可以用选举这种外显的权利来体现，也可以用罢免这种潜在的权利来实现。权力的确立先于权力的限制，而权力的限制重于权力的确立，罢免与选举权效等同，不可偏废。选举民主过分强调即时性的选举规则，却没有重视长效性的罢免规则，这种规则失衡会导致回应性的缺失或不足，进一步说，选举民主诉诸"选举"程序的安排和实施来创造合法性，但合法性却会因"罢免"程序的搁置或缺失而减损，这就是选举民主合法性建构的规则困境。（3）绩效困境：授权与用权的偏离。选举民主侧重政治系统的输入方面，赋予授权来源的合法性；却忽视政治系统的输出方面，并不保证用权的合法性。所以，在创造合法性方面，选举民主只确保了合法授权，并且保障有效用权，合法授权并不等同于有效用权，授权与用权的偏离影响绩效合法性的积累，这就是选举合法建构的绩效困境。

综上所述，选举民主的合法性建构存在着"同意困境""规则困境"和"绩效困境"，这三种困境的生成机理具有内在联系。首先，这些困境都是选举民主的理想价值与现实运作矛盾的产物，选举民主既要承载民主价值的实现程度，又要考虑制度设计的可行空间，这种内在张力决定了上述困境的生成的必要性。其次，选举民主制度设计的先天不足造成其合法性建构的后天缺陷。由于缺乏保护权利和自由的诸多制度，选举民主缺失同意的少数负责地回应以及有效地用权，因而一定程度上难以带来政治合法性。

### 3. 民主危机的根源

美国经济学家理查德·沃尔夫①认为，美国和欧洲的经济动荡不应被理解为金融危机或债务危机，而应被理解为资本主义的制度危机，而这场制度危机的背后价值根源就在于个人主义。反对国家监督的"新自由主义"经济思潮，其核心就是个人主义。因为个人主义反对权威和对个人的各种各样的支配，特别是国家对个人的支配。

沈永福、沈茜在题为《金融危机引发西方学者对个人主义的深刻反思》②一文中认为，西方经济个人主义过于崇拜自己追求利益的正当性，甚至唯一性，相信自由放任的经济制度是最好的制度；政治个人主义过于看重自我的权利和自由，政府的目的在于使个人的利益得到实现，个人的权益得到保障，把国家看作一种不可避免的弊病，追求政府的"无为而治"。在个人主义的支配下，今天的西方资本主义社会已呈现出唯利是图、不思长远的社会风气。

美国学者保罗·法雷尔在《十大爆炸性泡沫扼杀资本主义》③一文中指出："我们最大的问题是急功近利的思想文化"，"自私削弱了我们作为领导者的地位，没有道德指南，没有未来眼光，看不到短视的后果。"这三种威胁可能"导致资本主义和美国一起垮台"。

张金霞在题为《当代资本主义政治危机与社会主义民主政治的发展》④一文中判断，西式民主之所以走向衰落，其根源在于资本对政治的过度介入，换言之，可能这是"政治私有化"的过程。作者援引学者爱德华·鲁特瓦克的观点来证实这一过程，即"经济自由主义是公众利益和民主的绞肉机，在经济全球化的力量下出现一种'沃伦资本主义'，并且正在征服全球。经济全球化时代，民主与资本主义不是与时俱进，而是渐行渐远。"

---

① 沈永福、沈茜：《金融危机引发西方学者对个人主义的深刻反思》，《红旗文稿》2014年第7期。
② 同上。
③ 同上。
④ 张金霞：《当代资本主义政治危机与社会主义民主政治的发展》，《广西社会科学》2014年第9期。

张亚在题为《资本主义民主信任危机论析》① 一文中从另一个侧面谈论资本主义民主危机的根源问题,他认为,资本主义民主政治之所以遭遇如此巨大的危机,主要是因为其在民主问题上说与做的脱节深深刺痛了民众的政治神经,更是因为其在民主运作过程中前后矛盾、虚伪做作的表演伤害了民众的参与热情,由此引发一场信任危机。同时,他引用学者马克·E. 沃伦的观点,说明政府信任下降的原因包括:(1)以对制度规范的背离来衡量,官员们可能正在变得更加不可信任;(2)公民们也正在变得日益老练并且把对官员的预测抬得很高;(3)公民们正在变得更加愤世嫉俗,因为他们的预期已经增加,而官员们的可信性没有相应增加;(4)制度规范日益晦涩、抵触,或制度规范没有提供公民们能充分理解官员规范预期框架;(5)有关官员的利益和表现的信念日益复杂、缺乏,或难以得到,所有在缺少信息的情况下,老练的公民们将完全放弃信任。而这种信任危机发展到一定程度必然引发政治冷漠。近些年发达国家选举过程中表现出的低投票率,就反映了公众对于国家政治游戏的厌倦,带来的是资本主义国家的合法性危机及其制度本身的危机。

## 二 埃及、乌克兰及泰国等发展中国家民主制度问题

### 1. 民主政治与社会同质性条件的重要性

近些年,一些国家的民主化进程,如埃及、泰国、乌克兰,正在对我们已经习以为常、甚至被当作《圣经》的民主化理论命题发起挑战,例如公民社会是民主政治的前提和基础、中产阶级带来民主、民主有利于民族和解等。

因此,杨光斌在题为《几个流行的民主化理论命题的证伪》② 一文中,他认为埃及的现实告诉我们,公民组织是重要的,因为任何一个社会都需要一定程度的自治,任何政府都不可能管理好老百姓的所有日常

---

① 张亚:《资本主义民主信任危机论析》,《前沿》2014 年第 Z5 期。
② 杨光斌:《几个流行的民主化理论命题的证伪》,《光明日报》2014 年 3 月 17 日。

事务。但是公民组织的自治不等于民主政治本身,公民组织自治是地方性的,即地方或社区的公共性,而民主政治是全国性的,即全国公共性,二者之间不存在简单的因果关系,更不能画等号,其中公民社会的"民情"或者说这个社会的根深蒂固的文化传统决定了公民社会与民主政治的样式和走向。故埃及的民主化进程必然以悲剧收场。关于泰国的政治难题,笔者认为正是泰国的中产阶级对其民主化进程形成了挑战。在泰国这样一个城乡两极的社会结构中,中产阶级成为少数,必然是选举民主政治的输家。因此,此中产阶级非彼中产阶级,而中产阶级的政治诉求取决于其所处的社会结构,中产阶级与民主没有必然联系。乌克兰的悲剧更加说明了在存在种族冲突和国家认同危机的国家,选举民主动摇的是立国之本即国家认同。和泰国一样,乌克兰的分裂型社会结构决定了稳定的、和平的民主政治依然是期许之中的愿景。

由此,杨光斌强调:"基于民主本身具有内在的张力和冲突性,实现民主的条件,尤其是同质性条件就不可或缺,尤其是对一个大国、一个发展中国家、一个多种族国家而言。同质性条件至少包括三点:第一,国家认同前提。民主化进程只能在大家都接受的特定疆域内实现,各家各派都首先承认自己是一个国家的公民,否则民主就变成了分裂国家的工具。第二,基本的政治共识前提。现代国家必然是文化或观念多元化的政治生态,但应该是多元一体,即存在最基本的、大家都能接受和认同的政治价值,否则,分裂型价值之争就会通过党争而强化,进而演变为分裂型社会,难以达成有利于公共利益的公共政策。第三,社会结构大致平等性与同质性。西方的民主化是在中产阶级主导型稳定社会形成后的事。而在极端对立的社会,即贫富悬殊、教派对立的二元化社会结构中,选举只不过强化了社会结构的对立和冲突。在发展中国家,穷人必然居多数,有产阶级为少数,结果是有产阶级反对民主;而在教派林立的大中东,选举最终不过强化多数派的主导权,因而选举非但不能抚平教派斗争的伤痕,甚至加剧教派分裂。"

张传鹤在题为《关于西式民主的两个判断》[①] 的文章中指出,近年来一些国家和地区在由权威型社会向民主化社会过渡过程中所呈现

---

① 张传鹤:《关于西式民主的两个判断》,《光明日报》2014年9月17日。

的诸多乱象是因为这些国家和地区的民主化进程不是内源型,而是移植型的,并且尚处于民主化进程的学习期、模仿期和幼稚期。如果不是抱着某些固定的意识形态偏见,人们应该承认,无论是从理论上还是从民主化进程的典型案例来看,民主化的成功推进的确是需要某些条件的。引用美国学者卡尔·科恩分析实行民主党的条件,民主体制的成功至少需要一些必要的物质条件、法制条件、智力条件、心理条件以及其他保护性的条件。由此可见,"移植型""模仿型"民主化国家和地区不具备,或基本上不具备欧美发达国家民主体制成功运作所拥有的综合条件。

### 2. "输出民主"战略与民主化陷阱

田文林在《乌克兰是西方输出民主的最新牺牲品》① 的文章中明确指出近几年美欧在非西方国家所做的"输出民主",实际上就是将"民主自由"视为控制非西方国家的重要战略工具。其表现为:一方面,借"民主工具"扩展势力范围。从西方大国霸权视角看,发展中国家越是政治孱弱,缺乏政治自主性,便越有可能听命于西方,成为西方的势力范围;另一方面,以"民主化"削弱非西方国家经济强国的政治基础,使这些国家以边缘或半边缘身份融入西方主导的世界经济体系。所以,盲目照搬西方民主模式,使乌克兰日渐丧失政治经济自主性,掉进了美欧的"民主化陷阱"之中。

他在另一篇文章《西式民主为何日渐失灵》② 中也再次强调"普世民主"是个伪命题。因为从哲学角度看,没有脱离特殊性而单独存在的普遍性。就此而言,世界上根本不存在放之四海而皆准的普世价值。"一方水土养一方人",政治制度作为上层建筑的一部分,与当地经济基础和具体国情直接相关。不考虑自身国情和实际需要,一味从抽象原则出发,照搬西方制度,在理论上是唯心主义,在实践中必然导致方枘圆凿。

张金霞在《当代资本主义政治危机与社会主义民主政治的发展》③

---

① 田文林:《乌克兰是西方输出民主的最新牺牲品》,求是理论网,2014年4月17日。
② 田文林:《西式民主为何日渐失灵》,《人民日报》(海外版)2014年5月28日。
③ 张金霞:《当代资本主义政治危机与社会主义民主政治的发展》,《广西社会科学》2014年第9期。

一文中明确指出，资本主义民主对促进资本主义生产力发展、实现国家权力制衡、保护私有制等方面曾释放了充分的能量和优势，并引发了全球几次大的民主化浪潮。一些资产阶级政治家和学者宣称资本主义民主是人类史上最好的治理方式，历史将终结于资本主义。民主是"万能的""普世的"和"永恒的"等观点甚嚣尘上，完全忽略了民主的有限性、阶级性和历史性。随着经济全球化和信息化时代到来，自由经济超越民族国家政治和法律限制，民主沦为经济全球化时代资本主义的附庸。国家自我调节能力不断下降，民主在全球治理中的无力和失灵日益明显。为了短暂利益，垄断资本和民主共同搜刮人民，造成全球经济时空、政治乱象、局部战争不断。

刘杰在题为《西式民主扩张失灵的内在动因》① 中指出，当代意义上的西式民主起源于17、18世纪的欧洲。民主在西方国家从一开始就是资本统治国家的工具化选择。资本对自由而廉价劳动力的渴求决定了它必须把人从中世纪的人身依附关系中解放出来并从制度上防止倒退，这一根本性的政治要求投射到国家政治生活中，就是选择民主这一工具作为国家制度。进入20世纪90年代初期，西方世界在占据了国际政治经济的强势地位的同时，可以塑造出"只有西方的民主制度和价值观念才是唯一合理的并必须在世界范围内进行推广"的话语体系。基于此，西方已经将资本主义民主从工具化推广到价值化工具，其主要表现为：（1）攻击和打压任何一种非西方的政治制度，将相关国家贴上"不民主""专制"乃至"无赖国家"的标签；（2）在实际行动中，将民主作为战略扩张的手段和工具。根据不同国家与西方利益关联度分别采取强制、压制和渗透手段。在对象国引发骚乱乃至军事政变，从而推翻对象国政权。

### 3. 民主的"合法性"及其妥协性问题

宋鲁郑在题为《从泰国危机看中国政治的合法性》② 一文中，批驳西方及西方民主的信奉者关于民主有效解决现代国家的合法性，民主选举是国家最为稳定的合法性基础的观点。他用泰国的民主乱象充

---

① 刘杰：《西式民主扩张失灵的内在动因》，《思想理论教育导刊》2014年第8期。
② 宋鲁郑：《从泰国危机看中国政治的合法性》，求是理论网，2014年1月7日。

分证明西方所推崇的民主选举,不仅不具有合法性,甚至给泰国社会的稳定性带来了极大冲击。因此,他认为:一是合法性是有文化和传统差异的。外来的合法性标准未必被另一种文化所接受。二是任何合法性都是建立在相应的条件支持之下的,最根本的一点还是政绩的合法性。三是一种新的合法性标准的建立是一个非常漫长的过程,就是西方,从神权合法性到民选合法性,也经历了近200年的动荡过程,付出了巨大代价。

韩震在题为《民主是一种妥协》①的文章中指出,民主本来是社会成员之间为了达成利益妥协而安排的某种妥协程序,以便能够实现某种公共生活。真正的民主模式应该让社会各种力量进行协商,以便达成利益的妥协和平衡,而不是进行零和博弈,以压倒和战胜对方为目标。西方民主模式越来越远离了妥协的可能,把不同力量的协商变成了非此即彼的恶斗。我们必须认识到,西方民主只是民主的一种形式,而不是民主本身。真正的民主应该为利益协商和妥协留有空间,以使社会在和谐与建设性氛围下前行。

首先,由于生存境遇和认识角度的不同,人们的意见是不可能完全一样的,在社会分工和社会结构日益复杂的情况下更是如此。因此,民主需要持不同意见的人们之间的妥协,形成某种多数人可以接受的"社会共识"。社会共识不是社会全体成员的意见和观点的一致,而是达成某种相互妥协的方案。在形成社会共识的状态下,人人都无法完全实现自己的目标,但是可以通过协商、交换和说服实现部分的目标。如果认为民主就是达到人民思想的完全统一,那是非常危险的。这可能造成一部分人通过所谓"公意"的目标而压制不同意见,从而走向事实上的专制和暴政。

民主显然是通过民意投票计数而实现多数代表的治理。民主需要民意投票计数获得授权,但是民意投票计数之后仍然应该有相互之间的协商和妥协,否则胜利一方就可以"合法地"依据多数的优势而制裁少数,从而成为托克维尔所说的"多数暴政"。政治精英依靠多数获得授权,但是他们不应该只为多数的利益行使权力。政治家必须掌握妥协的

---

① 韩震:《民主是一种妥协》,《北京日报》2014年11月3日。

理念和协商的耐心，否则社会就没有对差异的宽容。如果没有对差异的宽容，民主也就失去了它的意义。

其次，民主应该是社会各成员超越彼此之间的隔绝状态，形成公共生活空间的形式。民主不能是人人各自为政和离群索居，而是构成某种类似生命机体的社会存在。就其语义学意义，民主应该是"人民治理"。但是，人民直接、平等地参与恐怕只是一种理论上的理想，现实的民主只能是某种妥协所形成的参与感。因此，民主制度应该使不同的利益阶层达成某种妥协，以便使各个方面都获得某种在场，至少应该获得在场的感觉。民主的在场，就是通过妥协使大家或至少大多数都获得在场感。

不同的阶层都需要自己的代表，这样才能实现自己的政治在场感。美国宪法本来也是充满妥协的文本。例如，众议院按人口分配，参议院每州两席，就是实现照顾大小州不同利益的"伟大妥协"（Great Compromise）。通过妥协，实现了美国历史的生成性进步。但是，西方民主却越来越远离了协商和妥协，陷于政治的争斗之中不能自拔。

最后，民主制度赖以存在的理由之一就是能够容纳差异和批评。民主制度之所以为人们所追求，不是因为它可以消弭差异，实现完全的一致，而是因为它可以在平等对话的框架内实现差异之间的妥协，从而包容了差异。不仅差异的存在以及承认这种差异的不可消弭是支持民主的一个重要理由，而且民主制度就是为了保护这种差异状态。民主就是在对话和妥协的框架下达到和而不同。

当然，只有妥协还不是民主，民主制度需要稳定、可靠的程序。民主是一种通过民意的多少而决定政策走向的治理，也就是说是依靠人数的优势获得决策权。如果没有权威而公开的程序，就不能实现计数授权的过程。如果没有程序的限制，某些野心家或许能够通过煽动而任意改变程序，从而破坏整个民主制度。遵循程序而获得的人数优势，赋予治理以合法性。程序会使某些政府决策采取渐进的方式，从而避免莽撞和冒进。民主程序可以通过减缓巨变的震荡，避免更大的灾难。这符合历史稳步发展和文明进步的一般规律。此外，这种妥协、修正是建立在法治的基础之上的，遵循民主的程序。随着赞成与反对人数差异的缩小，妥协的可能空间就更大。

## 三 资本主义民主与社会主义民主制度研究比较

莫纪宏在题为《我国依宪执政不同于西方资本主义宪政》[①] 的文章中强调，我们所主张的依宪执政，完全不同于西方资本主义国家的宪政民主。首先，领导力量不同。西方资本主义宪政民主似乎超越于政党制度，其实不然。无论两党制还是多党制或其他形式，资产阶级政党从来没有超然于法治之外，都极力通过竞选、大选谋取议席来控制法治机关和法治运作，以实现自身利益最大化。而坚持中国共产党的领导，是中国特色社会主义最本质的特征，也是中国特色社会主义法治最基本的特征，是全面推进依法治国、建设社会主义法治国家最根本的保证。我国宪法以根本法的形式反映了党带领人民进行革命、建设、改革取得的成果，确立了在历史和人民选择中形成的中国共产党的领导地位，庄严宣告我国的政治制度是"中国共产党领导的多党合作和政治协商制度"。我国所强调的依宪执政，是作为执政党的中国共产党治国理政和管党治党的重要方式，是党全面推进依法治国的重要抓手，它是在坚持党的领导这个基本原则不动摇前提下，通过尊重宪法权威、维护宪法尊严、推进宪法实施、加强宪法监督来实现治国理政和管党治党的各项政策目标的。其次，权力分享能力不同。西方资本主义宪政民主存在着民主形式与民主实质相脱节的问题。从表面上看，基于"普遍平等"、"一人一票"原则进行的民主选举体现了每一个社会成员的意志。但是，在这种民意表面上聚集化的背后，真正起决定作用的还是各种资本力量、特殊的利益集团或少数精英群体，民主所要决定的涉及国家生活和社会生活的重大事项则是普通民众自身无法控制的，普通选民受众的选票只能简单地体现社会公众的"认同度"，但无法真正有效地反映选民的真实意愿。而我国宪法庄严宣告，中华人民共和国的一切权力属于人民。人民行使国家权力的机关是全国人民代表大会和地方各级人民代表大会。全国人民代表大会和地方各级人民代表大会都由民主选举产生，对人民

---

① 莫纪宏：《我国依宪执政不同于西方资本主义宪政》，《人民日报》2014 年 11 月 13 日。

负责，受人民监督。人民代表大会制度是按照民主集中制原则，由选民直接或间接选举代表组成人民代表大会作为国家权力机关，统一管理国家事务的政治制度。它有利于保证国家权力体现人民的意志。再次，权力行使方式不同。西方资本主义国家的宪政民主的价值核心在于所谓"民主"，其"宪政"的主要功能就是基于宪法规定通过"分权"方式来限制选举中获胜的多数人滥用自身的权力侵犯少数人利益，并且通过在选举中获胜的政党每隔几年上台轮流执政来实现不同政党各自执政理念和主张，实行的是立法权、司法权、行政权三权分立，相互制衡。而我国宪法规定：国家行政机关、审判机关、检察机关都由人民代表大会产生，对它负责，受它监督。全国人民代表大会是最高国家权力机关；地方各级人民代表大会是地方国家权力机关。这一制度保证中央和地方的国家权力统一，确保国家权力掌握在人民手中，符合人民当家作主的宗旨，适合我国的国情。最后，具体历史条件不同。宪政民主的民主机制的形成有其自身政治、经济、文化和社会的因素。我们所强调的依宪执政是中国特色社会主义实践的产物，是基于中国特色社会主义民主政治理论和中国特色社会主义法治理论而存在，在制度实践中有效运行，实践证明，这种民主模式基于中国土壤，适合中国民主政治发展，与全面推进依法治国各项要求相适应，因此具有旺盛生命力。

由此，莫纪宏在文章最后明确指出，我国的依宪执政绝不是西方资本主义的宪政民主，两者存在泾渭分明、不容混淆的根本区别。简单地将我国依宪执政相比于西方资本主义国家的宪政民主在法理上是站不住脚的，在民主政治的实践中也没有任何意义。

王曾在《依法治国、依宪执政与"宪政"是两码事》[①]的文章中，明确区分社会主义民主法治与西方宪政的根本区别。他指出，第一，从根本性质上看，我们的民主是人民民主。人民当家作主是社会主义民主政治的本质和核心。我国宪法规定，中华人民共和国"一切权力属于人民"，是"人民民主专政的社会主义国家"。人民民主专政的国体，体现了人民当家作主，保证了社会主义国家政权性质。第二，从组织形

---

① 王曾：《依法治国、依宪执政与"宪政"是两码事》，《光明日报》2014年11月17日第3版。

式上看，我们的民主法治以人民代表大会制度作为根本政治制度。人民代表大会制度作为我国的政体，体现了工人阶级领导的、以工农联盟为基础的人民民主专政的国体，是符合中国国情和实际、体现社会主义国家性质、保证人民当家作主、保障实现中华民族伟大复兴的好制度。这一制度坚持民主集中制的基本原则。第三，从政党的作用上看，我们的民主法治坚持把党的领导作为根本保证。党的领导是中国特色社会主义最本质的特征，是社会主义法治最根本的保证。坚持党的领导，是社会主义法治的根本要求，是党和国家的根本所在、命脉所在，是全国各族人民的利益所系、幸福所系，是全面推进依法治国的题中应有之义。总之，我们讲的依宪治国、依宪执政的"宪"，与西方宪政的"宪"有着本质不同。依宪治国、依宪执政所依据的是中华人民共和国宪法。它以法律的形式确立了国家的根本制度、国家的领导核心和指导思想，确立了人民民主专政的国体和人民代表大会制度的政体，确立了中国共产党领导的多党合作和政治协商制度、民族区域自治制度以及基层群众自治制度等基本政治制度，确立了爱国统一战线、社会主义法制、民主集中制、尊重和保障人权等原则。这些制度和原则，反映了我国各族人民的共同意志和根本利益，体现了社会主义民主的本质和内在要求。

苏长和在题为《民主的希望和未来在中国——谈谈中国式民主与美国式民主》①的文章中，浅显易懂地指出中、美两国民主政治因为在文化与历史上的差异，必然建构的民主模式是不同的。第一，民主政治的群众基础不同。中国是一个等序社会，美国是一个差序社会。前者孕育着更多民主的精神，后者充斥着精英精神。换言之，美国社会是反民主、害怕民主的，由此也形成另外建立在牺牲弱者和赢者通吃基础上的自由原则，而这条原则又与民主和平等冲突。第二，民主政治的经济基础不同，在此基础之上要分国内经济与国外经济两方面考察。（1）中美民主的国内经济基础有着"公"与"私"的本质区别。民主在美国异化为钱主，是典型私有制与民主相互矛盾的结果；而中国民主政治经济基础的重要条件是公有制的主体地位，党的执政和政府的行政是建立在

---

① 苏长和：《民主的希望和未来在中国——谈谈中国式民主与美国式民主》，《人民日报》（海外版）2014年9月5日、6日。

这个基础上的，人民对党和政府的信任是因为党和政府代表着"公道"。（2）中美民主的国际经济基础有着"共生"与"寄生"的区别。美国民主政治很大程度上仰赖一个寄生的国际经济体系；中国则致力于建设一个互利共赢的共生国际经济基础。两种民主政治的国际经济基础完全不一样，其造成的对外行为逻辑也不一样，前者对外部实施军事威胁和干涉，后者对外部实施和平共处。第三，民主政治的制度安排不同。（1）"一中有多"与"一分为多"。中国共产党领导下的多党合作制是一中有多，美国的两党制是一分为二，三权分立是一分为三。中国的民主政治当家作主的是人民，美国民主政治当家作主的是大资本家。（2）合与分。从合来讲，美国政治词汇用的是"共识"，中国政治词汇是"政治团结"，两者本义都是"合"。美国在统一思想、统一认识方面比中国有过之而无不及；从"分"来讲，美国民主政治中的制度表现为权力的分割，中国民主政治中的制度表现为权力的分工。（3）"一届隔着一届干"与"一届接着一届干"的政治制度。美国两党制的治理特点是"一届隔着一届干"；中国政治制度的特点和优势是"一届接着一届干"。第四，中美两国选举制度的差异。中美两国的选举制度都有竞争性的特点。中国人理解的选举，是不论出身，将出类拔萃者层层选拔出来，担任合适的岗位，个中强调的是"竞德竞能"，"德"是为人民服务，"能"是有胜任岗位的能力；美国的选举强调"竞钱竞德竞能"，钱不用说了，"德"是符合大资本家的统治，所以美国第一流私立大学培养的学生格外重视"德才兼备，以德为先"。第五，中美民主政治下的责任。（1）公道政府的责任与私道政府的责任。由于中国是回应性政府，美国是相互推卸责任的政府，导致政府和人民的关系，一个是"鱼水关系"，一个是"油水关系"。（2）追责制度与责任的隔代转移。美国谈论责任追究时就会出现责任自动豁免或者隔代转移的现象，这一制度的设计极具欺骗性，其结果就是代价向后代积累，债务危机就是这个逻辑结果；而中国自古以来的政治讲的是"正"和"公"，我们的政治是人民的政治，我们坚持中国共产党立党为公、执政为民的指导思想。第六，民主政治下的科学决策。中国民主政治下的决策表现为广泛听取不同意见，在协商包容中集中；在美国，执政者可以不听取也没有必要听取不同意见，只听不取的现象很多，两党政纲政策不一，使其更难包容异见，经常排斥异见。中国是在包容、扩容中求统一，美国是在对立对抗中求统一。第七，民主政治与外交。国内民主制度不同，导致中、美两国外交逻辑不同。西方民主政治制度设计更容易导致对外专制性干涉和战争，中国的民主政治是和平发展的民主政治。

徐崇温在题为《国际金融危机把西方民主制推下圣坛、打回原形》①的文章中，将中国特色社会主义民主与西方民主进行对比，从而突显西方民主深陷"制度困境"的重要原因。他认为，中国特色社会主义民主是人类历史上先进社会主义性质的民主，是中国人民创造的适合中国国情的民主。第一，西方民主把形式上承认公民都享有平等的民主权利这一尺度，应用于在生产资料占有关系上存在差别和对立的人们身上，造成实际上的不平等和金钱民主；与此不同，中国特色社会主义民主从实质上把民主界定为以人民群众当家作主为核心，因而坚持以最广大的人民群众为本。在这里，人们在富裕程度上的差别并没有妨碍人们独立、自由、平等地行使民主权利，因而是一种形式与实质相符的真正的人民民主。第二，西方民主的三权分立、两院制体现的权力运行效率不高，乃至导致政党恶斗和国家机关瘫痪；与此不同，中国特色社会主义民主的性质决定了一切权力来自人民、属于人民的一元化权力结构，以及在权力行使上把民主与集中有机结合起来的民主集中制原则，从而避免了西方民主的上述缺陷和弊端。第三，西方民主所实行的多党竞争、轮流执政，使任何政党上台执政都不可能完全公平地对待其他社会力量，各党相互竞争势必影响政党之间的团结合作，进而削弱社会整体力量的凝聚和发挥，建立在政党竞争基础上的制衡和监督，则具有严重的政党偏见，乃至变成相互之间的攻击与掣肘；与此不同，中国特色社会主义实行的共产党领导的多党合作和政治协商制度，形成了具有合作共赢、民主监督特色的，共产党领导、多党派合作，共产党执政、多党派参政的和谐政党关系格局。第四，西方民主普遍采用代议制的间接民主，使广大选民只能隔几年参加一次选举投票，决定由谁代表他们行使国家权力，而不可能自己直接参与国家权力行使；与此不同，中国特

---

① 徐崇温：《国际金融危机把西方民主制推下圣坛、打回原形》，《毛泽东邓小平理论研究》2013年第6期。

色社会主义的民主形式,是选举民主与(通过政党之间和政协会议两条渠道进行的)协商民主相结合,使党和国家的重大决策建立在充分政治协商的基础上,从程序上实现了我国根本政治制度与基本政治制度的成果对接,从而既扩大了公民的政治参与、拓展了民主的社会基础,又提高了决策的科学水平,克服了单纯实行选举民主所难以避免的缺陷。

英国学者马丁·雅克在题为《西方比中国更民主吗?》[①]的文章中,充分肯定了中国特色社会主义民主模式,他指出,相对西方国家政府,中国政府享有更大的合法性。就中国这一个案而言,其国家政权的合法性完全建立在西式社会历史或经验之外。因为中国并非强调"民族国家",而是"文明国家"。在中国,最重要的政治价值观是"文明国家"的完整和统一。中国政府的合法性在于它与中华文明的关系。此外,作者认为随着中国的崛起,曾一度为西方国家所攻击的中国执政模式,正是中国的最大优势之一。尽管西方无法移植中国模式,但是西方国家多少要从中国模式中有所学习。

意大利学者洛蕾塔·拿波里奥尼在文章《为何中国共产党比我们资本主义国家经营得好》[②]中表达了对中国独有的发展模式的肯定,同时强调西方民主在中国不适用也不需要。因为中国和西方国家对民主的理解和运用存在很大差异。在西方国家,民主政治意味着公民投票;而中国的情况与此截然不同,中国更加注重经济机会以及人民群众在各个层面的参与,正如毛泽东一直将"民主"一词解释为"人民的统治",而不是选举。也正基于此,中国共产党执政的合法性取决于不断满足民众的福祉。

(执笔人:遇荟)

---

[①] 马丁·雅克:《西方比中国更民主吗?》,《英国广播公司新闻杂志》2012年11月2日。

[②] 洛蕾塔·拿波里奥尼:《为何中国共产党比我们资本主义国家经营得好》,《红旗文稿》2012年第18期。

# 附录5　资本主义社会领域新变化研究前沿(2014年度)

金融危机以来，西方社会极端思潮抬头，保守倾向上升，各种矛盾激化，"群体性事件"增多。在社会问题淤积难解的背景下，中产阶级作为西方社会的主体，借助互联网社交媒体参与各类社会运动，必将对资本主义的未来发展产生重大影响。

## 一　中产阶级的社会属性与发展趋势

### 1. 中产阶级中的绝大多数是相异于传统工人阶级的西方社会主体

国内大部分学者认可当代发达资本主义国家的社会结构发生了重大变化，存在一个数量庞大的中产阶级或中间阶层，但是这个阶级与马克思主义经典意义上的工人阶级相比，不是一个具有同等意义的实体。

高放认为，当代资本主义发展到了一个新阶段，即社会资本主义，主要特征之一是资本主义社会结构发生很大变化，在经济、政治、文化和社会生活各方面都有明显表现，工人阶级出现白领化、知识化、有产化等新的趋势。① 国外有学者也认为，现代化进程不仅带来政治、经济和文化的变迁，也引发了社会结构的变化，中产阶级在全世界范围内的兴起和壮大成为后工业社会的一个重要现象。新式中产阶级以白领为主体，他们在收入上处于中间地位，与一般劳动者一样并没有独立经营的财产。中产阶级内部结构的变化使他们与无产阶级拥有更多的相似性，

---

① 高放：《科学社会主义面临当代发达资本主义的挑战》，《中共天津市委党校学报》2014年第3期。

这种趋势对增强无产阶级的力量具有重要意义。①

内格里、齐泽克等人认为，当今资本主义剥削的主要方式已从对劳动时间的剩余价值榨取转换为对知识产权的私有化或对垄断其他资源所带来的租金的占有，非物质的智力劳动产生了一个新兴的工薪资产阶级，改变了资本主义社会的阶级结构。工薪资产阶级的特征是，他们虽然出卖自己的劳动力，但分享着新技术带来的工资和特权。在工薪资产阶级看来，资本主义的问题不在于其收入和财富的不平等制度，而在于其经济体系的不稳定。②

还有人认为中产阶级并不存在。中产阶级只是西方舆论的时髦术语，"被中产阶级"和自封"中产阶级"的人群，是国际垄断资产阶级拿来洗刷自己历史罪孽的清洁剂。因为资本主义是导致人类分裂的社会形态，新自由主义全球化以来，世界人民创造了从未有过的巨大财富，国际垄断资产阶级创造了从未有过的两极分化。一个空前两极化、持续两极化的世界摆在人类面前。③ 事实上，资本主义从诞生起，从来没有形成过一个"橄榄型"的"中产化社会"。资本的本性就是制造两极分化，资本主义时代的一个最大特点就是阶级对立简单化。④

如果以人与生产资料的关系来判断，资本主义社会的资产阶级与工人阶级存在着根本利益的对立，即总体资本与总体劳动的对立。资本同劳动对立的总体性理论，是马克思对劳动与资本对立的表述。劳动总体是指作为总体工人的组成部分，不论劳动者在哪个行业，从事什么性质的劳动，总是在资本的驱使下为了获得生活资料而非剩余价值进行与资本相对立的劳动，即劳动作为一个整体一直处于受资本剥削压迫的地位。中产阶级化以表面现象掩盖阶级本质，从表象出发来定义社会结构变化，并没有直面资本主义社会的根本矛盾。资本主义社会中新兴工人即中产阶级的出现并没有改变资本主义的社会本质与阶级结构。

---

① 国虹：《福山论资本主义与社会主义》，《新疆社会科学》2014年第3期。
② 汪行福：《当代资本主义批判——国外马克思主义的新思考》，《国外理论动态》2014年第1期。
③ 卫建林：《2013年土耳其、埃及、巴西等"6月事件"和所谓"中产阶级"》，《世界社会主义研究动态》2014年1月2日。
④ 邓纯东、贺新元：《梦醒西式民主》，《光明日报》2014年7月16日。

## 2. 有关中产阶级的敏感性、放纵性、冷漠性与革命性的争论

在当今资本主义社会，中产阶级或者中间阶层是社会的主体。他们是各种社会活动的主要参与者，也是主要的财富创造者，代表着先进生产力。中产阶级害怕被无产阶级化，对资本主义制度，虽要求有所改良，但也抱有幻想。中产阶级处于社会中间结构的政治与经济地位，决定了他们中的大多数对劳工运动等社会左翼活动并不热情。

有人认为，白领工人的社会意义和影响突出，领导着资本主义社会的价值观和生活方式的改变。具有专业技术的白领广泛而密集地占领了大部分政府机构和各类技术组织，这些专业技术人员越来越处于资本主义社会的主导地位，是社会创新的一个主要来源。中产阶级能够推动民主化，但需要一定的条件，中产阶级在民主化中的表现受社会地位、经济利益及内部构成的制约；同时，中产阶级可以通过消费、人力资本投资和创新活动促进经济增长。

但是有更多的学者关注中产阶级本身存在的缺陷与不足。

有学者认为，中产阶级是工业社会的产物，也是现代社会的一个基本象征，但中产阶级不是罗宾汉式英雄。中产阶级的形成历史是短暂的，美国中产阶级面临的最大问题是没有根。因为没有坚定的信念，中产阶级作为一个个体，道德上没有防御能力；作为一个群体，政治上无能为力。他们需要有一个组织或一个社区可以依靠，但是在美国却没有这样的俱乐部或组织可以提供这种安全。美国中产阶级对斗争和冲突的政治兴趣是冷漠的，他们不关心阶级利益，更不会关心整个社会或国家的未来，他们关心的是个人成功，主要是经济上的成功。譬如在英国，由于价值规律的驱动，资本主义的动态本质及其不断地重组，常常塑造并重塑着生产商品和服务的方式和地点，也因此改变着工人阶级的结构。在二战后很长一段时期内，英国工人阶级结构的变化导致集体意识的降低和组织性、反抗力的下降。①

中产阶级面临道德文化危机。享乐性和放纵性，标志着美国中产阶级道德文化的衰落。中产阶级不断加强自我意识，却越来越缺乏自我约

---

① [英] 简·哈迪、约瑟夫·库拉纳：《新自由主义与英国工人阶级》，《国外理论动态》2014年第6期。

束感、不愿履行家庭义务和责任。除了物质文化的飞速发展，这种极度的个人主义、享乐主义思潮也是导致中产阶级道德文化衰落的重要因素，造成了资本主义文化的变迁。条件艰苦的19世纪孕育出的清教徒节制的品德已不能融入资本主义晚期社会，经济领域和文化价值产生了尖锐的矛盾，产生了中产阶级的道德文化危机。

冷漠性和利己性是美国中产阶级的政治生活态度。他们虽然背后经常抨击政府的弊病，只是作为茶余饭后的谈资，从未从实际行动上反对当局，他们从来只打算通过金钱而不是权利和名声来获得满足感。在中产阶级看来，个人日常生活和遥远的政治世界发生的事情之间有一定差距，正如美国社会学家米尔斯所说："在美国这样一个以个人和金钱为标准，为个人和金钱而活动占据统治地位的社会里，对政治漠不关心倒应该是一个意料之中的心理现象。"①

国外有学者认为，中产阶级是一个具有革命倾向的阶级。美国的中产阶级随着财富增加并没有减少他们的负担，并没有让他们呼吸到自由的气息，却带来了更多的危机感。造成美国中产阶级经济困境的另一个重要原因是年轻一代对消费的崇拜。消费文化以中产阶级为基础，年轻一代无视金钱的意义，在通货膨胀的驱使下消费欲望不断扩张，需求转化为欲望，经济状况更不堪一击。他们缺乏安全感，必须在理想和现实之间挣扎，以至于不脱离这个阶层。这是资本主义发展到一定时期，中产阶级必须面对的无奈和困境。亨廷顿曾经指出，在现代社会，中产阶级在经济地位上相当脆弱敏感，是比产业无产者、游民无产者更具有革命倾向的阶级，他们往往是革命的领导者和发起者。②

由于中产阶级在经济地位上的敏感性、道德文化上的放纵性和政治生活上的冷漠性，与马克思主义经典作家那里的工人阶级相比，不是一个具有同等意义的实体，从而有必要深入全面研究西方社会的中产阶级问题。

**3. 资本主义的两极分化使中产阶级不断受到挤压**

大部分学者认为，当代资本主义国家的社会流动性不断退化，尤其

---

① 李莹：《从〈兔子富了〉看美国中产阶级危机》，《青年文学家》2014年第23期。
② 国虹：《福山论资本主义与社会主义》，《新疆社会科学》2014年第3期。

在金融危机的打击下，社会贫富分化加剧，越来越多的中产阶级滑向贫困线，面临不断萎缩的发展趋势。金融危机虽然使中产阶级受到挤压，但是在相当长的时期内，中产阶级仍然是西方社会的主体人群。

国内学者认为，垄断资本创造从未有过的巨大财富的同时，也创造出从未有过的两极分化。西方垄断资本由工业资本变形升级为金融垄断资本，在一国内制造两极分化。通过把所谓中产阶级几代积累的房产、汽车、有价证券等财富过度金融化，造成财产虚拟化，进而致使绝大多数人辛苦劳动积累的财富一夜之间以金融为渠道过渡到少数人手中。这种金融垄断资本主义使少数资产阶级通过金融手段消灭所谓中产阶级于无形。世界资本主义体系的金融经济危机使资本主义宣传的"中产阶级"人群大跨度地分化和坠落，"中产化社会"的谎言遂告破灭。无论是西方国家内部，还是世界体系中间，贫富和社会地位的两极化，都在不可遏制地加剧。①

2008年全球金融危机以来，每个资本主义国家的中产阶级都受到不同程度的冲击。相对来说，北欧国家、英国、法国、德国等国的中产阶级保持了相对的稳定，美国等国家的中产阶级受到了更大的冲击。

有人认为，北欧资本主义国家对全球化持开放心态，但辅之以强有力的政府措施方案作为平衡，如平等的教育体制，国家的主要职责就是提高个人自主性和增强社会流动性。而日本社会的上层阶层、中产阶层以及下层低收入群体之间的链条逐渐断裂，中下层民众在政策体系根本性转变下呈现出被抛弃的趋势，中产阶层也在经济和社会压力下向低收入阶层流动，导致日本社会在民生两极分化境遇下呈现下层阶级人数逐渐增多的趋势。

从20世纪80年代开始，美国的中产阶层出现下降的趋势。保罗·克鲁格曼惊呼"美国梦已不再"，当今美国的社会流动、国民收入和社会资源分配处于建国200多年来"最差时期"。很多从事白领工作的中间管理阶层和中等收入阶层也被计算机所取代，就像当年机器曾取代并在继续取代很多从事蓝领工作的体力劳动者一样。目前美国的多数学者普遍认为，中产阶级的分化和贫富差距的扩大是信息技术冲击下产业结

---

① 邓纯东、贺新元：《梦醒西式民主》，《光明日报》2014年7月16日。

构和企业组织结构迅速转变的必然代价，也是为了适应经济全球化和更加激烈的国际竞争所做出的反应。可以预计，这种社会结构的不协调势必导致中产阶级的不满，并使社会冲突的可能性加剧。

托马斯·皮凯蒂在《21世纪资本论》一书中分析了资本主义财富收入不平等的原因。由于资本回报率长期高于经济增长率，现代资本主义经济已演化成一种"现代世袭制"，全球世袭资本主义造成了严重的财富收入不平等。美国社会中占人口绝大多数的"中产阶级"与极少数上层阶级之间的财富收入不平等正在加剧，越来越多的中产阶级滑向贫困线。

## 二　西方社会运动的诉求与性质

从近几年媒体报道和学者关注的热点来看，西方的社会运动主要集中在"占领运动"、反紧缩运动、颜色革命、反全球化运动和反种族歧视运动等方面。虽然这些运动的社会诉求各种各样，但大部分运动仍然具有积极意义。

### 1. 西方社会运动的表现形式与诉求

有学者认为，当前西方社会运动的表现形式是"街头斗争"。民众选择街头斗争而非正常的、制度化的途径（例如参加选举）有很多原因，主要的原因是民众不再相信这些既定的制度参与途径仍然具有能力解决民主所面临的问题，不能满足社会的需求，所以要另辟蹊径。同时在越来越多的国家和地区，民主或者已经失去了其进步的动力，或者沦落为政客操纵的民粹主义。[①]

"占领运动"、反紧缩运动与传统工人运动相似，主要诉求是经济利益和物质财富的公平分配。生态运动、妇女运动和反种族歧视运动，主要诉求是生活质量和生活方式，提倡个人自由，追求平等与认同。反全球化运动，如拉美的左翼运动追求国际政治经济秩序的平等公正。因为新自由主义政策造成的拉美地区极端的不平等、不公正及其导致的严

---

① 郑永年：《西方如何看待当代民主危机》，《经济导刊》2014年第6期。

重的社会问题,是拉美左翼运动产生的土壤。①"颜色革命"则是在民主自由的幌子下反对、颠覆现有政权,不是具有积极意义的社会运动。2014年3月发生在中国台湾地区的"太阳花学运"和10月发生在香港的"占领中环",与"占领华尔街"的初衷背道而驰,成为反社会主义的运动、反民主的民粹式运动,不是积极意义上公民运动,成为国外敌对势力操纵的"颜色革命"。

### 2. 西方大部分的社会运动具有积极意义

大部分学者认为,西方社会运动不能简单地归结为社会主义运动,但大部分运动仍然具有积极意义。把社会运动放在资本主义体系中进行考察,贯穿始终的红线应该是工人阶级和资产阶级之间不可调和的斗争,最近发生的几场"颜色革命"只是这条红线边上的几个小点而已。

有学者认为,当前反紧缩运动和自发的"占领运动"风起云涌,在一定程度上表明工人阶级重新觉醒。这些运动的参加者多是地铁工人、环卫工人、快递工人等之类的蓝领工人和提供公共服务的政府雇员,行业多是为资本主义生产服务的第三产业,诉求多是反对裁员、增加薪资和抗议政府的财政紧缩政策。与历史上资本主义经济危机所引发的罢工运动相比,不但罢工的主体(以前主要是生产领域的工人)不同了、罢工的频率降低了,罢工活动的持续时间也变短了,而且参与罢工活动的劳动者人数也有所减少。同时,罢工运动的影响与结果也不相同。

还有学者认为,"占领华尔街"运动体现了左翼平民主义传统。缺乏新意的口号、模糊的目标、虚弱松散的组织和行动,表明当今的平民主义已蜕化为一种宣泄不满、释放压力的社会行动,至多能为两党轮换和体制内微调制造一些社会氛围,不可能有更大的作为。② 工人阶级或许面临共同的问题,却没有团结起来解决它们。"占领华尔街"运动的抗议者不是像马克思预言的那样打算取代资本主义,而只是想改革它。"占领华尔街"表达了修补现有体系的呼吁,即通过重新分配财富使这个体系在长远看来更可行,也更有持续性。

齐泽克认为,不仅"占领华尔街"运动,而且中东和其他地区的社

---

① 靳辉明:《新自由主义的危害与拉美左翼运动的崛起》,《江汉论坛》2014年第2期。
② 安然:《从平民主义的兴衰看美国社会矛盾的化解》,《史学月刊》2014年第2期。

会反抗运动，实际上都是工薪资产阶级（即中产阶级）对资本主义经济的不稳定和危机的抗议，而非工薪无产阶级对资本主义制度本身的抗议。① 国内有学者对此持反对意见。无处不在的抗议、造反、起义、革命不是虚构的"中产阶级"的行动，而是以工人阶级为主体的广大被压迫人民、被压迫民族的行动。2013 年发生在土耳其、埃及、巴西等地的"6 月事件"并不是西方主流媒体所描述的"中产阶级现象""中产阶级抗议""中产阶级造反""中产阶级起义""中产阶级革命"。②

## 三 西方社会运动中的互联网社交媒体

在信息化日益发展的当今西方世界，正式的工会组织不断缩水，工人运动正在走向一条艰难的道路。但是西方国家的人们并没有放弃捍卫自己权利或坚持自己价值观的武器，人们正运用互联网社交媒体这种更加强大的平台来组织社会运动，松散的形式替代了密切联系的机构化组织。

**1. 工会等传统机构化组织的衰落**

有人认为，受宏观经济形势等周期性因素以及公共政策等结构性因素影响，以及工会自身存在的一些问题，资本主义国家的工会陷入严重困境。首先，在全球经济危机的影响下，工会失去了以前那般强有力的谈判能力，工会对工人的吸引力大大降低。其次，在遭遇世界大环境变革时，工会因其自身组织官僚化，一直被动应对。再次，工会自身的腐败造成了工人对工会的信任危机，降低了工会会员率。最后，工会的"职业化"与"政治化"也极大削弱了工会在工人中的影响力。③

比尔·布莱克沃特认为，工会危机的现实表现之一是加入工会的人数不断减少。美国只有 11% 的工人加入了组织，而且其中大多数人都

---

① 汪行福：《当代资本主义批判——国外马克思主义的新思考》，《国外理论动态》2014 年第 1 期。
② 卫建林：《2013 年土耳其、埃及、巴西等"6 月事件"和所谓"中产阶级"》，《世界社会主义研究动态》2014 年 1 月 2 日。
③ 范丽娜、缪全：《资本主义国家工会危机对中国工会的警示》，《北京市工会干部学院学报》第 28 卷第 4 期。

在国企工作，14.4%劳动力想找工作却找不到一份全职工作，美国劳工势力已经衰落，恢复劳工运动必定是伟大的，但是复兴之路必然导致与公司资本的抗衡，社团主义也不可能是解决问题的对策，社会主义才是解决问题的唯一良策，但实现真正的社会主义没有捷径，需要"漫长的革命"。①

工会等这类传统的机构化组织的萎缩，并不意味着社会运动的终止，因为网络正以一种看似"松散"的形式推动社会运动的进程，社会运动适应了信息时代的特征，找到了合适的媒介。

### 2. 互联网社交媒体的特点及与传统媒体的区别

大部分学者认为，互联网社交媒体与传统媒体不同，互联网社交媒体具有受众多、覆盖广、速度快、无国界、监控难等特点，并已经成为全球化时代信息传播和人际交流的重要渠道，也是西方价值观渗透的重要工具。新媒体技术在实际运用过程中因利用主体的利益与价值取向差异，而使其产生明显的意识形态倾向，从而对国家政治主权与社会稳定造成影响。②

传统媒体所遵循的是自上而下的线性传播，它们是政治集团直接控制的宣传工具，政府或通过控制媒体，运用单一的信息内容引导舆论，影响公众的认知；或按照官方意识形态，对信息进行筛选过滤，防止不利于政治安全的信息向社会扩散。而互联网却向政治控制提出了全新的挑战，为民众参与政治提供了新途径。它便捷地传递各种政治消息，开阔了公众政治视野，提高了公众政治觉悟。在网络空间里，每个人都拥有话语权，拥有自由表达政治意愿的权利，他们消解了政治中心和强权态势，垄断的舆论机制被网络技术机制所瓦解。③

公众参与互联网社交媒体的广泛性，其具体表现为：第一，参与人数众多。第二，受众群体多样化。第三，参与程度不平等，一小部

---

① ［英］比尔·布莱克沃特：《资本主义危机和社会民主主义危机：对话约翰·贝拉米·福斯特》，《国外理论动态》2013 年第 11 期。

② 刘晖、王星：《社交网络技术在国外社会运动中的作用案例分析》，《中国信息安全》2014 年第 7 期。

③ 白阳：《青年抗议中的网络考量——以中东"街头政治"为例》，《今传媒》2014 年第 7 期。

分人向大部分被动的受众传播观点。就互联网社交媒体的内容特征而言，在线公共舆论具有偏重客观描述事实等特征，就互联网社交媒体对于公共舆论传播的影响来说，在线公共舆论有激励用户线上意见表达、形成协商基础，构建社会运动的集体叙述框架、动员线下社会资源、形成和发展集体身份认同等影响，从而推动了线下社会运动的公民参与。①

通过网络串联的方式，互联网社交媒体具有强大的政治动员和组织能力。社交网络、移动电视与互联网等新媒体在当今西方社会运动中发挥了巨大的作用，主要表现是快速传播信息、组织动员民众。在互联网社交媒体提供的交际圈中，人与人之间交流沟通的时间大大缩减，社会运动中社会动员的效率大大提高。社交媒体直接或者间接地强化了人们的关系，通过社交网络的互动和交流形成强大的舆论赋予一个集体身份，增强人员的凝聚力，进而产生集体行动并形成具备强大社会影响的力量。

由于互联网跨时空的特点，网络就是一个永不落幕的"社会运动场"。从社会管理的意义上说，网络上每时每刻都在同步发生无数的社会运动，其根本原因就是，在网络时代社会运动的动员成本急剧降低，一篇博客、一个帖子、一条微博，就有可能是一场社会运动的动员令，动员成本几乎降低为零，这种情况下，运动发起人再也不会在乎其他人"搭便车"。②

### 3. 互联网社交媒体推动社会运动发展

很多学者赞同，互联网社交媒体被用作征集运动资源的平台，而且一定程度上推动了线下的社会运动。互联网时代，社会运动不仅是指线下的群体运动，也可以是纯粹发生在虚拟空间的集体行动，或者称为"在线集体行动"，比如网上签名、网上公祭等。互联网所提供的"虚拟公共空间"具有两个重要特点：第一，提供了可供选择的模式；第二，允许互联网上的社会运动。互联网上的社会运动在对全球正义运动的认同过程中能够起到招募与协调作用，同时也能够使之进一步社会

---

① 张伦：《受众、内容与效果：社会化媒体公共舆论传播的国际研究》，《新闻记者》2014年第6期。
② 田玉成、温岩：《社会运动动员零成本：互联网的尖锐挑战》，《红旗文稿》2013年第9期。

化，从而对政府及其政策产生重大影响。①

　　许多西方学者从社交媒体与社会运动的研究中抽出复杂的历史根源与政治背景，过多强调社交媒介的作用，将其作用神秘化。他们认为，数字媒体始终是解释制度的脆弱性及社会运动的成功最重要、最有效以及最必要的条件之一。有人持反对意见，所谓的"Twitter革命"、"Facebook革命"等称谓都过于急切地简化社会运动产生的真正原因，将其根源归于某个单一的社会因素，因而也就无法认识社会运动的本质。新媒体平台所建构出的"虚拟社会"在一定程度上衍生于且寄生于现实社会，它所呈现出的自由与平等的幻象很容易遮蔽了表象之下传播与权力之间的激烈博弈。②

　　实际上，传播媒介只是一种景观和表象，同时，也是社会内在结构张力的症候。网络的政治作用和潜在力量被普遍高估，"革命不仅不会通过推特传播，而且网络还能够从一开始就阻止革命"。"革命传播模式和社交媒体使用模式并没有关系，革命活动并不是由社交媒体引发的"。社交媒体在组织抗议方面的威力是有限的，并且也无益于政权推翻后建立一个稳定的政府。③

　　当前的金融危机是资本主义有史以来的最严重的经济危机，与以前的严重危机相比，反对资本主义的主要力量和社会环境发生了重大变化，一是西方的"普遍富裕"或"相对富裕"，其表征是中产阶级的存在；二是西方传统左翼组织的萎缩。信息化时代的互联网社交媒体诞生之初并不是为社会运动或社会主义运动服务的，但从现在的发展趋势来看，在某种程度上可能代替左翼组织的某种功能。互联网社交媒体是西方社会运动的一个重要参数。

（执笔人：刘向阳）

---

①［美］劳伦·朗格曼：《作为身份认同的全球正义：为一个更美好的世界而动员》，《国外理论动态》2014年第4期。

②吴鼎铭：《西方新闻传播学关于新媒体与社会运动的研究现状——兼论"Twitter革命"》，《福建师范大学学报》2013年第4期。

③刘晖、王星：《新媒体技术在国外社会运动中的作用三论》，《中国信息安全》2014年第1期。

# 参 考 文 献

**著作**

1. 《马克思恩格斯文集》第1—9卷，人民出版社2009年版。
2. 《列宁专题文集》（5卷本），人民出版社2009年版。
3. 《马克思恩格斯全集》第10卷，人民出版社1998年版。
4. 《马克思恩格斯全集》第23卷，人民出版社1972年版。
5. 《马克思恩格斯全集》第25卷，人民出版社2001年版。
6. 《列宁全集》第1卷，人民出版社1984年版。
7. 《列宁全集》第4卷，人民出版社1984年版。
8. 《列宁全集》第34卷，人民出版社1985年版。
9. 《斯大林选集》（下卷），人民出版社1979年版。
10. 《习近平谈治国理政》，外文出版社2014年版。
11. ［埃及］萨米尔·阿明：《资本主义的危机》，彭姝祎译，社会科学文献出版社2003年版。
12. ［比］欧内斯特·曼德尔：《晚期资本主义》，马青文译，黑龙江人民出版社1983年版。
13. ［德］奥特弗利德·赫费：《全球化的民主》，庞学铨、李张林、高靖生译，上海译文出版社2014年版。
14. ［德］彼德·斯洛特戴克：《资本的内部》，常晅译，社会科学文献出版社2014年版。
15. ［德］马克斯·舍勒：《资本主义的未来》，曹卫东等译，北京师范大学出版社2014年版。
16. ［法］鲍铭言、［法］迪迪尔·钱伯内特：《欧洲的治理与民主——欧盟中的权力与抗议》，李晓江译，社会科学文献出版社2011

年版。

17. [法] 皮埃尔-安德烈·塔吉耶夫:《种族主义源流》,高凌瀚译,生活·读书·新知三联书店 2005 年版。

18. [法] 让-雅克·朗班:《资本主义新论:当前争论的分析与综合》,车斌译,东方出版社 2015 年版。

19. [法] 托马斯·皮凯蒂:《21 世纪资本论》,巴曙松等译,中信出版社 2014 年版。

20. [美] 贝弗里·西尔弗:《劳工的力量——1870 年以来的工人运动与全球化》,张璐译,社会科学文献出版社 2012 年版。

21. [美] 戴维·斯托克曼:《资本主义大变形》,张建敏译,中信出版社 2014 年版。

22. [美] 弗朗西斯·福山:《政治秩序的起源:从前人类时代到法国大革命》,毛俊杰译,广西师范大学出版社 2014 年版。

23. [美] 弗朗西斯·福山:《政治秩序与政治衰败:从工业革命到民主全球化》,毛俊杰译,广西师范大学出版社 2015 年版。

24. [美] 弗雷德里克·皮尔逊、[美] 西蒙·巴亚斯里安:《国际政治经济学:全球体系中的冲突与合作》,杨毅、钟飞腾、苗苗译,北京大学出版社 2006 年版。

25. [美] 汉娜·阿伦特:《马克思主义与西方政治思想传统》,孙传钊译,江苏人民出版社 2012 年版。

26. [美] 加里·皮萨诺、[美] 威利·史:《制造繁荣——美国为什么需要制造业复兴》,机械工业信息研究院战略与规划研究所译,机械工业出版社 2014 年版。

27. [美] 杰克·A. 哥德斯通主编:《国家、政党与社会运动》,章延杰译,上海人民出版社 2009 年版。

28. [美] 莱斯特·C. 瑟罗:《得失相等的社会——分配和经济变动的可能性》,商务印书馆 1992 年版。

29. [美] 理查德·波斯纳:《资本主义民主的危机》,李晟译,北京大学出版社 2014 年版。

30. [美] 利昂·D. 爱泼斯坦:《西方民主国家的政党》,何文辉译,商务印书馆 2014 年版。

31. ［美］罗伯特·基欧汉、约瑟夫·奈：《权力与相互依赖——转变中的世界政治》，门洪华译，北京大学出版社 2002 年版。
32. ［美］罗伯特·基欧汉：《霸权之后：国际政治经济中的合作与纷争》，苏长和等译，上海人民出版社 2001 年版。
33. ［美］罗伯特·基欧汉：《新现实主义及其批判》，郭树勇译，北京大学出版社 2002 年版。
34. ［美］罗伯特·吉尔平：《国际关系政治经济学》，杨宇光等译，上海人民出版社 2006 年版。
35. ［美］迈克尔·哈特、［意］安东尼奥·奈格里：《帝国》，杨建国等译，江苏人民出版社 2008 年版。
36. ［美］诺兰·麦卡蒂等：《政治泡沫》，贾拥民译，华夏出版社 2014 年版。
37. ［美］乔伊斯·阿普尔比：《无情的革命——资本主义的历史》，宋非译，社会科学文献出版社 2014 年版。
38. ［美］沙拉·范·吉尔德：《占领华尔街：99% 对 1% 的抗争》，朱潮丽译，中国商业出版社 2012 年版。
39. ［美］斯蒂芬·D. 克莱斯勒：《结构冲突：第三世界对抗全球自由主义》，李小华译，浙江人民出版社 2001 年版。
40. ［美］亚当·普热沃尔斯基：《资本主义与社会民主》，丁韶彬译，中国人民大学出版社 2012 年版。
41. ［美］伊曼纽尔·沃勒斯坦等：《资本主义还有未来吗？》，徐曦白译，社会科学文献出版社 2014 年版。
42. ［美］约翰·米尔斯海默：《大国政治的悲剧》，王义桅、唐小松译，上海人民出版社 2003 年版。
43. ［日］大前研一：《M 型社会》，刘锦秀等译，中信出版社 2010 年版。
44. ［希］尼克斯·普兰查斯：《政治权力与社会阶级》，叶林等译，中国社会科学出版社 1982 年版。
45. ［匈］乔治·卢卡奇：《历史和阶级意识》，张西平译，重庆出版社 1989 年版。
46. ［英］爱德华·卢斯：《美国，醒醒！》，颜超凡译，中信出版社

2015 年版。

47. ［英］安东尼·吉登斯、帕德里克·戴蒙德、罗杰·里德主编：《欧洲模式：全球欧洲，社会欧洲》，沈晓雷译，社会科学文献出版社 2010 年版。

48. ［英］戴维·李等主编：《关于阶级的冲突》，姜辉译，重庆出版社 2005 年版。

49. ［英］戴维·赫尔德：《民主的模式》，燕继荣等译，中央编译出版社 2008 年版。

50. ［英］卢克·马奇：《欧洲激进左翼政党》，于海青、王静译，社会科学文献出版社 2014 年版。

51. ［英］迈克尔·曼：《民主的阴暗面——解释种族清洗》，严春松译，中央编译出版社 2015 年版。

52. ［英］佩里·安德森：《思想的谱系——西方思潮的左与右》，袁银传、曹荣湘译，社会科学文献出版社 2012 年版。

53. ［英］苏珊·斯特兰奇：《国家与市场》，杨宇光译，上海人民出版社 2006 年版。

54. 本书编写组编：《西式民主怎么了》，学习出版社 2014 年版。

55. 本书编写组编：《西式民主怎么了Ⅱ》，学习出版社 2014 年版。

56. 本书编写组编：《西式民主怎么了Ⅲ》，学习出版社 2015 年版。

57. 陈晓晨、徐以升：《美国大转向——美国如何迈向下一个十年》，中国经济出版社 2014 年版。

58. 靳辉明、谷源洋主编：《当代资本主义与世界社会主义》（上卷），海南出版社 2004 年版。

59. 李春玲主编：《比较视野下的中产阶级形成》，社会科学文献出版社 2009 年版。

60. 李青宜：《西方马克思主义的当代资本主义理论》，重庆出版社 1990 年版。

61. 刘古昌主编：《国际问题研究报告（2014—2015）》，世界知识出版社 2015 年版。

62. 刘军宁主编：《民主二十讲》，中国青年出版社 2008 年版。

63. 刘俊奇：《当代资本主义的发展与危机》，中国社会科学出版社

2014 年版。

64. 刘颖：《新社会运动理论视角下的反全球化运动》，复旦大学出版社 2013 年版。

65. 吕薇洲主编：《变动世界中的国外激进左翼》，广西师范大学出版社 2015 年版。

66. 吕薇洲主编：《马克思恩格斯列宁斯大林论资本主义》，中国社会科学出版社 2015 年版。

67. 欧阳彬：《全球金融危机与当代资本主义金融化研究》，对外经济贸易大学出版社 2015 年版。

68. 强飙：《马克思经济危机理论视角下国际金融危机研究》，经济科学出版社 2014 年版。

69. 沈瑞英：《矛盾与变量——西方中产阶级与社会稳定研究》，经济管理出版社 2009 年版。

70. 佟德志：《现代西方民主的困境与趋势》，人民出版社 2008 年版。

71. 王永利等：《金融危机全景透视》，中国金融出版社 2009 年版。

72. 吴中宝、王健：《透视奥巴马经济学——美国经济大转向》，中国经济出版社 2014 年版。

73. 向松祚：《新资本论：全球金融资本主义的兴起、危机和救赎》，中信出版社 2015 年版。

74. 肖钢主编：《聚集新秩序》，中信出版社 2013 年版。

75. 徐崇温：《当代资本主义新变化》，重庆出版社 2004 年版。

76. 徐崇温：《结构主义与后结构主义》，辽宁人民出版社 1986 年版。

77. 杨云珍：《当代西欧极右翼政党研究》，上海人民出版社 2012 年版。

78. 应克复等：《西方民主史》（第三版），中国社会科学出版社 2012 年版。

79. 余文烈等：《当代资本运动与全球金融危机》，海天出版社 2014 年版。

80. 张莉：《西欧民主制度的幽灵——右翼民粹主义政党研究》，中央编译出版社 2011 年版。

81. 张彤玉、崔学东、刘凤义等：《当代资本主义经济的新特征》，经济科学出版社 2013 年版。

82. 赵景峰：《当代资本主义经济新变化与发展趋势》，科学出版社 2014 年版。
83. 甄炳禧：《从大衰退到新增长——金融危机后美国经济发展轨迹》，首都经济贸易大学出版社 2015 年版。
84. 周晓虹主编：《全球中产阶级报告》，社会科学文献出版社 2005 年版。
85. 朱云汉：《高思在云：中国兴起与全球秩序重组》，中国人民大学出版社 2015 年版。
86. Costas Douzinas & Slavoj Žižek, *The Idea of Communism*, London and New York: Verso, 2010.
87. David Kotz & Terrence McDonough, *Contemporary Capitalism and Its Crises*, New York: Cambridge University Press, 2010.
88. Erik Wright, *Class, Crisis and the State*, London: Verso, 1978.
89. Martin Wolfson & David Kotz, *Contemporary Capitalism and Its Crises*, New York: Cambridge University Press, 2010.
90. Ralph Miliband, *Class Power and State Power*, London: Verso, 1983.

## 论文

1. ［法］尼古拉·巴韦雷：《危机使我们进入一个未知世界》，《费加罗报》2008 年 10 月 6 日。
2. ［美］奥尔布赖特：《民主可能是矛盾的、腐败的，也许还存在安全问题》，《真理报》2009 年 9 月 18 日。
3. ［美］布鲁斯·斯托克斯：《奥巴马面对复杂民意》，《金融时报》2015 年 1 月 23 日。
4. ［美］布热津斯基：《金融危机下的全球政治》，《参考消息》2012 年 1 月 20 日。
5. ［美］大卫·科茨：《金融化与新自由主义》，孙来斌、李轶译，《国外理论动态》2011 年第 11 期。
6. ［美］大卫·科茨：《劳资关系：当前的特点与未来变化的前景》，韩冬筠译，《海派经济学》2007 年第 1 期。
7. ［美］大卫·科茨：《美国此次金融危机的根本原因是新自由主义的

资本主义》,《红旗文稿》2008 年第 13 期。

8. ［美］弗朗西斯·福山：《美国民主没什么可教给中国的》,《金融时报》2011 年 1 月 17 日。

9. ［美］弗朗西斯·福山：《美国政治制度的衰败》,《参考消息》2014 年 4 月 8 日。

10. ［美］劳拉·泰森：《收入不平等困扰奥巴马》,《中国报道》2014 年第 2 期。

11. ［美］劳伦斯·萨默斯：《资本主义哪里出了毛病》（http：//opinion. hexun. com/2012 – 01 – 13/137229329. html）。

12. ［美］理查德·沃尔夫：《欧美资本主义制度陷入全面危机》,《参考消息》2012 年 3 月 16 日。

13. ［美］罗伯特·赖克：《被淹没的美国民主》,《环球视野》2010 年 7 月 15 日。

14. ［美］迈克尔·舒曼：《如何拯救资本主义》,《时代》周刊 2012 年 1 月 30 日。

15. ［美］托马斯·弗里德曼：《美危机需全球化来拯救》（http：//news. xhby. net/system/2008/10/21/010359734. shtml）。

16. ［美］沃尔特·拉塞尔·米德：《美国促进民主之悖论》,《参考消息》2015 年 10 月 29 日。

17. ［美］约翰·B. 福斯特、罗伯特·麦克切斯尼：《垄断金融资本、积累悖论与新自由主义本质》,武锡申译,《国外理论动态》2010 年第 1 期。

18. ［美］约翰·贝拉米·福斯特：《资本的金融化与危机》,吴娓译,《马克思主义与现实》2008 年第 4 期。

19. ［美］约瑟夫·斯蒂格利茨：《99% 人民的觉醒》,刘占辉、王成文译,《国外理论动态》2012 年第 11 期。

20. ［英］比尔·布莱克沃特：《资本主义危机和社会民主主义危机：对话约翰·贝拉米·福斯特》,韩红军译,《国外理论动态》2013 年第 11 期。

21. ［英］吉迪恩·拉赫曼：《西方已经失去了智力上的自信》,《参考消息》2015 年 1 月 8 日。

22. ［英］吉莲·邰蒂：《美国政治前景并非暗淡无光》，《金融时报》2014 年 11 月 12 日。

23. ［英］考斯达斯·拉帕维查斯：《金融化了的资本主义：危机和金融掠夺》，《政治经济学评论》2009 年第 1 辑。

24. ［英］李·苏斯塔：《芝加哥教师工会罢工对劳工运动的意义》，牛政科译，《国际共运研究专辑》（第 3 辑），研究出版社 2014 年版。

25. ［英］斯特恩·雷根：《没有发展，民主会被历史湮没》，《环球时报》2014 年 5 月 4 日。

26. ［英］威廉·沃里斯：《中国与非洲：共建世界新秩序？》，《金融时报》2008 年 2 月 15 日。

27. ［英］希勒尔·蒂克庭：《今日的危机与资本主义制度》，《国外理论动态》2010 年第 11 期。

28. 《"阿拉伯之春"，被操纵的革命》，《环球时报》2012 年 12 月 20 日。

29. 《"金砖四国"领导人俄罗斯叶卡捷琳堡会晤联合声明》，《人民日报》2009 年 6 月 17 日。

30. 《2014 年美国的 14 个变化》（http：//www.jiemian.com/article/219512.html）。

31. 《2014 年世界经济形势回顾与 2015 年展望》（http://www.stats.gov.cn/tjsj/zxfb/201502/t20150227_686531.html）。

32. 《2015 年上半年我国对外直接投资增长 29.2%》，《经济日报》2015 年 7 月 17 日。

33. 《俄罗斯创新产业亮点频现》，《人民日报》2015 年 5 月 21 日。

34. 《法国公共债务首次超过 2 万亿欧元》（http：//news.xinhuanet.com/2014-10/01/c_1112699755.htm）。

35. 《福山等西方学者看世界金融危机和新自由主义》，《环球视野》第 393 期。

36. 《关于总统发起的"东南亚青年领袖行动计划"的简报》（http：//iipdigital.usembassy.gov/st/chinese/texttrans/2013/12/20131206288521.html#axzz3sWTAsa8r）。

37. 《国际金融衍生品创新与借鉴》（http：//futures.hexun.com/2014-

04-02/163603481.html）。

38. 《极端不平等正在毒害美国》（http://www.guancha.cn/PaulKrugman/2013_09_16_172734.shtml）。

39. 《金砖合作 走深走实（权威论坛）》，《人民日报》2015年7月7日。

40. 《罗伯茨称欧美缺乏监管的金融业或将导致西方文明毁灭》，《参考资料》2012年6月26日。

41. 《每分钟5人被裁员 全球经济危机转向就业危机》，《中新网》2009年3月3日（http://news.xhby.net/system/2009/03/03/010452150.shtml）。

42. 《美报告：美国成为发达国家中贫富差距最严重国家》（http://news.china.com.cn/world/2014-01/20/content_31243296.htm）。

43. 《美国即将发动第三次金融攻击抄底战》（http://business.sohu.com/20150603/n414326606.shtml）。

44. 《美国贫富差距成西方最大 20%人拥有总财富80%》，《理财周刊》2011年11月8日。

45. 《美国银行业利润水平接近历史高点》（http://finance.sina.com.cn/stock/usstock/c/20140812/154519987486.shtml）。

46. 《美国债务规模创历史新高》（http://gold.jrj.com.cn/2014/06/19015017437779.shtml）。

47. 《美媒：叙利亚内战致32万人丧生 经济倒退30年》，《参考消息》2015年6月12日。

48. 《贫富差距拉大影响欧洲社会稳定》（http://news.xinhuanet.com/world/2012-09/26/c_123761570.htm）。

49. 《西方亟须第四次国家革命》（http://news.hexun.com/2014-08-18/167635619.html）。

50. 《希腊贫困率创欧盟新纪录 政府等待63亿欧元援助资金》（http://news.china.com.cn/world/2014-04/03/content_31991814.htm）。

51. 《习近平出席中央外事工作会议并发表重要讲话》，新华网2014年11月29日。

52. 《终止对欧进口葡萄酒双反调查》,《北京日报》2014 年 3 月 25 日。
53. 艾尚乐:《国际金融治理机制的经济效应、利益诉求与路径建构》,《理论探讨》2015 年第 1 期。
54. 蔡海燕:《当前金融危机与贸易保护主义的抬头》,《现代商业》2009 年第 27 期。
55. 蔡立辉、欧阳志鸿、刘晓洋: 《西方国家债务危机的政治学分析——选举民主的制度缺陷》,《学术研究》2012 年第 4 期。
56. 曹亚雄:《论后危机时代西方国家的新社会运动》,《陕西师范大学学报》2015 年第 2 期。
57. 柴尚金:《西方宪政民主是如何陷入制度困境的》,《光明日报》2013 年 3 月 19 日。
58. 陈弘:《当前金融危机与当代资本主义停滞趋势》,《国外理论动态》2009 年第 7 期。
59. 陈季冰:《亚投行:抛开旧秩序的新尝试》,《中国中小企业》2014 年第 12 期。
60. 陈卫东:《美国再工业化战略的影响》,《中国金融》2015 年第 8 期。
61. 崔日明、张婷玉:《美国"再工业化"战略与中国制造业转型研究》,《经济社会体制比较》2013 年第 6 期。
62. 崔志楠、邢悦:《从 G7 时代到 G20 时代:国际金融治理机制的变迁》,《世界经济与政治》2011 年第 1 期。
63. 丁平:《美国再工业化的动因、成效及对中国的影响》,《国际经济合作》2014 年第 4 期。
64. 丁振辉:《金砖国家开发银行及应急储备安排——成立意义与国际金融变革》,《国际经济合作》2014 年第 8 期。
65. 樊鹏:《西方国家高赤字发展模式是社会福利惹的祸吗?——从财政和税收的视角看》(http://blog.sina.com.cn/s/blog_4ca9924e01010p65.html)。
66. 方志操:《福山美国演讲:民主是问题,还是解决方案》(http://news.163.com/14/1017/07/A8OABAPV00014SEH.html)。
67. 郭可为:《TPP 牵制中国贸易》,《资本市场》2012 年第 7 期。

68. 郭连成、杨宏、王鑫：《全球产业结构变动与俄罗斯产业结构调整和产业发展》，《俄罗斯中亚东欧研究》2012 年第 6 期。
69. 郭迎锋、沈尤佳：《本轮危机前后德国国有化研究概况及实践评析》，《管理学刊》2014 年第 5 期。
70. 何帆：《全球愤怒：金融危机的政治后遗症》，《国际经济评论》2012 年第 1 期。
71. 何志鹏：《从自由走向发展：后危机时代的国际贸易治理》，《厦门大学学报》（哲学社会科学版）2012 年第 6 期。
72. 胡再勇：《国际金融监管体系改革的成就及最新进展》，《银行家》2014 年第 11 期。
73. 扈大威：《慕尼黑安全会议：乌克兰危机与世界秩序的"崩溃"》，大公网 2015 年 2 月 12 日。
74. 黄阳华、卓丽洪：《美国"再工业化"战略与第三次工业革命》，《中国党政干部论坛》2013 年第 10 期。
75. 贾学军：《停滞背景下的资本主义金融化——福斯特对资本主义金融危机的探讨》，《天府新论》2010 年第 4 期。
76. 蒋旭峰、张越男：《欧美"再工业化"虚与实》（http：//www.lwgcw.com，2013 年 1 月 28 日）。
77. 金碚、刘戒骄：《西方国家应对金融危机的国有化措施分析》，《经济研究》2009 年第 11 期。
78. 阚枫：《习近平的"共同体"外交理念：中国思路促国际合作》，中国新闻网 2014 年 10 月 13 日。
79. 李将军：《西方国家企业国有化和私有化问题研究》，《经济论坛》2010 年第 4 期。
80. 李向阳：《国际金融危机与国际贸易、国际金融秩序的发展方向》，《经济研究》2009 年第 11 期。
81. 李轩：《后危机时代国际贸易保护主义的兴起及应对》，《学术交流》2013 年第 9 期。
82. 李姿姿：《金融危机影响下的欧洲左翼运动现状及展望》，《当代世界与社会主义》2010 年第 2 期。
83. 廖峥嵘：《美国"再工业化"进程及其影响》，《国际研究参考》

2013 年第 7 期。

84. 林霖：《欧盟外交中的多边主义理念》，《国际资料信息》2009 年第 2 期。

85. 刘凤义：《新自由主义、金融危机与资本主义模式的调整——美国模式、日本模式和瑞典模式的比较》，《经济学家》2011 年第 4 期。

86. 刘厚俊、袁志田：《全球公共债务危机与世界资本主义新变化》，《马克思主义研究》2011 年第 10 期。

87. 刘济华、谢德字：《金融危机下的资本主义制度危机——访中央党校赵曜教授》，《中国社会科学报》2015 年 7 月 23 日。

88. 刘军：《北美视角下的工会运动与新社会运动》，《浙江学刊》2014 年第 6 期。

89. 刘淑春：《全球金融危机背景下的美国工会运动和美国共产党》，《马克思主义研究》2011 年第 9 期。

90. 刘晓明：《对西方资本主义困境的观察与思考》，《人民日报》2013 年 4 月 12 日。

91. 禄德安：《欧债危机与福利制度的反思》，《改革与战略》2012 年第 6 期。

92. 罗思义：《"美式民主"并非真正民主》，《人民日报》2015 年 7 月 25 日。

93. 吕薇洲等：《"占领"运动、金融危机与资本主义的历史命运》，《山东社会科学》2012 年第 8 期。

94. 吕薇洲、邢文增：《从金融危机看当代资本主义的矛盾与困境》，《郑州大学学报》（哲学社会科学版）2013 年第 4 期。

95. 牛娟娟：《清迈倡议多边化协议修订稿生效》，《金融时报》2014 年 7 月 19 日。

96. 牛梦笛、王晓樱：《首份"中国产业升级研究报告"发布》，《光明日报》2013 年 4 月 8 日。

97. 钱书法、周绍东：《新国际分工格局的结构性矛盾——马克思社会分工制度理论的解释》，《当代经济研究》2011 年第 11 期。

98. 瞿亢：《国际金融热词解读：欧洲"三驾马车"的贡献与分歧》，《人民日报》2013 年 3 月 4 日。

99. 荣郁：《常跟风欧美 阿根廷对华反倾销严重》，《国际商报》2013年1月10日。
100. 尚前名：《外贸寒冬中的长远布局》，《瞭望新闻周刊》2009年第51期。
101. 沈永福、沈茜：《金融危机引发西方学者对个人主义的深刻反思》，《红旗文稿》2014年第7期。
102. 沈跃萍：《论西方福利制度掩盖下的不公平问题——从西方学者的视角看》，《马克思主义研究》2014年第5期。
103. 思科：《欧洲"三驾马车"的忧伤：慷慨救援反背恶名》，《中国证券报》2014年7月7日。
104. 孙彦红：《欧盟"再工业化"战略解析》，《欧洲研究》2013年第5期。
105. 汤凌霄、欧阳晓、黄泽先：《国际金融合作视野中的金砖国家开发银行》，《中国社会科学》2014年第9期。
106. 唐睿：《被分割的纽带：现代西方工人阶级认同感的缺失》，《理论界》2013年第9期。
107. 田辉：《当代美国经济转型与两次资产泡沫的启示》，《中国经济时报》2014年10月23日。
108. 田文林：《西式民主为何日渐失灵》，《人民日报》（海外版）2014年5月28日。
109. 万泰雷、李松梁、黄鑫：《国际金融监管合作及中国参与路径》，《国际经济评论》2014年第3期。
110. 万小广：《新媒体在美国"占领华尔街"运动中的作用》，《中国社会科学报》2012年5月16日。
111. 王健君：《"一带一路"塑造全球新秩序》，《财经国家周刊》2015年第2期。
112. 王晓真：《名为"民主"实则"寡头" 美国选举改革阻力重重》，《中国社会科学报》2015年10月16日。
113. 王毅：《坚持和平共处 推动合作共赢——纪念和平共处五项原则创立60周年》，《求是》2014年第13期。
114. 王增收：《亚投行对国际金融与贸易的影响》，《现代商业》2015

年第 8 期。

115. 魏际刚：《第三次工业革命对国际产业分工和竞争格局的影响》，《现代经济探讨》2014 年第 10 期。

116. 温宪：《政治极化将进一步搅动美国》，《人民日报》2014 年 6 月 14 日。

117. 温宪：《智库称美国教育状况衰弱落后于中国》，《环球时报》2012 年 8 月 23 日。

118. 吴桂华：《后金融危机时期新国际贸易保护主义研究》，《江西社会科学》2010 年第 6 期。

119. 吴金平：《当代西方国家工人阶级分化问题探析》，《马克思主义研究》2013 年第 5 期。

120. 吴强：《金融危机背景下的新媒体政治》，《文化纵横》2013 年第 5 期。

121. 吴伟、汪梅丽：《新一轮贸易保护主义的突出表现及发展趋势》，《江苏科技大学学报》（社会科学版）2015 年第 2 期。

122. 习近平：《更好统筹国内国际两个大局夯实走和平发展道路的基础》，《人民日报》2013 年 1 月 30 日。

123. 晓岸：《基辛格的地缘政治忧思》，《世界知识》2014 年第 20 期。

124. 晓岸：《首份慕尼黑安全报告拷问国际秩序》，中国网 2015 年 2 月 4 日。

125. 谢富胜、李安、朱安东：《马克思危机理论和 1975—2008 年美国经济的利润率》，《中国社会科学》2010 年第 5 期。

126. 邢文增：《金融危机背景下西方工人运动的发展及其面临的挑战》，《科学社会主义》2013 年第 2 期。

127. 许闲：《欧洲银行国有化：一把双刃剑》，《银行家》2009 年第 5 期。

128. 闫海防：《日本公共债务发达国家最高》（http：//intl. ce. cn/specials/zxgjzh/201405/05/t20140505_ 2758960. shtml）。

129. 严荣：《马克思主义视野下的西方国家银行国有化》，《当代经济研究》2010 年第 4 期。

130. 印月：《欧债国家与北欧国家高福利模式比较——从欧债危机看福

利模式的有效性》，《长春工业大学学报》（社会科学版）2013 年第 1 期。

131. 于海青：《国际金融危机下欧美地区罢工潮透视》，《国外社会科学》2013 年第 5 期。

132. 于维军：《国际贸易中的典论壁垒及其应对措施》，《中国检验检疫》2012 年第 1 期。

133. 余盛兴、凌希：《美国贸易保护主义再次升温》，《WTO 经济导刊》2015 年第 5 期。

134. 臧秀玲、杨帆：《国际金融危机对当代资本主义和世界社会主义的影响》，《山东社会科学》2012 年第 2 期。

135. 詹得雄：《资本主义不再适合当今世界？——西方发达资本主义国家的反思之一》，《参考消息》2012 年 4 月 2 日。

136. 张聪、蔡文成：《选举民主！政治合法性的建构及其困境》，《理论与改革》2014 年 11 月。

137. 张金霞：《当代资本主义政治危机与社会主义民主政治的发展》，《广西社会科学》2014 年第 9 期。

138. 张维为：《西方的制度反思与中国的道路自信》，《求是》2014 年第 9 期。

139. 张维为：《西方民主的三大"基因缺陷"》，《中国社会科学报》2014 年 4 月 15 日。

140. 张蔚蔚：《改善贸易治理 化解双重危机》，《WTO 经济导刊》2009 年第 11 期。

141. 张亚：《资本主义民主信任危机论析》，《前沿》2014 年第 Z5 期。

142. 赵静：《日共前主席不破哲三谈国际金融危机对当代资本主义和世界社会主义的影响》，《当代世界》2009 年第 5 期。

143. 赵丽娜、孙宁宁：《新贸易保护主义对中国出口贸易的影响及对策研究》，《理论学刊》2014 年第 11 期。

144. 赵琬仪：《亚投行公演中美暗战》，《联合早报》2015 年 3 月 22 日。

145. 周宏：《金融资本主义及其反思》，《求是》2015 年第 11 期。

146. 周穗明：《新社会运动与未来社会主义》，《欧洲》1997 年第 5 期。

147. 朱安东：《金融资本主义的新发展及其危机》，《马克思主义研究》2014 年第 12 期。

148. 朱云汉：《一个知识分子对 21 世纪的思考》，《人民日报》2015 年 7 月 9 日。

149. 梅新育：《全球贸易保护主义风潮下的中国策略》，《中国新闻周刊》2009 年 2 月 19 日。

150. "FACT SHEET: Convening Manufacturing Leaders to Strengthen the Innovative Capabilities of the U. S. Supply Chain, including Small Manufacturers", https://www.whitehouse.gov/the-press-office/2015/07/09/fact-sheet-convening-manufacturing-leaders-strengthen-innovative.

151. "True Progressivism", *The Economist*, Oct 13, 2012.

152. Fareed Zakaria, "Can America Be Fixed? —The New Crisis of Democracy", *Foreign Affairs*, Jan/Feb 2013.

153. Francis Fukuyama, "The Future of History: Can Liberal Democracy Survive the Decline of the Middle Class?" *Foreign Affairs*, January/February 2012.

154. Gale Holland, "Increase in L. A. County Homeless Population Defies U. S. Trend", http://www.latimes.com/local/lanow/la-me-ln-hud-homeless-20131121,0,1923578.story#ixzz2yjr6VIHG.

155. George Soros, "Recapitalise the Banking System", *Financial Times*, Oct 1, 2008.

156. Harold L. Sirkin, Michael Zinser, Douglas Hohner, and Justin Rose, "U. S. Manufacturing Nears the Tipping Point", https://www.bcgperspectives.com/content/articles/manufacturing_supply_chain_management_us_manufacturing_nears_the_tipping_point/.

157. Jon Meacham, "We Are All Socialists Now", *Newsweek*, Feb 2, 2009.

158. Kimberly J. Morgan, "America's Misguided Approach to Social Welfare: How the Country Could Get More for Less", *Foreign Affairs*, Jan/Feb 2013.

159. Paul Krugman, "Bailouts for Bunglers", *The New York Times*, Jan 1, 2009.

160. Paul Krugman, "Rich Man's Recovery", in *New York Times*, September 12, 2013.

161. Robert Brenner. "The Economy in a World of Trouble", in. *International Viewpoint Online Magazine*, http://www.internationalviewpoint.org/spip.php?article1657.

162. Shannon Jones. "Net worth of richest Americans soars by 13 percent in 2012," September 21, 2012. http://www.wsws.org/articles/2012/sep2012/rich-s21.shtml.

163. Stephen Gandel, "By Every Measure, the Big Banks are Bigger", *Fortune*, September 13, 2013.

164. Steven Greenhouse, "Our Economic Pickle", in *New York Times*, January 13, 2013.

165. Theodore H. Moran and Lindsay Oldenski, "The US Manufacturing Base: Four Signs of Strength", http://www.piie.com/publications/pb/pb14-18.pdf.

166. "Diving into the rich pool: Imposing higher tax on the wealthy can have unintended consequences", The Economists, Sep. 24th 2011.

167. David M. Kotz, "The Final Conflict: What Can Cause a System-Threatening Crisis of Capitalism?" in *Science & Society*, Vol. 74, No. 3, July 2010.

168. Richard Pomfret, "The Financial Sector and the Future of Capitalism", in *Economic Systems*, Vol. 34, No. 1, 2010.

169. Joseph E. Stiglitz, "Inequality is a Choice", in *New York Times*, October 13, 2013.

# 后　记

呈现在读者面前的这部著作，是中国社会科学院马克思主义研究院创新项目"金融危机背景下资本主义的变化与马克思主义时代化"的最终成果。

该项目于 2013 年正式立项，项目组成员主要是马克思主义研究院国际共运部当代世界资本主义和当代世界社会主义研究室的学者。三年间，项目组队伍不断壮大，由立项当年仅有三人（吕薇洲、刘海霞、邢文增）发展到八人的研究团队（张福军、刘向阳、牛政科、遇荟、范春燕先后加入）。

立项时我们制定的目标是：立足于中国社会科学院三大定位，着眼于对马克思主义理论的具体应用和对实际问题的深入思考，运用马克思主义立场、观点、方法，重点探讨国际金融危机背景下资本主义政治格局的新态势、经济战略的新调整和社会阶级结构的新变化，深刻揭示这些新变化的动因和实质，以期准确把握当今世界发展大势，科学解答时代提出的重大问题，为推进马克思主义中国化、推动中国特色社会主义事业提供理论指导和思想保障。

立项后我们分三个阶段，对国际金融危机以来资本主义在经济、政治和社会三大方面发生的调整和变化进行了比较系统的研究：第一阶段（2013 年），启动项目之"基本理论篇"，系统研读马克思主义经典著作，编辑出版《马克思恩格斯列宁斯大林论资本主义》，以此作为项目研究的理论基础。第二阶段（2014 年），启动项目之"现实变化篇"，全面搜集关于国际金融危机后资本主义经济、政治和社会发展变化的相关资料，撰写国内外学者关于资本主义新变化研究的前沿报告，同时确定我们研究的重点、思路和提纲。第三阶段（2015 年），启动项目之

## 后 记

"研究分析篇",深入探讨国际金融危机以来资本主义在经济、政治和社会层面出现的新变化新特点,撰写专著《调整与变革:危机中的当代资本主义》。

目前,项目组编撰的《马克思恩格斯列宁斯大林论资本主义》已于2005年7月由中国社会科学出版社出版(该书得到了一些专家的高度评价,有专家夸赞"摘编作者编撰认真、细致、条分缕析"、有专家指出"该书内容丰富,系统反映马克思等经典作家对资本主义经济、政治和社会三个方面的主要思想","具有很高的学术价值和权威性","有助于我们认识资本主义在新的历史条件的发展,应对马克思主义面临的挑战"),此外,我们还发表了多篇论文和研究报告作为项目的阶段性成果。

作为该项目的最终成果,《调整与变革:危机中的当代资本主义》在结项时得到了中联部研究室沈强研究员、中国社会科学院马克思主义研究部国外部主任冯颜利研究员以及中国人民大学马克思主义学院郑吉伟教授的高度好评,同时也在修改中汲取了他们提出的许多宝贵意见,在此表示衷心感谢。

该著作包括导论、正文三篇10章以及附录,是课题组全体成员集体劳动的结晶。具体分工如下:

导　论:吕薇洲

第一章:邢文增、张福军

第二章:邢文增、张福军

第三章:邢文增

第四章:张福军

第五章:刘海霞、遇荟

第六章:遇荟

第七章:刘海霞

第八章:刘向阳

第九章:范春燕

第十章:刘向阳

邢文增、刘海霞、范春燕作为该创新项目的执行研究员,分别统改了经济板块(第一章至第四章)、政治板块(第五章至第七章)、社会板块（第八章至第十章）的书稿；吕薇洲作为项目首席研究员，对全书进行了统改；邢文增作为项目组秘书，做了大量技术处理工作和具体组织工作。

由于本书涉猎的问题广泛，加之我们水平有限，尽管付出了很多努力，仅在课题结项、书稿完成之后又经过了几次讨论、几遍修改。但是我们深感对一些问题的理解、研究和分析仍不够深入，恳请同仁予以指正，以便我们进一步完善。

本书写作组<br>2016 年 6 月 16 日